本书由广州市文化局资助出版

南越国史迹研讨会论文选集

中国秦汉史研究会　中山大学历史系　西汉南越王博物馆

文物出版社

北京·2005

封面设计　周小玮

责任印制　张道奇

责任编辑　肖大桂

图书在版编目（CIP）数据

南越国史迹研讨会论文选集/中国秦汉史研究会等编 .
—北京：文物出版社，2005.4

ISBN 7－5010－1734－4

Ⅰ.南… Ⅱ.中… Ⅲ.南越（古族名）—民族历
史—学术会议—文集 Ⅳ.K289－53

中国版本图书馆 CIP 数据核字（2005）第 031912 号

南越国史迹研讨会论文选集

中国秦汉史研究会

中山大学历史系　编

西汉南越王博物馆

*

文 物 出 版 社 出 版 发 行

（北京五四大街 29 号）

http://www.wenwu.com

E－mail：web@wenwu.com

北京美通印刷有限公司印刷

新 华 书 店 经 销

787×1092　1/16　印张：17.5

2005 年 4 月第一版　　2005 年 4 月第一次印刷

ISBN 7－5010－1734－4/K·908　定价：60.00 元

目　　录

汉朝治理南越国模式探源

张荣芳

西汉初年的行政制度实行郡国并行制，即郡县制与封国制并行存在。随着政治形势的发展，刘邦在消灭七个异姓王的同时，又分封了九个同姓诸侯国，加上因势力小而得以自保的异姓长沙王吴芮，合计十个诸侯国。此外，在岭南越族聚居之地有一个南越国。它与上述异姓王、同姓王都有所不同。它是秦统一岭南时的功臣赵佗利用秦末汉初天下大乱的形势，据岭南而称王，自己建立了南越国。《史记·南越列传》对赵佗建立南越国有较详记载：

> 南越王尉佗者，真定人也，姓赵氏。秦时已并天下，略定杨越，置桂林、南海、象郡，以谪徙民，与越杂处十三岁。佗，秦时用为南海龙川令。至二世时，南海尉任嚣病且死，召龙川令赵佗语曰："闻陈胜等作乱，秦为无道，天下苦之，项羽、刘季、陈胜、吴广等州郡各共兴军聚众，虎争天下，中国扰乱，未知所安，豪杰畔秦相立。南海辟远，吾恐盗兵侵地至此，吾欲兴兵绝新道，自备，待诸侯变，会病甚。且番禺负山险，阻南海，东西数千里，颇有中国人相辅，此亦一州之主也，可以立国，郡中长吏无足与言者，故召公告之。"即被佗书，行南海尉事。嚣死，佗即移檄告横浦、阳山、湟溪关曰："盗兵且至，急绝道聚兵自守。"因稍以法诛秦所置长吏，以其党为假守。秦已破灭，佗即击并桂林、象郡，自立为南越武王。高帝已定天下，为中国劳苦，故释佗弗诛。汉十一年，遣陆贾因立佗为南越王，与剖符通使，和集百越，毋为南边患害，与长沙接境。[①]

《汉书·南粤传》记载大体相同。根据《史记》、《汉书》的记载，赵佗立国，建都于番禺，传五世九十三年而国亡，立国将近一个世纪。其疆域，向东与闽越相接，抵今福建西部的安定、平和、漳浦；向北主要以五岭为界，与长沙国相接；向西到达今之广西百色、德保、巴马、东兰、河池、环江一带，与夜郎、句町等国相毗邻；其南则抵达越南北部，南濒南海。[②]在如此广阔的土地上，统治了将近一个世纪的南越国，在岭南地区的历史上，乃至中国的历史上都有其独特的重要地位。汉朝中央政府是怎样治理南越国的呢？

一、汉朝治理南越国模式

南越国与西汉初年所封的其他诸侯国相比，有其相当的特殊性：一方面，赵佗虽自立为王，但后来刘邦派陆贾出使，赵佗接受了汉王朝的册封，成了汉朝的诸侯王国，隶属于中央王朝；另一方面，赵佗虽受册封，不仅"入贡中原"，而且"遣使入朝请"，但在国内仍然"称制与中国侔"，独立性很大。这一特点决定了南越国政治制度的特征。一方面，南越国是沿秦在岭南设的三郡旧地而建，其开国之君赵佗原亦为秦南海郡尉。汉朝建立后不久，南越又臣属汉朝。因此，其政治制度必然承袭秦汉而来。另一方面，南越国内聚居着百越民族，民族关系十分复杂，汉文帝曾经致书赵佗，表示赞成"服领（岭）以南，王自治之"③。这就决定了南越国可以根据不同情况，由南越国自行决定一些制度或措施，故其有一定的独特性。

就其承袭秦汉制度而言，举其牢者有如下数端：

郡国并行制。汉初实行郡国并行制。赵佗仿汉制，在南越国内亦实行郡国并行制。根据文献记载和考古材料可知，南越国设的郡是秦于始皇三十三年（前214）年"略取陆梁地，为桂林、象郡、南海"④三郡的继续。仍设南海郡、桂林郡，取消象郡，而于其地设交趾、九真二郡⑤。南海郡下设的县，可考者有番禺、龙川、博罗、揭阳、浈阳、含洭等数县。桂林郡下设的县，可考者有布山、四会等。交趾、九真二郡下设的县，除象林县之外，其余的不见于记载。南越国除行郡县制之外，还仿汉朝，分封几个王、侯，据文献记载有苍梧王赵光、西于王、高昌侯赵建德。此外，根据考古材料，南越国内还封有下列王侯：1979年4月，广西贵县罗泊湾二号汉墓中，出土了"夫人"玉印及"家啬夫印"封泥，根据出土文物推测墓主生前可能是南越国分封于桂林郡的相当于侯一级的官员的配偶⑥；1980年，在广西贺县金钟1号汉墓中，出土有"左夫人印"玉印，从墓葬的规模推测，等级类似侯王，该墓的男主人可能是南越国分封于当地的相当于王侯一级的官员⑦；至于广西贵县罗泊湾1号汉墓的墓主身份，学术界还存在争议，或以为是中原南下的将领，是桂林郡的郡守、尉⑧，或以为是南越国册封为王侯的骆越族首领⑨。所以，根据文献和考古资料，南越国分封的王侯至少有五、六个。郡县制和分封制并行，是西汉统治者针对汉初形势而制定的首创制度，它对汉初安定社会，发展经济是起了一定作用的。南越国仿此，在岭南也实行这一制度，也起到相同的作用。

职官制度。南越国仿照汉朝建立起一套从王国中央到地方王侯的体系庞大的官制系统。南越国中央设有丞相、内史、御史、中尉、太傅等类重臣，也设有郎、中大夫、将、将军、左将、校尉、食官、景巷令、私府、私官、乐府、泰官、居室、长秋居室、大厨、厨官、厨丞、常御、少内等文武百官。南越国地方王侯官职中可考者有假守、郡监、使者、县（令）长、啬夫等。南越国的官制以仿中原汉制为主，同时又根据实际情况，设置一些特别的官署。这一特点与南越国政治制度的总体特征是一致的⑩。

汉初统治者在要求南越国实行与汉王朝大体相同的政治制度的前提下，根据南越国是多民族聚居之地的特点，可以依据实际情况而实行一些相对独立的制度和民族政策。

首先，南越国拥有一支包括步兵、舟兵、骑兵在内的军队。这支军队的数量，赵佗自夸"带甲百万有余"⑪，虽然不一定有那么多，但从汉武帝平南越时，共发"南方楼船卒二十余万人击南越"⑫的记载来看，南越国的军队应有数十万之众。而广州象岗南越文王墓出土错金铭文"王命命车徒"虎节，证明南越王可以自行调遣这支军队，南越国不用汉朝纪年，而用南越王纪年，南越文王墓出土一套勾鑃，皆阴刻有篆书"文帝九年乐府工造"及第一到第八的序号⑬，据查，南越文王九年为汉武帝元光六年（前129年），表明南越国不用汉纪年，而用南越王的纪年。这是南越国"自治"的一个证明。

其次，南越国实行以"故俗"治国的特殊政策。汉朝给南越国以免征赋税的优待，汉武帝初年，仍然是"以其故俗治，毋赋税"⑭。第二代南越王赵眜（胡）墓中殉葬者十五人，第三代南越王婴齐则"尚乐擅杀生自恣"，"惧用汉法"，直到第四代王兴时，才"除其故黥、劓刑，用汉法"⑮。此表明了南越国保留了许多越人的"故俗"，这是南越"自治"的特色。

第三，根据南越国民族众多的特点，采取了许多特殊的民族政策。

在南越国境内生活的民族，除了数十万中原移民之外，主要是土著居民越族。但越族"各有种姓"⑯，支系众多，所以文献中的记载不尽相同。见诸史书的有"百越"、"扬越"、"外越"、"陆梁"等。这四个词在史籍中皆有指岭南越族或岭南地区的含义，是一个泛指。至于汉代岭南地区的越族有哪几个具体的部落，著名民族学家林惠祥早在20世纪30年代就指出："越以百称，明其种类之多"，而"汉有瓯越、闽越、南越、骆越"⑰明确指出汉代时生活在岭南的越族部落有上述四个，除闽越之外，其余三个都生活在南越国境内。大体说来，南越族聚居于今广东北、中部一带，今广西东部地区也有一些。西瓯族主要生活在今广西西江中游及灵渠以南的桂江流域。越南史学家陶维英认为，除了上述地区外，今越南的泸江、锦江、求江、商江上游地区，也有西瓯族居住⑱。骆越族分布于西瓯族的西部和南部，即今天广西的左、右江流域，越南的红河三角洲及贵州省的西南部。南越国境内的民族众多，所以实行符合实际情况的民族政策是十分重要的。赵佗吸取秦朝屠睢和任嚣在越统治的经验和教训，制定了比较切合实际的制度和民族政策，获得了极大的成功。这些民族政策具体可以概括为几项。

（1）吸收越人进入政权，以达以越制越之目的。赵佗建立南越国时，以中原汉人为主要依靠力量，即"有中国人相辅"。但要使南越国能长治久安，必须取得土著居民越人的认同。因此，赵佗第一步就要争取越人上层的承认，吸收其参加南越国政权，使其利益与南越国统治集团的利益相一致。在这种思想指导下，许多越人被吸收到南越国政权中来，如吕嘉，清屈大均在《广东新语》中说："嘉本越人之雄，尉佗得之，因越人之所服而相之，而南越以治。"[19]赵佗拜吕嘉为丞相，并以其弟为将军，吕氏家族中许多人得以担任官职。以吕嘉任丞相为契机，越人上层统治者纷纷表示对南越国的支持，一些部族的领袖，相继被吸收到南越国政权中来，或被册封为王侯，如西于王，或被任命为文武官员，如瓯骆左将军黄同，桂林监居翁，越郎都稽等。南越国这一政策，使越人上层集团的利益与南越国统治集团的利益相一致，消除了他们的疑虑，对南越国政权产生认同感，获得成功的统治效果，达到了以越制越的目的。

（2）遵从越人风俗习惯，入境随俗，使汉越人民和睦相处。越族在其历史发展过程中，逐渐形成了自己独特的文化体系和风俗习惯，如喜食蛇蚌、断发文身、魋结箕倨、干栏而居、水处舟行、巫祝盛行、使用鸡卜等。风俗习惯，属于一个民族共同的心理因素，注入强烈的民族感情。对于越族的风俗习惯，如果不加以尊重而轻蔑地否定，必然会伤害越族人民的民族感情。如果遵从之，则会使汉越人民互相了解和睦相处。赵佗居粤多年，对此很有体验。他入境随俗，按越族的风俗习惯生活，俨然以"蛮夷大长老夫"自居。[20]当他第一次接见汉使陆贾时，"弃冠带"，即不用汉朝的"冠带之制"，而用越族的"魋结箕倨"之俗见陆贾。据《史记·陆贾列传》索隐曰：魋结，"谓为髻一撮似椎而结之"，"谓夷人本被发左衽，今他（佗）同其风俗，但魋其发而结之。""箕倨"，就是席地交股而坐，也是越族的习惯。赵佗也自称"居蛮夷中久，殊失礼义"[21]。说明赵佗实际上是一个越化的汉人或汉裔越人。在赵佗的带动和提倡下，居住南越国的中原汉人，遵从越人风俗习惯，入境随俗，蔚然成风，大大消除了民族间的隔阂，有利于统治。

（3）大力提倡汉越通婚，促进民族融合。自古以来，民族间通过重要联姻而消除隔阂，建立和睦关系，这是一条重要的历史经验。赵佗吸取这一历史经验，在南越国大力提倡汉越通婚。吕嘉家族中"男尽尚王女，女尽嫁王子弟宗室"[22]。吕氏家族与苍梧秦王赵光也有亲婚。第三代南越王婴齐也娶有越女为妻，并生有子赵建德。南越国的中下级官吏、兵卒及其他中原汉人与越族的通婚应更为普遍，尤其是南下的数十万秦兵，除了极小部分与中原派来的一万五千名女子结成家庭外，大部分士卒当主要与土著越族通婚。汉越通婚，大大地促进了民族的融合。

（4）因地制宜，让部分越人"自治"。越族支系众多，各部越人社会经济发展极不平衡，其势力亦参差不齐。针对这些不同情况，赵氏政权因地制宜，采取一些灵活、变通的政策，让一部分人"自治"。赵佗兼并象郡之后，取消象郡之名，于其地置九真、交趾二郡。交趾一带，越族部落势力十分强大，有严密的部落组织，赵佗仅派二使者前往"典主"㉓；同时又在交趾地区分封了一位"西于王"，这位"西于王"，正是杀死秦将屠睢的原西瓯君译吁宋的后裔㉔，在西瓯族中有着崇高的声望及广泛影响，赵氏政权封之为王，以安抚之策让其"自治"，以加强对西瓯地区的控制。

由此可见，西汉中央王朝治理南越国的模式，就是考虑到南越国境内民族众多的特点，要求臣属中央王朝的同时，保持其相对独立性，正如汉文帝致赵佗书中所说的"服领（岭）以南，王自治之。"赵佗在南越国的统治，也仿照西汉王朝对其治理的模式，在境内的一些民族复杂的地区，封少数民族的首领为王、侯，让其"自治"。这种治理模式，稳定了岭南的政治局面，不仅"和辑百越"，使得岭南"粤人相攻击之俗益止"，同时，也使"中县人以故不耗减"㉕。这为岭南地区经济的发展、文化的交流、民族的融合奠定了基础。

二 汉朝治理南越国模式探源

中国疆域辽阔，民族众多，从夏、商、周开始，就存在一个中原王朝的政治实体，在这个政治实体的周围分布着许多少数民族。怎样治理这些地区，中国古代形成一套完整的思想和政策。《尚书·禹贡》说夏朝王室统治的中心称为王畿，以王畿为中心，根据距王畿近远而分为"五服"：

> 五百里甸服，百里赋纳总，二百里纳铚，三百里纳秸服，四百里粟，五百里米。五百里侯服，百里采，二百里男邦，三百里诸侯。五百里绥服，三百里揆文教，二百里奋武卫。五百里要服，三百里夷，二百里蔡。五百里荒服，三百里蛮，二百里流。㉖

《国语·周语上》记载周穆王将伐犬戎，大臣祭公谋父进谏说：

> 夫先王之制：邦内甸服，邦外侯服，侯卫宾服，蛮夷要服，戎狄荒服。甸服者祭，侯服者祀，宾服者享，要服者贡，荒服者王。日祭，月祀，时享，岁贡，终王。㉗

这两书对"五服"的记载，尽管略有不同，但"五百里要服"，"五百里荒服"，"蛮夷要服"，"戎狄荒服"，都是指东南夷蛮之族和西北戎狄之族所居的地区。祭公谋父说的"甸服者祭，侯服者祀，宾服者享，要服者贡，荒服者王"，是说"五服"对周王有不同的职贡。荒服的少数民族首领，必须向周王进献。根据"荒服"的制度，所有居住在"荒服"地区的大小部落首领，都必须终身"来王"，所谓"来王"，就是来到王的居处，朝见周王而推尊以为王；接受分封低下爵位而服事周王㉘。楚是被周人看作蛮夷的，《史记·楚世家》说："周文王之时，季连之苗裔曰鬻熊，鬻熊子事文王。"所谓

"子事文王"，就是接受低下的"子"爵，从而服事于周王。

对《禹贡》的"五服"说，司马迁和班固是全盘接受了的。《史记》卷2《夏本纪》和《汉书》卷28《地理志》关于"五服"的论述，除改个别字之外，几乎全文照抄《禹贡》。此外，还多次提到"水土既平，更制九州，列五服，任土作贡"[29]，"圣王分九州，制五服"[30]等。当然，"五服"说是儒家理想化的东西，不能完全相信当时的统治这样规范。但它说的以王畿为中心，由近及远地将统治推向四方，而统治也由近及远地逐渐减弱，却是事实。对于"服"字，郑玄《周礼注》解释说："服，服事天子也。"程大中《四书逸笺》卷一引《丛说》："《禹贡》五服之内所封诸侯，朝贡皆有时，各依服数以事天子，故曰服事"[31]。对"荒服"，《史记·夏本纪》《集解》引马融曰："政教荒忽，因其故俗而治之。"《汉书·地理志》，师古注曰："此五服之最在外者也。荒，言其荒忽，各因本俗。"对于"五服"，南宋蔡沈《书集传》解释说："甸服，畿内之地也。甸，田服事也"；"侯服者，侯国之服"；绥服者，"绥，安也。谓之绥者，渐远王畿而取抚安之义"；"要服，去王畿已远，皆夷狄之地，其文法略于中国。谓之要者，取要约之义，特羁縻而已"；"荒服，去王畿益远，而经略之者视要服为尤略也"。[32]在这里，蔡沈认为中原王朝统治者对"要服"的治理，因为"去王畿已远，皆夷狄之地，其文法略于中国"，所以"取要约之义，特羁縻而已"。而对"荒服"的治理，比"要服为尤略"，即更为松弛。即对"要服"、"荒服"的治理是"羁縻"而治。这是夏、商、周时代的情况。在战国时代封建兼并战争中，秦对一些少数民族也采用羁縻政策。秦兼并巴、蜀之后，因为少数民族的统治者在当时还有一定的号召力，采用了羁縻政策[33]。

既然《史记》、《汉书》全盘接受了"五服说"，汉代的政治家中，在讨论边疆问题时，也以"五服说"为立论基础。如《汉书》卷64上《严助传》记载淮南王刘安上书谏闽越用兵一事说："自三代之盛，胡越不与受正朔，非强弗能服，威弗能制也，以为不居之地，不牧之民，不足以烦中国也。故古者封内甸服，封外侯服，侯卫宾服，蛮夷要服，戎狄荒服，远近势异也。"《汉书》卷94下《匈奴传》讨论怎样处理匈奴问题时，萧望之说："戎狄荒服，言其来服荒忽无常，时至时去，宜待以客礼，让而不臣。"（《萧望之传》也有类似记载）《匈奴传·赞》班固总结对边疆的治理时说：

> 故先王度土，中立封畿，分九州，列五服，物土贡，制外内，或修刑政，或昭文德，远近之势异也。……夷狄之人，……其慕义而贡献，则接之以礼让，羁縻不绝，使曲在彼，盖圣王制御蛮夷之常道也。

班固认为，先王"分九州，列五服"，对于"荒服"，用羁縻之治，乃"圣王制御蛮夷之常道。"

"羁縻"一词，在《史记》中凡五见，在《汉书》中凡八见。其意义有几种情况，一种是泛指一种统治方式，如《史记》卷 25《律书》："会高祖厌苦军事，亦有萧、张之谋，故偃武一休息，羁縻不备。"一种是对方士而言，如《史记》卷 28《封禅书》（《史记·武帝纪》、《汉书·郊祀志》同）载"而方士之候祠神人，入海求蓬莱，终无有验。而公孙卿之候神者，犹以大人之迹为解，无有效。天子益怠厌方士之怪迂语矣，然羁縻不绝，冀遇其真。"这是指对方士保持联系，控制方士的活动。此外，更多的是指对边疆戎狄的一种统治方式，如《史记》卷 117《司马相如列传》："盖闻天子之于夷狄也，其义羁縻勿绝而已。"《索隐》对"羁縻"的解释："羁，马络头也。縻，牛韁也。《汉官仪》'马云羁，牛云縻。'言制四夷如牛马之受羁縻也。"这是对边疆少数民族的一种贬义，但它说出了对边疆的一种统治方式。又如《史记》卷 123《大宛列传》："宛以西，皆自以远，尚骄恣晏然，未可诎以礼羁縻而使也。"《汉书》卷 70《陈汤传》："中国与夷狄有羁縻不绝之义。"《汉书》卷 96 上《西域传》说康居国"汉为其新通，重致远人，终羁縻而未绝。"凡此种种，都是指对戎狄"羁縻"而治。

诚如班固在《匈奴传》赞中所总结的，"羁縻"而治，乃"圣王制御蛮夷之常道"。这种思想在汉代政治家、军事家的头脑里是根深蒂固的。而这种思想是基于王畿之外，分为"五服"，而最外的是戎狄聚居的"荒服"，因而用"羁縻"而治。汉代中央统治者，总结和吸收先秦时代对边疆戎狄"羁縻"而治的经验教训，制定了因时、因地、因人而异的汉代的"羁縻"政策。汉代中央对"南越国"的治理，正是这种"羁縻"而治的具体表现。赵佗也是一位杰出的政治家、军事家，他对"南越国"的治理，对国内少数民族势力强的地区，也用"羁縻"而治。汉代这种羁縻思想，包括以下内容：第一，反对放弃边疆地区，必须坚持中国与其周边民族之间的政治联系，即所谓"中国与夷狄有羁縻不绝之义。"第二，进行适度而治，即羁縻而治，有限度地加以控制，名义上保持统治与隶属的关系，而不进行直接统治，由其首领"自治"，对南越国的统治即是此种形式。第三，羁縻而治的最终目的还是要实现更高层次的治，达到完全的统一。③④如汉武帝元鼎六年平定南越国，即是更高层次上的统一。

因此，我们认为汉中央王朝对南越国的治理模式，渊源于先秦时代在王畿之外，分为"五服"，而最外地区是"荒服"，对"荒服"实行"羁縻"而治。"南越国"统治之地，正属"荒服"之地，因而用"羁縻"而治。这是汉王朝中央继承和发展先秦时代治理边疆的经验教训的结果。而这一做法是成功的。

注 释

① 《史记·南越列传》，中华书局校点本。以下引用《史记》，均据此本。

② 参阅拙著《南越国史》，广东人民出版社，1995 年，第 68～86 页。

③ 《汉书·两粤传》，中华书局校点本。以下引用《汉书》均据此本。

④ 《史记·秦始皇本纪》。

⑤ 《史记·南越列传》索隐引《广州记》。

⑥ 广西文物工作队：《广西贵县罗泊湾二号汉墓》，载《考古》1982 年第 4 期。

⑦ 广西文物工作队：《广西贺县金钟一号墓》，载《考古》1986 年第 3 期。

⑧ 蒋廷瑜：《贵县罗泊湾汉墓墓主族属的再分析》，载《学术论坛》1987 年第 1 期。

⑨ 蓝日勇：《试论罗泊湾一号墓墓主身份及族属》，载《广西民族研究》1986 年第 2 期。

⑩ 参阅拙著《南越国史》，广东人民出版社，1995 年，第 112 ~ 130 页。

⑪ 《汉书·两粤传》。

⑫ 《史记·平准书》。

⑬ 《西汉南越王墓》上册，文物出版社，1991 年，第 40 ~ 42 页。

⑭ 《汉书·食货志下》。

⑮ 《汉书·两粤传》。

⑯ 《汉书·地理志》。

⑰ 林惠祥：《中国民族史》上册第六章，上海文艺出版社，1990 年影印本，第 111 页。

⑱ 陶维英：《越南历代疆域》中译本，商务印书馆，1973 年，第 45 页。

⑲ 李育中等《广东新语注》，广东人民出版社，1991 年，第 418 页。

⑳ 《史记·南越列传》。

㉑ 《史记·陆贾列传》。

㉒ 《汉书·两粤传》。

㉓ 《史记·南越列传》索隐引《广州记》。

㉔ 王先谦在《汉书补注·两粤传》中认为："《淮南子·人间训》载有西瓯君，《汉书·闽粤传》斩西于王，即西瓯也。"又据罗香林之《古代百越分布考》："瓯雒之瓯，亦似为于越之于所转"，且"瓯""于"二字，"求之于古，本同部也"（见罗香林：《中夏系统中之百越》，独立出版社 1943 年版）。可见古代瓯、于二字可通，因此，"西于"即是"西瓯"，西于王也就是西瓯王。

㉕ 《汉书·高帝纪下》。

㉖ 《十三经注疏》上册，中华书局，1980 年。

㉗ 《国语·周语上·穆王将征犬戎》，徐元诰《国语集解》。中华书局，2002 年。

㉘ 参考杨宽著《西周史》第七章《西周王朝统治所属部族的"荒服"制度》。上海人民出版社，1999 年。

㉙ 《汉书·地理志上》；《汉书·匈奴传上》。

㉚ 《汉书·西域传上·罽宾国》。

㉛ 文渊阁四库全书台湾影印本。

㉜ 同上。

㉝ 杨宽著《战国史》，上海人民出版社，1980 年，第 325 页。

㉞ 参考刘逖《我国古代传统治边思想初探》，载马大正主编《中国古代边疆政策研究》，中国社会科学出版社，1990 年。

南越国非汉之诸侯国论

刘 瑞

南越国与汉王朝的关系问题，过去有两种截然相反的意见：第一种意见认为南越国是"汉王朝封建诸侯国"①，但具有一些特殊性②。第二种意见则对上述意见加以否定，但在至于南越国和汉王朝的关系到底应该如何认识上，持非诸侯国论的学者之间的意见并不一致。他们的认识主要有"独立国家"③、"外诸侯"④、"民族自治区域"⑤等等⑥。在研习相关文献后，我以为南越国应既不是汉王朝的诸侯国，也不是汉王朝的"外诸侯"，同时还不是"民族自治区域"。它首先应是一个独立的政权，南越国和汉王朝之间发生的关系是两个具有完全独立主权的政权之间的双边关系；其次，南越国虽通过"臣属"于汉王朝的形式，成为了汉王朝的"外臣"，但却丝毫不影响南越国政权的独立性。草以小文，求教于方家。

一 汉王朝管理诸侯国的方式及汉同南越国关系间的差异⑦

汉代有多少个诸侯国在文献中的记载基本清楚，史汉二书异议不大。《史记·汉兴以来诸侯王年表》：

> 汉兴，序二等。高祖末年，非刘氏而王者，若无功上所不置而侯者，天下共诛之。高祖子弟同姓为王者九国，唯独长沙异姓，而功臣侯者百有余人。自雁门、太原以东至辽阳，为燕、代国；常山以南，大行左转，度河、济、阿、甄以东薄海，为齐、赵国；自陈以西，南至九疑，东带江、淮、谷、泗，薄会稽，为梁、楚、淮南、长沙国；皆外接胡、越。

《汉书·诸侯王表》：

> 汉兴之初，海内新定，……立二等之爵。功臣侯者百有余邑，尊王子弟，大启九国。自雁门以东，尽辽阳，为燕、代。常山以南，太行左转，度河、济，渐于海，为齐、赵。谷、泗以往，奄有龟、蒙，为梁、楚。东带江、湖，薄会稽，为荆、吴。北界淮濒，略庐、衡，为淮南。波汉之阳，亘九嶷，为长沙。诸侯比境，周匝三垂，外接胡越。

"序二等"，即为《史记集解》韦昭言：

> 汉封功臣，大者王，小者侯也。

而这里的"九国"所指，徐广在《史记集解》也明确点明：

> 齐、楚、荆、淮南、燕、赵、梁、代、淮阳。

《史记索隐》：

> 徐氏九国不数吴，盖以荆绝乃封吴故也。仍以淮阳为九。今案：下文所列有十国者，以长沙异姓，故言九国也。

需要着重说明的是，史汉文献在这里提到了"皆外接胡、越"，其中的"胡"应是指北方匈奴等民族政权，而"越"则肯定指包括南越在内的各越族地方政权。如单从这些文献出发，则已明显可看出司马迁和班固等汉代人著述的时候均没把匈奴、南越等民族建立的一时臣属于汉王朝的政权当作是汉王朝的诸侯国。《汉书·景武昭宣元成功臣表》：

> 昔《书》称'蛮夷帅服'⑧，《诗》云'徐方既来'⑨，《春秋》列潞子之爵，许其慕诸夏也⑩。汉兴至于孝文时，乃有弓高、襄城之封⑪，虽自外来，本功臣后。故至孝景始欲侯降者，丞相周亚夫守约而争⑫。帝黜其议，初开封赏之科，又有吴楚之事。武兴胡越之伐，将帅受爵，应本约矣。后世承平，颇有劳臣，辑而序之，续元功次云。

很清楚，南越国也不在这些因对汉王朝有功而受封的外来降者之列。《汉书·异姓诸侯王表》：

> 故据汉受命，谱十八王，月而列之，天下一统，乃以年数。讫于孝文，异姓尽矣。

应劭曰：

> 项羽为西楚霸王，为天下主，命立十八王，王高祖于蜀汉。汉元年，诸王毕封各就国，始受命之元，故以冠表焉。

当然，在异姓诸侯的"十八王"内也不包括南越国。

史汉二书中多有关于削弱诸侯国势力的记载，《史记·汉兴以来诸侯王年表》：

> 汉定百年之间，……大者叛逆，小者不轨于法……。天子观于上古，然后加惠，使诸侯得推恩分子弟国邑，故齐分为七，赵分为六，梁分为五，淮南分三，及天子支庶子为王，王子支庶为侯，百有余焉。吴楚时，前后诸侯或以适削地，是以燕、代无北边郡，吴、淮南、长沙无南边郡，齐、赵、梁、楚支郡名山陂海咸纳于汉。诸侯稍微，大国不过十余城，小侯不过数十里，上足以奉贡职，下足以供养祭祀，以蕃辅京师。

《汉书·诸侯王表》：

然诸侯原本以大，……故文帝采贾生之议分齐、赵，景帝用晁错之计削吴、楚。武帝施主父之册，下推恩之令，使诸侯王得分户邑以封子弟，不行黜陟，而藩国自析。自此以来，齐分为七，赵分为六，梁分为五，淮南分为三。皇子始立者，大国不过十余城。长沙、燕、代虽有旧名，皆亡南北边矣。景遭七国之难，抑损诸侯，减黜其官。武有衡山、淮南之谋，作左官之律，设附益之法，诸侯惟得衣食税租，不与政事。

《史记集解》如淳曰：

长沙之南更置郡，燕代以北更置缘边郡，其所有饶利兵马器械，三国皆失之也。

《史记正义》：

景帝时，汉境北至燕、代，燕、代之北未列为郡。吴、长沙之国，南至岭南；岭南、越未平，亦无南边郡。

因为南越国的灭亡不是由封地受削引起，所以也就没有在这些相关的史传中得到反映。从这些流传下来的汉代人书写的《史记》、《汉书》等文献记载看：第一，南越国不包括在汉代人心目中的汉王朝诸侯国数目之内；第二，南越国也不包括在汉王朝的郡县范围之内。

汉代诸侯国制同京师，《汉书·诸侯王表》："宫室百官同制京师。"诸侯国内的一些重要官员均由汉王朝直接任命，而且越往后发展，中央任命官员的权限越大，史汉记载基本相同。《史记·五宗世家》：

高祖时诸侯皆赋，得自除内史以下，汉独为置丞相，黄金印。诸侯自除御史、廷尉正、博士，拟于天子。自吴楚反后，五宗王世，汉为置二千石，去'丞相'曰'相'，银印。诸侯独得食租税，夺之权。其后诸侯贫者或乘牛车也。

《汉书·百官公卿表》：

诸侯王，高帝初置，……有太傅辅王，内史治国民，中尉掌武职，丞相统众官，群卿大夫都官如汉朝。景帝中五年令诸侯王不得复治国，天子为置吏，改丞相曰相，省御史大夫、廷尉、少府、宗正、博士官，大夫、谒者、郎诸官长丞皆损其员。武帝改汉内史为京兆尹，中尉为执金吾，郎中令为光禄勋，故王国如故。损其郎中令，秩千石；改太仆曰仆，秩亦千石。

《后汉书·百官志》：

汉初立诸王，因项羽所立诸王之制……。又其官职傅为太傅，相为丞相，又有御史大夫及诸卿，皆秩二千石，百官皆如朝廷。国家唯为置丞相，其御史大夫以下皆自置之。至景帝时，吴、楚七国恃其国大，遂以作乱，几危汉室。及其诛灭，景帝惩之，遂令诸王不得治民，令内史主治民，改丞相曰相；省御史大夫、廷尉、少府、宗正、博士官。武帝改汉内史、中尉、郎中令之名，而王国如故，员职皆朝廷为署，不得自置。

而南越国却与此有很大不同，《史记·南越列传》：

> 及婴齐薨後，元鼎四年，汉使安国少季往谕王、王太后以入朝，比内诸侯。……因使者上书，请比内诸侯，三岁一朝，除边关，于是天子许之，赐其丞相吕嘉银印，及内史、中尉、太傅印，余得自置。除其故黥劓刑，用汉法，比内诸侯。

在武帝讽谕南越国"比内诸侯"之前南越国一直自由、完全的自置官吏，汉王朝无权干涉，这是它与汉王朝的诸侯国存在的根本不同之处。从汉武帝在得到南越国"比内诸侯"的"请求"后仅仅是"赐其丞相吕嘉银印，及内史、中尉、太傅印，余得自置"看，比起当时汉王朝的诸侯国情况来，汉王朝对其的控制也相对要轻得多。这种情况应就是《汉书·终军传》所说"南越窜屏葭苇，与鸟鱼群，正朔不及其俗"的反映。

汉王朝的诸侯国对内衣食租税，对汉王朝则有明确的经济义务，这主要体现在要向汉王朝中央定期的贡献献费、酎金，《汉书·高帝纪》：

> 二月，诏曰：欲省赋甚。今献未有程，吏或多赋以为献，而诸侯王尤多，民疾之。令诸侯王、通侯常以十月朝献，及郡各以其口数率，人岁六十三钱，以给献费。

《后汉书·礼仪志》注：

> 丁孚《汉仪》曰：酎金律，文帝所加，以正月旦作酒，八月成，名酎酒。因令诸侯助祭贡金。《汉律·金布令》曰："皇帝斋宿，亲帅群臣承祠宗庙，群臣宜分奉请。诸侯、列侯各以民口数，率千口奉金四两，奇不满千口至五百口亦四两，皆会酎，少府受。又大鸿胪食邑九真、交阯、日南者，用犀角长九寸以上若？瑇瑁甲一，郁林用象牙长三尺以上若翡翠各二十，准以当金。

这些钱虽然在名义上是献费、酎金，但是缴纳的钱实际已被汉王朝规定定时、定量，实同郡县向中央缴纳的赋税，只不过名义和数量不同而已。而《汉书·严助传》明确讲："越人名为藩臣，贡酎之奉，不输大内，一卒之用不给上事"，二者之间完全没有汉王朝和自己诸侯国之间所拥有的上述这种固定的经济关系。《汉书·终军传》记载："南越与汉和亲，乃遣军使南越，说其王，欲令入朝，比内诸侯"，即使是当时被汉王朝讽谕而成的南越国的"比内诸侯"之举，也被称为"和亲"，二者之间关系之疏由此可见。

实际上，在汉代，不仅是一般的汉人不认为南越国是汉王朝的诸侯国，就是汉王朝的皇帝也没有把它当成是自己的诸侯国，《汉书·南粤列传》：

> 文帝元年，……使告诸侯四夷从代来即位意……上召贾为太中大夫……赐佗书曰：皇帝谨问南粤王，甚苦心劳意。……虽然，王之号为帝。两帝并立，亡一乘之

使以通其道，是争也；争而不让，仁者不为也。愿与王分弃前患，终今以来，通使如故。故使贾驰谕告王朕意，王亦受之，毋为寇灾矣。……愿王听乐娱忧，存问邻国。

从文帝这篇写给南越王的言词和好的信件看，其无论是在行文的格式，还是在去信的语气上都完全不同于汉朝皇帝向自己分封的诸侯王之间进行文书关系时所发出的诏令等下行的文书。

综上考虑，南越国既不被汉代的当时人（司马迁[13]、班固等）认为是属于汉的诸侯国，汉王朝也从来没有对它的内部百官设置产生过实际的影响，在经济上南越国对汉王朝也没有固定的缴纳贡赋的义务，它和汉王朝的关系与汉王朝同自己诸侯国的关系存在着根本的不同。即南越国不属于汉王朝的诸侯国，应是一个独立的政权[14]。

二　汉代的"外臣"[15]

在汉代文献记载反映中央汉政权和周边政权关系时不断使用着一个词——"外臣"，如：

1. 匈奴用赵信之计，遣使于汉，好辞请和亲。天子下其议，或言和亲，或言遂臣之。丞相长史任敞曰："匈奴新破，困，宜可使为外臣，朝请于边。"汉使任敞于单于。单于闻敞计，大怒，留之不遣。（《史记·匈奴列传》[16]，《汉书·匈奴列传》与此基本相同）

2. 蒙乃上书说上曰："南越王黄屋左纛，地东西万余里，名为外臣，实一州主也。"（《史记·西南夷列传》[17]，《汉书·西南夷列传》与此基本相同）

3. 是后天子数问骞大夏之属。骞既失侯，因言曰："……蛮夷俗贪汉财物，今诚以此时而厚币赂乌孙，招以益东，居故浑邪之地，与汉结昆弟，其势宜听，听则是断匈奴右臂也。既连乌孙，自其西大夏之属皆可招来而为外臣"。天子以为然，拜骞为中郎将，将三百人，马各二匹，牛羊以万数，赍金币帛直数千巨万，多持节副使，道可使，使遗之他旁国。（《史记·大宛列传》[18]，《汉书·张骞列传》与此基本相同）

4. 燕丹散乱辽间，满收其亡民，厥聚海东，以集真藩，葆塞为外臣。（《史记·太史公自序》[19]）

会孝惠、高后时天下初定，辽东太守即约满为外臣，保塞外蛮夷，无使盗边；诸蛮夷君长欲入见天子，勿得禁止。以闻，上许之，以故满得兵威财物侵降其旁小邑，真番、临屯，皆来服属，方数千里。（《史记·朝鲜列传》[20]，《汉书·西南夷两粤朝鲜传·朝鲜》同）

　　5. 陆贾至，南粤王恐，……因为书称："蛮夷大长老夫臣佗昧死再拜上书皇帝
陛下：老夫故粤吏也，高皇帝幸赐臣佗玺，以为南粤王，使为外臣，时内贡职。孝
惠皇帝即位，义不忍绝，所以赐老夫者厚甚……。"（《汉书·西南夷两粤朝鲜传·
南粤》㉑，《史记·南越列传》近同）

"外臣"的称呼非始于秦汉，它早在先秦文献就已经出现，当时主要是指他国之臣：

　　1. 凡自称于君，士大夫则曰下臣；宅者在邦，则曰市井之臣；在野，则曰草
茅之臣；庶人。则曰刺草之臣；他国之人则曰外臣。（《仪礼·士相见礼》㉒）

　　2. 凡讣于其君，曰"君之臣某死"；父母妻长子，曰"君之臣某之某死"；君
讣于他国之君，曰"寡君不禄，敢告于执事"。夫人，曰"寡小君不禄"；大子之
丧，曰"寡君之适子某死"。大夫讣于同国，适者曰，"某不禄"；讣于士，亦曰
"某不禄"。讣于他国之君，曰"君之外臣寡大夫某死"。讣于适者，曰"吾子之外
私寡大夫某不禄使某实"；讣于士，亦曰"吾子之外私寡大夫某不禄使某实。"
（《礼记·杂记上》㉓）

从前引文献，我们可以看出秦汉时期"外臣"的含义与先秦时代的含义相比已经发生
很大变化。从这些文献看，汉代的"外臣"有如下一些基本特点：

　　1. 称"外臣"者主要是东越、南越和朝鲜等处于边疆地区的少数民族聚居区，即
统治区以外的周边民族政权。双方通过确定"外臣"关系进行政权之间的交往。

　　2. 称"外臣"者与中央汉王朝的义务主要是：

　　A. "时纳贡职"（如南越）。

　　B. "朝请"（如匈奴；如史籍中南越王"婴齐""惧入见"。"外臣"的朝请可能是
不定期的，所以才有南越太后"请比内诸侯，三岁一朝"的提出；在朝请进入中央政
权管辖区时可能要用汉法，故婴齐才惧而不入。从接受匈奴呼韩邪单于朝请时中央政权
君臣间关于礼仪制度的争论情况看（见《史记·大宛列传》），这种担心也许并不需
要）。

　　C. 有负责汉政权边疆的安全义务，如朝鲜"保塞外蛮夷，无使盗边；诸蛮夷君长
欲入见天子，勿得禁止"。

　　D. 派子入"侍"（如南越王"婴齐"及其子"次公"）。而汉王朝对"外臣"除了
赐予封号外，还经常赏赐财物（如南越"孝惠皇帝即位……所以赐老夫者厚甚"），当
"外臣"对中央有所"贡献"时，汉王朝要有回礼，一般与其"贡献"相当，即"羁
縻之义，礼无不答。谓可颇加赏赐，略与所献相当。"㉔

　　E. "外臣"在中央有"籍"（故有"削去南粤之籍"）。双方间有"关"（如南越，
"有司请禁南越关市铁器"；南越太后请比内诸侯时有"除边关"）。

　　F. 汉王朝和"外臣"之间主要是通过使节的来往保持联系（如南越、朝鲜）。相

邻的"外臣"之间，名义上不能互相征讨，即"毋得擅兴兵攻击"，如出现战争，被侵扰者可要求中央王朝出兵消弭兵祸（如闽越向南越的战争就是在南越王胡向汉王朝上书后，汉王朝派兵，闽越自动罢兵）。

G. "外臣"者的后嗣和皇后的策立要通过中央王朝的认可（如南越）。

3. 称"外臣"者虽然名义上是汉王朝的"外臣"，但实际上在自己的统治区域内均拥有完全的自主权：

A. 内政方面，它们完全自主任免官员，汉王朝不在这里实行郡县制和任免官吏；对于它们统治者的更替，汉王朝只有程序式的对既成事实的认可而不加干涉。

B. 经济上完全自主，虽然它们有义务向中央贡献方物，但中央亦经常厚赐"外臣"，汉王朝通过赏赐来笼络它们，它们向汉王朝的贡献不影响其经济上的独立，相反通过与汉王朝的经济往来可以较快地发展自己的经济。

C. 它们拥有独立的军队和完全自主的行军权，无需报请汉王朝批准。

D. 外交方面，它们有独立的外交权，往往对临近少数民族形成统属关系，如"以故满得兵威财物侵降其旁小邑，真番、临屯，皆来服属，方数千里"。现有文献表明，汉王朝一般极少干涉它们的内政、外交。

由于"外臣"关系的确立，一般情况下，这些边疆民族政权不再频繁的侵扰中央政权的边境，这样也就达到中央政权"保塞"的目的。此外，"外臣"即使名义上受到汉王朝的册封，但二者之间的关系可能很大程度上如前引《史记·大宛列传》中记述准备招匈奴为外臣时说的"昆弟"关系。而且就像史汉《南越传》中记载的文帝通过陆贾交给南越王赵佗的信件一样，它们之间的行文完全是平等的关系（《匈奴传》中也有这样的记载）。

从上文引文献和所做分析，汉代"外臣"实际上是汉王朝为了边疆安宁，对原来在边疆地区已存在的少数民族政权进行承认，通过对其首领的封爵和赏赐等手段加强它们与中原政权的联系，使它们不侵扰边疆。对汉王朝而言它们名义上属于"外臣"，但是却一直拥有完全独立的内政、外交和军事指挥权，汉王朝不对其进行干涉。它们不是汉王朝的化内之民，也不是"属国"制度下的被管理者。当然他们也不是汉王朝分封的诸侯或诸侯王。

三 汉代的"内臣"㉕

汉代有与"外臣"相对的"内臣"㉖，文献记载：

1. 嘉为先言于秦王曰："燕王诚振怖大王之威，不敢举兵以逆军吏，愿举国为内臣，比诸侯之列，给贡职如郡县，而得奉守先王之宗庙。"（《史记·刺客列传·

荆轲》㉒,《战国策·燕三·燕太子丹质于秦亡归》基本相同)

2. 是时邛筰之君长闻南夷与汉通,得赏赐多,多欲愿为内臣妾,请吏,比南夷。天子问相如,相如曰:"邛、筰、冉、駹者近蜀,道亦易通,秦时尝通为郡县,至汉兴而罢。今诚复通,为置郡县,愈于南夷。"天子以为然,乃拜相如为中郎将,建节往使。副使王然于、壶充国、吕越人驰四乘之传,因巴蜀吏币物以赂西夷。……司马长卿便略定西夷,邛、筰、冉、駹、斯榆之君皆请为内臣。除边关,关益斥,西至沬、若水,南至牂柯为徼,通零关道,桥孙水以通邛都。还报天子,天子大说。(《史记·司马相如列传》㉘,《汉书·司马相如传》近同)

唐蒙使略通夜郎,而邛筰之君请为内臣受吏。(《史记·太史公自序》㉙)

3. 莽既致太平,北化匈奴,东致海外,南怀黄支,唯西方未有加。乃遣中郎将平宪等多持金币诱塞外羌,使献地,愿内属。宪等奏言:"羌豪良愿等种,人口可万二千人,愿为内臣,献鲜水海、允谷盐池,平地美草皆予汉民,自居险阻处为藩蔽。……置属国领护。"(《汉书·王莽传上》㉚)

归纳上面文献并对照前引有关"外臣"的记载,汉"内臣"有如下特点:

1. 称"内臣"者,一般都是在中央政权统治区内的民族聚居区(如西南夷)。它们与中央王朝之间已经"除边关,关益斥",互相之间已经没有了在"外臣"和汉中央之间那样把守严密的关隘限制。

2. "内臣"完全从属于汉中央,"比诸侯之列,给贡职如郡县,而得奉守先王之宗庙",与"外臣"有根本的区别。从成为"内臣"的西南夷看,汉王朝在西南夷设立了郡县,任命令长,将它们纳入中央郡县制的范围之内,成为"内臣"的地方民族政权与上文所引南越、朝鲜等"外臣"的独立地位有着天壤之别。

3. 中央王朝在"内臣"之地设立郡县,派吏管理㉛,内臣"受吏"是其最重要的前提之一。

4. 对于归顺的"内臣",汉代法律一般有较普通编户百姓特殊的规定。如"律,蛮夷男子岁出賨钱,以当徭赋。"㉜

5. 据本节引文献3,内臣属"属国领护"。《汉书·百官公卿表》:"典属国,秦官。掌蛮夷降者。武帝元狩三年昆邪王降,复增属国,置都尉、丞、侯、千人。属官,九译令。成帝河平元年省并大鸿胪"㉝。

6. 在成为"内臣"后,其原来的首领仍然对其属民有很高的治理权。

四　外诸侯问题㉞

在与南越相关的文献出现了"内诸侯":

《史记·南越列传》：

> 婴齐代立，藏其先武帝玺。……汉数使使者风谕婴齐，婴齐尚乐擅杀生自恣，惧入见要用汉法，比内诸侯，固称病，遂不入见。……及婴齐薨后，元鼎四年，汉使安国少季往谕王、王太后以入朝，比内诸侯；……太后恐乱起，亦欲倚汉威，数劝王臣求内属。因使者上书，请比内诸侯，三岁一朝，除边关，于是天子许之，赐其丞相吕嘉银印，及内史、中尉、太傅印，余得自置。除其故黥劓刑，用汉法，比内诸侯。[35]

有的学者认为南越国是汉王朝的"外诸侯"。

"外诸侯"之名见于《礼记·王制》：

> 天子之县内诸侯，禄也；外诸侯，嗣也。[36]

《礼记正义》：

> 此一节论外诸侯父死子得嗣位之事。此畿外诸侯世世象贤传嗣其国也。故下云诸侯世子世国。所以畿内诸侯不世爵而畿外得嗣者，以畿内诸侯则公卿大夫辅佐于王，非贤不可，故不世也。畿外诸侯尝有大功，报其劳效，又在处少事，故得世世也。[37]

内外诸侯的分划以天子畿县言，《礼记·王制》：

> 天子之县内方百里之国九，七十里之国二十有一，五十里之国六十有三。凡九十三国。名山大泽不以肦，其余以禄士，以为间田。凡九州千七百七十三国。天子之元士、诸侯之附庸不与。[38]

即，"外诸侯"大体就是在九州之内天子畿县之外地区的方国。中央的天子不对它们进行直接的管理，它们的王室以世袭的方式更替，与内诸侯有明显的区别[39]。"内诸侯"和"外诸侯"乃是一种以中央王朝为中心的层递式的统治模式。

从前引文献和历史看，汉代分封诸侯国的制度经历了一个发展过程，但是从传世的各种文献看，虽然这些诸侯间实力有大有小，和汉皇帝关系有亲有疏，但找不到一处表明当时将诸侯分为内诸侯和外诸侯的记载。鉴于此，我认为《礼记》中的"内诸侯"、"外诸侯"的统治模式在秦汉时期并不存在，秦汉时并没有上述意义上的内、外诸侯。在史汉南越列传所出现的"内诸侯"，我以为其所指的"内"的范围应是指汉王朝边关之内，"内诸侯"就是指那些在南越国和汉王朝之间拥有的属于汉王朝边关之内的汉王朝分封的诸侯[40]。从前文看，这些边关之内的众诸侯或者是汉王朝分封的诸侯，或者是内属的民族政权内属时受封的诸侯。但是，虽然从文献看这些汉王朝边关之内的诸侯与《礼记》的"内诸侯"有某种相似性，而且也为当时人所称（仅见于与南越相关列传），但是至于"外诸侯"，则不仅秦汉史籍未见记载，而且也没有当时人认可或指认，把南越国称为汉王朝的"外诸侯"是不妥当的。

五 结论

林甘泉先生在为张荣芳先生《秦汉史论集（外三篇）》所写序言中指出[41]：

> 2000 多年的封建社会中，中原王朝和周边少数民族政权的关系大致有以下三种类型：一，中原王朝政府征服了少数民族地区，设置郡、县，将其纳入中原王朝的版图；二，少数民族政权向中原王朝称臣纳贡，但仍保持自己相对的独立性，与中央王朝的地方政权有别；三，少数民族政权是完全独立的政权，或与中央王朝结盟通好，或与中原王朝处于一种敌对的状态。

第一种类型下民族政权与中央王朝的关系相当于"内臣"制度下民族政权与中央王朝的关系，第二种类型下的民族政权与中央王朝的关系相当于"外臣"制度下民族政权与中央王朝的关系。而南越国和汉王朝的双边关系我认为它应该就是汉王朝的"外臣"[42]，即它首先是一个独立的政权，和中原的汉王朝发生了属于两个政权之间发生的双边关系——"外臣"关系，形成名义上的臣属，但这丝毫不影响它本身的独立。

在我国古代民族和政治关系中，一个政权对另一政权进行名义上的臣属是经常出现的现象，如何看待和评价这样的臣属关系是我国古代民族史研究的一个重要课题。是否将那些名义上的臣属其他政权的臣属政权均简单地称之为它是另一政权的诸侯国的认识是值得进一步分析的。我认为，在两个政权之间的这种一个政权对另一个政权的"臣属"关系，实际上是和分封制度下的诸侯国制度不同的一种制度。诸侯国是一个政权对内的统治方式下的产物，而"臣属"或"外臣"却是两个政权之间发生的双边关系。如将属于"外臣"的关系或仅仅是名义上的臣属某一政权的关系都称之为诸侯国制度，那么实际上在我国漫长的内外民族政权交往过程中的大量关系就值得重新进行讨论，更会得出许多完全不同于传统认识的看法。如日本和中国政权的关系。据记载，日本在西汉和东汉的时候都对汉王朝进行过进贡，并在东汉时曾经接受过汉朝的册封，并被颁赐了金印（此印在日本已经出土）[43]，根据我们在对南越国和汉王朝关系认定上的传统认识，那么日本和汉王朝之间的这种关系就应该是汉王朝和诸侯国的关系，而至今我们还未见学者有过这样的讨论。此外又如南宋，它在绍兴十一年（公元1141年）同金朝签订了和议条约——"绍兴和议"，在和议条款中南宋不仅承诺向金割地（南越国还尚未割地）、纳贡（南越向汉王朝的纳贡是贡献土产，而汉王朝一般均给予很高的回报；于此相比，南宋向金的纳贡则几乎是完全意义上的纳贡，金几乎是不加以多少回报），而且南宋还向金朝称臣（宋还有受金朝国书之仪，较南越与汉王朝的傲慢态度来南宋要谦卑许多）[44]，后承认自己是金的侄国。同样如果按认定南越国为汉朝诸侯国的认识来进行理解，那么南宋肯定就应是金朝的诸侯国。

对历史上发生的同样事物和现象在进行分析时持一致的理论是学术界的基本准则,如认为日本向汉王朝和南宋向金朝进行名义上的臣属后依然是独立的国家的话,那么南越国就不应该在向汉王朝称臣后被称为其是汉王朝的诸侯国。在今天现实社会中,一些政权间也存在着事实上通过承认另外某一政权皇室的方式使得两个或很多政权之间保持一种特殊的密切联系,如加拿大、澳大利亚等英联邦国家就都承认英国国王为宗主[15],但是他们却毫无疑问地在今天我们的国际大家庭中一直作为独立的政权出现。因此,即使按现行政治制度进行分析,南越国也不应该是汉的诸侯国[16]。

综上,南越国应是建立在岭南地区的独立的政权,它和汉王朝之间的"外臣"关系不影响它作为独立政权的性质。

注 释

① 张荣芳:《秦汉史论集(外三篇)》,中山大学出版社,1995年,130页。陈智超:《南越》,《中国大百科全书·中国历史·秦汉史》,大百科全书出版社,1986年。

② 张荣芳、黄淼章:《南越国史》,广东人民出版社,1995年,90页,指出"与西汉初年所封的其他诸侯王国相比,南越国的存在本身就可谓相当特殊:一方面,汉初,赵佗接受了汉王朝的册封,成为了汉朝的诸侯王国,南越国从此也重新隶属于中央王朝;另一方面,赵佗虽受汉之册封,臣属中原,不仅'入贡方物',而且'遣使入朝请',但在国内仍然'称制与中国侔',独立性很大"。

③ 如李权时:《岭南文化》,广东人民出版社,1993年,152页。汪篯:《西汉初年的边疆》,《汉唐史论稿》,北京大学出版社,1992年,45页。韦东超:《关于南越国的几个问题》,《中南民族学院学报(社会科学版)》,1987年,第1期,58~60页。

④ 余天炽、覃圣敏、蓝日勇、梁旭达、覃彩銮:《古南越国史》,广西人民出版社,1988年,57、60、243页,认为南越国是"西汉汉王朝名义上的一个诸侯国,但实际上却是自主一方的独立王国","是建立在越族地区的地方割据政权","是汉王朝的外诸侯"。

⑤ 彭年先生认为"南越国是西汉王朝统辖之下的一个具有民族区域自治性质的少数民族政权",见彭年:《南越国新论》,中国秦汉史学会主编:《秦汉史论丛(七)》,中国社会科学出版社,1998年,96页。

⑥ 林甘泉先生指出"称它为分裂割据的政权固然不确切,但也不能把它视为汉之诸侯国",见《秦汉史论集(外三篇)·序》,见张荣芳:《秦汉史论集(外三篇)》,中山大学出版社,1995年,IV页。

⑦ 有关学者已经就汉代的诸侯国制度做了很多的研究,因为本文并非专门探讨汉代的诸侯国制度,因此此节仅简单征引相关文献以阐明汉代诸侯国和南越国之间的关系,为分析南越国性质提供资料。

⑧ 师古曰:"舜典之辞也。言王者德泽广被,则四夷相率而降服也。"

⑨ 师古曰:"《大雅》常武之诗曰:王猷允塞,徐方既 。言周之王道信能充实,则徐方 、淮夷并来朝也。"

⑩ 应劭曰:"潞子离狄内附,春秋嘉之,称其爵,列诸盟会也。"

⑪ 师古曰:"弓高侯颓当、襄城侯桀龙,皆从匈奴来降而得封也。"

⑫ 师古曰:"景帝欲封匈奴降者徐卢等,而亚夫争之,以为不可。今表所称,盖谓此尔,不列王信事也。"

⑬ 《史记·南越列传》:"太史公曰:尉佗之王,本由任嚣。遭汉初定,列为诸侯。"司马迁在这里讲南越列为诸侯仅仅是广义上的诸侯,不仅包括所有汉分封的诸侯和诸侯王,而且还包括了臣属与汉王朝的政权。

司马迁对南越国和汉王朝关系的认识应以他写作的其他相关记载为准。

⑭ 张荣芳先生指出，诸侯国具有的特点有：一，王国和诸侯国的名称，都是以所封的地区为名；二，诸侯王都是世袭制；三，在经济上诸侯王在国内衣食租税。诸侯王对皇帝贡献献费、酎金。四，诸侯国的政治制度在王国内行郡县制，与汉王朝的其他郡县一样。诸侯王宫室的官制与汉中央官制相同。而南越国具有了这样的条件，所以"与汉初同姓王国、异姓王国的性质是一样的，都是诸侯王国"（张荣芳，1995，136页）。我认为，国家名称、继承制度、政治制度等都是可以在同一个时代的不同国家间通行。而《史记·礼书》明确记载："至秦有天下，悉内六国礼仪，采择其善，虽不合圣制，其尊君抑臣，朝廷济济，依古以来。至于高祖，光有四海，叔孙通颇有所增益减损，大抵皆袭秦故。自天子称号下至佐僚及宫室官名，少所变改。"刘邦作为原来秦的子民建立了汉王朝，继承并实行了其继承来的这些制度，而赵佗也曾是秦的子民，当然也可以采取同样的制度，它们所采用的这些看似相同的制度实际上都来源于秦制，很难根据其采用制度的相近和相同而认为是南越国学习汉王朝的结果。而至于南越国向汉王朝的纳贡问题，前文引述的有关《汉书》章节表明，它们之间没有这种关系。此外，从刘邦和赵佗在建立国家前的个人经历看，赵佗在建立南越国之前为秦的龙川令、南海尉，治理一方，而刘邦的最高官也仅仅是泗水亭长，远远低于赵佗。因此从其个人经历看，他们在对秦代制度的理解和认识上应该是赵佗要远高于刘邦。在这种情况下，他们二人所建立政权之间即使拥有大量相似的政治制度，但也很难认为赵佗建立的南越采取这些制度的原因是向刘邦建立的汉朝学习，更不好据此而认为南越国是汉的诸侯国。

⑮ 为了本文论述的便利，此节基本采自拙文《秦、西汉的"内臣"与"外臣"》中的相关论述，见《民族研究》2003年第3期。

⑯ （汉）司马迁：《史记》，中华书局，1982年，第2911页。

⑰ （汉）司马迁：《史记》，中华书局，1982年，第2994页。

⑱ （汉）司马迁：《史记》，中华书局，1982年，第3170页。

⑲ （汉）司马迁：《史记》，中华书局，1982年，第3317页。

⑳ （汉）司马迁：《史记》，中华书局，1982年，第2986页。

㉑ （汉）班固：《汉书》，中华书局，1992年，第3851页。

㉒ （汉）郑玄：《仪礼》，上海古籍出版社《仪礼注疏》本，1990年，第75页。

㉓ （汉）郑玄：《礼记》，上海古籍出版社《礼记正义》本，1990年，第709页。

㉔ （宋）范晔：《后汉书·南匈奴列传》，中华书局，1995年，第2946页。

㉕ 为了本文的论述方便，此节基本采自拙文《秦、西汉的"内臣"与"外臣"》的相关论述，见《民族研究》2003年第3期。

㉖ "内臣"之称在先秦秦汉有较多的含义，此处所引取的意义为与"外臣"相对者。

㉗ （汉）司马迁：《史记》，中华书局，1982年，第2534页。

㉘ （汉）司马迁：《史记》，中华书局，1982年，第3047页。

㉙ （汉）司马迁：《史记》，中华书局，1982年，第3317页。

㉚ （汉）班固：《汉书》，中华书局，1992年，第4077页。

㉛ 从这点上讲，我和工腾先生所认为的"秦在征服临近的少数民族后，在其地设郡，并在其内部设臣邦"意见基本一致，当然是否当时一定就必然设立郡，目前还很难确定，所以这点我不同意。我想可能有许多是设立县道，归入临近的郡。工腾先生看法见前引陈力先生论文。

㉜ 张家山二四七号汉墓竹简整理小组：《张家山汉墓竹简·奏谳书》，文物出版社，2001年，第213页。

㉝ （汉）班固：《汉书》，中华书局，1992 年，第 735 页。

㉞ 为了本文的论述方便，此节基本采自拙文《秦、西汉的"内臣"与"外臣"》的相关论述，《民族研究》2003 年第 3 期。

㉟ （汉）司马迁：《史记》，中华书局，1982 年，第 2971 页。

㊱ （汉）郑玄：《礼记》，上海古籍出版社《礼记正义》本，1990 年，第 220 页。

㊲ （汉）郑玄：《礼记》，上海古籍出版社《礼记正义》本，1990 年，第 220 页。

㊳ （汉）郑玄：《礼记》，上海古籍出版社《礼记正义》本，1990 年，第 216 页。

㊴ 这些可能和当时的服制有关，许多学者如前引王宗维等先生的文章都已对周代的"五服""九服"制做过深入的研究，而且这个问题和本文讨论的主题关系不大，因此关于周代内外诸侯以及互相之间的服制关系本文就不多加讨论，但由于周代处理中央政权和周边政权关系的问题对汉代的民族政策有较大的影响，所以我计划另文论述，于此从略。

㊵ 实际上从文献看，在汉王朝直接统治的郡县和各诸侯之间也有关存在，二者之间通行还有具体的法律规定。这在张家山汉简中有具体的反映，王子今、刘华祝最近对此有专门论述，见：说张家山汉简《二年律令·津关令》所见五关，《中国历史文物》2003 年第 1 期，44～52 页。

㊶ 张荣芳《秦汉史论集（外三篇）》，中山大学出版社，1995 年，前言页。

㊷ 刘瑞：《秦、西汉的"内臣"与"外臣"》，《民族研究》2003 年第 3 期。林甘泉先生也指出"纵观南越国的历史，其与汉王朝的关系基本上属于上述第二种类型，即向汉王朝称臣纳贡，但仍然保持自己相对的独立性"，见张荣芳《秦汉史论集（外三篇）》，中山大学出版社，1995 年，前言页。虽然在南越国是不是独立的政权的认识上我和林甘泉先生的认识不大一致，但是认为其同属于第二种关系上却是一致的。

㊸ 《汉书·地理志》："乐浪海中有倭人，分为百余国，以岁时来献见云"；《后汉书·光武帝纪》："东夷倭奴国王遣使奉献"，《后汉书·孝安帝纪》："冬十月，倭国遣使奉献"；《后汉书·东夷列传·倭》："建武中元二年，倭奴国奉贡朝贺，使人自称大夫，倭国之极南界也。光武赐以印绶。安帝永初元年，倭国王帅升等献生口百六十人，愿请见"；《三国志·魏书》："冬十二月，倭国女王俾弥呼遣使奉献"、"景初二年六月，倭女王遣大夫难升米等诣郡，求诣天子朝献，太守刘夏遣吏将送诣京都"、"正治元年，太守弓遵遣建中校尉梯等奉诏书印绶诣倭国，拜假倭王，并赍诏赐金、帛、锦罽、刀、镜、采物，倭王因使上表答谢恩诏。其四年，倭王复遣使大夫伊声耆、掖邪狗等八人，上献生口、倭锦、绛青缣、衣、帛布、丹木、短弓矢。掖邪狗等壹拜率善中郎将印绶。其六年，诏赐倭难升米黄幢，付郡假授"。

㊹ 《金史·交聘表》："七月乙巳，宋康王贬号称臣，遣使奉表。"《金史·挞懒列传》："宗弼为都元帅，再定河南、陕西。伐宋渡淮，宋康王乞和，遂称臣，画淮为界，乃罢兵。"《金史·张景仁传》："大定二年，仆散忠义伐宋，景仁掌其文辞。宋人议和，朝廷已改奉表为国书，称臣为侄，但不肯世称侄国。往复凡七书，然后定"；《金史·梁肃传》："宋主屡请免立受国书之仪，世宗不从。及大兴尹璋为十四年正旦使，宋主使人就馆夺其书，而重略之。璋还，杖一百五十，除名。以肃为宋国详问使，其书略曰：'盟书所载，止于帝加皇字，免奉表称臣称名再拜，量减岁币，便用旧仪，亲接国书。兹礼一定，于今十年。今知岁元国信使到彼，不依礼例引见，辄令迫取于馆，侄国礼体当如是耶？往问其详，宜以诚报。'肃至宋，宋主一一如约，立接国书。肃还，附书谢，其略曰：'侄宋皇帝谨再拜，致书于叔大金应天兴祚钦文广武仁德圣孝皇帝阙下。惟十载寻盟之久，无一毫成约之违，独顾礼文，宜存折衷。刓辱函封之觊，尚循躬受之仪，既俯迫于舆情，尝屡伸于诚请，因岁元之来使，遂商榷以从权。敢劳将命之还，先布鄙悰之恳，自余专使肃控请祈。'"南宋向金称臣、纳贡、割地，后称侄皇帝，接金朝国书，与南越国同汉王朝的交往比

较，南越国的地位要远远高于南宋。

㊺　王振华：《英联邦兴衰》，中国社会科学出版社，1991 年。该书引述的《威斯敏斯特法案》（1931 年 12 月
　　11 日）中明确指出"由于君主是英联邦成员国自由结合的象征，它们是由对君主共同效忠而联成一体的"
　　（178 页），《1949 年英联邦总理会议最后公报》（1949 年 4 月 27 日）也明确指出"共同效忠于作为其自
　　由结合象征的王室"（182 页），虽然今天在政治生活中的英联邦的形式和内容都和中国的汉王朝同它的臣
　　属国之间的关系有着很大的区别，英联邦成员国和英国皇室之间的关系，也不像汉王朝和臣属国的关系而
　　且也在不断发生变化，但是作为政权之间的联系，英联邦国家间这种共同拥戴英国皇室的做法还是和汉王
　　朝臣属国对汉称臣的做法比较近似。

㊻　彭年先生提出南越国是"汉王朝统辖下的民族自治区域"，但是从本文阐述看，南越国并不受汉王朝的统
　　辖，所以也就不是什么民族区域自治。

"开棺"定论

——从"文帝行玺"看汉越关系

刘　敏

位于广州市象岗山的西汉南越王墓，自发掘至今整整 20 年，对该墓葬的发掘与长期深入的研究，使我们比司马迁、班固，比以往任何朝代的任何历史学家对两千多年前南越国的历史有了更新的了解，对西汉王朝与南越国的关系认识得越加清晰。这是考古学的巨大功绩，不但影响了历史学的发展，也影响了广东地区的经济与文化生活。

西汉南越王墓出土文物异常丰富，多达一千多件，其中"文帝行玺"金印可以说是重中之重，宝中之宝。这方金印对于界定此座墓葬的主人和时代，对于了解南越国时期手工业的发展水平和文化特色，对于认识西汉中央政权与南越国之间的关系，具有重要的价值和作用。

一

所谓"文帝行玺"，是西汉初年建国岭南的南越国第二代王赵眜（《史记》《汉书》中作"赵胡"）的御印。这是一方金印，由于其含金量高达 98% 以上，所以可称是纯金铸造而成。其形状是龙钮正方形，边长 3~3.1 厘米，高 0.6~0.65 厘米，通高 1.8 厘米，重 148.5 克，印钮作蜷曲状游龙，成扁 S 形，龙的眼、鼻梁、鼻孔、嘴、耳及 V 字形的鳞片均清晰可辨，首尾及两个足分置印之四角上，似疾走欲飞，造型极为生动。而印面"文帝行玺"四个字，是用篆文凿刻，书体端庄工整，刀法刚劲有力，印面有边栏和田字格。这方印的文物价值极高，笔者认为，其出土的重大意义主要表现为以下几个方面：

（1）中国历史上的皇帝制度是秦始皇开始创立的，到汉代发展完善，其中符玺是皇帝制度的重要组成部分。关于秦汉皇帝的印玺，虽然史书中多有记载，但长期不见实物，此前的考古发现，也仅仅是让人们看到了盖有皇帝印玺的封泥[①]，故"文帝行玺"当属秦汉时期皇帝印玺的首次发现，而且是迄今所发现的西汉最大的金印，价值不菲。

（2）西汉南越王墓中出土了一批印玺，其中重要的包括：龙钮"文帝行玺"金印、龟钮"泰子"金印、覆斗钮"泰子"玉印、螭虎钮"帝印"玉印、"赵眜"玉印、龟钮"右夫人玺"金印、龟钮"左夫人印"鎏金铜印、龟钮"泰夫人印"鎏金铜印等，其中"文帝行玺"金印应是价值最高的，通过对这方印玺及其他印玺相互关系的研究，使该墓葬的时代及墓主人的姓名、身份得以确定，成为整个墓葬全部研究的基础。

（3）南越国地处岭南越人聚居区，但自秦始皇时期起就已将该地区揽入中原王朝的怀抱，南越国王族赵氏本身又是中原人，中原文化与南越土著文化在这里碰撞融合，"文帝行玺"印就体现了这一特点，即与汉制的承袭和差异。如这方金印无论是材质、形状、规格大小、印玺的文字等均与秦汉印玺有明显差异。据《汉官旧仪》、《汉官仪》、《汉旧仪》及蔡邕《独断》等书的记载说："皇帝六玺，皆白玉螭虎纽，文曰'皇帝行玺'、'皇帝之玺'、'皇帝信玺'、'天子行玺'、'天子之玺'、'天子信玺'，凡六玺。"[②]而"文帝行玺"则以金代玉，以龙钮代螭虎钮；"文帝行玺"印面较大，超过方寸的汉制规格；印文也不是"皇帝行玺"，而是"文帝行玺"，从汉制来看，"文"应是帝王死后的谥号，所以《史记·南越列传》记载说：南越王"胡薨，谥为文王。"这是司马迁以汉制看南越制，如果"文"真是谥号的话，那么"文帝行玺"就应是赵眜死后专为殉葬的用物，但事实不是，"文帝行玺"龙钮的捉手处异常光滑，出土时印面槽沟内及印玺四周壁面都有碰痕和划伤，特别是遗留有暗红色的印泥，这说明该印玺是长期使用之物，是墓主生前的实用印玺。"文帝行玺"反映了赵眜生前就称文帝，这不同于汉家制度。实际在这一点上也不是所有的汉人都以汉制看南越制，《史记·南越列传》载："秦已破灭，（赵）佗即击并桂林、象郡，自立为南越武王。"注引韦昭曰："生以'武'为号，不稽于古也。"之后又载："于是佗乃自尊号为南越武帝，发兵攻长沙边邑。"所以南越武王、南越武帝、南越文帝均为生前的称号，绝不同于汉朝的文帝、武帝是死后的谥号。

（4）南越国的性质及其与西汉王朝之间的关系，是学术界历来关注并有争议的问题，这方南越王生前使用的"文帝行玺"金印的面世，对这一问题的研究具有定论的作用。本文下面将主要讨论这个问题。

二

南越国出现在秦汉之际的历史舞台上，有其自然性和合理性，关于赵佗在岭南建立南越国的始末，司马迁在《史记·南越列传》中有一段具体而系统的记载；其文曰：

> 至二世时，南海尉任嚣病且死，召龙川令赵佗语曰："闻陈胜等作乱，秦为无道，天下苦之，项羽、刘季、陈胜、吴广等州郡各共兴军聚众，虎争天下，中国扰乱，未知所安，豪杰畔秦相立。南海僻远，吾恐盗兵侵地至此，吾欲兴兵绝新道，

自备，待诸侯变，会病甚。且番禺负山险，阻南海，东西数千里，颇有中国人相辅，此亦一州之主也，可以立国。郡中长吏无足与言者，故召公告之。"即被佗书，行南海尉事。嚣死，佗即移檄告横浦、阳山、湟谿关曰："盗兵且至，急绝道聚兵自守！"因稍以法诛秦所置长吏，以其党为假守。秦已破灭，佗即击并桂林、象郡，自立为南越武王。

从这段史料可见，赵佗是在特定的历史条件下称王立国的，这条件就是："秦为无道，天下苦之"，"虎争天下，中国扰乱"，"豪杰畔秦相立"。假如没有这样的历史条件与前提，赵佗是否也会称王称帝，我们难以推测，但由于有了这样的历史条件和前提，加之岭南特殊的地理环境，"负山险，阻南海，东西数千里"，内有资源和回旋之余地，北有五岭之险，易守难攻，割据称王是太自然和太容易的事情了，如果任嚣不是"病且死"，任嚣会称王，如果不是任嚣、赵佗，而是别人处在这"东南一尉"的地位[3]，也照样会割据称王。

赵佗正式称王建立南越国是在公元前204年，在秦朝灭亡之后汉王称帝之前，这一特殊特定的时间，不但使南越立国更加无可厚非，而且有其积极的历史作用和意义。首先，赵佗继任嚣为南海尉后，"绝道聚兵自守"，诛秦长吏，"以其党为假守"，既挡住了北方各种武装力量的南下，使岭南地区免遭兵燹之祸，也稳定了内部，为灭亡秦朝做出了贡献。其次，根据史书记载，南越国建立后，岭南地区的统一和郡县制都得到了扩大发展，秦始皇统一岭南后建南海、桂林、象三郡，但只有南海郡统治比较有效，设有郡尉，其他二郡尚无，而且在岭南还有土著划地称王，如"后蜀王子将兵讨骆侯，自称为安阳王"，赵佗则"攻破安阳王"，"击并桂林、象郡"后[4]，派使者前往统治，为了加强对象郡的控制，将之划分为九真、交趾二郡[5]，又将原只辖有番禺、龙川、博罗、揭阳四县的南海郡，增置浈阳、含洭二县。南越国建在越人聚居地区，在天下大乱的情况下，有效地避免了该地区倒退回部族分治、酋长林立的状态。

南越国在历史上存在了近百年，比西汉前期所有的异性诸侯王国存在的时间都长，究其原因，从南越国方面看，除了上面提到的地理因素，即"南海僻远"，关山阻隔之外，还由于赵氏统治集团较好地处理了两个方面的关系，其中最重要的是与越人土著的关系，其次是与刘汉王朝的关系。

赵氏王族本是中原人士，赵佗是以秦王朝征服者的身份来到越人聚居的岭南地区的，这是南越国不同于其他少数民族地区的边疆政权的关键之处。征服者如何对待土著是有关所建政权的基础是否稳固的大问题，赵佗在这一点上处理得比较好，他对越人的政策是：尊重、杂处、任用、通婚、融合。他虽然把汉人先进的文化带到了岭南，但没有用高压手段强制实行汉化政策，而是尊重甚至部分采用越人的风俗习惯，从出土的南越国时期的文物看，其中既有汉式的，也有越式的。《史记·陆贾列传》载："高祖使陆贾赐尉佗印为南越王。陆生至，尉佗魋结箕倨见陆生。"［索隐］曰："谓夷人本披发左衽，今佗同其风俗，但魋其发而结之。"显示出汉风与越俗的结合。赵氏又任用越人首领为高官，共同治理南越国，其代表人物就是曾"相三王"的丞相吕嘉，其"宗族官仕为长吏者七十余人"。⑥特别是通过汉越联姻的办法以消除隔阂，促进融合，第一代南越王赵佗的妻子中是否有越人尚难确定，但第二代南越王，即广州南越王墓主人赵眜和第三代南越王赵婴齐均有越女为妻。南越王墓中殉葬者之一"右夫人赵蓝"，据麦英豪等研究，就是从夫姓的越女，且为南越文帝后宫嫔妃之首。⑦而吕嘉反叛杀赵兴后，就"立明王长男粤妻子术阳侯建德为王。"吕嘉家族"男尽尚王女，女尽嫁王子弟宗室"。⑧这是社会上层汉越联姻的情况，下层的情况应该说更为普遍。秦朝南戍五岭五十万人，而移居岭南的中原妇女仅有一万多人，史书记载：赵佗"使人上书，求女无夫家者三万人，以为士卒衣补。秦皇帝可其万五千人。"⑨能娶中原女子为妻者极少，绝大多数的中原士卒是娶越女为妻。汉越文化及血缘的杂交融合，无疑益于南越国的稳定。汉高祖刘邦在封赵佗为南越王的诏书中就说："粤人之俗，好相攻击，前时秦徙中县之民南方三郡，使与百粤杂处。会天下诛秦，南海尉它居南方长治之，甚有文理，中县人以故不耗减，粤人相攻击之俗益止，俱赖其力。今立它为南粤王。"⑩

三

南越国存在近百年之久，与赵氏政权，特别是赵佗能谨慎明智地处理同西汉王朝的关系有关。南越国与汉朝的关系，大体说来，在赵佗生前经历了二次绝离二次臣附，在赵佗死后经历了由臣附到反叛、灭亡的过程。从公元前204年赵佗建立南越国到公元前196年汉高祖派陆贾出使南越，汉越正式建立君臣关系之前为第一个绝离期，从公元前196年以后到公元前183年吕后下令对南越国实行禁绝关市的经济封锁，赵佗反汉称帝前为第一个臣附期，从公元前183年以后到公元前179年汉文帝派陆贾第二次出使南越，赵佗重新向汉朝称臣之前为第二个绝离期，从公元前179年以后到公元前137年赵佗去世为第二个臣附期。第二个臣附期维持的时间很长，在赵佗生前维持了四十多年，在其死后又持续了二十多年，包括第二代南越王赵眜、第三代南越王赵婴齐、第四代南越王赵兴统治时期，直至公元前112年南越国相吕嘉反叛，杀南越王赵兴、王太后及汉朝使者，汉武帝兴兵伐越为止，并于翌年南越亡国。虽然南越国以割据开国，以反汉亡国，但自公元前196年开始向汉称臣后，臣附汉朝的时候是主要的，约有七十九年之久，决裂敌对大约只有六年时间，其中吕后、赵佗时四年，汉武帝、吕嘉时二年。这里有一点值得思考，赵佗反汉而国存，吕嘉叛汉而越亡，原因何在。

《史记》、《汉书》向我们提供的有关赵佗的信息十分有限，但依然能让人感到，这是一个非常杰出的历史人物。他能打仗，攻占岭南；能治国，自立为王；能臣能叛，会搞外交。这从《史记·南越列传》可见一斑。在处理同汉朝的关系上，赵佗既有亲汉性和依附性一面，又有敌对性和割据性一面，这与他的出身、经历以及汉越双方的形势和实力有关。赵佗自幼生长在中原，深受汉文化的影响，对之有敬仰依恋之情，这从他对汉使陆贾的敬重、欣赏十分生动地表现出来："乃大说陆生，留与饮数月。曰：'越中无足与语，至生来，令我日闻所不闻。'赐陆生橐中装值千金，他送亦千金。"⑪再有西汉初期的岭南经济不具备自给自足的独立性，尤其是铁器和牲畜。岭南铁资源匮乏，汉武帝以后实行盐铁官营，南海郡也仅有盐官，而无铁官，当地铁器主要靠从岭北输入，在恢弘的南越王墓中，随葬有246件铁工具，与金、银、玉、象牙等珍宝并置，可见其珍贵性。经济上的依赖促成政治上的依附，所以赵佗很容易就听从了陆贾的游说，向汉称臣。而当吕后掌权对南越国实行经济封锁时，情况就完全不同了。据《史记·南越列传》载，对南越是"别异蛮夷，隔绝器物"，又据清人梁廷枏《南越五主传》说，吕后时"禁绝南越关市金铁田器，及马牛羊畜，毋得关以牝"，汉朝这样做，在一定意义上可以说是使南越失去了臣汉的意义，所以赵佗当时的反映果断而激烈，称帝不臣，武装反叛。虽说吕后"遣将军隆虑侯灶击之，会暑湿，士卒大疫，兵不能逾岭。岁余，高后崩，即罢兵。佗因此以兵威财物赂遗闽越、西瓯骆，役属焉，东西万余里。乃乘黄屋左纛，称制，与中国侔。"⑫赵佗反汉不但没有招致灭亡，反而使南越国有所发展，其原因：一是当时汉朝草创，天下残破，南越僻远，鞭长难及，实力不行；二是南越国内部稳固，"财物赂遗闽越、西瓯骆，役属焉"，赵佗十分谨慎地处理同越人各部的关系。而当汉文帝即位后，"为佗亲冢在真定，置守邑，岁时奉祀。召其从昆弟，尊官厚赐宠之"，主动示好赵佗，赵佗也表现出异常的聪明，将吕后时汉越反目的责任，既不归自己，也不归汉朝，而是推到长沙国身上，并又一次作出果断回应："愿长为藩臣，奉贡职……去帝制黄屋左纛。"⑬这既表现了赵佗的依附性，也表现出他的灵活性。

对于汉朝，赵佗是能软能硬，敢臣敢叛，藩、叛均很到位，这同汉武帝时期南越相吕嘉的反叛截然不同。吕嘉叛汉而南越亡，究其原因，主要仍是两条：一是时机不对，武帝时的汉朝同吕后时相比，可谓是鸟枪换大炮，经过汉初几十年的休养生息，国力已十分强盛，几战驱逐强大的匈奴于漠北，岂容弱小的南越玩儿臣叛之游戏；二是南越内部分裂，主要是赵氏集团和吕氏集团发生火并，赵王兴之母樛太后为中原人，"欲倚汉威，数劝王及群臣求内属。即因使者上书，请比内诸侯，三岁一朝，除边关"，但遭到丞相吕嘉的极力反对，而"其居国中甚重，越人信之，多为耳目者，得众心愈于王"，吕嘉下令国中反汉，"与其弟将卒攻杀王、太后及汉使者。遣人告苍梧秦王及其诸郡县，立明王长男越妻子术阳侯建德为王。"⑭于是汉武帝发兵灭之。从南越亡国的过程清楚可见，在汉王朝十分强大，在南越国内部分裂的情况下，不论是赵兴和樛太后的臣汉还是吕嘉的叛汉，都是难以成功的。

四

南越国政权之性质，汉朝南越关系之本质，是学术界长期关注并有争议的问题。前人有诗曰："莫道古人多玉碎，盖棺论定未嫌迟。"[15]对人一生功过是非的评判，常需要"盖棺论定"，而对于南越国性质和汉越关系实质的认识，在一定的意义上却可以"开棺定论"，即南越王墓的发掘，特别是"文帝行玺"的出土，对深化该问题的研究有重要意义。

赵佗于公元前204年自立为南越武王，于公元前196年接受汉高祖封命玺绶为南越王，于公元前183年因吕后"隔绝器物"而反汉称南越武帝，又于公元前179年汉文帝派陆贾使越后宣布"去帝制黄屋左纛"，并信誓旦旦地表示："老夫死骨不腐，改号不敢为帝矣！"[16]但这仅仅是一种策略，一是做给汉朝看的，同时也是为了南越国更好地存在，而在其国内是照旧称帝，对此《史记》《汉书》均有记载，但行文稍有差异。《史记·南越列传》为："然南越其居国窃如故号名，其使天子，称王朝命如诸侯。"《汉书·南越王传》为："然其居国，窃如故号；其使天子，称王朝命如诸侯。"主要是《史记》比《汉书》多了"南越"二字，二字之异原未引起后人重视，"文帝行玺"的出土使我们感到此二字的重要意义，司马迁不是单指赵佗"居国窃如故号名"，而是指所有的南越王，班固可能是疏忽了赵佗以后的南越王，但班固也有比司马迁全面的地方，那就是《史记》记："婴齐代立，即藏其先武帝玺。"而《汉书》为："婴齐嗣立，即藏其先武帝、文帝玺。""文帝行玺"的出土，说明《汉书》是对的，司马迁有所疏漏。赵佗对汉称南越武王，居国称南越武帝；赵眜对汉称南越文王，居国称南越文帝；以之推测，赵婴齐对汉称南越明王，居国很可能也称南越明帝。甚至第四代南越王赵兴仍然私自称帝，因南越国直至亡国之前，国中尚行分封制，有封王存在，如苍梧王赵光，如果赵婴齐、赵兴不称帝，如何处理同南越其他王的关系。

虽然南越国在九十三年的历史中有七十九年是向汉朝称臣，赵氏王族又是中原汉人，但其绝不同于其他汉朝分封的同姓或异姓诸侯王国，在《史记》《汉书》的诸侯王表中没有它的一席之地，这说明它基本是一个割据岭南的独立王国，对立是汉越关系的实质，表面的使节往来、赏赐贡献，掩盖不了内里的猜疑防范、易生的反叛和伺机的剿灭。从以下事实可以看出双方所施的手段和所存的戒心。

公元前204年赵佗以岭南三郡建南越国，公元前202年刘邦称帝后，陆续将楚汉战争中所封的六个异姓王诛灭，唯独留下个长沙国，表面上的原因是说：长沙王"诛暴秦，有大功"[17]，"高祖贤之，制诏御史：长沙王忠，其定著令"[18]，但实质的原因，学术界比较一致的看法是为了隔绝和防范南越国,并且故意无视南越国具有岭南三郡的现实,诏令"其以长沙、豫章、象郡、桂林、南海立番君芮为长沙王。"[19]到公元前196年汉朝虽然不得已而承认了南越国,但在南越、长沙两国疆界的划定上故意造成"犬牙相入",其中最明显的就是把地处五岭以南珠江流域的桂阳郡划归长沙国辖属,使南越国北方的防御十分不便。到吕后掌权时又发生对南越国禁铁器、禁母畜的经济封锁和武力冲突,前文已述不赘。汉文帝时虽然恢复和好,但当南越国请求把长沙国岭南之地改划南越国时,汉文帝异常狡猾地答复说:"朕欲定地犬牙相入者,以问吏,吏曰'高皇帝所以介长沙土也',朕不得擅变焉。"[20]话语虽和气委婉,态度却明确坚决,即绝不让南越国据五岭而设防。公元前135年,闽越"兴兵击南越边邑",南越王赵眜上告汉廷,汉武帝不顾一些大臣的反对,出兵讨闽越,表面上看是为南越国解困,而其真实的目的和效果,是把闽越从被南越"役属"的状态下分离出来,让闽越听命汉朝廷,从东边牵制南越国。与此同时,又在南越国的西边用财务笼络夜郎,修路建郡,为后来"从夜郎浮船下牂牁,出其不意"的伐越做了有效的准备[21]。另外在北方,对匈奴的战略反攻尚未结束,汉武帝就已经在准备伐越事宜,针对岭南多水的地理特点,汉朝于公元前120年在长安西南开凿昆明池训练水军。

从南越国方面看,其对汉朝的戒心也是非常明显的。赵佗是中原人,祖坟在河北,一生臣汉几十年,于制于礼,应定期到长安朝见天子,于情于理,应回老家为父母扫墓,但他都没有,而是不敢离开岭南半步。赵佗不但自己如此谨慎,也尊尊告诫子孙:"事天子期无失礼,要之不可以说好语入见。入见则不得复归,亡国之势也。"[22]在第二代南越王赵眜和第三代南越王赵婴齐在位时,汉武帝曾先后多次派使者召他们入朝,父子二人均以同样的借口,即"称病",而"不入见",只是遣子"入宿卫"。而到第四代南越王赵兴真的"饬治行装重齎"[23],准备入朝时,国内分裂,汉兵南下,果然导致了亡国。

南越国的存在同刘汉王朝要继秦朝而建立一个集权统一帝国的政治理想是相悖的,它不符合"非刘氏王者,天下共击之"的白马之盟[24],而其自立为王,更不合王侯受封于天子的儒家礼典,在汉初特殊的历史条件下允许南越国的存在,是汉朝的不得已之举,即便是南越国臣汉不反,汉朝也不能让其久存。"外有君臣之名,内有敌国之实",这应是汉越关系的实质。

注　释

① 清·吴式芬、陈介祺:《封泥考略》,中国书店影印本,1990年。
② 《汉官旧仪》卷上,刊于《汉官六种》,(清)孙星衍等辑,周天游点校,中华书局,1990年,第30~31页。

③　清人屈大均在《广东新语》卷九《事语》中说："秦以桂林、南海、象三郡。非三十六郡之限。乃置南海尉以典之。所谓东南一尉也。"中华书局，1985 年，第 275 页。

④　《史记·南越列传》及注引《广州记》，中华书局，1959 年，第 2967 ~ 2970 页。

⑤　《史记·南越列传》注引《广州记》，第 2970 页。

⑥　《史记·南越列传》，第 2972 页。

⑦　《考古发现与广州古代史》，载《广州文博》1990 年 3 期。

⑧　《汉书·南越传》，中华书局，1962 年，第 2855 页。

⑨　《史记·淮南列传》，第 3068 页。

⑩　《汉书·高帝纪》，第 73 页。

⑪　《史记·陆贾列传》，第 2698 页。

⑫　《汉书·南越传》，第 3848 页。

⑬　《史记·南越列传》，第 2970 页。

⑭　《史记·南越列传》，第 2972 ~ 2974 页。

⑮　明·张煌言《张苍水集》第三编《甲辰九月狱中感怀诗》，上海古籍出版社，1985 年，第 178 页。

⑯　《汉书·南越传》，第 3852 页。

⑰　《汉书·高帝纪》，第 53 页。

⑱　《汉书·吴芮传》，第 1894 页。

⑲　《汉书·高帝纪》，第 53 页。

⑳　《汉书·南越传》，第 3849 ~ 3850 页。

㉑　《前汉纪》卷十一，刊于《四库全书荟要》史部第六册，吉林人民出版社影印本，1997 年，第 109 页。

㉒　《史记·南越列传》，第 2971 页。

㉓　《史记·南越列传》，第 2972 页。

㉔　《史记·吕太后本纪》，第 406 页。

西汉南越相吕嘉遗族入滇及其历史影响试探

杨兆荣

汉武开边时，其"定南越"与"定西南夷"的一些诸如打通牂牁江之类的重大举措往往是紧密联系在一起的。从《华阳国志·南中志》的记载来看，汉武帝在平定叛乱、获得罪魁祸首南越王相吕嘉的首级之后，还将其遗族迁徙到今滇西地区建立了"不韦县"。①这一记载是否符合史实，以及吕嘉遗族入滇后对我国西南边疆古代历史发展产生了哪些影响？乃是本文所要探讨的主要内容。

一 吕嘉遗族入滇与不韦县的设置

《史记·平准书》："汉连兵三岁，诛羌，灭南越，番禺以西至蜀南者置初郡十七，且以其故俗治，毋赋税。"西汉王朝对于岭南九郡的设置与其在西南夷地区的郡县设置，几乎是同时进行的。关于这十七个初郡的具体情况，正如《集解》徐广曰："南越为九郡。"骃案：晋灼曰"元鼎六年，定越地，以为南海、苍梧、郁林、合浦、交趾、九真、日南、珠崖、儋耳郡。定西南夷，以为武都、牂柯、越嶲、沈犂、汶山郡。及《地理志》、《西南夷传》所置犍为、零陵、益州郡，凡十七也"。而据《汉书·地理志上》的记载，益州郡为汉武帝元封二年所开，下辖二十四县。②不韦县为这新设置的二十四县之一，位于今西南边陲的保山地区，有的学者认为，在今保山县；也有的学者认为，在今施甸县。

然而，关于不韦县名的由来，《后汉书·南蛮西南夷列传》"注"中，一同并列了两种迥然不同的说法。其一为孙盛《蜀谱》曰："初，秦徙吕不韦子弟宗族于蜀，汉武帝开西南夷，置郡县，徙吕氏以充之，因置不韦县"；即认为此不韦县是因战国时秦国相吕不韦而得名。其二乃常璩《华阳国志》曰："武帝通博南，置不韦县，徙南越相吕嘉子孙宗族资之。因名不韦，以章其先人之恶行"③；则认为此不韦县是因汉武帝时的南越王相吕嘉而得名。显然，作"注"者将二论并立的目的是让读者择善而从。笔者通过与此相关的史料分析发现，孙盛的"吕不韦说"虽为《三国志·蜀书·吕凯传》裴松之注和郦道元《水经注》所引用而扩大了影响，但实际上不过是在"不韦"二字上作牵强附会的妄说，而常璩的"吕嘉说"却反映了历史的真实。其理由如下：

首先，孙盛的"吕不韦说"违背了古今中外地名命名的习惯法则，特别是违背了中国古代隐恶扬善的传统礼法，实在令人难以置信。众所周知，一个地名的使用，具有广泛的群众性和较长的时间性，其影响力非同一般的人名、物名可比。在每一个诸如县名的重要地名命名上，无不凝结着命名者的价值观及其希望产生的社会效应。因此，无论古今中外，凡以人名来命名地名者，无不具有隐恶扬善，表彰丰功伟绩，使其流芳百世，为后世楷模的含意，正如我们今天设置的中山县和志丹县即有此意。而西汉武帝时期以人名来作为地名的意义也是这样，一如匈奴人于阗颜山设置的赵信城④。《史记·匈奴列传》载："赵信者，故胡小王，降汉，汉封为翕侯，以前将军与右将军并军分行，独遇单于兵，故尽没。单于既得翕侯，以为自次王，用其姊妻之，与谋汉。信教单于益北绝幕，无近塞。单于从其计。其明年，胡骑万人入上谷，杀数百人。"单于对该城的命名，无疑是为了表彰赵信的功绩。再一如汉武帝设置的获嘉县。《汉书·武帝纪》："闻南越破，以为闻喜县。春，至汲新中乡，得吕嘉首，以为获嘉县。"该县名与吕嘉有关，则是为了纪念南越叛乱的彻底平定。而孙盛的"吕不韦说"却有悖此常理。自"伐无道、诛暴秦"、西汉王朝建立以后，汉皇敬重的是"商山四皓"、萧何、曹参之类"厚重长者"，厌恶"峻文深刻"、"刻薄少恩"的赵高、李斯之流，连秦始皇的"暴君"名声都不太好，更何况以金钱、美女投机于政治起家的奸相吕不韦。当时的人极不可能用这样一个坏人的名字来作为一个县名，让人们不断地称呼下去的。有人也许会问：既然如此，那么该县的"不韦"二字又该作何解释？笔者认为，"不"者，"弗"也，"非"也，与今义同；而所谓"韦"，正如今本《辞海》所作的解释：它是"'违'的古字。违背。《说文》：'韦，相背也。'《汉书·礼乐志》：'五音六律，依韦飨昭。'周寿昌校补：'依韦，即依违也。'"⑤由此看来，这里所说的"不韦"，即"不违"；"不韦县"亦即"不违县"。而"不违"一词，在古文献中应用得十分广泛，不胜枚举，在此作为县名使用时的含义，即如张守节《史记正义论例谥法解》所云："顺于德而不违"，乃为告诫吕嘉后人要以吕嘉的反叛被戮为戒，不能做违背汉朝法度的事。这也就是上述常璩释不韦县名由来时所说的："因名不韦，以章其先人之恶行"的真正含义。

第二，从不韦县设置的时间来看，孙盛之"吕不韦说"也是难以置信的。无论古今中外，大凡以人名来命名地名者，其所命名之人名，通常为命名时期出现的"当代重要人物"，即所谓有利于当世而功在千秋者。而据《汉书·武帝纪》："得吕嘉首，以为获嘉县。驰义侯遣兵未及下，上便令征西南夷，平之。遂定越地，以为南海、苍梧、郁林、合浦、交阯、九真、日南、珠厓、儋耳郡。定西南夷，以为武都、牂柯、越嶲、沈黎、文山郡。"⑥南越的平定与西南夷的平定是紧接着的。"得吕嘉首，以为获嘉县"

是在武帝元鼎六年，即公元前 117 年；而平定西南夷、设立益州郡则是在武帝元封二年，即公元前 109 年⑦，前后相隔 12 年，正好是在古代交通不便的情况下，完成吕嘉遗族西迁并设立新郡县所需的时间。而若依孙盛说，吕不韦与该县设立的时间跨度可谓大矣！据《史记·秦始皇本纪》："十年，相国吕不韦坐嫪毐免。……十二年，文信侯不韦死，窃葬。"吕不韦免相是在秦王政十年，即公元前 237 年；死于秦王政十二年，即公元前 235 年。从他的死到西汉设立益州郡不韦县的元封二年（公元前 109 年），中间相隔了 128 年。也就是说，在吕不韦死了一个多世纪以后，有人竟然会拿他那个不太光彩的名字去作为一个新设立的县名，以让更多的人来记住。这在逻辑上恐怕近于荒唐。

　　而北魏郦道元撰《水经注》时，恐怕是发现了孙盛"吕不韦说"时间跨度太大的缺陷，从而把吕不韦子孙入滇的时间大大向前推进了一步："汉明帝永平十二年，置为永昌郡。郡治不韦县，盖秦始皇徙吕不韦子孙于此，故以不韦名县。"⑧也就是说，早在秦始皇的时候，就将吕不韦子孙迁徙于此县了。但对此，《史记》只字未曾提过，只是在《西南夷列传》含糊地说："秦时常頞略通五尺道，诸此国颇置吏焉。"竟然连汉武帝时亲自到过今云南的太史公，都不知道早已有大名鼎鼎的吕不韦子孙被秦始皇迁徙于此，故此说实难成立。

　　第三，无疑，"吕不韦说"与"吕嘉说"争论的焦点在于二者遗族是否入滇。为弄清这一点，还需要我们对此二说的首倡者身世作对比分析，以甄别其说的可靠性。有趣的是，据《晋书》的记载，创此二说的孙盛和常璩俱为东晋时期与桓温同时代的人⑨。二人都是擅长于史学，著述颇丰的饱学之士。⑩所不同的是，孙盛是太原人，十岁避难渡江，曾随桓温伐蜀到过四川，后官至秘书监加给事中，年七十二岁卒。⑪而常璩却是蜀人，刘琳：《华阳国志校注·前言》说他"字道将，出生于蜀郡江原县（今四川崇庆县）的一个世家大族。灌县旧志谓常道将废宅在治南三十里，即今灌县太平公社一带，或有所本。其生卒年代无可考，生平事迹史书记载也很少。只知他少好学，后在成汉李势时曾任散骑常侍，掌著作，孙盛称之为'蜀史'⑫这个职务给了他接触大量文献资料、进行调查研究的方便，为完成《华阳国志》等著作创造了条件。晋穆帝永和三年（公元 347 年），桓温伐蜀，常璩等劝李势降；桓温以常为参军，随至建康。"⑬正因为常璩是今四川本地人，又是西南地方志研究的专家，所以关于该地区历史研究的一些问题，他的看法绝对不容忽视。例如在吕不韦遗族是否入蜀的问题上，上引孙盛只说："秦徙吕不韦子弟宗族于蜀"，比较笼统。而常璩对此发表的意见，却要精细得多。他在《华阳国志》卷二《汉中志》中说："新城郡，本汉中房陵县也。秦始皇徙吕不韦舍人万家于房陵，以其隘地也。汉时宗族大臣有罪，亦多徙此县。"⑭这里说的"房陵"即今湖北省房县，我们若参看《汉书·诸侯王表》，就不难发现：汉代宗室如代王刘年、河间王刘元、广川王刘海阳、常山王刘勃、东平王刘云等皆被徙于房陵，可见常璩所云"汉时宗族大臣有罪，亦多徙此县"论断的正确。也正因为如此，张守节在作《史记·秦始皇本纪》关于"文信侯不韦死"一段文字⑮的《正义》时，完全赞同并引用了常璩的这一看法而云："若是秦人不哭临不韦者，不夺官爵，亦迁移于房陵。"奇怪的是，常璩这位当时首屈一指的西南地方史专家，尽管对吕不韦遗族的下落知道得如此精确，却对其入滇只字未提，这正说明了他根本不同意孙盛的看法，并且提出"吕嘉说"，以驳斥"吕不韦说"以人名附会的谬误。

二　不韦县的设立引起该地区的民族变动和国家编户增加

迁徙，是汉武帝解决与越人的矛盾时，惯常采用的一种手段。例如《史记·东越列传》载：汉武帝建元三年（公元前 138 年），"闽越发兵围东瓯。东瓯食尽，困，且降，乃使人告急天子。……谕意指，遂发兵浮海救东瓯。未至，闽越引兵而去。东瓯请举国徙中国，乃悉举众来，处江淮之间。"后"东越杀王余善降"，汉武帝又在元封元年（公元前 110 年）"诏曰：'东越险阻反复，为后世患，迁其民于江淮间。'遂虚其地。"⑯由此"悉举众来"、"遂虚其地"，可见其迁徙的规模都是比较大的，但这样一来，便必然会引起迁入地区民族关系与人口数字的变动。据此，也可以帮助我们判断，以吕嘉遗族为代表的大批南越人是否在不韦县设立之际被迁徙到了那里。

那时，不韦县一带民族关系最为显著的变化，就是哀牢夷的内附与融合。《后汉书·南蛮西南夷列传》："哀牢夷者，其先有妇人名沙壹，居于牢山，尝捕鱼水中，触沈木若有感，因怀妊，十月，产子男十人。后沈木化为龙，出水上。沙壹忽闻语曰：'若为我生子，今悉何在？'九子见龙惊走，独小子不能去，背龙而坐，龙因舐之。其母鸟语，谓背为九，谓坐为隆，因名子曰九隆。及后长大，诸兄以九隆能为父所舐而黠，遂共推其为王。后牢山下有一夫一妇，复生十女子，九隆兄弟皆娶以为妻，后渐相滋长。种人皆刻画其身，象龙文，衣皆著尾。九隆死，世世相继。乃分置小王，往往邑居，散在谿谷。绝域荒外，山川阻深，生人以来，未尝交通中国。"⑰由此可知，在与中国交往以前，他们已有对龙的图腾崇拜，尚处于"普那路亚婚"的阶段，"种人皆画其身，象龙文，衣皆著尾"，具有"百越"族人文身的习俗和"衣皆著尾"的衣着特征。这些人或许就是张骞向汉武帝报告的居住于昆明族聚居区以西的"滇越"⑱。正如常璩《华阳国志·南中志》所说："孝武时通博南山，渡兰沧水、溪，置巂唐、不韦二县。徙南越相吕嘉子孙宗族实之，因名不韦。"汉武帝的真正目的是，"渡兰沧水以取哀牢地"，致使"哀牢转衰。"⑲汉武帝把吕嘉遗族为代表的大批外地人迁徙到这里进行开发，正是为了达到这个目的。这对于离乡背井的被迁徙者来说，自然是一段痛苦的经历，因而《后汉书》和《华阳国志》都同样记录了当时这些边疆开发者的心声："……行者苦之。歌曰：'汉德广，开不宾，渡博南，越兰津，渡兰沧，为他人。'"[20]

大批南越人迁徙到"滇越"地区，由于同为"百越"的缘故，二者比较容易地融合起来。这种融合的一个最明显的表现，就是南越人的"儋耳"习俗传入了哀牢夷中。关于南越人儋耳习俗的记载，始见于《汉书·武帝纪》：元鼎六年（公元前 117 年）"遂定越地，以为……珠厓、儋耳郡"下的"注"："应劭曰：'……儋耳者，种大耳。渠率自谓王者尤缓，下肩三寸。'张晏曰：……儋耳之云，镂其颊皮，上连耳匡，分为数支，状似鸡肠，累耳下垂。"[21]《后汉书·南蛮西南夷列传》亦云："至武帝元鼎五年，……其珠崖、儋耳二郡在海洲上，东西千里，南北五百里。其渠帅贵长耳，皆穿而缒之，垂肩三寸。"[22]由此可知，"儋耳"是南越人中某一支系的独特习俗，而且耳愈长者愈尊贵。然而，如上引《后汉书·南蛮西南夷列传》所述，在"未尝交通中国"以前的哀牢夷，只有"种人皆画其身，象龙文，衣皆著尾"的特征，并无"儋耳"的习俗。但进入东汉以后，这一习俗便由"种人"到习俗，逐渐在哀牢夷中传播开来。《华阳国志·南中志》：建武二十三年（公元 47 年），哀牢夷首领扈栗"愿率种人归义奉贡。世祖纳之，以为西部属国。其地东西三千里，南北四千六百里。有穿胸、儋耳种，闽越濮、鸠僚。其渠帅皆曰王。"[23]就是说，在汉光武帝时期，儋耳种最初在哀牢夷中出现。接着，在汉明帝永平十七年（公元 74 年），"西南夷哀牢、儋耳、僬侥、槃木、白狼、动黏诸种，前后慕义贡献。"[24]再往后，正如《后汉书·南蛮西南夷列传》所云："哀牢人皆穿鼻儋耳，其渠帅自谓王者，耳皆下肩三寸，庶人则至肩而已。"[25]这一南越人特有的习俗，至此已为哀牢夷全盘接受而变成了自己的习俗。这种从无此习俗到有了儋耳种，再到"哀牢人皆穿鼻儋耳"的变化，正反映出在不韦县设立后，随吕嘉遗族一同西迁的一些南越人与哀牢夷的相互融合过程。若非如此，实在难以想像出这一南海之滨儋耳县南越人的特有习俗，怎么在当时交通极为困难的情况下，跑到几千里外滇西横断山脉的深山峡谷中去生根开花。

再一个关于吕嘉遗族为代表的大批南越人西迁的旁证，就是在不韦县设立后，该地区人口在短时期内骤然增加。《史记·西南夷列传》："元封二年，天子发巴蜀兵击灭劳浸、靡莫，以兵临滇。滇王始首善，以故弗诛。滇王离难西南夷，举国降，请置吏入朝。于是以为益州郡，赐滇王王印，复长其民。"[26]这是西汉王朝在今云南最早设置的郡，郡治位于滇池南端。据上引《汉书·地理志》云：益州郡"属益州"，在设治时下辖二十四个县，有"户八万一千九百四十六，口五十八万四百六十三。"而据同篇《汉书·地理志》[27]的记载，当时益州各郡拥有的编户、人口和下辖县的数字见表一：

表一

西汉益州			
属郡名	下辖县数	编户数	人口数
汉中郡	12 县	101570 户	300614 口
广汉郡	13 县	167499 户	662249 口
蜀郡	15 县	268279 户	1245929 口
犍为郡	12 县	109419 户	489486 口
越巂郡	15 县	61208 户	408405 口
益州郡	24 县	81946 户	580463 口
牂柯郡	17 县	24219 户	153360 口
巴郡	11 县	158643 户	708148 口
合计	119 县	972783 户	4548654 口

由此可知，益州郡在益州八郡中下辖县数最多，占总县数的20%；而编户数只名列倒数第三，占总户数的8%；人口数却名列正数第四，占总人口的13%。这反映出益州郡的人口密度较低，而每户平均人口却较高。但是，这种情况在进入东汉之后，却发生了很大的变化。变化之一是，《后汉书·南蛮西南夷列传》所说的："永平十二年，……显宗以其地置哀牢、博南二县，割益州郡西部都尉所领六县，合为永昌郡。"[28]即将原来的益州郡分化为益州郡和永昌郡二郡。变化之二是，据《后汉书·郡国五》的记载，东汉益州刺史部辖"郡、国十二，县、道〔一〕百一十八"，其中有关今云南的编户和人口的数字都与西汉时的情况大不相同了（表二）：[29]

表二

东汉益州刺史部			
属郡名	下辖城数	编户数	人口数
汉中郡	9 城	57344 户	267402 口
巴郡	14 城	310691 户	1086049 口
广汉郡	11 城	139865 户	509438 口
蜀郡	11 城	300452 户	1350476 口
犍为郡	9 城	137713 户	411378 口
牂牁郡	16 城	31523 户	267253 口
越巂郡	14 城	130120 户	623418 口
益州郡	17 城	29036 户	110802 口
永昌郡	8 城	231897 户	1897344 口
广汉属国	3 城	37110 户	205652 口
蜀郡属国	4 城	111568 户	475629 口
犍为属国	2 城	7938 户	37187 口
合计	118 城	1525257 户	7242028 口

其中，新分立出来的永昌郡下辖八城，不韦县亦在其中⑩，这一城数名列益州刺史部的倒数第 4，占总城数的 7%；编户数却名列正数第三，比下辖 17 城的以滇池为中心的益州郡竟多出 202861 户；而最令人吃惊的是，该郡人口数字竟名列整个益州刺史部的第一，达到一百八十九万七千三百四十四口，为位于滇池地区益州郡人口的十七倍。那么，为什么永昌郡在短时间内会有如此迅猛的人口增长？无疑，原因之一就是这一时期哀牢夷等众多少数民族的大量内附。而从《后汉书》的记载来看，在这一阶段，内附民族的种类与数量大致有：

建武二十七年（公元 51 年），哀牢王"贤栗等遂率种人户二千七百七十，口万七千六百五十九，诣越嶲太守郑鸿降，求内属，光武封贤栗为君长。自是岁来朝贡。"⑪

永平十二年（公元 69 年），"哀牢王柳貌遣子率种人内属，其称邑王者七十七人，户五万一千八百九十，口五十五万三千七百一十一。"⑫

永初元年（公元 107 年），"徼外僬侥种夷陆类等三千余口举种内附。"⑬

安帝元初三年（公元 116 年），"郡徼外夷大羊等八种，户三万一千，口十六万七千六百二十，慕义内属。"⑭

总的来看，我们若把这些内附人口的数字加起来，只有 741931 人，还不到当时永昌郡总人口的一半，其余的一大半人口从哪里来？笔者认为除了一部分土著外，还有很多是来自王朝有组织的从外地迁徙，而迁往不韦县的吕嘉遗族也正在其中。

那么不韦县及其后设置的永昌郡，到底处于什么战略位置？为什么王朝要向那里大规模移民呢？

三 汉武帝迁徙吕嘉遗族入滇的目的及其影响

汉武帝致力于西南夷的重大举措有两次。第一次是唐蒙出使南越食到枸酱后，回来向汉武帝建议打通牂柯江，但因"西南夷又数反，发兵兴击，耗费无功"⑮而中止了。第二次则是接受了张骞第二次出使西域回来后的建议，"乃令骞因蜀犍为发间使，四道并出：出駹，出冄，出徙，出邛、僰，皆各行一二千里。其北方闭氐、筰，南方闭嶲、昆明。昆明之属无君长，善寇盗，辄杀略汉使，终莫得通。然闻其西可千余里有乘象国，名曰滇越，而蜀贾奸出物者或至焉，于是汉以求大夏道始通滇国。"⑯为了打通这一条从西南方通往大夏的重要通道，汉武帝在平定南越的叛乱后，采取了更为重大的军事行动。"是时汉既灭越，而蜀、西南夷皆震，请吏入朝。于是置益州、越嶲、牂柯、沈黎、汶山郡，欲地接以前通大夏。乃遣使柏始昌、吕越人等岁十余辈，出此初郡抵大夏，皆复闭昆明，为所杀，夺币财，终莫能通至大夏焉。于是汉发三辅罪人，因巴蜀士数万人，遣两将军郭昌、卫广往击昆明之遮汉使者，斩首虏数万人而去。其后遣使，昆明复为寇，竟莫能得通。"㊲这也就是说，要打通这条道路，只靠单纯的军事行动是难以奏效的。而遮断汉使的"罪魁"就是居住于今滇西地区的昆明族人。为了廓清这条通道，汉武帝不得不改变策略，用另外更有效的办法来对付"昆明人"。

"昆明"乃"西南夷"之一种，而在汉武帝"通西南夷"之际，整个"西南夷"的民族分布情况如《史记·西南夷列传》所云：

"西南夷君长以什数，夜郎最大；其西靡莫之属以什数，滇最大；自滇以北君长以什数，邛都最大：此皆魋结，耕田，有邑聚。其外西自同师以东，北至楪榆，名为嶲、昆明，皆编发，随畜迁徙，毋常处，毋君长，地方可数千里。自嶲以东北，君长以什数，徙、筰都最大；自筰以东北，君长以什数，冉駹最大。其俗或土著，或移徙，在蜀之西。自冉駹以东北，君长以什数，白马最大，皆氐类也。此皆巴蜀西南外蛮夷也。"

由此我们可以看出，与今云南境内有关的民族主要有两种：一种是分布于今滇中、滇东地区，以"滇王"为首领的"靡莫之属"，为"魋结，耕田，有邑聚"的农耕民族；另一种则是一些"随畜迁徙"的"编发"游牧民族，称为"嶲"或"昆明"，散布于"西自同师以东，北至楪榆"、"地方可数千里"的地域，即包括今保山、大理地区在内的滇西广大地区，尚处于"毋常处、毋君长"的原始社会形态。也正是他们，多次阻断了西汉王朝从西南方向通往大夏的道路。而在多次突进的军事行动均告失败之后，汉武帝不得不改变策略而采取"渐进"的办法，这也就是利用当地农耕民族与游牧民族的矛盾，在元封二年滇王"举国降"㊳以后，通过建立郡县施治和从内地迁徙来大量移民，促进农耕民族地区封建经济的迅速发展，并以这些地方为据点，逐渐向"昆明"、"嶲"等游牧民族控制的地区推进，以最终扫除这条重要通道上的障碍。这正如《后汉书·南蛮西南夷列传》所云："滇王者，庄蹻之后也。元封二年，武帝平之，以其地为益州郡，割牂柯、越嶲各数县配之。后数年，复并昆明地，皆以属之此郡。"㊴由于行之有效，这一"渐进"政策也就成为汉武帝以后，两汉王朝开发西南地区长期延续的基本国策，直到东汉"永初元年，徼外僬侥种夷陆类等三千余口举种内附，献象牙、水牛、封牛。永宁元年，掸国王雍由调复遣使者诣阙朝贺，献乐及幻人，能变化吐火，自支解，易牛马头。又善跳丸，数乃至千。自言我海西人。海西即大秦也，掸国西南通大秦。明年元会，安帝作乐于庭，封雍由调为汉大都尉，赐印绶，金银、彩缯各有差也。"㊵这条"通大夏道"国内路段上的障碍，至此算是基本扫清了。

而这当中，汉武帝将以吕嘉遗族为代表的一批南越人迁徙到滇西"滇越"人聚居区去建立不韦县，的确具有极为深远的寓意：

第一，将策动南越叛乱的核心力量——吕嘉遗族迁出叛乱中心地区，起到釜底抽薪的作用，有利于南越地区的长期安定。同时又将这些南越人作为中央政权的代表，安置到"滇越"人地区，利用同为"百越"的有利民族条件，以促进其对当地民族的改造和西南边疆的开发。这种"一石二鸟"、变不利因素为有利因素的老谋深算，不啻为汉武开边的一件杰作。

第二，将大批南越人迁徙到滇西地区，无疑加速了两地之间的交通往来。据《汉书·地理志》所云：西汉"益州郡"下辖的"来唯县"①"劳水出徼外，东至麋泠入南海，过郡三，行三千五百六十里。"这就是一条南越人入滇走出来的重要通道。这条道路，在进入东汉以后，对于维护南越与益州的边防、加强南越与西南夷的联系，发挥了更为重要的作用。这正如《水经注》卷三十七述"益州叶榆河"所云："建武十九年，伏波将军马援上言，从牂泠出贲古，击益州。臣所将骆越万余人，……愚以行兵，此道最便。盖承藉水利，用为神捷也。"②又云："进桑县，牂柯之南部都尉治也。水上有关，故曰进桑关也。故马援言从麋泠水道出进桑王国至益州贲古县，转输通利，盖兵车资运所由矣。自西随至交趾，崇山接险，水路三千里。"③如方国瑜先生所说："以马援所言，西随为船行之起点，自西随至交趾水路三千里，则西随应假定为唐代之贾涌步，即今蒙自县南之河口，则进桑关应在今河口、老街附近。而贲古为益州郡最南之一县，应在今蒙自、个旧之地。"④大体说来，这条道路的走向与今滇越铁路的路线大致相同，即由滇池地区行至今越南首都河内附近。这条道路的开通，使地处高原腹地的永昌郡、益州郡有了出海口，成为魏晋以后云南人通过东南沿海北上中原的一条重要大通道，对于以后云南接受来自东南沿海的影响，促进历史的发展，具有难以估量的重大作用。

第三，由于两汉王朝长期以来延续扶持"南中"农耕民族、向游牧民族区域渐进的政策，这必然加速这些农耕民族封建化的进程和中央向心力的增长，使其"汉化"程度日益加深，而成为两汉王朝乃至三国时期的蜀汉政权巩固西南边陲的重要依靠力量。例如三国时期叟人高定和大姓雍闓发动了对蜀汉政权的大规模叛乱，其中凡参与叛乱者，均称为"昆"、"叟"之类游牧民族，或与这些游牧民族有密切联系的汉族大姓。⑤而农耕民族地区的汉人或汉化了的原少数民族头人，均抵制并参与蜀汉政权平定这次叛乱。其代表性人物，有滇池地区建宁俞元的李恢和滇西永昌郡不韦县人吕凯。⑥笔者认为，此吕凯亦即西汉南越王相吕嘉的后人，与其祖先不同的是，他坚决抵制叛乱，为诸葛亮最后平定叛乱创造了条件。诸葛亮在事后上表称："永昌郡吏吕凯、府丞王伉等，执忠绝域，十有余年，雍闓、高定偪其东北，而凯等守义不与交通。臣不意永昌风俗敦直乃尔！"⑦吕凯因此而被蜀汉政权封为阳迁亭侯，任命为云南太守，后于任上被叛乱的夷人杀害，但其子吕祥又继承他的事业。就这样，吕嘉遗族自迁徙入滇以后，却成了忠于国家、捍卫先进的封建经济、文化的中坚，为开发西南边疆作出卓越的贡献。这恐怕是他那策动叛乱的祖先所预想不到的。

注　释

① 《华阳国志》卷四《南中志》："孝武时通博南山，度兰沧水、渚溪，置巂唐、不韦二县。徙南越相吕嘉子孙宗族实之，因名不韦，以彰其先人恶。"见刘琳：《华阳国志校注》，巴蜀书社，1984 年，第 427 页。

② 《汉书》卷二十八《地理志第八上》："益州郡，（武帝元封二年开。莽曰就新。属益州。）户八万一千九百四十六，口五十八万四百六十三。县二十四……"见中华书局，1965 年，1962 年版第 1601 页。

③ 见《后汉书》卷八十六《南蛮西南夷列传》，中华书局，1965 年，第 2849 页。

④ 《史记·匈奴列传》："……行斩捕匈奴首虏万九千级，北至阗颜山赵信城。"《集解》如淳曰："信前降匈奴，匈奴筑城居之。"

⑤ 上海辞书出版社，2000 年，第 1419 页。

⑥ 《汉书》卷六《武帝纪》，中华书局，1962 年，第 188 页。

⑦ 《汉书》卷二十八《地理志第八上》："益州郡，武帝元封二年开。"中华书局，1962 年，第 1601 页。

⑧ 见杨守敬、熊会贞《水经注疏》卷三十七，江苏古籍出版社，1989 年，第 3036 页。

⑨ 《晋书》卷八二《孙盛传》："孙盛字安国，太原中都人。……会桓温代翼，留盛为参军，与俱伐蜀。"中华书局，1974 年，第 2148 页。《晋书》卷九八《桓温传》："时李势微弱，温志在立勋于蜀，永和二年，率众西伐。……温停蜀三旬，举贤旌善，伪尚书仆射王誓、中书监王瑜、镇东将军邓定、散骑常侍常璩等，皆蜀之良也，并以为参军，百姓成悦。"中华书局，1974 年，第 2569 页。

⑩ 《晋书》卷八二《孙盛传》："盛笃学不倦，自少至老，手不释卷。著《魏氏春秋》、《晋阳秋》，并造诗赋论难复数十篇。《晋阳秋》词直而理正，咸称良史焉。"中华书局，1974 年，第 2148 页。刘琳《华阳国志校注·前言》："常璩的著作除《华阳国志》外，尚有在成都时写的《汉之书》十卷，记成汉历史；后人晋秘阁，改名《蜀李书》（据《隋书·经籍志》、《史通·古今正史》及《颜氏家训·书证》。两唐书经籍（艺文）志于《汉之书》外另列《蜀李书》，当误）。此书久已失传，惟《艺文类聚》、《太平御览》等书中尚引有佚文数条，其中称李雄为'武帝'、李班为'哀帝'，可证其于李势时无疑。"巴蜀书社，1984 年，第 1～2 页。

⑪ 见《晋书·孙盛传》。

⑫ 《三国志》卷三五《蜀书·诸葛亮传附董厥、樊建传》裴松之《注》："孙盛《异同记》曰：瞻、厥等以维好战无功，国内疲弊，宜表后主，召还为益州刺史，夺其兵权。蜀长老犹有瞻表以阎宇代维故事。晋永和三年，蜀史常璩说蜀长老云：'陈寿尝为瞻吏，为瞻所辱，故因此事归恶黄皓，而云瞻不能匡自顾不能匡矫也。'"此注为笔者所加。中华书局，1959 年，第 933 页。

⑬ 刘琳《华阳国志校注》，巴蜀书社，1984 年，第 1～2 页。

⑭ 见刘琳《华阳国志校注》卷二《汉中志》，巴蜀书社，1984 年，第 138 页。

⑮ 《史记》卷六《秦始皇本纪》："文信侯不韦死，窃葬。其舍人临者，晋人也逐出之。秦人六百石以上夺爵，迁。五百石以下不临，迁，勿夺爵。"中华书局，1959 年，第 933 页。

⑯ 《汉书》卷六《武帝纪》，中华书局，1962 年，第 190 页。

⑰ 《后汉书》卷八十六《南蛮西南夷列传》，中华书局，1965 年，第 2848 页。

⑱ 《史记·大宛列传》："昆明之属无君长，善寇盗，辄杀略汉使，终莫得通。然闻其西可千余里有乘象国，名曰滇越。"见《史记》卷一百二十三《大宛列传》，中华书局，1959 年，第 3166 页。

⑲ 参见刘琳：《华阳国志校注》卷四《南中志》，巴蜀书社，1984 年，第 427 页。

⑳　见《后汉书》卷八十六《南蛮西南夷列传》，中华书局，1965 年，第 2849 页。刘琳《华阳国志校注》卷四《南中志》，巴蜀书社，1984 年，第 427 页。

㉑　《汉书》卷六《武帝纪》，中华书局，1962 年，第 188 页。

㉒　《后汉书》卷八十六《南蛮西南夷列传》，中华书局，1965 年，第 2835 页。

㉓　刘琳：《华阳国志校注》卷四《南中志》，巴蜀书社，1984 年，第 428 页。

㉔　《后汉书》卷二《显宗孝明帝纪》，中华书局，1965 年，第 121 页。

㉕　《后汉书》卷八十六《南蛮西南夷列传》，中华书局，1965 年，第 2849 页。

㉖　《史记》卷一百一十六《西南夷列传》，中华书局，1959 年，第 2997 页。

㉗　参见《汉书》卷二十八《地理志第八上》，中华书局，1962 年，第 1596 ~ 1603 页。

㉘　《后汉书》卷八十六《南蛮西南夷列传》，中华书局，1965 年，第 2849 页。

㉙　参见《后汉书志第二十三·郡国五》，中华书局，1965 年，第 3506 ~ 3516 页。

㉚　《后汉书志第二十三·郡国五》："永昌郡（明帝永平［十］二年分益州置。洛阳西七千二百六十里。）八城，户二十三万一千八百九十七，口百八十九万七千三百四十四。不韦出铁。嶲唐　比苏　楪榆　邪龙　云南　哀牢（永平中置，故牢王国。）博南（永平中置。南界出金。）"中华书局，1965 年，第 3513 ~ 3514 页。

㉛　《后汉书》卷八十六《南蛮西南夷列传》，中华书局，1965 年，第 2848 ~ 2849 页。

㉜　《后汉书》卷八十六《南蛮西南夷列传》，中华书局，1965 年，第 2849 页。

㉝　《后汉书》卷八十六《南蛮西南夷列传》，中华书局，1965 年，第 2851 页。

㉞　《后汉书》卷八十六《南蛮西南夷列传》，中华书局，1965 年，第 2853 页。

㉟　《史记》卷一百一十六《西南夷列传》，中华书局，1959 年，第 2995 页。

㊱　《史记》卷一百二十三《大宛列传》，中华书局，1959 年，第 3166 页。

㊲　《史记》卷一百二十三《大宛列传》，中华书局，1959 年，第 3170 ~ 3171 页。

㊳　《史记》卷一百一十六《西南夷列传》，中华书局，1955 年，第 2997 页。

㊴　《后汉书》卷八十六《南蛮西南夷列传》，中华书局，1965 年，第 2846 页。

㊵　《后汉书》卷八十六《南蛮西南夷列传》，中华书局，1965 年，第 2851 页。

㊶　复旦大学历史地理研究所《中国历史地名辞典》编委会：《中国历史地名辞典》："【来唯县】西汉置，治所在今越南北部莱州附近。东汉废。"江西教育出版社，1986 年，第 401 页。

㊷　杨守敬、熊会贞：《水经注疏》卷三十七，江苏古籍出版社，1989 年，第 3039 页。

㊸　杨守敬、熊会贞：《水经注疏》卷三十七，江苏古籍出版社，1989 年，第 3040 ~ 3041 页。

㊹　方国瑜主编：《云南史料丛刊》第一卷《马援上书请通牂牁道》，云南大学出版社，1998 年，第 76 页。

㊺　《华阳国志·南中志》："夷人大种曰'昆'，小种曰'叟'。……与夷为姓曰'遑耶'，诸姓为'自有耶'。世乱犯法辄依之藏匿。或曰：有为官所法，夷或为报仇。与夷至厚者谓之'百世遑耶'，恩若骨肉，为其通逃之数。故南人轻为祸变，恃此也。"见刘琳：《华阳国志校注》卷四《南中志》，巴蜀书社，1984 年，第 364 页。

㊻　见《三国志》卷四十三《蜀书·黄李吕马王张传》，中华书局，1959 年，第 1045 ~ 1048 页。

㊼　同㊻。

南越王建德考辨

龚留柱

　　《史记》、《汉书》叙南越国历史，都说自赵佗"初王后"，其国共"五世九十三岁而亡"。其灭亡应在元鼎六年冬（前112年与前111年之交），"五世"自然包括末王赵建德。因为其前赵兴在元鼎五年三月已经被吕嘉所杀，此后到元鼎六年冬还应有一位南越王。故这五代南越王是：武王赵佗、文王赵胡（或据广州象岗山南越王墓出土名章为"赵眜"）、明王赵婴齐、赵兴和赵建德。

　　清人王鸣盛在《十七史商榷》中曾对这个世系表示怀疑。他说："赵佗于文帝元年已自称'老夫处粤四十九年'，历文帝二十三年，景帝十六年，至武帝建元四年，凡四十三年。即以二十余岁为龙川令，亦一百十余岁矣。愚按佗何若是之寿耶？案《汉传》无'卒'字，此疑衍。建元四年佗孙胡嗣位之岁也，非佗卒于是岁。史、汉皆不书佗子，盖外藩事略。"①王鸣盛的怀疑有一定道理，但我认为史载的错误主要出在"四十九年"上。以汉文帝元年上推49年，为公元前229年，此时秦国仅才灭韩，楚国犹完，作为秦下层官吏的赵佗何由得入岭南？故麦英豪先生以为"四十九"为"三十九"之误是有道理的。至于王鸣盛怀疑赵佗另有儿子（如《交州外域记》所说的越国太子赵始），曾在建元四年之前为第二代王，建元四年（前137年）不是赵佗卒年而是赵佗之孙赵胡为第三代王的即位之年，但赵佗之子为史书漏载等等，似乎这些都不能成立。第一，史书上南越国五世递嬗的次序是很清楚的；第二，赵婴齐"嗣立，即藏其先武帝、文帝玺"，②他之前仅只两代而非三代；第三，赵佗确实因长寿而在位时间长，他在文帝元年（前179年）所抱之孙赵胡即位时（即建元四年）至少已经43岁，故原太子完全可能先他而去世。所以，赵建德确实是史书所记"五世"之中的最后一位南越王。

　　赵建德是南越明王赵婴齐越族之妻所生的长子。赵佗为了"和辑百越"，确定汉族王室与土著越族通婚的惯例，如后来的越相吕嘉，其为越族，但"男尽尚王女，女尽嫁王子弟宗室"③。赵婴齐作为赵胡的太子，于建元六年（前135年）被派往长安"宿卫"，赵建德的出生应在此之前，而且建德的外公之家也是有很高地位的越族显贵，甚至有可能与吕嘉出自同一家族。赵婴齐在长安"十余岁"，又娶了中原女子为妻，生下儿子赵兴，这种情况在南越国历史上是没有的。这桩政治婚姻是汉朝希望看到的，甚至有可能是他们一手撮合的，即事先培养"亲汉"人物来影响将来南越政局的走向。

赵胡去世，赵婴齐从长安回来继位，立即改变了南越国的传统方针：一是"藏其先武帝、文帝玺"，这意味着对内对外都彻底取消赵佗以来的帝号（赵佗仅在外交上对汉朝称王，居国则窃如故号一直称帝）；二是"上书请立摎氏女为后，兴为嗣"④，这意味着承认汉朝为宗主，王室继承人由汉朝批准册封。是赵兴而不是其同父异母兄长赵建德被立为南越储君，这是外部压力作用下的结果，而不是二人实力对比的真正体现。赵建德此时20岁左右，他在南越国内的族群根基和个人影响力，都是"外来"而且"年少"的赵兴所望尘莫及的，对此汉朝也不能漠视。于是在保证有汉朝背景的赵兴稳操继承权的同时，又封赵建德为侯以给予抚慰。

《史记·建元以来侯者年表》和《汉书·景武昭宣元成功臣表》在"术阳侯"下，都说赵建德原在南越的爵位是"高昌侯"。他是什么时候被南越国封的侯？一般人认为，赵佗的南越官制是"仿效汉朝"或混合秦汉的，中央有相、将军、郎、长秋居室等，地方郡国并行，既有交阯郡、九真郡、揭阳县及郡监、县令等设置，又有苍梧王、秦王、西于王等的分封，这从文献和考古发现上都可证明。而奇怪的是，赵建德为什么仅被封侯而没有封王？一种可能的解释是，南越国"王"的分封都是在赵婴齐之前由南越"武帝"、"文帝"所分封的，帝制之下，子弟为王乃通例。如后来投降汉朝被封为"随桃侯"的苍梧王赵光⑤，其名单字，与"赵眜"（即文献上"赵胡"）很对应，二人应是同一代人（"光"、"眜"二字相反相成），很可能是兄弟关系，赵光其王即由武帝赵佗所封。而下一代的赵婴齐及再一代的赵建德、赵次公皆为二字之名。所以在赵婴齐继位之后，既然已取消帝号，本身为南越王，那么除太子赵兴外，其他儿子如赵建德等只能被封为侯了。这从后来汉朝分封赵建德和苍梧王赵光同为"三千户"之侯⑥，而其他南越降者都不超过"千户"，也可以证明建德的侯爵相当于南越原来的王，二者是同级的。这同时也证明，建德之封是在其父即位后并确立其异母弟赵兴为储君的同时。至于"高昌"地望以及赵建德是否到封地治民，则由于文献缺载而不可知。

关于赵建德被汉朝分封为"术阳侯"的时间，《史表》和《汉表》不同，分别为"元鼎四年（前113年）"和"元鼎五年（前112年）三月"，这不仅是一年之差，而且关系到汉朝分封的意图及当时汉越关系的状况。南越王赵婴齐去世，应在元鼎三年末或元鼎四年初，汉朝得到消息，决定利用南越国新出现的"王年少，太后中国人"这一有利时机，迅速派出由安国少季（南越王太后摎氏旧情人）、辩士终军、勇士魏臣等人组成的外交使团，同时派卫尉路博德率军队屯驻边境桂阳（今粤湘交界郴州至连州一带），以为声援。此行目的很明确，以汉武帝的名义，给新南越王赵兴的名分以正式承认，同时"说其王，欲令入朝，比内诸侯"⑦，即取消南越国事实上的独立地位。汉朝方面希望这件事能和平解决，而且事实上由于安国少季与太后摎氏重燃旧情，太后也想"倚汉威"巩固自己母子在南越国的既定地位。于是她促请南越王赵兴"及群臣"答应汉朝的要求，王"因使者上书"，"请举国内属"⑧。表面看一切顺利，但隐患也很严重，即长期掌权的三朝元老吕嘉不同意这样作，"王之上书，（吕嘉）数谏止王，王不听"。南越国统治核心分裂，新王赵兴的政治地位已岌岌可危。吕嘉慑于汉朝压力，也不敢公开说什么，只是消极地"数称病不见汉使者"，隐忍待机。正是在这样的背景下，汉武帝一方面按照中央政府对内诸侯的权责，"赐其丞相吕嘉银印，及内史、中尉、太傅印"⑨，承认南越国既定的权力格局；一方面也要对在国内有根基有影响的南越王兄赵建德加以抚慰，使之不公开抵制汉越关系的紧密化，于是封他为汉朝的"术阳侯"。术阳属下邳国，在今江苏北部，汉把建德封在这里，自然也隐含有"调虎离山"之意。正因为这时汉与南越上层还维护一种"和亲"关系，汉对建德的分封才对和平解决问题有意义，建德也才有可能接受这种封爵。所以"术阳侯"的定封只能在元鼎四年，《史记》之记载是正确的。

　　而按照《汉书》所说分封建德的时间"元鼎五年三月"又是一种什么情况呢？元鼎四年末，南越国太后与汉使者密谋，发动了一次不成功的宴会清除行动，未能除掉吕嘉。吕嘉虽对太后和汉使不满，仍不敢贸然行动，"数月不发"。这时到元鼎五年初，汉武帝错误地认为南越"独吕嘉为乱，不足以兴兵"，就轻率地派韩千秋和越太后弟摎乐率二千人入境制服吕嘉。被逼到悬崖边上的吕嘉这才公开反叛，杀掉南越王赵兴、太后摎氏及汉朝使节，"遣人告苍梧、秦王及其诸郡县，立明王长男粤妻子术阳侯建德为王"。然后是诱敌深入，在"未至番禺四十里，粤以兵击千秋等，灭之"⑩。这时汉武帝才认识到事情的严重性，于元鼎五年（前112年）三月壬午下诏封韩千秋之子韩延年为成安侯，摎乐之子摎广德为龙侯；四月"赦天下"，发布江淮以南楼船十万师以讨伐南越的命令。既然汉越矛盾已没有和平解决的可能，按《汉表》的说法这时封赵建德（与韩延年、摎广德之封同月同日）为术阳侯还有什么意义呢？赵建德已公开与汉朝决裂并成为新的南越王，他怎么有可能接受这种封爵呢？《汉书·武帝纪》说："夏四月，南越王相吕嘉反，杀汉使者及其王、王太后；赦天下。"这并不是说以上事件都到四月才发生，而是综述前因，只有"赦天下"之诏才落实在四月。因为吕嘉反在前，灭韩千秋二千人在后，三月天子封韩延年等更在后，在这种剑拔弩张的气氛中，汉武帝不可能封赵建德为术阳侯。所以《汉书》对建德的"元鼎五年三月壬午"之封是不可能有的，很可能属记载之误。

　　关于南越王赵建德的结局，《史记·建元以来侯者年表》说："（元鼎）五年侯建德有罪，国除。"这是汉武帝知道"南越反"之后，取消了前一年对他的"术阳侯"之封，也应在情理之中。但此时伐越之役尚未展开，赵建德仍是在位的南越王，汉朝取消封爵对他毫无意义。当年秋季，汉朝派路博德、杨仆等人率军攻打南越，大约三个月后即元鼎六年冬天（此时汉仍以十月为岁首，秋为岁末，冬为一年开始，但公元仍可同为前112年），就顺利攻下番禺，南越国灭亡，"吕嘉、建德已夜与其属数百人亡入海，以船西去"。看来吕嘉是和赵建德一起逃亡的，但时间不长，路博德派人追击，"其故校尉司马苏弘得建德，封海常侯；越郎都稽得嘉，封为临蔡侯"⑪。从"得"字判断，二人是被活捉了。又据《汉书·武帝纪》元鼎六年春，"至汲新中乡，得吕嘉首，以为获嘉县"。时间是当年春天（公元已为前111年），说明吕嘉已死（可能被处死），但却没有提赵建德。

根据文献有些矛盾的记载，南越王赵建德的结局有两种可能：一是元封元年冬天（公元仍为前111年），汉武帝对北边匈奴进行了一次示威性的巡行，诏告匈奴单于说："南越、东瓯咸伏其辜……南越王头已悬于汉北阙矣"⑫。《史记》和《汉书》的《匈奴传》记载与此相同。这里的"南越王"只能指赵建德（赵兴与汉无怨且有功，汉不会如此对待；且吕嘉既杀赵兴，也会把他以礼葬于南越），看来他是被俘后而被汉军处死，传首长安。二是《汉书·景武昭宣元成功臣表》说："术阳侯建德，以南越王兄越高昌侯侯，三千户。（元鼎）五年三月壬午封，四年，坐使南海逆不道，诛。"这段话不见于《史记》，也不见于《汉书》他处，但言之凿凿，还是需要分析的。

首先，关于建德始封时间的"五年三月壬午"，前已论辨其谬，这个时间明显不对。其次，"四年"是说赵建德以术阳侯的身份享国四年，那么有没有另外一种可能，正如胡三省注《资治通鉴·元鼎五年》所说："建德降汉，始封术阳侯，史盖追书也。"⑬即建德被俘后向汉朝投降，汉朝仍封他为术阳侯，然后像后代的蜀主刘禅、吴主孙皓一样被带回中原。历代统治者为了稳定新征服地区民众的情绪，在大局已定的情况下，常常对原君主施行宽大，这也不是不可能的。再次"使南海"，即赵建德奉命出使"南海"，这里的"南海"指何处？汉代既有"南海国"也有南海郡，前者指汉高祖刘邦在去世前两个月封"南武侯织"为南海王⑭，此人为闽越后代，封地在汉南海郡的揭阳县。⑮但在汉文帝时，这个封国已内迁至庐江郡界中⑯，《史记·汉兴以来诸侯王年表》并未记载，可能此时已消失，所以赵建德出使南海应是指南越国故地的南海郡。最后"逆不道，诛"，即赵建德因谋反这种汉代最严重的罪行而被处死。究竟南海郡有何事而需要赵建德出使，然后他又阴谋反叛被处死，史载不明，这里只能推测。或者是岭南归汉之后，政局并不稳定，"汉连兵三岁，诛羌灭南越，番禺以西至蜀南者置初郡十七……初郡时时小反，杀吏，汉发南方吏卒往诛之，间岁万余人"⑰。而且"其民暴恶，自以阻绝，数犯吏禁，吏亦酷之，率数年壹反，杀吏，汉辄发兵击定之"⑱。在这种情况下，汉朝想借助赵建德原在当地的影响力以抚绥民众，平息动乱。或者是汉朝设下一个圈套，让他以祭祖扫墓的名义重回岭南，然后抓住他言行举止中的把柄，杀之以绝后患。"斩草除根"常是亡国君被"宽大"之后的必然结局。

　　南越王赵建德死于投降汉朝的四年后（推算应为元封三年，即公元前 108 年），这是完全有可能的，而此前汉武帝在元封元年"南越王头已悬于汉北阙矣"云云，则非实指，不过是他对匈奴的大言夸口而已。

注　释

① 泷川资言：《史记会注考证》卷 113 引，第 1846 页，上海古籍出版社，1986 年。
② 《汉书·西南夷两粤朝鲜传》，中华书局标点本，1962 年。下同。
③ 《史记·南越列传》，中华书局标点本，1982 年。下同。
④ 同上。
⑤ 《史记·建元以来侯者年表》。
⑥ 《汉书·景武昭宣元成功臣表》。
⑦ 《汉书·终军传》。
⑧ 同上。
⑨ 《史记·南越列传》。
⑩ 《汉书·西南夷两粤朝鲜传》。
⑪ 《史记·南越列传》。
⑫ 《汉书·武帝纪》。
⑬ 《资治通鉴》卷二十《汉纪十二》，中华书局 1956 年。
⑭ 《汉书·高帝纪》。
⑮ 蒙文通：《越史丛考》第 42 页，人民出版社 1983 年。
⑯ 《汉书·严助传》、《史记·淮南衡山列传》。
⑰ 《史记·平准书》。
⑱ 《汉书·贾捐之传》。

南越王丧葬观探析

李林娜

南越王墓历经二千多年，它躲过了那些发丘摸金者的毁掘，完好地保存至今，是发掘的40多座汉代诸侯王墓中仅存的几座未被盗扰的墓葬之一。南越王墓珍宝之多，随葬品之丰富，一座墓能全面地展示当时的整个南越社会，这些都与南越王灵魂不死、秘葬深藏和事死如生的丧葬理念分不开。本文拟就南越王的丧葬观进行探研和分析。

一 灵魂不死追求不朽的理念

早期人类以为万物有灵，人死灵魂不死，仍能祸福子孙，由此逐渐发展为鬼魂和祖灵崇拜观念，以及五花八门的丧葬礼俗。秦汉时期，传统的灵魂观有较大的发展，祀神求仙盛行于世，秦皇、汉武均惑于此。远在岭南的南越王也深受其影响，从其墓葬和随葬品中，可以清晰地看到所负载的灵魂有知和渴望灵魂升天以及追求尸体不朽的精神内容。

南越王墓坐北朝南，墓主人头向着北方。死者北首是一个流行久远的传统，古人认为，北方属阴，是为死者灵魂归去的方向。南越王相信其死后灵魂不死，并将向北方归去，故遵循这一传统。南越王的玉衣头罩顶部，用一璧形饰片制作，可能是专门为灵魂出入留有的通道。

南越王的墓室是仿效生前的府第格局来建造的，打破了其前惯用的竖穴土坑墓的模式，用700多块红沙岩石和几十块顶盖石板砌筑起一座前堂后寝，并分为七室的地下宫殿。显而易见，这种墓葬的新形制，更适宜墓主人灵魂的居住。

南越王不仅笃信灵魂不死，还渴望灵魂能升天。在南越王墓前室的周壁和顶部绘有朱墨卷云纹图案，前室还出土2套石砚，1套置于墓门后的顶门器上，另1套位于通往西耳室的过道处，而且两套石砚的研石与砚面都粘着墨迹，推测这两套石砚可能是绘完前室壁画后遗留的实用器。前室西边置有漆木车模型一具，东边有一殉人，从总体上反映了墓主人渴望魂气飞升天界之意。

然而，最能体现南越王灵魂观的是其丧葬用璧。在南越王的棺椁内外就发现玉璧和陶璧186块，这在已发掘的汉代诸侯王墓中是最突出的。在其椁面的四角处各放置一块大玉璧，璧面留有丝绢缠捆的残痕。棺前头箱内平置两个大漆奁，右边奁内盛有珍珠，其上叠置了7块大玉璧。棺后的足箱中放有139块陶璧和2块玉璧，显然这是寓意陶璧是作为玉璧来随葬。棺内玉衣头罩上覆盖一块玉璧，玉衣上有10块玉璧，正中6块玉璧分为3对，用丝带连成一个"十"字形的组玉璧。垫在玉衣下的有5块大玉璧，放在玉衣里贴胸处有14块玉璧，内棺右侧有3块玉璧，玉衣鞋套下还有件双连璧。南越王铺垫在玉衣内外的就有三层玉璧，从玉璧排列的位置可以看出其不属于装饰和礼仪用璧，而是殓尸用器，墓主人用玉璧殓尸有着深刻的含义。

璧是古代重要的礼仪用器，《周礼》曰："以玉作六器，以礼天地四方：以苍璧礼天，以黄琮礼地，以青圭礼东方，以赤璋礼南方，以白琥礼西方，以玄璜礼北方。"[①]到了汉代，祭祀和朝觐等礼仪用玉大为简化，除璧和少量的圭外，其他都仅作佩饰或不再制作。璧在汉代的丧葬礼仪中用得十分普遍，汉墓中出土的有玉璧、石璧、琉璃璧、陶璧、木璧，还有绘画的龙璧图、鸟璧图和女娲捧璧图等。在马王堆一号墓出土的T形帛画上，朱地彩绘棺上和漆木屏风上都绘有以璧为中心的图案。在满城中山靖王刘胜夫人窦绾墓中出土一个镶玉漆棺，棺盖和棺的外壁嵌饰圆形玉璧26块。四川有种汉墓内置鎏金铜牌1~2块，铜牌多在棺头前中，牌上以云气为纹饰，正中吊一玉璧形器，中书"天门"二字。以上清楚地表明不论是绘璧、嵌真璧还是吊璧铜牌，都是引导人们灵魂升天的器物。南越王竭尽其玉璧随葬于棺椁中，都唯恐不能如愿，又制作了139块仿玉璧的陶璧置于棺椁的足箱中，可见其想将灵魂升入天国的愿望多么强烈。

汉初许多君臣出身于平民，对民间的巫术文化情有独钟。从汉高祖到文帝、景帝都搞过巫术活动，汉武帝更是对巫术达到痴迷的程度。受巫术文化的影响，汉初的帝王相信玉是阴阳二气中的阳气之精，置玉于死者身上，可以起到保护尸体不腐的巫术作用。于是在文帝年间，将以前戴在死者头、手、脚上的玉套，发展成为有上衣、双袖和两个裤筒的形制完备的玉衣。玉衣盛行于汉武帝时期，废止于三国曹魏时代，约300余年。《后汉书·礼仪志》还记载了汉代使用玉衣的制度。迄今约有20多座墓中出土有玉衣的玉片，但保存完整的玉衣仅有少数几件。目前，考古发现时代最早的是徐州狮子山楚王墓出土的金缕玉衣，约为文景年间，南越王赵眜死于武帝年间，其墓中出土的丝缕玉衣比狮子山楚王墓出土的金缕玉衣晚几十年，但比满城中山靖王的金缕玉衣早10年。南越王的玉衣属于时代较早并形制完备的玉衣，也是目前发现的最早的丝缕玉衣。

南越王赵眜的玉衣其工艺制作明显分为两部分：一是头套、手套、脚套部分，其玉片厚薄均匀，加工较细，周边大多抹棱，表面抛光，边角部位都有钻孔；另一部分是上衣、两袖和两个裤筒，其玉片厚薄不均，周边不齐，制作粗糙，多用下脚料拼凑。但从玉衣裤筒的玉片中，发现有个别属于头、手部分的穿孔残片配入其间，说明整个玉衣是在一个作坊制作。只是可能制作的时间不同，玉衣的头、手、脚套可能是在赵眜生前制作，时间充裕，慢工出细活，而玉衣躯干部分也许是在其临死前或死后赶制的，时间紧、玉料不够，因此制作粗糙，还配有玉璧和玉佩的残片。从南越王玉衣的钻孔工艺比中原较为落后和以上情况来分析，南越王的玉衣是南越国自制的。南越王效法汉帝王和中原的诸侯王，身着南越国自制的丝缕玉衣，用47块玉璧上铺下垫，实行玉殓葬，并深埋于象岗山覆心17米处，其主导思想是相信灵魂不死，追求尸体不朽。

二　不封不树秘葬深藏的理念

人类埋葬死者的习俗始于旧石器时代，最早的墓不是在野外而是在室内，考古学家们称其为"居室葬"。新石器时代氏族在村落附近建有共同的墓地，以血缘关系来埋葬死者。夏、商、周形成了族葬墓地制，目前发现最早的族葬墓地是河南殷商王陵区。汉代帝王和诸侯王大多都有自己独立的王陵区，诸侯王、王后、嫔妃、王室贵族及陪葬大臣都葬于王陵区内。王陵区内除坟冢外，还有陵园及建筑设施，虽大多数都已被毁坏，但多少还会留有一些历史的遗迹。

南越国是汉高祖四年（公元203年）由秦朝派往岭南的将领赵佗创建，历时93年，到汉武帝元鼎六年（公元前111年）为汉朝军队所灭。南越国相传五世，前三代王建陵于都城番禺（今广州），后者均未建陵。1983年6月9日，在广州象岗发现了南越国第二代王文帝赵眜的陵墓。第一代王赵佗的陵墓至今未发现，但当赵眜墓被发现之后，人们分析赵眜把陵墓建于象岗，可能是因为比其墓葬位置和风水更好的越秀主峰上，葬有其爷爷赵佗。第三代王赵婴齐的陵墓，史书载曾于三国时被孙权发兵盗掘，曾得玉玺、金印、铜剑等物。在1983年5月，发现象岗南越王墓前20天，考古工作者在离象岗不远的西村，清理一座已被盗的南越木椁墓时，在盗洞处发现了10多件玉器，有玉剑饰、玉舞人等，与象岗南越王墓所见极为相似，而且这座墓是目前发现的岭南最大的木椁墓，人们猜测这可能是曾被孙权盗掘的赵婴齐的陵墓。从对南越王墓周边探测结果看，未发现有陪葬墓和陵园建筑遗迹，这反映出南越王并没有仿效汉代帝王和其他诸侯王修建大规模的陵园区，而是具有不封不树，不愿意让世人知晓其葬于何处的秘葬理念。

南越王在陵墓位置的选择上也与众不同，大多汉代诸侯王陵都建于都城远郊或更远的地方，而南越王却将陵墓建于番禺都城的西北角。使历史上不知有多少人踏破铁鞋寻找其墓，但都徒劳而返。近几十年来，考古工作者走遍了广州郊外的大小岗岭，发掘了400多座南越国时期的墓葬，但始终未发现南越王墓，直到1983年才在象岗基建时被意外发现。人们为南越王墓的修建打破常规，出乎预料，成功躲过人劫而称道。

南越王墓坐落的象岗，原是越秀山最西边的小岗，明代凿北门时使象岗与越秀山相分离，成为一个孤岗。清代象岗上修建了拱极炮台后一直为军事禁区。20世纪70年代开禁后，周边建起了大酒店和公寓楼。80年代，广东省政府用了近三年的时间，把象岗削去17米，正准备打地基时，发现了藏在山腹之中的南越王墓。南越王墓的形制是竖穴与洞室相结合，东、西耳室是掏洞而成，其余5室和墓道均为竖穴式。虽然其墓室面积仅100多平方米，在汉代诸侯王墓中属于比较小的墓葬，但其工程量却不小，据估计建墓需凿挖3000多立方土石，建好后还要用土和大石回填，恢复象岗原貌。这种因山为陵和外表不留痕迹的做法，体现了南越王的秘葬理念，与中原的梁王、鲁王、楚王的崖洞墓相比更隐蔽，构思更高明。

南越王赵眜秘葬的思想，可能是受其爷爷赵佗的影响。据说，赵佗死后出殡时，四个城门同时出殡车，人们不知其葬于何方。晋人王范《交广春秋》记载："越王有奉制称藩之节，死有秘奥神秘之墓。佗之葬也，因山为坟，其陇茔可谓奢大，葬积珍玩。"[②]该书又记载："吴时，遣使发掘其墓，求索棺柩，凿山破石，费时损力，卒无所获。"[③]

南越王的秘葬，也可能因为汉时盗墓已成为一种普遍的社会现象，南越王本为岭南异族统治者，无奈只能葬于南越之地，为不遭受"奸邪盗贼寇乱之患"，不得已而为之。当时有的北方少数民族也实行这种不封不树的秘葬。

三　慎终厚葬事死如生的理念

从文献资料和考古发掘的实物资料来看，汉代人受灵魂不死观念的支配，受儒家孝道思想及君子敬始而慎终思想的影响，崇尚厚葬，因此社会的厚葬之风盛行。但汉代并非厚葬的起源时代，早在原始社会末期，就出现了个别拥有众多财富和高位的人死后厚葬的现象。进入奴隶社会，特别是商代，商王室及高官显贵普遍厚葬，逐渐形成为社会风气。周代规定了一整套丧葬等级制度，随着社会经济的发展，为厚葬提供了物质条件和奠定了广泛的社会基础。秦汉时期，厚葬之风愈演愈烈，秦始皇13岁即位，开始修建陵墓，藏于陵墓中的珍宝不计其数，《水经注·渭水注》记载秦末项羽掘始皇陵，"以三十万人三十日运物不能穷"[④]。《后汉书·赵咨传》评其厚葬说"自生民以来，厚终之敝，未有若此者。"[⑤]《晋书·索靖传》记载："汉天子即位一年而为陵，天下贡赋三分之，一供宗庙，一供宾客，一充山陵。"[⑥]汉代帝王每年将贡献的三分之一用于修筑陵墓，可见其厚葬耗费之巨。汉文帝以节俭为尚，遗诏中说："厚葬以破业，重服以伤生，吾其不取"[⑦]，其主张薄葬，但在四百年后，文帝霸陵被盗时也多获珍宝。汉武帝在位五十四年，正值汉代经济繁荣的鼎盛时期，经几十年的积累，至武帝死时"陵中不复容物"，其为汉帝王厚葬之首。茂陵后被赤眉军和黄巢起义军盗掘，但在二千年后，在其周围还不断地零散地出有玉铺首、鎏金马和鎏金竹节熏炉等珍贵文物，其件件都是武帝奢侈厚葬的物证。汉代帝王如此，上行下效，诸侯王们也竞相效仿厚葬。

汉代帝王及诸侯王的丰财厚葬，以启奸心，史书记载，在西汉末年，汉代帝王陵墓悉被盗毁，魏文帝曹丕曾感叹道："丧礼以来，汉氏诸陵无不发掘。"目前已发现的40多座诸侯王墓基本上也都被盗掘，但从墓葬的规模和残存的文物以及未被盗掘的满城中山靖王墓和南越王墓的出土文物看，足见汉代帝王和诸侯王们奢侈厚葬的程度。

满城中山靖王刘胜是武帝的庶兄，其与妻子窦绾的墓葬，建在山崖之中，像似两座山间宫殿。两墓出土了4200多件随葬品，有镶玉漆棺和金缕玉衣等十分华贵的葬具和殓服，还有长信宫灯、错金博山炉、错金银鸟篆文壶等大批珍宝，其为汉代诸侯王厚葬的典型代表。

南越王赵眜墓虽比满城中山靖王墓面积小，但其厚葬程度并不亚于中山靖王，特别是在葬玉和殉人方面有过之而无不及。南越王墓出土的玉器有240多件（套），满城中山靖王刘胜和王后窦绾两座墓共出土玉器130多件。南越王墓出土的丝缕玉衣一套，玉璧就有70多件，玉剑饰58件，组玉佩11套，玉印9枚，其不仅数量多，而且礼仪、丧葬、装饰和生活用玉，品种齐全。汉代出土的玉容器共有10多件，仅南越王墓就出土了5件，承盘高足杯、青玉角杯、铜匡玉盖杯、玉盒、玉卮等件件都极为珍罕。南越王墓玉器的设计独到，工艺精美，雕刻艺术高超，出土的透雕龙凤纹重环玉佩、兽首衔环玉璧、凤形牌饰等都为汉代玉雕的杰作。

南越王墓的厚葬与其他诸侯王不同的是其以婢妾侍从15人随葬。人殉发端于氏族社会末期，奴隶社会为鼎盛时期，春秋战国走向衰落，开始以陶俑、木俑代替活人殉葬。但到秦始皇时又回光返照，其把未生育的宫人全部殉葬并生埋工匠计以万数，秦二世还把许多公子、公主胁迫从死或诛杀，秦始皇死后出现了我国历史上规模最大的一次殉葬。汉代中原已基本看不到有人殉的现象了，《汉书·赵敬肃王传》记载赵缪王刘元"病先令，令能为乐奴婢从死，迫胁自杀者凡十六人。"[⑧]结果遭到"国除"的处治。南越王墓有15个殉人，其中4个妃子，7个仆人，2个卫士，一个乐师，一个家臣。广西贵县罗泊湾南越国贵族墓也有7个殉人，而南越国一般官吏墓，未见人殉，可见南越国的人殉也是王室贵族厚葬的特权。

南越王墓"厚资多藏，器用如生人"，随葬品的丰富程度也是少有的。其把生前所需的方方面面的实用品和心爱之物都带入死后的世界，把生前宴乐用器、玩赏之物、饮食器具、衣冠服饰、车马帷帐、弓箭甲胄、牺牲仪器和玉帛工具，甚至婢妾侍从都予随葬。100平方米的墓室出土了1000多件（套）随葬品，按质地划分有铜、铁、金、银、铅、陶、玉、石、水晶、玛瑙、玻璃、煤晶、墨丸、丝麻、竹、漆木、象牙、皮革、中草药、封泥、家禽、家畜、水产动物和植物种实等，涉及到农业、冶铸、纺织、制陶、制玉等手工业，还有渔猎、车船、武备、建筑、家具、服饰、化妆用具、文具、医药、饮食、炊具、照明用具、乐器、娱乐器具、丧葬用具、日用杂具等生产生活的各个领域。从南越王墓丰富的物质文化内涵中，折射出其社会、政治、思想、艺术、风俗等精神文化风貌。充分体现了汉代的丧葬观发生了大的转变，由商代尊神、周代崇礼转变为汉代重人，从汉前一种极为重视证明死者生前身份等级的埋葬制度，转为关心死者死后的生活，正是南越王"事死如事生"极为慎终的厚葬理念，使其一座墓展示了当时整个南越社会，成为南越文化研究的宝贵资料和南越辉煌的真实写照，南越王墓的价值不言而喻。

注　释

① 《周礼·春伯宗伯第三》，岳麓书社，1995 年。
② 晋人王范：《交广春秋》，转引《水经注·浪水》，岳麓书社，1995 年。
③ 同②。
④ 郦道元：《水经注·渭水注》，海南国际新闻出版中心，1996 年，《传世藏书·史库地理》142 页。
⑤ 范晔《后汉书·赵咨传》，中华书局，1965 年，第 1315 页。
⑥ 房玄龄《晋书·索琳传》，中华书局，1974 年，第 165 页。
⑦ 班固《汉书·文帝纪》，中华书局，1962 年，第 132 页。
⑧ 班固《汉书·赵敬肃王传》，中华书局，1962 年，第 2421 页。

南越国百年史的精神文化寻踪

王 健

20世纪80年代以来，广州考古新发现推动了南越国史研究的持续热潮，人们将目光聚焦于南越国相当成熟的制度文化和灿烂的物质文化，取得了丰硕的成果。但相形之下，对其精神文化的研究却较为薄弱，以至岭南百年间的精神世界若明若暗，难窥其庐山真面目。究其原委，这与研究取向以及史料的匮乏都有关系。如何克服这些困难，复原和揭示南越国百年史的精神文化传统，无疑是当前研究工作的重要课题之一。

众所周知，精神文化是文化结构中的深层内涵，相对于物质和制度层面而言，它是一个相当宽泛的领域，根据文化学者的研究，通常将其定义为宗教信仰、道德规范、政治意识、价值观念、审美趣味等层面。①精神文化又"是一个复杂的多层次的能动体系，它们紧密交错在一起，结果产生一种特点，这个特点构成每个时代、每个历史时期文化本质特征"。②由此可见，探讨南越国时期的精神文化，对于加深对南越国历史文化的认识具有重要意义。笔者参加秦汉史年会时曾考察过相关墓葬和遗址，对充满南国风情的汉墓汉文物留下极为深刻的印象。因此不揣浅陋，在征信于传世文献的同时，也尽力从墓葬、遗址和出土文物提取信息，并充分吸收学界已有成果，拟从宗教意识、政治意识、儒家伦理、建筑审美、开放精神等方面作粗略考察，并求教于方家。

一 事死如生的社会宗教意识与信仰

南越国是一个"在南越族分布地区、以南越人为基础，由中原汉族人割据中央而又臣服中央建立起来的封建王国"③。在这样一种特定的背景下，南越国的宗教信仰，既与中原相似，又有岭南地域文化的烙印，形成了自身特色。

在古代中国，灵魂不灭说渊源久远，先秦到秦汉时期人们几乎都相信灵魂的存在和死后世界，战国墨家将鬼神观念讲得最明确，"天志"、"明鬼"说法代表了世俗对于死后世界的看法。儒家经典《礼记·郊特牲》云，人死后"魂气归于天，形魄归于地"。即便著名的无神论者荀子也承认："事死如事生，事亡如事存，状乎无形影，然而成文"④，反映出对丧葬祭祀之文化意义的尊重。出土的秦简《日书》，则记录了周秦之际西部地域的民俗信仰中光怪陆离的鬼世界。司马迁在《史记》中百余次说到鬼，55 次说到鬼神，两次说到"地下"世界。⑤秦汉时期宗教文化发达，鬼神迷信相当活跃，当时丧葬的礼制规范在很大程度上是基于这种宗教情绪制定的。立足于上述语境，我们以南越王赵眜陵墓为个案来解析当地富有特色的宗教意识。⑥

南越王陵墓是迄今发掘的岭南地区规模最大、随葬品最丰富的一座汉墓。该墓具有"前朝后寝"结构，其设计思想就是为了死者冥间的王侯生活而备。其前室象征墓主人生前的朝堂，东耳室为燕乐场所，西耳室为库藏之所，墓主安放在中部的主室。东侧室中殉葬夫人，模拟生前的后宫。⑦该墓虽然不是很大，但设计的布局模仿其生前宫室，体现墓主在冥间享受王者至尊待遇的意识。

南越王陵中使用了罕见的人殉，数量达 15 人之多，被殉葬的有越王赵眜的四位嫔妃，另有庖丁、厨役、门亭长、宦者和乐伎等 11 人。广西出土的罗泊湾 1 号和 2 号汉墓，墓主人是受到南越国封爵的西瓯君夫妇，在墓椁室下也分别发现了 7 名和 1 名殉葬的家奴。⑧这种现象的根源来自渊源久远的死亡观，人们对于死后魂灵的存在笃信不疑，认为其生活如人间一样，有着七情六欲乃至日常起居的种种需要，为了满足越王和贵族在地下世界的淫侈生活，所以要从人间带去殉死的嫔妃宫人和侍者。据《汉书·赵敬肃王传》，汉律不许杀人殉葬，所以当时中原地区人殉已基本绝迹，仅个别王侯墓葬残存，但数量甚少。相比之下，南越国不受汉法约束，这种蒙昧的灵魂信仰更带有较强的原始性和血腥性，反映这里的社会文明发展程度明显低于中原。

该墓出土的车马仪仗图帛画残片，同样也蕴含了深层的葬俗观念。据披露，该墓西耳室中发现的帛画残片是用红黑白三色绘成，能看到类似车轮辐条等图像。⑨这是唯一见于石室墓的汉代帛画，也是汉代所有帛画墓中墓主级别最高者，反映了岭南文化与楚文化之间的密切关系。联想到该墓中西耳室随葬仕宦器物，东耳室随葬生活用品，再联系到马王堆 3 号汉墓西壁帛画为《车马仪仗图》，估计此画原来也类似车马仪仗图。帛画内容表明，它与内地诸侯墓葬使用兵马俑陪葬的用意殊途同归，不仅为了满足王者灵魂在冥间出行的排场，并且保护南越王国及陵寝免遭外来侵犯。⑩

墓中随葬的各种玉器蔚为大观，数量多达 200 余件，格外重要的有玉衣、玉璧等类型，均包含重要的象征意义，投射了当时葬俗文化中对死后世界的复杂认识和矛盾态度。

先说其中的随葬礼器——玉璧。据出土报告，墓主身穿丝缕玉衣，玉衣上下和棺椁内外随葬玉璧达 47 件之多，上面刻有夔龙纹饰和谷纹等。在古代，人们将玉器视为通天的灵物，《说文解字》："巫以玉事神"；《越绝书》："夫玉者，亦神物也"。因玉璧"外圆象天"⑪，这成为古代先民将其与天相关联的心理基础。按照周制，在祭祀天地的仪式场合中使用玉璧，《周礼·春官宗伯》："以玉作六器，以礼天地四方，以苍璧礼天，以黄琮礼地"；至于丧葬文化习俗中的用玉，《周礼·天官冢宰》云："大丧，共含玉"；《周礼·春官宗伯》："疏璧琮以敛尸"，东汉郑康成注曰："圭在左，璋在首，琥在右，璜在足，璧在背，琮在腹，盖取象方明神之也。疏璧、琮者通于天地。"刘氏注曰："王者之孝，莫大于严父配天，故其敛也，以礼天地四方之玉器为之。"上述注文是说明汉代人观念最有权威性的表白，可知以玉璧随葬殓尸是为了用它来"通于天地"。

怎样认识敛尸仪式中沟通天人之目的呢？这可以从汉代葬俗将上述功能具象化，衍化出所谓天门、璧门的现象中来得到解答。在四川省巫山等地发掘的汉墓中，曾经出土有石棺、铜璧等器物，这些器物上用汉隶镌刻有"天门"二字，其形制被研究者认定为是所谓"升龙护璧门"之象征。⑫由此推理，汉墓中随葬玉璧的确可能被赋予象征天门的意义。换言之，即希冀死者灵魂沿着玉璧的天门或璧门中升入天国。南越王墓中出土的71件玉璧，虽然没有见到类似字样，但璧面所镌刻双身夔龙纹饰图形，也是大有深意的。我们知道，按照古人观念，龙是引导人间升天成仙的吉祥神兽，郑玄注《尚书·大传》云："龙，虫之生于渊，行于无形，游于天者也。"《史记·封禅书》记载了黄帝乘龙升天的传说。《大戴礼记·五帝德》说颛顼"乘龙而至四海"。《山海经·大荒西经》称夏后启在"大乐之野"中"乘两龙"。特别是马王堆汉墓帛画非衣图中绘有天界、人间和地下世界，画面上就绘有二龙穿璧图像，⑬寓意是墓主在二龙引导下穿越璧门进入地下世界，并凭借此力量来升入天界。据此，便不难揭橥南越王墓中夔龙纹饰的玉璧所寄托的象征意义。

在出土的玉器中，引人注目的还有使用了2291块玉片编缀而成的丝缕玉衣，做工相当考究，这是迄今汉墓中出土玉衣年代较早也是唯一的丝缕玉衣。以玉衣为葬服用意何在？根据汉代道家说法，金玉敛尸可使躯体不腐，"口含玉石，欲化不得，郁为枯腊，千载之后，棺椁朽腐，乃得归土，就其真宅"（《汉书·杨王孙传》）。《后汉书·刘盆子传》称，赤眉"发掘诸陵，取其宝货"，"有玉匣殓者率皆如生"。据李贤注引《汉仪注》曰："自腰以下，以玉为札，长尺，广一寸半，为匣，下至足，缀以黄金缕，谓之为玉匣"。今天看来固然是无稽的讹传，但却反映了古人对玉衣神奇作用的笃信。稍晚的葛洪《抱朴子·内篇卷三·对俗》亦云："金玉在九窍，则死人为之不朽"。上述汉晋典籍表明，当时流行的玉衣敛尸乃是企图保护尸骨不朽。⑭那么，为何要追求尸骨不朽呢？笔者认为，这并不仅仅是出于爱护死者的情感，而是基于一种复生意识。因为在秦汉时代的观念中，只有同时具有灵魂和肉体的人才能得道复生，如果肉体腐败，灵魂就无法与肉体结合，使死者无法得以复生。后起的道教经典说："死者尸体如生，爪发潜长，盖默练于地下，久之则道成矣。"⑮这里引申出的练形之说，可能比西汉人观念来得更复杂，但它强调以原有的躯体为基础，强调"死而更生"是原有生命的延续，则可以为上面分析做注脚。

值得注意的是，由于当时佛教尚未传入，人们没有轮回转世观念，对死后世界的安排，或是追求升仙到昆仑山仙界，或将天国视为灵魂升仙的归宿。前者最早见诸战国的《庄子》，后来主要发展于齐地；而后者则流行于同时期的楚地。我们在《史记》、马王堆汉墓帛画以及后来的汉画像石中，不难找到这类观念的直接记录。反观南越国墓葬遗存中，则未见到升仙到昆仑或天国的直接表白，给予更多关怀的是亡灵在幽冥中的起居享乐，可见其意识中的死亡归宿主要停留在传统的"黄泉"、"幽都"的地下世界。但追索玉璧殓尸习俗流露的宗教意识，也帮助我们揭示出南越葬俗文化中相形隐晦的升天观念。

一方面期望死者在阴间享受奢侈生活，并且借助玉衣保护尸骨不朽，期待其复生于阴间；另一方面，又希冀死者灵魂在玉璧和神龙引导之下早日升仙，进入天国——南越王墓葬蕴含的升天追求与阴间复生的矛盾，在两汉社会葬俗文化中看来也带有相当普遍性。这种具有内在矛盾的宗教意识，反映了本土高级宗教形成之前民俗死亡观的不尽成熟。

至于如何避免死亡，也是当时宗教文化所普遍关注的问题。当时如秦始皇、汉武帝等都热衷追求长生不死之药。流风所及，远在岭南的南越王赵眜也乐此不疲，其墓中随葬的五色药石和制药工具就是明证。据研究，用五石入药开始于战国，如《史记·扁鹊仓公列传》中就讲到齐王服五石治病之事。应是中原的方术之士将炼丹术和五石带到了岭南。根据鉴定，赵眜的死龄为 40～45 岁，其早逝很可能与服用了五石有关。[16] 这从一个侧面透露了南越国贵族对宗教养生文化和神秘文化的笃信态度，也可以窥见方士文化南播带来的广泛影响。

二 以伦理为核心的儒家礼教精神

儒家礼教精神是中原文化观念的核心成分，其内容主要包含等级制、礼仪制和以忠孝伦理为核心观念的充分内化的价值观等。考察儒家礼教文化的南播，有一个重要的前提条件，就是秦朝文字统一措施的推广和收效问题。秦统一之初，朝廷诏书至桂林，一般人都不认识。[17] 但曾几何时，罗泊湾汉墓出土的南越国时期木牍《从器志》表明，"简牍上的文字书体，与云梦秦简、马王堆简牍帛书文字相似"[18]，其中汉字 372 个，标点符号 19 个，文字书写工整，笔法流畅，书法艺术水准不低，说明汉字文化在岭南的统一是成功的，这成为儒家礼教文化南播的传媒平台。

由此带来制度文化的相对统一，如南越国官僚制度和礼仪制度的完善，证明了这一点。在官制方面，出土官印业已证明南越国官署和宫廷设官，几乎完全是模仿中央朝廷和皇宫官制；在等级秩序为主导的丧葬制度上，南越王陵墓的形制和埋葬方式基本符合中原诸侯王墓葬规格和形制。这透露出南越国对华夏政制文化的仰慕和模仿心态，也说明中原礼教文化精神所具有的强大涵摄力。

那么，南越国文化成就当中是否存在儒家人士的直接贡献呢？回答是肯定的。比如可以从其官僚制度和礼仪制度的完善来推测，如没有精通皇朝典制和儒家礼制的儒家人士随之南迁，则这些政治设施的设置是难以想像的。但另一方面，儒家精致的典籍文化在这里的流传情形却不容乐观，我们知道，大量的考古发现揭示，汉初诸侯王陵墓普遍流行以简帛典籍随葬的文化习俗，但南越王陵墓却是一个例外，墓中未曾出土任何典籍，究竟是因为该墓不具备保存书籍的条件，抑或是这种习俗的缺席呢？从该墓中能够保存有漆器和罗泊湾汉墓中存有木牍《从器志》来推断，后者可能性更大一些。[19]这足以证明，典籍文化在南越国贵族社会中的流行程度大约远低于中原。《后汉书·循吏传》中所记东汉儒臣在岭南传播儒学、移风易俗的事迹也反证了这一点。

再来看礼教核心精神的传播问题。在边远的南越王国文化中，礼教精神究竟有多少和多大程度上渗透到这里，则需要从史料线索中仔细鉴别加以判定之。首先，儒家孝道伦理在这里属于普遍认同的基本文化价值。据《史记·南越列传》载，在吕后执政时期造成了与南越国交恶的情形下，汉文帝采取了非常措施，"初镇抚天下，……喻盛德焉。乃为佗亲冢在真定置守邑，岁时奉祀，招其从昆弟尊官厚赐宠之"，后陆贾奉使南越以此相告，并恩威并施，越王赵佗大受感动，"乃顿首谢，愿长为藩臣，奉贡职"。赵佗愿意"北面而臣事汉"的动机，也是称"不敢背先人之故"。朝廷的感化方式能够奏效，说明孝道观在南越国是被认同的。

厚葬文化在这里的流行也是有力证明。南越国贵族普遍厚葬之风气甚浓厚，南越王陵墓的厚葬情况已如前述；又如1976年发掘的罗泊湾1号汉墓，整个墓制模仿了商周以来中原贵族墓制度，随葬器物1000多件。部分铜器如鼎、壶、钫、匜等与中原出土者相同，另一部分如铜鼓、铜钟、越式鼎等富有地方特色。再如广州柳园岗汉墓11号，墓室较小，却出土了101件铜器、玉器和陶器等。[20]可见举国上下，只要有能力者就实行"厚资多藏"的做法。厚葬文化的思想渊源，可以追溯到上古中国人慎终追远的祖宗崇拜观念，儒家兴起后强调宗法人伦，将孝道思想贯彻到厚葬模式当中，对死去祖先特别是父母的厚葬，被看作最主要的孝行，这成为中古社会丧葬文化的精神宗旨，也是西汉厚葬风潮泛滥的驱动力。厚葬事实说明，孝道观念对这里同样有深远的影响。

女性婚姻伦理观念和忠君观念，在南越国史传亦有线索可寻。南越王婴齐死后，王后与汉使私通，为当地臣民所不齿，史称"国人不附"，并成为激化内部矛盾的导火线之一，表明中原婚姻的贞节观念在这里同样深入人心。吕嘉的叛乱固然非一日之寒，但其策略却是打着维护南越王赵佗威信、惩罚婴齐王后之背叛越王的"淫行"的旗号，所以司马迁评论道："吕嘉小忠，令佗无后"㉑，他使用"忠君"的尺度评骘史事，颇值得注意。可以说，这些伦理观念与吕嘉之乱有多重联系，对该地区历史变局起到很重要的影响。

三　王权至上和向心与离心兼存的政治意识

政治意识是人们在从事政治活动的指导思想和价值目标，它透过思想家的言说和政治家的实践进而与政治发生互动，影响到历史的发展。南越国时期的政治意识，集中反映在统治阶层对待君民关系、朝藩关系和民族关系诸方面。

在汉初以来的分封制度下，诸侯王独霸各地，具有君临一方的威权和势力。反映在政治观念上，就是无条件的尊王意识，这是南越国文化中十分突出的政治精神。南越王赵眜之墓采用了多达 500 块巨石依山建成，形制的宏伟，陪葬物的极其丰富，无不衬托王权的至高无上，反映南越王的政治权威，包含着彰显、尊崇王权的专制意识。

归顺和割据倾向并存、离心与向心兼容的政治取向和立国意识，这在南越国统治者处理与中央皇朝关系时均表现得十分突出。

南越国是在中原秦皇朝土崩瓦解的特殊情势下创建的，就赵佗的心态而言，并没有打算与继起的中央政权长期对峙，所以刘邦派遣陆贾出使南越，赵佗马上表示了归顺的意向。吕后时期转而采取封锁和打压措施，激化了双方之间的矛盾。后来陆贾奉命出使南越修补，取得了成功。正如张荣芳先生所指出，"纵观南越国九十三年历史，除吕后时期赵佗一度称帝之外，大部分时间是以诸侯王国的面目出现。"㉒除了皇朝主动调整对藩政策外，赵佗对故土切不断的亲情联系和文化情结，同样是推动南越国归属中原的重要因素。后来闽越王攻打南越边境，继位王赵胡没有擅自兴兵反击，而是请中央派兵，被认为是"守职约"的表现。赵胡又派太子婴齐去长安宿卫天子。婴齐死后，子兴即位，"因使者上书，请比内诸侯，三岁一朝，除边关"㉓。赵佗子孙对中央皇朝的态度也反映了一种归顺心态。

但另一方面，割据情结也是客观存在的。据史载，赵佗在汉初和高后时两度"自尊号为南越武帝"，"乘黄屋左纛，称制，与中国侔"。孝景时赵佗称臣，"然南越其居国窃如故号名"㉔。第二代王婴齐代立，"即藏其先武帝玺"，似乎放弃了帝号。但其墓葬中发现了南越文帝的龙纽金印。南越国在国内还使用自己的帝制年号，该墓中出土的 8 件铜铙上均有"文帝九年乐府工造"铭文㉕，文帝九年相当汉武帝元光六年（公元前 129 年）。另外，在南越国宫署遗址中，曾出土了形式多样的"万岁"吉语纹饰瓦当。"万岁"一词在西汉时已逐渐被限定为皇权政治用语，用来传达尊君的政治情绪，如刘邦命陆贾著《新语》，"每奏一篇，高帝未尝不称善，左右呼万岁"㉖。再如汉九年，刘邦为太上皇祝寿，"殿上群臣皆呼万岁，大笑为乐"[22]。长安考古表明，文字瓦当大约出现于汉景帝时期，"万岁"瓦当是西汉京畿地区皇家建筑的组成部分。[23]南越国宫署建筑中的使用，在一定程度上反映了南越国制度僭越和妄自尊大心态。事实上，即便在两汉同姓诸侯王中，觊觎皇权进而发动反叛者也所在多有，南越国统治集团的确存在明显的离心倾向。由于地理环境和历史原因形成的差距，导致岭南与中原之间的政治关系不尽稳固，整个中古时期，许多汉族强力者在边缘地域中常常窥伺独立的时机，例如五代时广州一度也出现过割据政权。

需要强调的，还有南越国"和集百越"的民族政策所体现出来的宽容胸襟和政治气度。这体现在以下几个方面，一是在依靠"中国人相辅"，实行郡县制的同时，大胆吸收越族首领参加统治，如任用有威望的南越首领吕嘉为丞相，封吕嘉之弟为将军，吕氏宗族中为长吏者七十余人。[29]还采取"以财物赂遗闽越、西瓯、骆，役属焉"[30]，"怀服百越之君"[31]，与之友好相处。二是赵佗本人带头采取一些越人习俗，自称"蛮夷大长"。三是提倡汉越通婚，如第三代越王婴齐就娶越女为妻。这些政治措施所蕴涵的兼容精神，推动和加速了汉越民族的文化融合，是南越国政治意识的精华所在。

四　审美意识和建筑文化精神

如果说盛行于中原的汉墓壁画或帛画在南越国较为罕见，那么艺术考古的缺憾则在新的地下发现中得到补偿，2000年，人们在重现人间的南越国宫署遗址中领略到了颇有创意的建筑审美意识，这也是迄今发掘的唯一的两汉地方宫署遗址。

据发掘简报，该遗址主体是石砌的方形蓄水池和曲流水渠组成的园林水景、回廊散水和砖砌水井等。石陂池的整体面积可达4000平方米，与之相连的石砌曲渠长逾180米，这两处结构联成一体的人工水景，规模较大，各种相关建筑设施也颇具气势。[32]

上述园林水景所展现出来的审美意识，主要有三个方面。

一是景观布局上追求曲径通幽的曲线美和深邃美感。南越宫苑中的弯月形石室，平立面均呈弯月形，凹下如水池，两个开口处与曲渠连接，东西壁的石墙都砌成圆弧形。曲流石渠的尽头建有曲折的回廊，从残存的大型石件如础石、八棱石柱等可推知回廊建筑的规模较大。南北走向的蜿蜒石砌曲渠，将石池水景和南面的弯月形的石室和曲廊连接起来。曲渠西端铺设的石板平桥，桥头的九块步石，也作弯月形排列，而曲廊又将宫殿建筑群相连接，给人一种曲折回环、不可穷尽的感觉，在迂回映带之间形成深远意境。

二是追求水景的动感和静感互补之美。据实测数据显示，曲渠水平高度东高西低，溪水与渠底密铺的灰黑色河卵石相映衬，形成粼粼碧波的人工水景。与曲渠相连的弯月形石室，放养了大量观赏用的龟鳖，水流引进石室凹池后得到缓冲，平静的水面与曲渠潺潺水流相映成趣，两者之间动静的结合恰到好处。

三是在借景中营造人工与天然相映成趣的复合美感。山与水是古代造园中最重要的元素，该宫苑遗址在越秀山之南，从苑中极目北望，层叠的岗峦与宫苑中人工水景交融，远山近水，开拓了园林中的视野，将人造景观和自然山水融为一体，体现了古代文化中对"天人合一"艺术境界的追求。㉝

浅见认为，还可以将其与都城长安的园林稍作比较，以领略其异同。在汉人所撰的《三辅黄图》中辟有"园囿"、"池沼"等篇，记载了都城长安大量的皇家园林水景，如"其水曲折有似广陵之江"的"宜春苑"，三百余顷"清渊洋洋"的昆明池，"周回十顷，有采莲女鸣鹤之舟"的太液池和"宫人乘舟弄月影"的"影娥池"等，这些园林池沼的造景，多带有宏大开阔的皇家气派，具有向往彼岸神山圣水的宗教意味；㉞而南越王宫御苑园林则以静致回环之美取胜。正如学者所指出，"这种园林的设计专长，在于利用有限的隙地营造出宽广无穷的自然风光，达到以小见大、以短见长的效果"，㉟从而开创了明清时期造园的艺术滥觞。南越园林与长安宫苑各有千秋，对于揭示汉代建筑文化的审美意识来说，具有明显的互补价值。

南越国宫署遗址高水平的建筑文化内涵和丰富的审美意识，无疑为南越国的精神文化平添了神来之笔，让今人仍旧可以领略到其文化中灵动秀逸的一面。

五　商业意识和开放精神

根据世界范围内的地域文化类型研究，人们早就发现，沿海文化（但非海洋文化）与内陆型文化有很大不同，一般来说，前者富于冒险精神和商业精神，具有较强的文化开拓性等。循此来观察南越国文化，大体上可以得出近似的结论。

拥有"负陆面海"优势的南越国，与周边东南亚国家的交通有着舟楫之利，因之其航海造船技术起步早，并且达到相当水平，如史籍记载"越王造大舟，溺人三千"㊱，近年在当地汉墓中发现的陶质、木质航船冥器很多，据介绍，广州汉墓中出土的这两类船模多达15件，为全国之冠。1975年在广州发现的秦汉造船厂址，估计可造长20米左右的大船，河海交通的兴盛可见一斑。㊲

沿海的便利条件，使这里与外域经贸往来较多。《汉书·地理志》："番禺，亦其一都会也"，"处近海，多犀、象、毒瑁、珠玑、银、铜、果布之凑，中国往商贾者多取富焉。"其中的果布，据研究，应即"果布婆律"，是马来语龙脑香 kapar barus 的音译。这种香料盛产于苏门答腊、马来半岛等地。㊳南越王陵墓中出土有未加工的象牙、象牙器、玻璃器以及玛瑙、水晶等多种质料的装饰品，还有罕见的金银器，据研究，部分器物是从中亚或南亚输入的。[39]

南越国对外来物态的接受，转化为地域性习俗，有些很快又影响到内地，这方面的典型例证就是燃香之俗。中国本来没有燃香的习俗，燃香习惯首先从这里开始。南越王陵墓出土有香料和香炉。据统计，广州地区汉墓出土物中，已发现熏香炉200余件，其中珍品有南越王墓中的"四连体铜熏炉"。汉代考古发现，出土的汉代熏香炉式样有南北之分，就时间先后而言，南越盖豆式熏炉在先，中原博山式熏炉在后，这不仅说明香料由海外输入的路线是先至番禺再转运到中原，而且该习俗是由这里传播开来的。

另一方面，南越国在对外交往中又输出哪些物产呢？根据南越王陵墓的发掘报告，该墓出土的丝织物品，其数量和种类都不亚于马王堆汉墓的成批丝织物。就出土实物统计，西耳室内共出土绢、罗、纱、组带、锦、绮六大类织物，每一类中又分别有不同的品种，还有为数不少的整匹丝绢，但均已炭化。同时，该墓中还出土了印花凸版，是目前发现年代最早的一套织物印花工具，反映了南越国丝织业的相当水准。在广西罗泊湾七号墓中，考古工作者发现了实用织机的部件，如纺锤棒、绕线板、吊杆等，被专家鉴定为较原始的斜织机。上述现象表明，岭南地区出产的丝制品很可能已经成为对外输出物品中的大宗。

上述可见，南越国的中外文化交流较为活跃，沿海文化特质较为明显，这些成为酿就其开放精神的温床。限于史料，本文描述其开放意识的信息来源主要局限在墓葬出土的物态文化上，但这些来自海外的器物，固然是反映了贵族统治者不惜代价，远距离获取海外的奇物异珍满足其奢侈消费和贪欲，但可以窥见南越国广泛地开通对外交往，与周边国家互通有无的积极姿态，也可以看作是一种有限的开放精神的物化证据。值得注意的是，直到汉廷平定南越实行郡县制后，这里仍旧是汉帝国对外开放的海上丝路的重要起点，南越国文化中的开放精神得以绵延久远。

六　南越国土著的精神传统

据考证，南越国领土南抵今天的海南省和越南，西抵今广西，北抵五岭与长沙国为界，纵横数千里，民众百万。在西汉初年的中华大地上，它是一个疆域辽阔、民族众多的边地诸侯国，号称百越的少数民族长期生长于斯，创造了自身灿烂的文化。秦朝统一后，土著文化与数十万秦军队移民为载体的汉族文化之间产生了积极的融合，既是南越国精神文化的重要渊源，也是这个时期精神文化的重要组成部分。

我们不宜过高估计当地社会文明水准，到了东汉时汉族循吏还在推进文化传播和改变当地的落后状况，反证南越国民间的土著文化可能还停留在较欠开化的层次上。三国时吕岱回顾说，秦汉之初该地"山川长远，习俗不齐，言语同异，重译乃通。民如禽兽，长幼无别，椎结徒跣，贯头左衽，长吏之设，虽有若无"。"及后锡光为交阯、任延为九真太守，乃教其耕犁，使之冠履；为设媒官，始知聘娶；建立学校，导之经义"。甚至到三国之初习俗还是"男女自相可适，乃为夫妻，父母不能止"、"兄死弟妻其嫂，世以此为俗"。[40]

根据广东多年考古发掘，迄今还没有发现越人单独埋葬的墓地。[41]这个事实足以说明，当地土著越人已经不同程度上接受了汉族文化，或者说汉越文化的融合已经初见成效，由此又可以窥见土著越人对外来高级文化的宽容和接纳心态。

值得关注的，是当地少数民族墓葬中的民族传统问题。尽管在广东没有发现越人单独埋葬的墓地，但在其首领墓葬中仍旧可以看到民族文化传统的痕迹。如广东发现当时的木椁墓，"随葬的铜、陶器物全为地方的器形，没有汉文化的器物共存"[42]，据判断，这些墓主人也许就是越人首领而当了南越国高官的。

南越国土著文化的习俗在广西汉墓中更为典型，例如1972年发掘的广西西林县普驮墓，该墓随葬有石寨山式的铜鼓，骨骸以绿松石、玉管和玛瑙串珠编缀的绢布"珠襦"裹殓，铜鼓里外随葬器物400多件。其中带箍和珠襦玉石饰品的造型与石寨山所出也极为近似。[43]除此之外，还存在着墓底腰坑设置和人殉的习俗，以及采用独特的民族乐器随葬。这方面如广西罗泊湾一号墓中，发现有七个殉葬者尸骸；墓中出土有羊角钮钟、筒形钟等就是例证。[44]上述墓葬的文化内涵在于，它们鲜明反映了南越国西瓯地区句町上层强烈的民族意识。在楚汉文化大举推进并整合土著文化的情势下，他们并未丢弃自身的民族文化，起码在习俗层面仍顽强地保持着某些上古旧传统。从不同时段墓葬看，大约到了南越国后期，尤其是到西汉中期这类现象就愈趋淡弱了。另外，墓中铜锅、耳杯、骑俑等则与内地几乎完全相同，这类随葬器物提供了汉越文化逐渐融合的生动象征。

土著人士中的离心倾向和割据意识，在吕嘉事件中充分地显示出来。其实，当年越人顽强抵抗秦军的事件就已经说明了这一点。民族主义情绪在秦汉之际也是带有相当普遍性的问题，吕嘉家族反叛事件的深层本质，反映了当地土著贵族对于中央皇权统一的抵制心态。尽管这在当时可能是民族关系中的一种支流，但的确也是一种客观存在，后来土著与汉族统治者之间的冲突也并未终结，到了东汉时转化为骆越族上层对汉朝的反抗。边缘地区的统一与反统一的斗争是中古历史上的重要主题。

本文开篇曾援引文化史家贡恰连科的意见，指出了精神文化是一个复杂的多层次的能动体系，它们紧密交错在一起，所产生的特点构成每个历史时期文化的本质特征。那么，南越国精神文化的特色是什么呢？综上所论，笔者初步认为，一是汉族文化的主导性。远在岭南地区的诸侯王埋葬制度和其中所透露的宗教意识，表明汉族文化观念和意识在当地上层中的主导性；冥间世界的安排表明，西汉时期岭南诸侯国的世俗文化观念与中原几乎没有大的差异，世俗观念的传播和整合之广泛程度较高，这无疑成为后来汉武帝构想并实施"六合同风"文治理想的社会前提。二是同时又保持了较多的落后性，越王墓和贵族墓的人殉现象以及典籍文化流传线索的阙如，就说明了这个问题。三是具有一定的独立性和开放性，前者反映在政治意识上的割据倾向，以及风俗层面上对当地土著民族之精神文化的保留上；后者则反映在对楚汉文化的兼容并蓄，乃至对海外习俗的接纳等现象上。南越国统治时期结束后，中原独尊的儒家文化和其他相对发达的社会文明形态以较快的速度传播到岭南地区，这里迎来了一个精神文化飞跃发展的新时期。

注 释

① 参见郭齐勇：《文化学概论》第六章，湖北人民出版社，1990 年。

② 贡恰连科：《精神文化：进步的源泉和动力》，戴世吉等译，求是出版社，1988 年，第 182 页。

③ 黄崇岳等：《华南古越族对中华民族文化的历史贡献》，《文博》1998 年第 3 期。

④ 《荀子·礼论》

⑤ 参王子今：《史记的文化发掘》，湖北人民出版社，1997 年，第 407 页。

⑥ 依汉制，诸侯王墓称陵，这在《后汉书》中直接记载，例如《明帝纪》提到汉明帝前往祠祭"东海恭王陵"、"定陶恭王陵"和"沛献王陵"等可证。径称为"某某墓"则是通俗的泛称，并不符合汉代礼制。因此，为尊重历史起见，两汉诸侯王墓宜沿用其原始名称，如近年发掘的西汉狮子山楚王墓葬已正式命名为"楚王陵"。南越王同样是被中央皇朝肯定其合法性的诸侯王，故其墓应予以正名，当称陵为是。

⑦ 广州文管会等：《西汉南越王墓》，文物出版社，1991 年。

⑧ 中国社科院考古研究所编：《新中国的考古发现和研究》，文物出版社，1990 年，第 438～439 页。

⑨ 林力子：《西汉南越王国美术略论》，《美术史论》，1991 年第 4 期。

⑩ 参见刘晓路：《中国帛画》，中国书店，1994 年，第 81 页。

⑪ 《白虎通义》卷八，《瑞赞》。

⑫ 参见赵殿增：《天门考》，《四川文物》，1990 年第 6 期。

⑬ 湖南省博物馆、中国科学院考古所：《长沙马王堆一号汉墓》，文物出版社，1973 年。

⑭ 前述玉璧等玉器的随葬，除了所谓"通于天地"的宗教意识外，也同样有保护死者肉身不坏的用意。

⑮ 转引自傅勤家：《中国道教史》，第八章，上海书局重印本，1990 年。

⑯ 参见黄淼章：《谈谈五色药石与南越王赵眜之死因》，《秦汉史论丛》第七辑，中国社科出版社，1998 年。

⑰ 朱绍侯等：《中国古代史》，福建人民出版社，1990 年，第 251 页。

⑱ 上揭《新中国的考古发现和研究》，第 438 页。

⑲ 南越王墓中出土的漆器虽然多已腐朽，但器形可辨者有耳杯、盘、案、盒、卮、奁等，又有漆博局、漆屏风等，许多种类花纹尚可辨识，由此推断，倘若墓中随葬大量典籍简牍的话，应该有可能被辨识。

⑳ 上揭《新中国的考古发现和研究》，第 439 页。

㉑ 《史记·南越列传》太史公曰。

㉒ 张荣芳：《略论汉初的南越国》，《秦汉史论集》，中山大学出版社 1995 年，第 138 页。

㉓ 《史记·南越列传》

㉔ 《史记·南越列传》

㉕ 《西汉南越王墓发掘初步报告》，《考古》，1984 年第 3 期，第 229 页。

㉖ 《史记·陆贾列传》

㉗ 《史记·高祖本纪》。王春瑜先生认为要到汉武帝时该词才转化为皇权政治用语，似欠妥，因为自西汉初年起"万岁"就仅使用于宫廷场合了。又，该文仅使用文献史料而忽略了万岁瓦当等考古资料。见王春瑜：《万岁考》，《历史研究》，1979 年第 9 期。

㉘ 西汉考古发现的万岁瓦当，主要出土于西汉长安宫殿区。但在汉代京畿之外的辽宁、临淄等地也有发现，具体出土地点当属地方官府的建筑遗址。参见陈根远等：《屋檐上的艺术——中国古代瓦当》，四川教育出版社，1998 年。

㉙ 吕嘉政变时下令国中，强调"太后中国人"来煽动反叛情绪，这足以反证吕嘉是当地土著人。

㉚ 《史记·南越列传》

㉛ 《三国志·吴书·薛综传》

㉜ 广州文物考古研究所：《广州南越国宫署遗址发掘简报》，《文物》1998 年第 1 期。简报称"规模宏大"，拙文以为用"较大"为妥，因为倘若与长安园林相比，似不宜用"宏大"来描述。

㉝ 麦英豪等先生已做宏观研究，对笔者深有启发。参见上引广州市文物考古研究所：《发掘简报》；冯永驱、麦英豪等：《南越宫苑，中华瑰宝》，秦汉史研究会第八届年会论文。

㉞ 参王复振：《中国建筑的文化历程》，上海人民出版社，2000 年，第 117 页。

㉟ 冯永驱、麦英豪等：《南越宫苑，中华瑰宝》，秦汉史研究会第八届年会论文。

㊱ 沈怀远：《南越志》，载《南越丛录》，卷二。

㊲ 上海交大造船史话组：《秦汉时期的船舶》，《文物》1977 年第 4 期。

㊳ 参见韩槐准：《龙脑香考》，《南洋学报》第 2 卷第 1 辑。

㊴ 《西汉南越王墓发掘初步报告》《考古》1984 年第 3 期，第 230 页。

㊵ 《三国志·吴书》，八卷五十三，《薛综传》。

㊶ 麦英豪：《广州地区秦汉考古的发现与收获》，《秦汉史论丛》，中国社科出版社，1998 年。

㊷ 麦英豪：《广州地区秦汉考古的发现与收获》。

㊸ 《新中国的考古发现和研究》，第 439 页。

㊹ 蒋廷瑜：《广西贵县罗泊湾出土的乐器》，《中国音乐》1985 年第 3 期。

由广州南越王墓所见文化遗存
透视岭南文化变迁

夏增民

　　在先秦时期，岭南地区的文明就已初步发展。这一时期，该地域的文明基本上是自我成长型的，受外界影响尚少。但自战国后期始，这一情况发生变化，北方的楚国开始对岭南施加影响。吴起相楚，"南平百越"①，北方文化尤其是楚文化对岭南文化的压力开始加强。这一变化趋势，随着秦的统一而加快。

　　公元前218年，秦始皇"使尉（佗）、屠睢将楼船之士南攻百越"，总兵力达50万②。初步失利后，前214年，又派任嚣、赵佗再次攻越，同时，"发诸尝逋亡人、赘婿、贾人略取陆梁地，为桂林、象郡、南海，以适遣戍"；次年，"谪治狱吏不直者，筑长城及南越地"③。后来，秦始皇又"益发谪戍边"，而赵佗也曾"使人上书，求女无夫家者三万人，以为士卒衣补，秦皇可万五千人"④。汉人大量移入南越，"与越杂处"，改变了岭南的人口结构，到了秦末时，任嚣托言赵佗，说南越"颇有中国人相辅"，可见当地汉人已达到一定规模⑤。

　　大量汉人的移入，带来了先进的生产工具、生产方式和新型的社会组织架构，对南越社会产生了重大的影响。这样，秦统一岭南后，这里的生产力和生产关系跳跃性发展，南越文化开始发生变异，北方移入的文化成为主导文化，而原先该地的本土文化则处于从属的地位。但是，南越文化"汉化"的过程，是一个渐变的过程。第一阶段，是移入的强势的汉文化完全主导南越社会；第二阶段，是本土文化在汉文化移入后产生应激反应，"反哺"汉文化；第三阶段是新型的南越文化的形成。这个新型的文化，是以汉文化为主导，而含有原南越本土文化的因素。原南越文化融入汉文化中，成为中华文化的文化因子。

　　这个南越文化变迁的过程，在广州南越王墓所见的文化遗存中，可以清晰地看出来。

一

　　汉高帝四年（前203年），赵佗据岭南三郡，建南越国，都番禺；至武帝元鼎六年

（前111年）为汉所灭，共传五世93年。这一时期，南越国在岭南积累了丰富灿烂的文化。

1916年，广州市东山龟岗发现一座南越国初年的木椁墓，是为近代以来对南越国墓葬的首次发现。建国以后，随着大规模经济建设的展开，南越国考古进展很快，1975年在广州中山四路发现一处秦汉造船工场遗址，遗址上面压有一段南越王宫室的大型走道遗迹，这是南越考古第一个重大发现；进入80年代以来，象岗南越王墓、南越王宫署遗址、水关遗址等一大批有重大影响的古南越国遗迹相继现世。至今，考古工作者已经发掘南越国时期墓葬400余座。

大量的考古发现证明，西汉初期，南越国的文明已经达到了一个很高的程度，与周边的地区如湘南粤东粤西相比，处于“文明高地”位置，成为岭南文化的中心。但是，这个文明地位的形成，是与汉文化的移入分不开的。南越王墓出土的文化遗存，多有汉文化、楚文化的明显特征，即充分说明这一点。

南越建国之初，大凡政治制度、手工业制造、农业生产、语言文字乃至城市建设、度量衡等精神文明及物质文明诸方面都仿效中原汉朝。在主流文化方面，鲜见本土文化的孑遗，汉文化在当地拥有尊崇的强势地位。同时，由于楚文化移入较汉文化要早，加之汉初社会中存在着大量楚文化的因素，汉文化、楚文化在南越地区成为共存共生的一个整体，共同对该地施加了文化影响。

自秦以来，南越国一直施行与内地一致的官制，这已为史书所证。而南越王墓中也提供了相关证据，如出土的“景巷令印”之“景巷令”，实为汉之“永巷令”；出土文字若“厨丞”“泰官”等，亦皆能在《汉书·百官公卿表》中找到实例。

在秦汉时代，墓制是重要的礼仪制度，同时也是政治制度的一部分。南越王墓的形制采取竖穴和凿洞相结合的方式，与中原的墓制一脉相承。但是，其平面布局却基本上采用楚制，又与中原诸侯王墓有别，体现了汉、楚文化对南越葬制的共同影响。在随葬器物的缄封口上系挂书写器物名称的竹签或木签，时常发现于长沙、云梦、江陵、扬州等地汉墓中。该墓亦出土一枚书写“金縢一□□”的竹签，估计原来也是系挂在某器物上，后因系绳朽断而脱落。该墓还出土了大量的铜车马饰，东耳室是放置宴乐用具之所，出土两套铜编钟和一套铜勾鑃。以铜车马、宴乐用具陪葬，这些都是汉初丧葬风俗，山东济南洛庄汉墓可证。此外以酒、粮食、动物陪葬，都与此同，俱为中华丧俗。

南越王墓出土大量实用铁器，器形有臿、锄、钁、削、圈、挂钩等。这些大都是从中原内地引进的。《史记·南越列传》记载，吕后“禁南越关市铁器”，实施对南越的金铁田器禁运，为此赵佗被迫三次向汉廷上书请求解禁。这充分说明南越国所需铁器要依靠中原供应，或者要从中原输入铁材，然后在本地加工锻铸。即便如此，南越国的冶炼技术也是相当高的，当然，冶炼技法是由南下的汉人带来的，工匠也以汉人为主。

南越整个手工业行业不仅生产工艺、器物形制南北相承，就连艺术风格、图案花纹等也是北南一脉相承。

西耳室出土的错金虎节，从文字、纹饰等方面来看，与楚文化有深远渊源。此处发现的剑，也是战国楚式剑。后藏室的一种鉴，造型、大小与江西靖安出土的徐国盥盘极为相似。

南越王墓出土织物的原料、色泽、图案、工艺，有很大一部分与中原同期织物十分相似。在南越王墓西耳室叠置丝织物的附近，发现两件青铜铸造的印花凸版，其纹样与马王堆一号墓出土的金银色印花纱图案非常近似。当然，它们有可能是汉朝赐与南越王的，或通过贸易关系输入的，但是也不能排除为南下工匠在当地生产。该墓出土的苎麻织物，就表明南越国已有自己的纺织业。

主棺室出土的玻璃牌饰，在广州其他南越国时期的墓中出土过3对，都是放在铜镜上的。此物在宁夏、内蒙古秦汉时期的匈奴墓中有较多发现，但作革带饰用，用法特殊。而标号为C259的玉舞人造型则可能就是汉代流行的"沐猴舞"⑥。

主棺室的玉人，形象与中原墓葬中的俑的形象也相差无几⑦，西耳室铜镜图案的"笼手站立""拱手而立"人物，就纯粹是中原之风了，而下边的浪花图案则说明，这是地处南越，描绘了一幅北人南下生活的画卷。东侧室的缠绕式龙纹镜，其镜纹样与马王堆一号汉墓所出相同。另一龙凤镜，其形制风格虽与楚镜不同，却与西安出土的禽兽镜相类，可视为秦镜。同地所出的玉舞人，灵巧、妩媚，也呈现出楚文化的特征。

该墓所出器物上多发现文字，有篆文，也有汉隶，如墨字"金滕一□"⑧，而且还出土有石砚和墨书竹签，这是典型的中原书写文化，同样是汉文化南播的表征。西耳室的漆算筹以及羚羊角、五色石等中草药，则是中原算学和药学南传的力证。在娱乐方面，南越也受汉文化的影响，如东耳室发现六博棋子及博局，西耳室的漆骰子，这些娱乐方式都是汉初比较流行的。该墓出土的琴，虽木胎已朽，仅存铜琴轸37个，但7个轸并列，一琴7轸，与马王堆三号墓出土的完全相同。

此外，从出土的建筑材瓦看，南越国都城番禺的规划、宫殿布局和建筑形式，很可能是模仿汉长安城的建制的，当然规模要小得多。该墓还出土"长乐宫器"戳印陶器，另外，在过去发掘的南越国官吏墓中也曾发现"食官"、"厨"、"常御"、"居室"、"长秋居室"、"乐府"、"私官"、"少内"等戳印陶器。这些数量不少的带有汉朝宫室官职标志的陶器，当然不可能从长安城运来，自应属南越国主管陶业的官署所制作，归上述官署所使用，从而证明南越国的宫室名称都是仿效汉朝。

二

南越国初期，汉、楚文化的强势，在很大程度上压制了本土文化的发展，成为主流文化。但本土文化并未消弭，它顽强地搀入到主流文化中来，从而使得中华文化更加绚丽多姿。

文化的交流是双向的。在当时，也存在"汉人从越俗"的情况。《史记·南越列传》载，南越提倡汉越通婚，国相越人吕嘉"男尽尚王女，女尽嫁王子兄弟宗室"可证。这样，文化的"倒流"现象不可避免。这在生产实践中，也是有可能的。越王墓出土器物多用丝绢包裹，耗量很大，说明当时岭南丝织业相当发达；冶炼业虽依赖中原，但西耳室铁工具种类繁多，计有锅、凿、铲、削、锉、刮刀、服刀、锥共54件，不可能全部为中原输入，说明本地的再加工规模也很大。这一切说明，南越国有了独立的生产能力，这使得南越工匠在设计和生产中，有可能把南越本土文化的风格和特色带入产品中来。为本土文化汇入主流文化创造了机会。因此，南越王墓所出土铜器，在造型风格方面，有中原汉式器物，有楚式器物，也有本地南越式器物。这是岭南西汉早期特殊历史背景的产物。

南越早期墓中的陶器多与长沙马王堆墓战国末西汉初的器形接近，而后期墓中的陶器，常有戳印职官、官署的陶文，多为当地所制造。从出土的情况看，南越陶器有三个特点；一是以灰白色硬陶为主，釉陶占有一定比例，釉色青黄而透明，属南方早期的青釉系统；二是器形明显分两类，一类是仿中原地区汉式陶器，另一类是带有浓厚地方色彩的器形，两者共存；三是陶器纹饰以印纹和刻划纹为主，构图基本是几何图形。⑨这些特点说明，汉文化与南越文化存在一个嬗递的过程。其他手工业器物也印证了这一点。南越国的玻璃制造业就是在原楚地（主要是长沙）的影响下建立起来，而由王国工官建造的。南越玉器则具有汉、楚、越三种文化汇合的独特风格，西耳室编号为C137的玉舞人，舞态为汉式，而装束及螺髻则是楚式和南越式。这些情况都反映了文明形式的相互适应和演进。墓主据史汉所载是赵胡，但从出土的印玺来看，却是叫赵眜，大概赵胡是华名，而赵眜是越名⑩，也是明例。

这说明，随着三种文化交流的逐步深入，在文明的冲突和交汇中，本土文化的特色也逐渐显露出来。时间推移愈久，其特色晕染愈深。

铜勾镭是古吴越乐器，标注"文帝九年乐府工造"的铜勾镭，应是南越国乐府所铸，"文帝"当指墓主赵眜，这是青铜勾镭在岭南首次发现。后藏室的一铁鼎，为目前岭南所见最大的铸铁鼎。其造型与广州西汉前期墓出土的异Ⅳ型陶鼎相类似，颇具地方特色。东耳室提筒上的"杀河祭河（海）图"，西耳室铜镜上的"执剑格斗"图，则表明了南越的社会风尚。西耳室丝织物包裹的骨质小天鹅，在东耳室发现的象牙骨器、鱼骨所制的骨珠，更是独具南越文化的特色了。后藏室汉式鼎越式鼎杂陈，其中有姜礤，至今岭南民间仍在使用。就漆器而言，广州所出漆器在器类和花纹类型上都与长沙出土的存在一定差别，形成了自己的地方风格，另外，南越工匠较多使用鎏金铜框镶嵌漆器和使用金银玉片装饰漆器，这也是南越漆器的一个显著特点。还有，铜器上施漆画，独南越所有而中原尚无。

虽然南越本土文化开始在文化上有所作为，但它并不能代替汉文化的主导地位。南越国文明高地的形成，一方面是汉文化的南播及其在当地的发展，另一方面是在汉文化的影响下，本土文化的应激发展。汉文化的注入，使南越文化跳跃性演进。

不独于此，南越文化也受到外域文化的影响。这对于当地文化的成长，也是有一定意义的。

南越王墓出土了很多木船模型，而且，广州也有秦汉时期造船工场和海港遗址发现，这说明，南越国的水上交通，包括内河交通和海上交通是发达的，南越国同更远的海外地域产生过密切的交往是一个历史事实。

该墓出土了一些镂孔熏炉、象牙、犀角模型、部分琥珀珠饰，以及乳香药物、圆形银盒和金花池饰。但犀牛产自东南亚、印度和非洲，岭南所无，犀角为外域之物无疑；象牙、琥珀饰品和熏炉所用的香料木，虽然在当时的岭南和西南边境地区也有出产，但主要产地在东南亚和南亚诸国。西耳室出土原支大象牙一捆，共5支，被确认为非洲象的象牙。另出刻画象牙卮、象牙算筹、残牙雕器三种，也是外来之物，或为外地的材料，当地的做工。

主棺室出土的银盒，从造型到纹饰都与汉代及以前的金属器皿风格迥异，但在西亚波斯帝国时期的金、银器中却不难找到与之相类似的标本，又据分析，此盒本体所含的金和铜都是微量的，但盖上后来焊接上去的钮，其中金和铜的含量比本体的要大2~3倍，表明两种银的质地差异很大；而西耳室所出的银锭，其中的金和铜的含量与盖钮的基本接近，表明银钮所用材料和银锭可能同一来源。如果推论不谬，则可认为，银盒可能是海外的舶来品，而后来焊接的盖钮和器座则应是流入南越国后附加上去的。银盒出土时，内存药丸半盒，盖为"西药"[①]。以上证据说明，外域文化渗入了南越国的手工业制造，并融入到南越文化中，为中华文化补充了新鲜血液。

在岭南地区，南越国文化由于高度发展，出于文明的"势能"，其文明开始向四周播布，对岭南地区开发起了很大的作用。这里是汉文化继续南播的中继站，影响及于当今两广、中南半岛、环中国南海甚至更远的地区。

主棺室出土未名器一件，这在广西贵县罗泊湾汉墓也有同样的发现；所出的承盘高足杯，也与罗伯湾1号墓出土的高足杯的造型风格酷似。南越王墓中，装饰于非金银器上的错金银、鎏金银工艺为数相当多，这一点，肇庆松山墓出土的错银铜罍与此相同。另外，广西贺县金钟1号墓中的文化遗存，也与南越王墓中的出土文物有很多的类似之处。《水经·叶榆河注》和《太平御览》卷348兵部"弩"条以及《艺文类聚》卷60引《日南传》，都记载赵佗曾派太子始率兵攻占交趾，事后又派官治理其地。这说明，在岭南广大的地区内，都受到了南越国文化的影响。这对于开发岭南、促进民族融合、巩固祖国边疆，意义重大。

　　由于汉文化的强势传入，南越文化向前跃进了一大步，这对岭南地区的发展影响很大。南越时期，岭南地区的变化涉及农业生产、手工业制造、商业流通、政治制度及社会关系诸方面，这一时期，岭南经济发展、民族融合、社会进步，在岭南开发的早期历史上，是发展较快的一个时期。自南越始，岭南的主要地区由荒蛮的边地开始变为富庶之乡，到了西汉中期，广州已成为与内地长安、洛阳、成都等重要城市并列的中心城市。南越国为岭南发展奠定了一个高的起点，为东汉魏晋时期岭南的进一步开发打下了坚实的物质基础。那个时期，中原分裂割据，岭南数为南方政权所倚重。因此，从历史发展的角度看，南越国时期是岭南开发的一个重要阶段。

注　释

① 司马迁：《史记·孙子吴起列传》，中华书局，1959 年。

② 司马迁：《史记·平津侯主父列传》，中华书局，1959 年。

③ 司马迁：《史记·秦始皇本纪》，中华书局，1959 年。

④ 司马迁：《史记·淮南衡山列传》，中华书局，1959 年。

⑤ 司马迁：《史记·南越列传》，中华书局，1959 年。

⑥ 广州市文管会等：《西汉南越王墓》，文物出版社，1991 年，第 120 页。

⑦ 广州市文管会等：《西汉南越王墓》，文物出版社，1991 年，第 198 页。

⑧ 广州市文管会等：《西汉南越王墓》，文物出版社，1991 年，第 78 页。

⑨ 广州市文管会等：《西汉南越王墓》，文物出版社，1991 年，第 334 页。

⑩ 广州市文管会等：《西汉南越王墓》，文物出版社，1991 年，第 322 页。

⑪ 关于南越国文化遗存与海外的关系，详见广州市文物管理委员会等：《西汉南越王墓》，文物出版社，1991 年，第 346 页。

浅析南越王赵眜"巫""术"并行的医治观念

王芳　陈莉

　　疾病是生命体固有的自然现象，不同的社会文化对疾病形成的原因有着不同的医学理念和解释，对其进行梳理可以清晰地看到人类文化活动不断演进的历史轨迹。研究秦汉之际南越国时期的医治观念，有助于我们认识 2000 多年前的南越社会治疗心理，并进一步了解在阴阳五行观念影响下的中国传统医学及养生理论体系的形成过程中的必要环节。1983 年南越国文王墓的完整发现为研究南越国时期的医疗观念提供了宝贵的实物资料。本文查询历史文献资料并结合墓中出土的大量文物试证墓主人信奉岭南特色的巫术疗法并追随汉代流行的方术医学，进一步分析黄老思想及早期阴阳五行观念在岭南医学中的运用。

一　巫与医并存的南越国社会

　　据《史记》记载：贾谊曰"无闻古之圣人，不居朝廷，必在卜医之中。"①从殷周至春秋战国，卜医并列是一种普遍现象。对于远古先民最大的威胁是来自疾病和死亡，对生存和死亡的忧患，古代先民便想方设法通过各种手段去控制和影响那些让他们蒙受疾患痛苦的"超自然力量"②。由于受认识水平和医疗水平的限制，认为疾病的原因是得罪了鬼神或祖先，是上天示罚，于是便通过巫的活动去邪除鬼，被出致病蛊毒，治愈疾患。这样巫术和医药学就自然而然地结合在一起了，造成人类医学文化史上一个特有的医巫混杂不分现象。

　　"楚越之地，地广人稀，饭稻羹鱼，或火耕而水耨。果隋赢蛤，不待贾而足。地执饶食，无饥馑之患。以故呰窳偷生，无积聚而多贫。"③南越人的习俗主要有：善舟习水、断发文身以避蛟龙、迷信鸡卜等。先秦时期，由于五岭天然屏障的阻隔，岭南与中原的交往非常困难，文化和生产发展比岭北慢了一步，因此被称为"南蛮"和化外之区，或者叫"瘴疠之乡"。《汉书》中多次出现"南州水土温暑、加有瘴气，致死亡者十必四五，其不可三也"④。赵佗建南越国后，大力引进中原先进文化促进岭南生产发展，他同时也尊重当地部民的生活习俗和部族的宗教信仰。南越王墓中出土一件羽人船纹铜提筒，饰有 4 艘首尾相连的船纹，每船羽人 5 人，头戴长羽冠，下着羽毛短裙，其中一人高立于船台上，左手持弓，右手执箭；第 2 艘船上羽人头戴矮冠，左手持靴形钺，右手执首级，似属主持祭祀的首领形象，从主要人物的活动看，应是杀俘祭神图像。⑤广西罗泊湾 1 号墓出土的铜鼓也饰有羽人划船纹和羽人舞蹈纹等浓郁的地方特色巫术仪式。南越国第二代王赵眜用 15 个活人陪葬，墓中西耳室出土两拔漆算筹和漆骰、主棺室出土象牙筒和象牙算筹及烧灼过的卜龟甲片，西侧室祭牲用的猪、牛、鸡等动物遗迹和多处出现的朱砂痕迹⑥。

与南越国相邻的长沙国出土的马王堆医书《杂禁方》和《胎产书》等均带有浓郁的巫医色彩：

又有犬善噪于坛与门，涂井上方五尺。夫妻相恶，涂户口方五尺。欲微贵人，涂门左右方五尺。多恶梦，涂床下方七尺。姑妇善斗，涂户方五尺。⑦

直至西汉仍"为置医巫，以救疾病，易以修祭祀，男女有昏，生死相恤"⑧。巫医治病在早期社会极为流行，无论是帝王、诸侯贵族，还是一般的百姓，都请巫医治病。巫医在诊断疾病时是采用占卜的方法探求病因；在治疗方法上，一般采用祭祀、祈祷和巫祝等方法⑨。它们不仅充当部落祭祀大典活动的祭司，而且实际上充任并发挥了社会医师的职责，巫医们都受过一定的专门训练，他们善于汲取和收集民间关于辨别、采集药物的知识和治疗经验，并能针对不同疾病实施法术和药物。这时期不存在与巫术相抗衡的科学技术理论，巫术与医术，是一种共存的关系，因为历史之演进，两者的比例多寡有所不同而已。医学自身发展的特点是经验医学的不断积累，如某病用某药，服某药如何的记载。虽然春秋末期秦国名医提出了六气致病说，其对病因的解释已突破了巫术医学鬼神致病的病因观；战国时的扁鹊明确把"信巫不信医"列为"六不治"之一⑩。这表明，随着医疗经验的积累、医学思想的进步，传统医学的发展已逐步脱离巫术而独立起来，开始进入一个新时期，但巫术及巫术医学并没有立即消失。存于秦汉之际的南越国，在整体物质和文化上明显落后于中原，更多的遵循当地部族的宗教习俗，南越王墓主棺室出土了灼烧过的龟卜骨，西耳室出土了削用过的羚羊角和放于陶罐中的各类中草药。从中不难看出，南越国时期相当盛行巫术，南越王将已命系于天，占卜度日，他同时也不排除使用大量有疗效的中草药，但很可能仅是巫医治病的辅助手段。

二　方术医学与"长生不死观念"的盛行

方士医学的出现绝非偶然，有其逻辑和历史必然性。秦汉时期的冶金和制陶技术急速发展，迫切要求掌握物质相互变化的规律，而长期使用矿物药的丰富经验，又为炼丹术的发展，提供了物质条件，同时阴阳五行学说的兴起，长生信仰和"不死观念"更促成其发展。随着医药学的进步，至迟在春秋战国时，人们便萌发了"长生"和"不死"观念。统治者企盼长生不老，迷信道教神仙之术。齐燕等近海地区出现的海市蜃楼，被人们误认为是仙境，于是，多次派人入海取"长生不死之药"，希冀通过服食仙药成为逍遥自在、长生不死的神仙。方士受神仙信仰的支配，以"长生成仙为务"，故对医学颇为重视，方士兼医是一大特征。方士医学是秦汉医学发展中的一支不可忽视的力量和部分，它与中国传统医学互为融通。古代文献中也把医术名和医家传记列入方技传。这些都与秦汉方士医学的异常活跃有着密切关系。

南越王墓出土了五色药石的最早实物，为研究两千年前中国炼丹发展水平具有重要的实证意义。在西耳室的西侧南墙根，位于铜铁杵臼和象牙算筹旁，发现了一堆五色药石，包括紫水晶173.5克，硫磺193.4克，雄黄1130克，赭石219.5克，绿松石287.5克⑪。这与古籍记载稍有出入，据《汉书·刘安传》记述，与南越王赵眜同时代的淮南王刘安招宾客数千，著有《淮南子》，其中《枕中鸿宫秘苑》书中言神仙使鬼物为金之术，可以常见到有关炼丹术所常用的物品及其性质的记载，如汞、铅、丹砂、曾青、雄黄等⑫。而东汉魏伯阳的第一部炼丹著作《周易参同契》，记载了炼丹工具——鼎炉，以及炼丹所用的药剂如汞、铅、硫磺、胡粉、铜、金、云母、丹砂等⑬。烧炼丹药，多以丹砂铅汞、五金八石为主。整个炼丹过程，结合《周易》、黄老、炉火，种种讲究，各秘其术⑭。

南越王墓除了五色药石，还在药杵旁发现了铅丸和覆在器物表层的丹砂。西耳室铅丸共528个，分为两堆，一堆与药杵并排，旁边是象牙算筹，另一堆放在东侧南墙根。铅丸直径1.8厘米，单个重31.5克。值得注意的是这批铅丸制作得相当精细，大部分中间有一个小圆孔，不穿透。它与主棺室和弩机同出的12枚铅弹丸有着很大差异：后者直径2.9厘米，重124~129克，有纵穿小孔，表面粗糙，氧化较甚，呈灰白色，多已开裂。当年的考古人员和南越王博物馆的工作人员一直疑惑这批小铅丸的具体用途，它与中国古老的炼丹术有关系吗？南越王西耳室的这528枚铅丸明显有别于作为武器的12枚铅弹丸。另外，在主棺室棺椁头端还发现一枚与528枚铅丸在直径、重量上完全一致的小铅丸。据此，笔者大胆推测这批与药杵臼同出的小铅丸可能是精心炼制的矿物丹药，具体情况可进一步检验铅丸后再进行讨论。

内服丹砂（主要成分为硫化汞）和铅，能产生显著的镇静安神、镇逆定喘等作用，使那些花天酒地、醉生梦死的达官贵人，自觉神清气爽，飘飘乎有遗世独立、遐举飞升之感。致使当权者轻信方士的狂言，不但竞相服食炼制的"金丹"，而且化妆品、餐具的朱红涂料、织物染料也多采用汞、铅等有毒化合物。甚至服丹致命者，竟被视为"仙去"。南越国的"死对头"长沙国，毗邻岭南，其丞相夫人——马王堆1号墓女尸经化验分析，发现她的肝、肾、肌、骨含汞、铅量超过正常人的几十倍至数百倍，肠道中还有大量含汞物质残留，去世时 50 岁左右。[15]

方士医同时积极不懈地寻找各种能延年益寿的天然草木类药物和动物药。《史记·龟策列传》说："江傍家人常畜龟饮食之，有益于抗衰养老。"[16]《汉书·食货志》也说："酒者，天下之美禄，帝王所以颐养，天子享祀祈福，扶赢养疾"[17]。此二者备受推崇，我们在南越国遗迹中的出土文物中再次得到验证，南越王赵眜为延年益寿，还提倡养龟和食疗。南越王赵眜墓的后藏室，摆满了食物与炊具，在一件铜提筒内出土有花龟遗迹（G37），在一件异形壶内发现有水鱼残迹；而在南越王宫遗址后花园弯月形石池底的淤泥层中发现几百具龟、鳖遗骸，叠压成层，厚达 50 厘米。其中有个大鳖的背甲宽达 44 厘米，如此大的鳖，古人称之为"山瑞"[18]。早在战国时期燕国太子丹为讨刺客荆轲的欢心，在陪荆轲游东园时，他还手捧金丸请荆轲投掷池中龟鳖取乐。可见当时诸侯王养龟、赏龟、食龟以延年的风气已是比较普遍的，当时南越王在御花园饲养龟鳖，也许是观赏与食用并举的。

方士医为追求长生成仙，继承和汲取中国传统医学的成果，积累的医药学知识和技术，包括服食、外丹、内丹、导引以及带有巫医色彩的仙丹灵药和符咒。其中炼丹术是中国制药化学的前身，意义非同小可，扩大了药物的来源与品种。当然方士医内容也是鱼龙混杂、良莠不齐的宗教神秘主义的东西[19]。由于炼丹所用金石药物，不是药性酷烈，就是大热大毒，所以吞服后，虽然可以产生一时兴奋的假象，然而日久毒发，没有不身受其害的。南越王赵眜史载体弱多病，又在其墓室中发现了大批五色药石、铅丸等，赵眜可能又是一位服食丹剂中毒的受害者。

三　阴阳五行与医学理论的关联

通过以上分析可以认识到巫术医与方士医在古岭南社会是广泛存在的，凌驾于社会存在之上的是相应的意识形态。"阴阳"二字，纵贯中国古代数千年的历史，横系诸子百家之学。以"阴阳"言说天地万物的生成与变化，是中国古代先哲思维活动中最富哲学味道的理论构想。阴阳五行学说，在春秋时期已向医学领域渗透，成为中医人体生理功能、病理变化以及指导临床诊断和治疗的基本理论依据[20]。

汉初，推行"与民休息"政策，与之相适应在哲学上提倡黄老学说"清静无为"。用阴阳学说来说明事物间对立统一关系，引进医学领域，推而广之，将男女、寒热、燥湿、高低、内外、气血、动静等都分为阴阳。这与秦汉社会对健康问题的认知与其文化背景、社会规范和价值观是相一致的，南越王墓出土的几件精致的龙虎并体带钩正是这种当时流行的"龙呼于虎，虎吸龙精，两相饮食，俱相贪并，呼吸精气，吐故纳新，可以长寿"哲学观念的反映。成书于秦汉的中医学巨著《黄帝内经·素问·天元纪大论》指出"五运阴阳者，天地道也，万物之纲纪，变化之父母，生杀之本始，神明之符也，可不通乎。"在有关人体生理、病理的解释中，一切都可用阴阳对立统一的基本特点加以概括。

五行学说并非医学独有，而是一种社会的哲学思想，指木、火、土、金、水五种基本物质，解释包括人体在内的自然界各种事物的不同属性及相生相克关系。当其被引入医学后，就出现了病因、病理、药物、治疗诸方面浑然一体的高度概括——五行配属，以及相互间纵向的联系。如五行与五脏、五腑、五体、五窍、五华、五声等人体组织器官和生理功能相配，五行与自然界中的方向、气候变化及某些生物的特性等相配[②]。放置在南越王赵眜棺椁头端正中的一件承盘高足杯因与汉武帝求长生的承露盘有关而备受关注。这件承盘高足杯周围放置着象牙算筹和龟卜骨，不是和其他饮食器、炊具等一同放在后藏室，说明它具有高贵的特殊用途[②]。它由金、银、铜、玉、木五种材料做成，有高足青玉杯、金首银身游龙衔花瓣形玉托架、铜承盘三部分组成。玉杯下原有一圆台形木座，已朽，工艺精巧、造型奇伟，呈三龙拱杯之势。汉武帝于元鼎二年（前115年）曾在长安建章宫修造一个仙人承露盘，矗立于高台之上，来承接甘露，和玉屑饮之以图长生。魏明帝时被拆离汉宫运往洛阳[③]。汉武帝的青铜仙人承露盘今已不可见，而这件南越王的承露盘则给我们提供了五行配属的实物佐证。

秦始皇"焚书坑儒"，可是农、医、卜书未被烧掉，秦以前的医学成就能够得以保存，借助秦汉时期的统一，经济的发展，间接地促进医学的发展。南越王墓出土的众多求长生的器具、药具及大量药品、补养食物有力地证明赵眜在求医问药的过程中，信巫术，乞求神灵祛病，追随秦汉时流行的方术医，服用五色药石及养生法，但他没有排斥中国传统有疗效的中医药，遵循阴阳五行的医学理论。他所应用的医学模式是一种熔生理治疗、心理治疗、社会治疗和精神信仰为一炉的综合性医学方法，虽然充斥了迷信和原始宗教的色彩，但却是两千多年前岭南社会的真实反映，因为当时并不存在与之抗衡的科学治疗观念。但秦汉时期盛行的黄老神仙思想占有绝对统治地位，影响南越王赵眜的养生观和养生方法，体弱多病的南越国第二代王赵眜希望通过虔诚的求神祈祷和不惜巨资与精力参与炼丹活动延长他的寿命，睥睨一世的南越国君同样也无法逃脱生命的规律。

注　释

①　［西汉］司马迁：《史记》卷一二七，日者列传，中华书局，1982 年，第 3215 页。

②　张紫晨：《中国巫术》，三联书店上海分店，1990 年，第 53～54 页。

③　［西汉］司马迁：《史记》卷一二九，货殖列传，中华书局，1982 年，第 3270 页。

④ ［东汉］班固:《汉书》,南蛮西南夷两粤朝鲜传,中华书局,1975 年,第 3846 页。

⑤ 广州市文物管理委员会等:《西汉南越王墓》,文物出版社,1991 年,第 50 页。

⑥ 广州市文物管理委员会等:《西汉南越王墓》,文物出版社,1991 年,第 135 页、148 页、217 页、257 页、259 页。

⑦ 《马王堆汉墓医书校释》(二),成都出版社,1992 年,第 43 页。

⑧ 王吉民:《汉书医学史料专辑》,《中华医史杂志》1955 年第 2 期,第 118 页。

⑨ 史兰华:《中国传统医学史》,科学出版社,1992 年,第 42 页。

⑩ 王吉民:《史记医学史料专辑》,《中华医史杂志》1955 年第 1 期,第 40 页。

⑪ 广州市文物管理委员会等:《西汉南越王墓》,文物出版社,1991 年。

⑫ ［东汉］班固:《汉书》,淮南衡山济北王传,中华书局,1975 年,第 2145 页。

⑬ 袁翰青:《周易参同契——世界炼丹史上最古的著作》,《化学通报》1954 年第 8 期。

⑭ 陈可冀:《抗衰老中药学》,中医古籍出版社,1989 年。

⑮ 罗庆康:《长沙国研究》,湖南人民出版社,1998 年。

⑯ ［西汉］司马迁:《史记》卷一二八,龟策列传,中华书局,1982 年,第 3225 页。

⑰ ［东汉］班固:《汉书》卷二四下,食货志,中华书局,1983 年。

⑱ 麦英豪:《广州秦汉考古三大发现》,广州出版社,1999 年。

⑲ 薛愚:《中国药学史料》,人民卫生出版社,1984 年,第 54 页。

⑳ 史兰华:《中国传统医学史》,科学出版社,1992 年。

㉑ 史兰华:《中国古代医学史》,科学出版社,1992 年。

㉒ 广州市文物管理委员会等:《西汉南越王墓》,文物出版社,1991 年;薛愚:《中国药学史料》,人民卫生出版社,1984 年,第 54 页。

㉓ 解冰:《南越王中西合璧求长生》,《文物天地》2003 年第 5 期。

南越王墓"外藏椁"设置之我见

王学理

南越国第二代国王赵眜（胡），大约死于汉武帝时，时当公元前122年左右。其墓葬坐落在今广州象岗，是一座大型竖穴岩坑石砌墓。以墓道、墓室为中轴线的平面对称配置，由墁道（斜坡墓道）进门、登堂入室地层层推进的空间布局，以椁室为主体、其他房间作拱卫状的安排，再加之竖穴与凿洞相结合、石板砌筑……等项构成特点，就使得墓中7室主次明晰、结构规整。在这里，把楚制的平面布局同中原崖洞的空间结构巧妙地结合起来[①]，俨然构成一种新型的"地下宫殿"。在已发掘的50余座汉代诸侯王级墓中，应是极为罕见的一例。而仅此一点，也足以成为我们研究南越国统治理念的凭借。

虽然南越国地处距汉王朝统治中心偏远的岭南，"负山险，阻南海，东西数千里"（《史记·南越列传》），不入诸侯王国之列，但并没有阻断它同中原的经济交流和文化往来。而南越王墓完整的存留与科学的发掘，其出土成果再次向世人揭示了这么一种历史存在：汉初诸侯王国"百官建制如同京师"的实际。至于墓内文物，表现出的某些地域性与异域性的因素，在这里也只能算作"大同"中的"小异"了。那么，南越王墓同样也是研究西汉帝王葬制的珍贵资料。

由"文帝行玺"龙钮金印、身着"丝缕玉衣"、设外藏椁等可知，南越文王赵眜完全是按照汉代皇帝礼制入葬的。面对如此丰富的资料，限于本人之浅陋，仅就"外藏椁"（"藏"，古文献中多作"臧"）问题发表一点不成熟的意见。

一　对南越王墓"外藏椁"的确认

南越王墓是在花岗岩的象岗山顶上，凿出一个坐北朝南的"甲"字形石圹。整个墓室用750块石板砌筑，分前后两部共7室。前部有三室，即："前室"居中，两侧分别为两个横向的"耳室"；后部共4室，"椁室"居中，形成"主棺室"。在其东西两侧，有通道相连的"东侧室"和"西侧室"。椁室的后部，另隔出一个"后藏室"。尽管墓室是石圹竖穴，而耳室却是在斜坡墓道基端两侧横向掏洞的，然后用石板砌筑

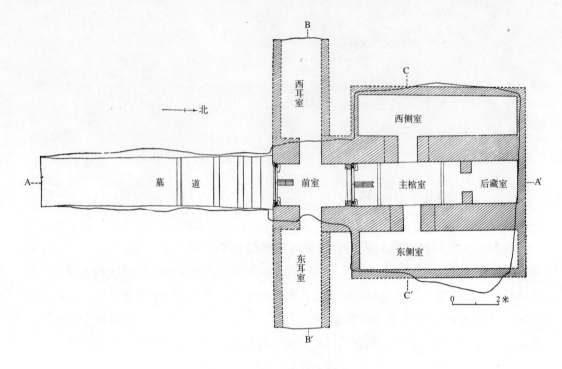

图一　南越王墓墓葬平面图

（图一）。

　　"外藏椁"位于墓道下口处、墓室门扉之前。是一个长方形的木椁竖坑，规格为4.12×宽2~2.3米。椁坑内有一具殉人棺木、17个大陶瓮和盛有车伞、盖弓帽、仪仗饰物的两只木箱。此坑象征着墓主的车驾所在，原"考古报告"把此椁箱定为"外藏椁"，无疑是正确的。但根据汉人对"外藏椁"的定义，结合该大墓的文物内容，南越王墓的"外藏椁"还不限于这一具木椁坑，其范围还应该更广一些。

　　服虔解释"外藏椁"时说，它是"在正藏外，婢妾之藏也。或曰厨、厩之属也"（《汉书·霍光传》注）。那么，我们先来区分一下南越王墓的"正藏"与"外藏"。

　　墓中7室的主体，由两部分组成，一是安放赵眜棺椁的"主棺室"，二是"景巷令"（即"永巷令"）宦者驾漆木车备乘的"前室"。这当然有主有从，但都是生前死后体现尊严和权位的重要活动场所，无疑是人世间前"堂"连接后"寝"的翻版。不用说，主棺室和前室属于"正藏"部分。

　　"东侧室"从葬的是佩带印玺和组玉的4位夫人，"西侧室"殉葬的是以铜镜覆面的7位女子。前者是扶正的右夫人（赵蓝）、左夫人、泰夫人和□夫人，后者则属于贴身之嫔妃。正因为她们同墓主南越文帝赵眜关系至亲，生死不离，故而分在两侧，使3室同处一线。故而两侧室都属于"婢妾之藏室"，只是在身份等级上有区别而已。值得注意的是，在西侧室还堆放着大量的牛、猪遗骸和少量的鸡、鱼骨骼，也有"泰官"和"厨丞之印"封泥 6 枚。据《汉书·百官公卿表》："泰官"即"太官"，也作"大官"，是少府的属官，专管皇帝膳食和宫廷宴饮；"厨丞"属于詹事的属官，掌皇后、太子家饮食之事。按说这两种内侍之官都是由男性的宦官充任，而西侧室 7 位殉人均属女性，能否说这些婢仆同样也是受到宦者管束的庖丁、厨役？

在"后藏室"里，有炊煮、储盛和盥洗类器物 130 多件。其中大型器物如铜鼎、鏊、烤炉、提筒、鉴、盆，铁鼎和陶瓮、罐等，都是由大到小地堆叠着；多数小型器物，都用丝织品和草编织物包裹捆扎，原来放置在木架上。在有些食具内，还盛有肉类和海产食品。器物附近出有"泰官"封泥 13 枚、"邻乡候印"封泥 1 枚。在地板上原堆有用作燃料的木炭。可见对入宫和进献的食品，包括南越国内郡守赠送的器物，也要经过太官的检验封缄。很明显，后藏室象征着墓主文帝"庖厨"的所在。

"东耳室"内，最具特色的藏品是：悬挂在横梁上的铜编钟（原"报告"作钮钟）1 套（14 件），铜甬钟 1 套（5 件），铜勾鑃 1 套（8 件），髹漆木瑟 2 件（仅存铜瑟枘），七弦琴 1 件或不同弦数的琴若干（仅存铜琴轸 37 个，分散 3 处），石编磬 2 套，博局及六博棋子。其次有包括酒具的壶、钫及生活用具的瓿、提筒、熏炉、镜、带钩在内的铜器 20 多件，另有生活用陶器和少量铁工具。很清楚，东耳室象征演奏的宴乐之室。

"西耳室"堆满包括容器、炊具、食具、水器、兵器、乐器、工具和杂器 8 类 22 种计 653 件铜器，盛于箱中的铁手工工具 100 多件，生活用陶器近 700 件。还有玉石、金银、玻璃类礼器、装饰品、构件、漆木器、丝织品、象牙、药材等等。这些物品种类繁多、数量巨大，往往叠垒二、三层堆放，最上层的是成匹整卷的丝织物。我们不难看出：西耳室实是模拟的南越王府库藏之所。

那么，综览墓室前的椁具之坑、左右侧室、后藏室、左右耳室，联系泰官、厨丞封泥、御者、乐师、侍卫和奴仆等殉人，就不难看出这些内容，不但符合服虔所言"外藏椁"包括"婢妾、厩、厨"这三要素，而且还非常之典型。除此之外，还增加了宴乐、府库等项新的内容。事实说明，这些设施统统都应视做"外藏"系统。尽管在形式上，不尽是以"具"为单位的"椁"，还可以表现为"椁坑"、"室"等，但毕竟从根本上并没有改变其"外藏"的性质。所以说，南越王墓的"外藏椁"的范围要比原来所认识的要大得多。

基于这种认识，我们只有把南越王墓的"正藏"和"外藏"联系起来，不仅能看到二者的主次地位，并由此而结成的里表关系，具有一种均衡、对称的构图美。而且从平面布局上，由前到后地推进、自里向外地扩展，更能领略到它对朝寝建筑与宫廷生活模拟的精要。

二　楚制的演化与汉文化的统一

"外藏椁"同"梓宫"、"便房"、"黄肠题凑"、"玉衣"一样，都是天子享用的最高一级丧葬礼制。通过考古验证，凡是有"从葬坑"的墓，必有不同形式的外藏椁。换句话说，从葬坑实际是外藏椁的外在表现②。秦始皇陵园从葬坑数量多、规模大、题材广，正是墓内外藏椁延伸的结果。汉承秦制，把外藏椁之制推到了一个更加广泛的领域和更深的层次中去。西汉诸侯王不仅普遍采用，连列侯、长公主等贵族也多有设置。皇帝有时也恩准给予故去的耆宿重臣，像汉宣帝赐给霍光"梓宫、便房、黄肠题凑各一具，枞木外藏椁十五具"（《汉书·霍光传》）就是有名的例子。

西汉的列侯以上贵族按照等级制，也能够部分地享用皇帝殡葬制度。这本身，实际就是政治倾向从"严刑峻法"的独裁走向具有宽松气氛的"黄老之术"的最好说明。于是，在大汉的版图上，"外藏椁"在施行过程里，就呈现出一种多姿多彩的局面来。既有以秦汉文化为主干的葬制共性，也有因受地域的、传统的、观念的等因素影响而形成多样化的差异性。

南越国赵眜僭越文帝，葬制虽然也要同汉家天子并驾齐驱，却是部分地采用了帝王之制。即以"外藏椁"而言，就有三大特点。即：第一，以人殉葬，仍保留着原始落后的葬俗，同中原与江汉地区盛行陶俑、木俑象征"婢妾之臧"俨然不同；第二，表现形式上是"侧室"与"椁坑"结合的一种，同竖穴椁墓与崖洞墓流行的通制有着很大的区别；第三，在墓内，以"梓宫"的"正藏"为中心，其"外藏椁"呈矩形配置，形式更接近楚墓的椁制。

当人殉遭到社会谴责并被明令禁止之后，时过200多年，而南越王墓仍然以婢妾、奴仆殉葬，保留了这一野蛮地破坏生灵的习俗，充入"外藏"，显然同流行的"以俑代人"潮流格格不入。不过，南越王墓殉人也非孤例。与之相同的例子，还有广西贵县的罗泊湾一号汉墓。该墓不像象岗南越王墓那样用石材砌筑椁室和附属各室，而是由木板隔成前、中、后三室。后室为"正藏"，分隔成6个隔间。"外藏椁"由11具组成，其中除过头箱底板下2个器物坑、墓道南2个从葬坑外（现存1个），在椁室底板下就有6女1男的殉葬坑7个③。因为桂林郡属南越国，墓主当是郡守、尉之类的最高长官。可见以人殉为主要内容的"外藏椁"存在于南越国境内，成为外藏椁的一种特殊形式。

同南越王墓相当的西汉中期之初，中国大地上的大型汉墓，流行着两种墓型而又交互采用着的两种"外藏椁"形式。这就是：无论属于"穿土为圹"的竖穴黄肠题凑墓，或是"凿山为藏"的崖洞墓内，其"外藏椁"表现为"椁坑"式和"隔间"式两种形式。而作为"外藏椁"系统的"从葬坑"，那只是从墓内向墓外延伸的结果。除过帝后

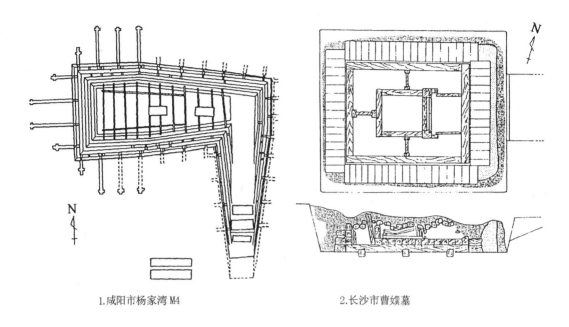

1.咸阳市杨家湾 M4　　　　　　　　　2.长沙市曹嬛墓

图二　竖穴题凑墓的外藏椁形式
1."椁坑"式　2."隔间"式

陵园必有设置之外，诸侯王、列侯、长公主等级的墓无论属于何种墓型，均未形成定制。也就是说，从葬坑就每墓而言，圹外可有，也可能没有[④]。

　　首先，我们来看竖穴题凑类墓（图二）。西汉帝、后陵墓无一发掘，不得其详，但考古知其为大型的竖穴土圹，有四出墓道，平面呈"亚"字形。景帝阳陵、武帝茂陵、昭帝平陵、宣帝杜陵、薄太后南陵、孝文窦后陵外，多有从葬坑的发掘。那么，由从葬坑理论反推，陵墓内必有外藏椁、黄肠题凑、便房和梓宫之设。这种天子葬制，不仅有礼制文献的记载，也得到设有从葬坑墓发掘的验证。陕西咸阳杨家湾 M4 的墓主，可能是汉初文景朝的名将周勃、周亚夫父子之一，属列侯等级人物。椁室虽然遭到严重的火焚，但发掘者从大型枋木残迹及 200 余块玉片推知，其"正藏"部分的棺椁还有"边箱"（?），死者原着有银缕玉衣，葬用黄肠题凑。该墓的"外藏椁"是以"椁坑"的形式安置的，在墓道内有"库坑"5 个，墓外有"从葬坑"11 个，共计 18 具[⑤]。从中不难看出：因为黄肠题凑墓一般都是竖穴圹室，也就必然形成回廊。作为外藏椁中的从葬之物，其摆放位置或在墓内回廊或在墓道，还可以再延伸到墓外。而杨家湾汉墓提供的"外藏椁"就是"椁坑"式的一种。

　　竖穴题凑墓"外藏椁"的第二种形式是"隔间"式。长沙的象鼻嘴一号墓和咸家湖陡壁山曹嬛墓，系某代吴氏长沙王和王后之墓[⑥]。这两座墓，都属于长方形竖穴岩坑墓，都设有黄肠题凑，并具有回廊。不过，前墓在内外两层回廊中，有各自独立又彼此相通的木隔间 19 个；虽然后墓只有一层回廊，但又分为 4 个大隔间。在回廊的隔间内，放置着各种随葬品。那么，具有隔间的外回廊也就是我们所言的"隔间式外藏椁"。

其次，再看崖洞类大型汉墓（图三）。这类墓的形制有直洞[7]和带回廊的两型，前者的"外藏椁"用"侧室"式，后者是回廊"隔间"式，或是两者同时并存。徐州北洞山楚王墓，从狭长的墓道进入墓门，过甬道、经前室达后室，犹如一条笔直的"隧道"，从而构成墓室的主体。在其墓道两侧，特别在东侧开凿的"连洞"就有 11 室。如果加上东西耳室、侧室，那么放置彩绘陶俑、仓库、庖厨、洗浴、宴乐的"外藏椁"即可达到 22 个（具）[8]。同类型的崖洞墓"外藏椁"，还有驮篮山 1 号和 2 号墓[9]、河南永城芒砀山柿园汉墓[10]。而狮子山楚王墓，其"外藏椁"的构成，除墓内的 3 耳室和 3 侧室外，墓外还有 5 个大型的兵马俑从葬坑，这显然是"侧室"同"椁坑"结合的一种"外藏椁"形式[11]。

回廊崖洞墓的"外藏椁"，最典型的例子要数河南芒砀山梁孝王刘武的墓（保安山 M1[12]）为最早。也许是直接学竖穴题凑墓的回廊而来，但回廊与侧室结合是这种崖洞墓"外藏椁"的构成形式。

从上面繁杂的举例中，我们大致可以看出，在西汉王朝的京畿重地、北方侯国、长江中下游的平坦之地，诸侯王墓以帝陵为准，筑以大型的竖穴"题凑之室"。楚梁国王，利用丘陵地形，凿山为藏，以崖洞墓为主。这两类墓的"外藏椁"，也不外"椁坑"、"隔间"和"侧室"三种形式的单存，或彼此的组合，或者是另设有"从葬坑"。这种帝王葬制的外藏椁，流行地域广阔，其数量也占大型汉墓的主导地位。但南越王墓的"外藏椁"与上述形式有着很大的区别，既不是回廊制，又不全像侧室制，而是更多地延用了楚地的"箱"制葬俗，变相地接受了汉文化影响。

正因为南越王墓的墓室结构是楚制的变化形式，从而就决定了它"外藏椁"独具的一些特点。大型的战国楚墓，其椁室往往用木板挡出若干个隔间来，形成为所谓的"箱"。最典型的一种是：安放棺木的主箱（即"棺箱"）在正中，周围分别有放置随葬品的"头箱"、"足箱"和左右"边箱"。按等级制，有的椁室缺少足箱和一边箱的，或仅有头箱的。河南信阳长台关两座楚墓，椁室长近 9、宽 7 米多，高 3 米许，除主棺室外，就有 7 室[13]。湖北江陵天星观一号墓，时代约为楚宣王或威王时期的公元前 340 年左右。其椁室的规模，和长台关墓基本相同，也是由 7 室构成[14]。处于南越国的今广西贵县罗泊湾一号汉墓仍保持楚墓的椁箱形式，而南越王墓使各箱分离变成分室制。它虽由 7 室构成，主棺室居中，其他 6 室与之拉开距离，分布在四周，平面上形成长方形，仍然保持着楚墓的椁箱的格局（图四）。不言而喻，处于西汉中期偏早的这座王墓，在墓道上尽管专设有"车马"坑，也采取了北方崖洞墓如中山靖王刘胜墓的"耳

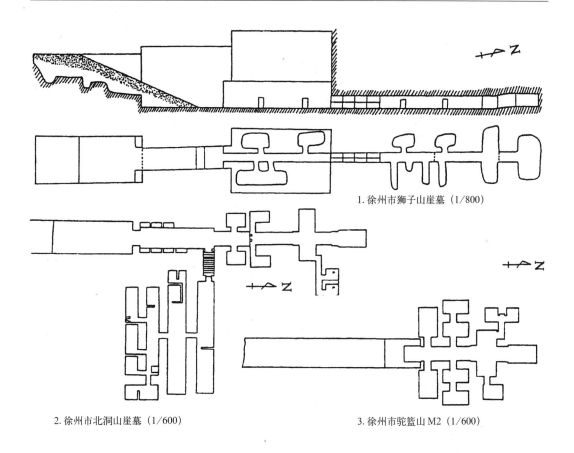

1. 徐州市狮子山崖墓（1/800）

2. 徐州市北洞山崖墓（1/600）　　　　　　　3. 徐州市驼篮山 M2（1/600）

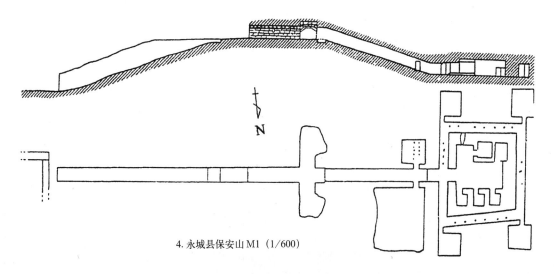

4. 永城县保安山 M1（1/600）

图三　崖洞墓的外藏椁形式

1、2、3. 直洞型崖墓侧室式外藏椁　4. 回廊隔间式与侧室结合的外藏椁室"制，但按楚制布置"棺椁之室"的基调并没有改变。并由此形成的"外藏椁"，就成了楚制与汉制兼而有之的特点。

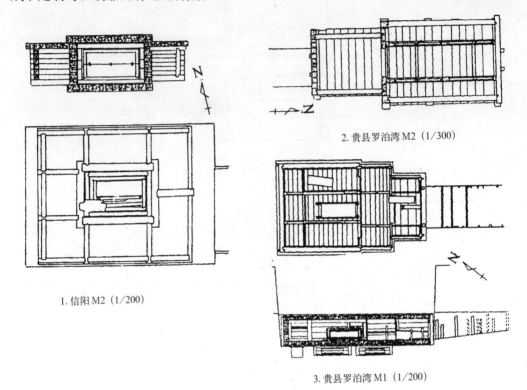

1. 信阳 M2（1/200）

2. 贵县罗泊湾 M2（1/300）

3. 贵县罗泊湾 M1（1/200）

图四　楚制的墓室结构图

　　南越王国处于岭南，几乎近于封闭的状态。但通过王墓的"外藏椁"就可以看出，它的葬制既不是纯粹的"越式"，也并非地缘接近的长沙国"楚式"，而更多地注入了汉文化的潮流。追溯其根本原因，就是以礼乐文化为骨干的"华夏文化"始终处于一个统一的、主宰的地位。由于大一统的汉帝国统治力量的强劲，其影响力在广度与深度上都达到了一个新的层次，而南越国在这样一个大文化背景下，就不可避免地在继承其越族传统的同时，要吸收汉文化，融合域外精粹，从而以一种全新的姿态出现，成为"华夏文化"中的又一枝奇葩。

注　释

①　广州市文物管理委员会等：《西汉南越王墓》，文物出版社，1991 年。

②　王学理：《论秦汉陵墓的从葬之制》，"汉唐陵墓制度研究"国际学术研讨会论文。

③　广西壮族自治区博物馆：《广西贵县罗泊湾汉墓》，文物出版社，1988 年。

④　同②。

⑤　陕西省文物管理委员会等:《陕西省咸阳市杨家湾出土大批西汉彩绘陶俑》,《文物》1966 年第 3 期;又《咸阳杨家湾汉墓发掘简报》,《文物》1977 年第 10 期。

⑥　湖南省博物馆:《长沙象鼻嘴一号西汉墓》,《考古学报》1981 年第 1 期。长沙市文化局文物组:《长沙咸家湖西汉曹𡢃墓》,《文物》1979 年第 3 期。

⑦　有的学者称做"中轴线配置型室墓",见黄晓芬:《汉墓的考古学研究》,岳麓书社,2003 年。

⑧　徐州博物馆等:《徐州北洞山西汉墓发掘简报》,《文物》1988 年第 2 期。

⑨　徐州市博物馆:《徐州驮篮山西汉墓》,《中国考古学年鉴》(1991),文物出版社,1992 年。

⑩　河南省商丘市文物管理委员会等:《芒砀山西汉梁王墓地》,文物出版社,2001 年。

⑪　徐州汉兵马俑博物馆等:《博大精深 蔚为壮观——徐州西汉楚王陵考古发掘侧记》,《中华文化画报》1996 年第 3、4 期合刊;徐州博物馆:《徐州狮子山兵马俑坑第一次发掘简报》,《文物》1986 年第 12 期。

⑫　同⑩。

⑬　河南省文化局文物工作队第一队:《我国考古史上的空前发现——信阳长台关发掘一座战国大墓》,《文物参考资料》1957 年第 9 期。又:《信阳长台关第二号楚墓的发掘》,《考古通讯》1958 年第 11 期。

⑭　湖北省荆州地区博物馆:《江陵天星观 1 号楚墓》,《考古学报》1982 年第 1 期。

南越王墓出土Ⅳ型镞考

陈春会

一

西汉南越王墓西耳室出土Ⅳ型镞 12 件，镞体呈圆柱形，较长，前端收杀为四棱圆钝刃。后部圆銎透底，插入铁梃竹槁。[①]原报告中认为该种钝刃镞可能用于习射，也可能用于射猎飞鸟，因钝刃不会刺伤鸟的皮肤，可避免血污羽毛。究竟是习射还是用来射鸟，或者还有其他用途，其名称是什么，报告中未详加论述，笔者拟就这些问题进行讨论，以求教方家。

二

Ⅳ型镞的特点是镞首为钝刃，这就是文献所谓之"平题"。《方言》曰："凡箭，内者谓之平题，"注云："今戏射箭头"。平题即平头，《礼记·檀弓》郑注云"题徒低反，头也。"Ⅳ型镞虽非平头，但镞首为钝刃，绝非实战用箭镞，似应划归为平题一类。考古发掘中有不少镞首部为真正的平头，而非钝刃，常常和这种钝刃的镞同出，说明它们是同一类。平题为习射之矢，也用于射礼、赏赐等等。古代称为志矢、恒矢等。《资治通鉴》卷一六四，宋纪十六记载，刘宋顺帝升明元年（公元 477 年），"萧道成昼卧裸袒。帝立道成于室内，画腹为的，自引满，将射之。道成敛版曰：'老臣无罪'……帝乃更以骨箭射，正中其齐。"骨箭，即志矢。《尔雅注疏》卷五："骨镞不剪羽谓之志，"晋郭璞注："今之骨骲是也。"说明晋时，骨恒矢又称为骨骲。据《武经总要》、《武备志》、《皇朝礼器通考》等书所载图来看，这种骨骲之形制与Ⅳ型镞基本相同，这也从侧面证明了Ⅳ型镞为志矢。志矢也称为恒矢，如《周礼》郑注："……恒矢之属轩輖中，所谓志也……"《仪礼·既夕》云："獩矢一乘，骨镞短卫；志矢一乘轩輖中亦短卫。"注云："志犹拟也，习射之矢。《书》云'若射之有志'。輖，挚也。无镞短卫，以示不用。生时志矢骨镞……"郑注说恒矢即志矢。《既夕》注谓志矢的最大特征为

"无镞短卫"。所谓"无镞"应理解为无尖锋部分，Ⅳ型镞为钝刃正是"无镞"之镞。文献考古两相对照，知Ⅳ型镞应为恒矢之镞，加上梜部就是所谓恒矢。孙诒让《周礼正义》案："依《既夕》注，则明器之志矢乃无镞，故彼注云'生时志矢骨镞，'明骨镞自是志矢恒制，非明器也。但《礼经》三射之矢皆不云骨镞，而《诗·行苇》说礼射之矢曰四鍭，明其为金镞矣。谛审郑意，盖谓恒矢本有两种：用诸礼射者金镞，用诸习射者则骨镞。骨镞为志矢，金镞不为志矢，二者少异，但其前后订则同耳，非谓散射之恒矢、庫矢皆骨镞也……"依孙案知恒矢有金（青铜）与骨两种，分别用于礼射与习射，习射者又称为志矢。Ⅳ型镞为金（青铜），当是礼射之矢。

恒矢用于礼射和习射，《周礼》中还有更明确的记载。《周礼·夏官·司弓矢》曰："恒矢、庫矢用诸散射。"郑注："二者皆可以散射也，谓礼射及习射也。"又云"以上六矢皆用之攻守及弋射，惟此矢云散射，明散射是礼射也。其礼射者，即大射、宾射、燕射之等皆是，其习亦如此三射中为之，故并言之也。"诒让案："礼射不用弩，则恒矢用之礼射、习射，庫矢唯用之习射也。习射谓肆习弓弩。又将礼射，前期亦有肆习之事，若《射义》云'天子将祭，必先习射于泽'是也。"这是恒矢用于礼射与习射的确切证据。

恒矢除用于射礼外，还用于赏赐。如《周礼·司弓矢》云："唐弓、大弓以授学射者、使者、劳者。"郑注："学射者弓用中，后习强弱则易也。使者、劳者弓亦用中，远近可也。劳者，勤劳王事，若晋文侯、文公受王弓矢之赐者。"《尚书·文侯之命》也有："用赉尔彤弓一，彤矢百，玄弓一，玄矢百。"伪孔传云："彤，赤。玄，黑也。诸侯有大功，赐弓矢，然后专征伐，彤弓以讲德习武，藏示子孙。"《左传》僖二十八年载，晋楚战于城濮，楚军败北，献楚俘于襄王，襄王赐晋文公彤弓一，彤矢百，玄弓矢千。与上述《周礼》记载之晋文侯、文公受王唐弓、大弓应是一回事，那么唐弓、大弓则当彤弓、玄弓。所以《左传》孔疏云："《周礼》无彤弓之名。言讲德习武，则彤弓《周礼》当唐弓、大弓也。"那么，彤矢、玄矢与恒矢关系如何？根据郑注，唐弓、大弓强弱中及强弓配劲矢，弱弓配轻矢之弓矢搭配原则，又恒矢轩輖中，为礼射用矢，则唐弓、大弓所配彤矢、玄矢应是恒矢。孙诒让《周礼正义》案："又赐弓矢，则礼乐之事，彤矢、玄矢或当恒矢。"《古今图书集成》曰："彤矢、玄矢各随弓漆色为名，射用矢，矢象有事于四方也……。其恒矢、庫矢轩輖中利诸散射。注云散射谓礼射及习射，孔义云但弓矢相配，强弓用重矢，弱弓用轻矢，既唐大强弱中，恒矢轩輖中，则彤、玄二矢当恒矢。"《古今图书集成》并载有彤、玄二矢图。其形制为二：一为钝刃，一为首部略带锥尖，与Ⅳ型镞大体相同。

古有所谓"礼射"和"主皮之射"。"礼射"张"侯"来射，着重于按照一定的礼仪，"主皮之射"张兽皮以射，为纯粹的习武之射，着重于"获"（射中）。"礼射"采取按礼依次"比耦"而射的办法,"主皮之射"则采取淘汰制的比赛办法。所以《仪礼·乡射礼》说:"礼射不主皮,主皮之射者,胜者又射,不胜者降。"郑注:"不主皮者,贵其容体比于礼,其节比于乐,不待中为俊也。"而主皮之射则着重于比赛的胜负。《论语·八佾》说"射不主皮,为力不同科,古之道也。"意思是说,射礼不着重胜负,而着重礼仪,因为人们的力量本来就有强弱之分。虽说射礼不注重胜负,但据《乡射礼》和《大射义》载,射礼每次还是要分出胜负,并且要饮不胜者。因此射礼用矢不同于兵用矢需非常锋利,故用钝头而略带锥尖之恒矢。

综上所述,南越王墓所出Ⅳ型镞矢为恒矢或志矢,是古人射礼、习射或赏赐用镞矢。

三

恒矢的源头可以追溯至原始社会的平首石、木或骨镞矢,当时的人们制造这些平首镞矢是为了获取鸟类或小兽的皮毛,避免被血污染。至殷周时期,这种平首镞用青铜制造,成为习射或射礼用矢。春秋战国时期,礼射之风盛行,当时的射礼有大射、宾射、燕射、乡射等。在文学作品中多有反映。如《诗经》的《齐风·猗嗟》有"终日射侯,不出正兮。……射则贯兮。四矢反兮,以御乱兮。"《大雅·行苇》:"敦弓既坚,四鍭既均。舍矢既钧,序宾以贤。敦弓既句,既挟四鍭。四鍭如树,序宾以不侮。"《小雅·宾之初筵》:"大侯既抗,弓矢斯张。射夫既同,献而发功。发彼有的,以祈尔爵。"等均描写了射礼的场面。射礼的兴盛促进了春秋战国时期恒矢的发达,当时墓葬中出土恒矢量大增,且有一些制作精美、造型精巧、独特、雕饰有华丽的纹饰并错嵌金银,精美极致。

秦汉时期随着射礼的衰落,恒矢亦向简约化发展,如Ⅳ型镞与战国恒矢相比已相当简单了,这是射礼衰落而导致的结果。根据《汉书》记载,整个西汉一代没有一个皇帝行大射礼,只在王莽以后的明帝、和帝兴大射礼和乡射礼,至魏晋时期射礼几已不存,如《颜氏家训·杂艺篇》载:"弧矢之利,以威天下,先王所以观德择贤,亦济身之急务也。江南谓世之常射,以为兵射,冠冕儒生,多不习此,别有博射,弱弓长箭,施于准的,揖让升降,以行礼焉,防御寇难,了无所益。乱离之后此术遂亡……。"可见,在魏晋之际,乡射礼已名存实亡。《宋书·蔡兴宗传》也有"旧有乡射礼久不复修"之语,《唐书·源乾曜传》亦有"比年以来射礼不讲"云云。虽然如此,射礼从未灭亡,自汉至清,各代正史的本纪中皆记载了皇帝行大射、乡射礼之事。在一些朝代射礼虽不讲、不修,但要不了多久,就会有人稽古定制,重新修复。就这样衰亡—修复在历史上不断上演,形式、内容不断缺补,和古代渐已不同,却始终没有消亡,但亦恢复不了往昔的辉煌，这也许是汉代以后恒矢减少和其形式发生变化的根本原因。

注　释

① 广州市文物管理委员会等：《西汉南越王墓》，第 90 页，图六○铜兵器 10、11，文物出版社，1991 年。

南越王墓出土玉舞俑舞姿刍议

白　芳

　　南越王墓出土的玉器，在汉代诸侯王墓中首屈一指。其中出土的 C137、C258、E125、E135、E158 五件玉舞俑在造型上的共同特征为：长袖飘摆、折腰扭胯。学者们把舞人无所持而以手袖为威仪的舞姿称之为长袖舞。长袖舞不仅是南越国王畿之内盛行的舞姿，还是汉朝各地流行的舞姿之一。研究南越国出土的这五件玉舞俑，不但有助于我们了解南越人的审美情趣，而且还能加深对南越文化多元性的认识。

　　长袖舞是以先秦时期《六小舞》[①]中的《人舞》为基础发展演变而来。郑玄注曰："人舞者，手舞……星辰以人。""人舞，无所执，以手袖为威仪……宗庙以人。"[②]意即：周代人在祭祀星辰、宗庙时，徒手而舞，不用道具。河南浚县出土一件西周时期的玉双舞人（图一），她们长袖飞扬，曲线婀娜。这件玉双舞人虽然不能肯定就是《人舞》的记录，但是却可以给我们一些周代袖舞的印象。

　　从文献记载看，长袖舞最早出自《韩非子·五蠹》篇，有"长袖善舞，多钱善贾"[③]谚语的记载。从实物资料看，长袖舞已在战国时期的社会中流传开来。河南洛阳金村出土的一对玉雕舞女（图二），二人并肩而立，舞袖高甩，侧身出胯，细腰丰臀。另一件同时期的白玉雕舞女玉佩（图三），长袖高扬，拂过头顶，体态窈窕，侧身倾

图一　玉双舞人（西周）

河南浚县出土

图二　玉双舞人线描图（战国）

河南洛阳金村出土

图三　白玉雕舞女玉佩（战国）
选自《中国风俗通史·两周卷》彩图 54

图四　舞女漆奁（战国）
湖南长沙出土

动。战国漆器中的舞人，描绘更加细腻。湖南长沙出土的战国彩绘舞女漆奁（图四），三个舞女都穿着曳地宽袖舞服，在舞师的监督下练舞，双手作抱拱状，似做侧腰或左右摆腰的练习。这幅以红、黑为主要色调的画面，揭示出楚国贵族之家严格训练女舞者的真实情景。从众多出土文物中的舞女形象看，袅袅长袖、纤纤细腰是其共有的特征。舞人以腰细为美，是受楚国风尚影响。《韩非子·二柄》载："楚灵王好细腰，国中多饿人。"④这虽说是统治者个人的好尚，但却影响了人们的审美意识，以至为了腰细而饿饭。《楚辞·大招》也云："滂心绰态，姣丽施只；小腰秀颈，若鲜卑只"⑤。其中"滂心绰态，姣丽施只"说的是舞人美丽姿色，"小腰秀颈"则是当时对舞人美之赞赏。《西京杂记》载："（戚）夫人善为翘袖折腰之舞，歌出塞、入塞、望归之曲。"⑥史书载，戚夫人长于楚舞，翘袖折腰很可能也是楚舞的显著特色。由于长袖可以用变化万端的节奏和线条来表达舞者内心的神思和情怀；细腰则"能使舞姿柔美、灵活、轻捷而富于弹性"，"体态窈窕而轻盈"⑦，因此这种美的观念比较容易被大多数人接受，这也是楚舞能受到普遍喜爱并流传久远的原因之一。

　　身为楚人的汉代统治者汉高祖刘邦对楚歌楚舞十分迷恋，无论喜悲都善于运用楚歌楚舞抒发情怀。《史记·高祖本纪》载：刘邦在平定黥布叛乱凯旋途中路经故乡沛郡时，大宴父老乡亲，"酒酣，高祖击筑，自为歌诗曰：'大风起兮云飞扬，威加海内兮归故乡，安得猛士兮守四方！'"⑧从此留下了著名的楚味浓郁的《大风歌》。在楚汉战争的关键时刻，刘邦又巧妙地利用"四面楚歌"打心理战，瓦解敌军，致使项羽军队几乎不战而溃。晚年的刘邦谋废太子孝惠，另立宠姬戚夫人之子，事未成，乃令戚夫人

图五　山东滕县汉画像石舞姿
选自《中国汉代画像舞姿》画像石1，P9

图六　山东费县汉画像石舞姿
选自《中国汉代画像舞姿》画像石5，P12

图七　山东曲阜汉画像石舞姿
选自《中国汉代画像舞姿》画像石6，P13

图八　河南郑州汉画像砖舞姿
选自《中国汉代画像舞姿》画像砖1，P61

为其表演楚舞，"为我楚舞，我为若楚歌"⑨，以抒发心绪。从上行下效的角度来讲，汉代统治者的这种嗜好自然推动了长袖舞的普及和发展。

长袖舞在两汉诗赋中有大量记载。汉代崔骃《七依》："振飞縠以长袖舞，袅细腰以务抑扬"⑩；边让《章华赋》："忽飘摇以轻逝兮，似鸾飞于天汉……长袖奋而生风，清气激而绕结"⑪；傅毅《舞赋》："罗衣从风，长袖交横"⑫；张衡《舞赋》："裙似飞燕，袖如回雪"⑬；《西京赋》："振朱屣于盘樽，奋长袖之飒 "⑭；左思《三都赋》："纤长袖而屡舞，翩跹跹以裔裔"⑮等都是对这种舞姿的描写。

长袖舞是汉代最常见的一种舞蹈，也是汉画像石、画像砖乐舞图表现最多的题材之一，它流行于汉朝各地。山东省滕县画像石（图五），石左一舞人展袖起舞，石右一乐人鼓瑟伴奏；费县画像石（图六），舞人右手扬袖，徐步起舞；曲阜画像石（图七）舞人双膝跪地，两臂扬袖；河南省郑州画像砖（图八）舞人纵身跳跃，长袖飘拂；唐河画像砖（图九）舞人举足轻跃，修袖缭绕；南阳画像石（图一〇）舞人纤腰，两臂轻展，扭腰作舞；陕西省绥德画像石（图一一）舞人细腰、长袖、宽裙；四川省成都画

图九　河南唐河汉画像砖舞姿

选自《中国汉代画像舞姿》画像砖3，P63

图一〇　河南南阳汉画像石舞姿

选自《中国汉代画像舞姿》画像石4，P64

图一一　陕西绥德汉画像石舞姿

选自《中国汉代画像舞姿》画像石2，P103

图一二　四川成都汉画像砖舞姿

选自《中国汉代画像舞姿》画像砖4，P113

像砖（图一二）舞人长袍拂地，掀袖起舞；彭县画像砖（图一三）细腰舞人，屈膝侧身，举袖起舞；江苏省沛县画像石（图一四），舞人头梳双髻，长袖翩翩，躬身作舞；浙江省海宁县画像石（图一五）舞人长袖挥舞，腾空跳跃。在这些汉代画像石与画像砖中，长袖、细腰的特点被充分体现出来。在这些画面中，夸大舞者的细腰，突出表现其腰部动作，有的后弯，有的倾侧，配以飘拂的长袖，组成了美妙的舞姿。

长袖舞除单人舞外，二人对舞在此类舞蹈中也十分常见。内蒙古东汉墓出土的乐舞百戏图（图一六）中，双人舞袖，一人长袖追逐飞跑，另一人与之呼应；四川彭县出土画像砖（图一七）中，两舞人举袖相对作舞；浙江海宁县画像砖（图一八），中间两人对舞，其中左边舞人左手执剑，扭身刺向右边舞人，右边舞人宽袖长袍，侧身扬臂，向前迎击；江苏沛县画像石（图一九）二长袖舞人，相向对舞。据已出土的文物资料，我们可以得知汉代的长袖对舞包括女子长袖对舞、男女长袖对舞、男子博袖长袍对舞等，其形式呈多样化态势。

图一三　四川彭县汉画像砖舞姿
选自《中国汉代画像舞姿》画像砖 10，P119

图一四　江苏沛县汉画像石舞姿
选自《中国汉代画像舞姿》画像石 1，P121

图一五　浙江海宁县汉画像石舞姿
选自《中国汉代画像舞姿》画像石 1，P131

图一六　乐舞百戏图（东汉）
内蒙古河林格尔东汉墓出土

图一七　四川彭县汉画像砖舞姿
选自《中国汉代画像舞姿》画像砖 3，P112

图一八　浙江海宁县汉画像砖舞姿
选自《中国汉代画像舞姿》画像石 2，P132

图一九　江苏沛县汉画像石舞姿

选自《中国汉代画像舞姿》画像石 4，P124

西汉南越王墓中共出土五件玉质乐舞俑，他们或绕舞长袖，或并立而舞，或轻盈举步，这无不表现出南越人崇尚轻盈、和谐、飘逸的动态美。长袖细腰的楚舞风格盛行于南越王宫之内，则从一个侧面反映了楚越舞蹈文化交流的情况。

注　释

① 《周礼·乐师》："凡舞，有帗舞，有羽舞，有皇舞，有旄舞，有干舞，有人舞。"

② 《周礼注疏》卷 23《乐师》郑玄注，《十三经注疏》，中华书局，1980 年。

③ 陈奇猷校注：《韩非子集释·五蠹》，上海人民出版社，1974 年，下同。

④ 《韩非子集释·二柄》。

⑤ ［汉］王逸撰：《楚辞章句》卷 10《大招章句》，文渊阁四库全书本。

⑥ ［汉］刘歆撰、［晋］葛洪辑：《西京杂记》卷 1，文渊阁四库全书本。

⑦ 参见王克芬著：《中国舞蹈发展史》第 3 章《两周时期舞蹈的发展和变革》，P67，上海人民出版社，1989 年。

⑧ 《史记》卷 8《高祖本纪》。

⑨ 《汉书》卷 97 上《外戚传》。

⑩ 《艺文类聚》卷 57《杂文部》引崔骃《七依》，文渊阁四库全书本，下同。

⑪ 《后汉书》卷 80 下《文苑列传》引边让《章华赋》。

⑫ 《艺文类聚》卷 43《乐部》引傅毅《舞赋》。

⑬ 《艺文类聚》卷 43《乐部》引张衡《舞赋》。

⑭ ［梁］萧统编、［唐］李善注：《文选注》卷 2 引张衡《西京赋》，文渊阁四库全书本，下同。

⑮ 《文选注》卷 4 引左思《三都赋》。

广州南越王墓出土铜提筒图像试释

曹旅宁

广州南越王墓共出土铜提筒 9 件、陶提筒 2 件，其中 B59 因主晕饰有羽人船图像且质地特殊而备引人瞩目。由于可供考证的背景资料缺乏，各家解释不一，现将诸家见解介绍如下：

黄展岳先生认为："以实物图象为主晕的提筒，仅见于南越王墓的一件提筒（B59）上。这件铜提筒，共有晕带四组，第一、三、四组为几何形纹晕带，第二组饰羽人船四只，四船首尾连接，每船羽人五人，船头尾两端高翘，有旌旗装饰，羽人分别作划桨、执弓箭、击鼓、抓俘虏、馘首状，形象与越南玉镂铜鼓所见的主晕极为近似。稍有不同的是，玉镂鼓在每只羽人船之间以二三鹭鹤（喙尾长短不一）为饰，而 B59 提筒则在每只羽人船之间饰以飞鸟、海龟、海鱼。"[1]

发掘报告则指出："B59 较小，子口，复耳。外耳桥形，上半的半圆拱形部分原已残缺；内耳为贯耳。耳尚留有系藤残痕。器身有 4 组纹带。近口沿处有一组宽 6 厘米的几何形纹带；近器足处有两组几何形纹带，各宽 3～4 厘米。这三组纹饰，均以勾连菱形纹为主，上下缀以弦纹、点纹和锯齿纹饰。器腹中部的一组是主晕，饰羽人船 4 只，形象大同小异。4 船首尾相连。船身修长呈弧形，两端高翘像鹢首鹢尾。首尾各竖 2 根祭仪用的羽旌，船头两羽旌下各有 1 水鸟。中后部有 1 船台，台下置 1 鼎形物。中前部竖 1 长杆，杆上饰羽蘽，下悬木鼓。每船羽人 5 人，均饰长羽冠（个别无），冠下有双羽翼，额顶竖羽蘽，细腰，下着羽毛状短裙，跣足。其中 1 人高立于船台上，左手前伸持弓，右手执箭。第 2 船立船台之羽人头着矮冠，左手持靴形钱，右手执首级（首级披发），似属主持祭祀的首领形象。船台前 3 人。头一人亦左手持弓，右手执箭；第二人坐鼓形座上，左手执短棒击鼓，右手执一物。第三人（紧靠船台者）左手执 1 裸体俘虏（俘虏长发），右手持短剑。船尾 1 人划桨。每只羽人之船饰以水鸟、海龟、海鱼。从主要人物的活动看，应是杀俘祭河（海）神图像。"[2]

麦英豪先生认为："南越王墓出土的一个铜提筒，腹部刻画四只海船，大同小异：船上三樯桅，有瞭望台（栅），船后架一张巨橹，船上的甲板与多个舱室的刻线十分清楚。船的前后有海龟、海鱼和海鸟。船上刻画五个羽冠羽裙执兵器武士。船上有被押解的俘虏，船头系首级，船上武士亦手提首级，船舱内装满铜鼓，还把铜鼓作为坐具。这似为一支打了胜仗的船队，大有斩获，正在鼓帆摇橹凯旋。这是岭南与西南地区目前所见的汉代船模以及铜鼓、铜提筒上刻画的船纹中规模最大，设备完善的一组海船图形。"③

黄淼章先生认为："从主要人物活动来看，应是越族渡河作战得胜归来的场景"："展示了古越国祭河（海）神或水战庆功图"；但他在同时也提出了自己见解，"周代宫廷流行有大舞（《六代舞》）和小舞，这些舞蹈义可分为文舞和武舞两个大类，其中文舞执羽、龠，武舞执干、戚，两类舞多用于祭祀。目前南越国所见的越式舞不仅姿态与上述相近，且也多与祭祀有关。这表明南越的舞蹈与中原地区先秦的古乐舞是有着密切关系的。武舞多见于铜鼓图案上，舞人的扮相亦如《翔鹭舞》，所不同的是《武舞》的舞人手中多执干（盾）、矛、干钺、干戚、干矛、戚矛、弓箭等兵器，个别的武器上还装饰有羽毛。这类舞在南越地区见于越南的玉镂鼓、庙门鼓、黄下鼓的图案上，而以广州南越王墓 B59 铜提筒上的杀俘祭河（海）神或水战庆功图像最为典型。"④

笔者拟在前人研究的基础上，拟据实物、发掘报告所附的 B59 铜提筒纹饰拓本、摹本、彩图及《广州秦汉考古三大发现》所见的相关彩图⑤，结合文献材料，作出若干考释意见（叙述中将羽人船拓本由右至左按 A、B、C、D 编号，每艘船上的人物则按1、2、3、4、5 编号）。在撰写本文的过程中，笔者曾亲赴南越王博物馆观察提筒实物，并得到吴凌云馆长的细心指教，谨致谢忱。

一　说猎头

值得我们注意的是，四艘船的船头都悬挂一长发的人头，A3、B3、C3、D3。四个人物均右手握一把匕首。左手拽着一双手反绑坐在甲板上俘虏的发髻。A4 则左手提一人头，右手握一把靴形钺站立在船后部的高台上。我们认为这正反映了古老的猎人习俗。

原来"猎头"的习俗，在东南亚分布颇广，南越、西瓯、驼越都有猎头、食人之风。《墨子·鲁问》云："楚之南，有啖人之国者桥。其国之长子生，则解而食之，谓之宜弟。"《楚辞·招魂》中说："魂兮归来，南方不可止些。雕题黑齿，得人肉以祀，以其骨为醢些。"前者只说食人，后者则是猎人而食了。近年来，学术界研究香港南丫岛深湾下层、Cb 层发现的"火葬"人骨和钻孔颌骨，大屿山石壁青铜时代墓葬中发现的陪葬钻孔人头骨，高要茅岗遗址零星发现的人头颅骨，以及广东各地青铜兵器的人头（面）纹，认为或即是猎首、食人之迹象。此外，"猎头"实为猎人，各书记载均非专取人头，而是猎（捕）人；但如万震《南州异物志》所说，乌浒人食人肉外，"又取其骷髅破之以饮酒","猎头"或即指此。⑥与两广地区毗邻的滇池地区青铜文化是滇人的文化遗存。从青铜器上各种场面及图像中出现的人物形象可看出。辫发的昆明人还经常成为猎首这一原始习俗的牺牲品。当地青铜器图像中一再表现猎首习俗。晋宁石寨山俘掠铜饰牌上,战士手提一人头。图画文字铜片上,与奴隶、牛、马并列的还有人头两个。两件战争场面中亦见战士手提人头或马颈下悬一人头。石寨山出土一件铜斧,上有战士骑马手提人头而归的图像。这些人头多均梳辫,是昆明人的形象。⑦石寨山铜饰中有被称为"人物、屋宇镂花铜饰物"者。冯汉骥先生认为是一种称为"孕育"的农业仪式:"屋宇小窗中所供之人头,应为一种牺牲。台上之人物杂沓,笙歌乐舞,以及各种事务的准备,皆系所以悦之者。其仪式及意义为对于所猎之头的供养。"⑧云南省博物馆藏战国猎首纹铜剑(云南江川李家山采集),此剑一字型剑格,鼓形剑首,剑柄及刃近格处饰浮雕人物;一人一手持刀,一手提人头,另一人双手上举,双足蹲立。图像反映了古滇国猎头习俗。《魏书·僚传》:"其俗尚鬼神,尤尚淫祀,所杀之人多美鬓髯者,乃剥其面皮,笼之以竹。及燥,号之曰鬼,鼓舞祀之,以求福利。"所杀之人以鬓须稠密者为佳,意味着今年稻谷长得必然茂盛没膝。这一习俗甚至一直保存至近代。《滇西边区考察记》载野卡族云:"巫者鸣锣跳鬼,祝人头曰:'汝亦人子,我今奉之为神,当升天为吾曹赐福,年谷丰收。'妇女则围而哭曰:'汝大郎耶?抑二郎耶?死不得亲属安葬,吾辈为汝哀之!'歌哭之声,震动山谷,且杀牲而祭之,祭毕呼啸聚餐,携手笙舞,入暮始散。巫者安置人头于木桩而竖之寨外。或又曰:祭时,人头筋肉收缩,唇张齿露作笑容,土人以为死犹含笑,必佐宏福也。灌酒插花,抚而祝之。"⑨台湾高山族也有此习俗。连横《台湾通史·吴凤传》:"(乾隆)五十一年,为阿里山通事。阿里山者诸罗之大山也,大小四十八社,社各有首,所部或数百人数千人,性凶猛,射猎为生,嗜杀人,汉人无敢至者。前时通事与番约,岁以汉人男女二人与番,番秋收时,杀以祭,谓之作獠,犹报赛也。屠牛宰羊,聚饮欢呼,以歌颂其祖宗之雄武。然犹不守约束,时有杀人,而官军未敢讨。"⑩

至于猎头的原因。有人类学家分析指出其原因有数种。其一,猎取人头的主要动机之一是在取悦女人,这是少有疑义的。据说,有些部落里面,一个青年人在他可以结婚以前,必须取得一个头盖,而且由自己斩获的一个人头,似乎是一个青年男人用以使他选中的处女欢悦自己的一个极普通的方法。其二,人民为首领或首领的一个近亲服丧期满以前,不是必须取得一个新的人头,或一个旧的人头,就是必须取得一个人头的一部分。其三,为伤害而报复的一种要求——近亲复仇或血亲复仇——是进行出征而把相当的战利品携带回家的一个极普通的理由。而"农业祭祀"仅为其中的一种。⑪

有学者指出:两广出土的先秦青铜器中"青铜制的武器很多,特别是矛、剑、锨。反映了两广先秦越人好相攻击,血族报仇的剽悍性格。不少同志认为,两广先秦青铜武器特别发达，与这一时代的社会状况和战争冲突、掠夺和占有奴隶密切相关，它的后果将是导致奴隶制的出现。遗憾的是，我们从两广考古发现中无法确认有把战俘转变为奴隶的实例。"⑫既然当时还不会把战俘转变为奴隶，战争就只是为了掠夺财富及猎取人头，这也间接说明当地猎头风气的盛行。《汉书·高帝纪》谓"粤人之俗好相攻击"，《汉书·地理志》谓越人喜"剽杀人"。甚至连明人邝露《赤雅》卷下"桂林竞渡"条也载："桂林竞渡，舟高十余丈，左右衣白数人。右挥白旗，左挥长袖，为郎当舞，中扮古今名将，各执利兵，旁置弓弩，遇仇敌，不返兵，胜则枭而悬之，铙歌合舞。十年一大会，五年一小会，遇甲戌为之。有司毫不敢诘。"则属于古老风俗的遗存了。

最后我们还要指出的南越王墓出土的铜提筒 B59 图像也有可能并不表现一个船队的活动。从其中四艘羽人船图面大同小异，人物活动也基本相同，我们不难推测，其有可能只是将一艘猎人船的图像反复刻画，画面的处理具有装饰画的特点，与今天布匹印制图案的原理相仿佛。但不管如何，南越王墓出土的 B59 铜提筒图像都应该是岭南地区越人社会生活的真实反映，是图像证史的宝贵文物。

二　说舞蹈

黄淼章先生指出：B59 图像中人物活动的中心内容是舞蹈，其中包括武舞、建鼓舞。这无疑是很正确的。这在民族学材料中也可找到佐证。元李京《云南志略》："蒲蛮一名朴子蛮，首插雉尾，驰突如飞"；"金齿百夷，略有仇隙，军校毕集，结束甚武，髻插雉尾，手执兵戈，绕俘馘而舞"。又清檀萃《滇海虞衡志》："窝泥，头插鸡尾跳舞，名洗鬼，或泣或歌"。这反映出猎取人头后跳舞庆祝是密切关联的行动。

我们还可从歌、舞的起源来论证这一点。原来歌与上古初民的生产劳动有关，如渔猎、农耕时唱歌以表达情感。至于舞，也不例外。《淮南子·本经训》："凡人之性，心和欲得则乐，乐斯动，动斯蹈，蹈斯荡，荡斯歌，歌斯舞，歌舞节则禽兽跳矣。人之性，心有忧伤则悲，悲斯哀，哀斯愤，愤斯怒，怒斯动，动则手足下静。……故钟鼓管箫，干锄羽毛，所以饰喜也，……兵革羽毛，金鼓斧钺，所以饰怒也，必有其质，乃为之文……"。又《吕氏春秋·古乐》篇载："昔葛天氏之乐，三人操牛尾投足以歌八阕：一曰'载民'，二曰'玄鸟'，三曰'遂草木'，四曰'奋五谷'，五曰'敬天常'，六曰'达帝功'，七曰'依地德'，八曰'总禽兽之极（一作总万物之极）'。"有学者指出：原始人的生产方法是渔猎劳动，经常跟奇虫怪兽搏斗。这就成为"模拟舞"和"操练舞"的根源。大多数是和初民生活攸关的拟禽拟兽舞——模拟狩猎时如何猎取生活资料的各种各样的动作姿态，自然更多的是搏斗的姿态；或拿着猎获物——飞禽走兽的羽毛、肢体作为战利品的象征来作跳舞时用的工具——我们所说的"舞具"或"舞饰"。^⑬又《淮南子·氾论训》:"舜执干戚而服有苗"。高诱注:"舜时有苗叛,舜执干戚而舞于两阶之间,有苗服从。"则反映了对异部族以武舞示威的情景,《淮南子》说舜用执干戚,显然要以此暗示自己这一部族的战斗技术非常熟练罢了。而有苗氏那一部族一见舜舞得那么熟练,想见敌方的武事比自己部族中人强得多,才下决心请服,这足以说明"武舞"的渊源和本质。这也是南越王墓出土铜提筒 B59 图像中的武士手提猎来的人头载歌载舞的道理所在了。

<h2 style="text-align:center">三　说"首领"</h2>

发掘报告指出此图像中的首领形象。"冠下有双羽翼,额顶竖羽纛,细腰,下着羽毛状短裙,跣足。其中一人高立于船台上,左手前伸持弓,右手执箭,第二船立船台之羽人头着矮冠,左手持靴形钺,右手执首级(首级披发),似属主持祭祀的首领形象。"B59 图像中的首领究竟是谁?我们初步认为应是坐在座位擂建鼓的鼓手。因为在战时或狩猎时要令行禁止,一切行动听指挥。如果首领冲锋在前,若有闪失,则会影响到全局。因此睡虎地秦简《秦律杂抄》中有"故大夫斩首者,迁"的规定。整理小组注释《商君书·境内》:"其战,百将、屯长不得斩首。"朱师辙《商君书解诂定本》说"百将、屯长责在指挥,故不得斩首。"秦律继承了秦人许多古老的习惯。这种规定在后来的戏剧程式里也有反映。南戏是中国古老的剧种,在南戏故乡温州唱戏时有这样一种习俗:"角儿上场前的一刹那,老是对着上场门——马门右边一拱手,然后出场亮相。这一拱手的对象是坐在'九龙口'的场面人员,而主要是那位'打鼓佬'。为什么?'打鼓佬'是发号施令指挥作战的人,所以在班子里的地位极崇高。依例,他坐的那个座位空着时,除了地位也很高的小丑可以坐一会儿,此外别的角色都不能去坐。原来演剧时的'打鼓佬'就掌'鼓'和'拍',演剧的行动和歌唱的旋律都由'鼓'和'拍'来调节。因而他的职权重要而巨大,指挥一切,领导一切,于是,地位高于其他人员。演员上场一刹那对他拱手,便是道辛苦,请关照,也就是烦劳'打鼓佬'为他帮忙尽力,使演出更增精彩动人的意思。"^⑭如前所述,戏本起源于战争,故可借用来指战争。既然"歌""和"舞"都跟生活,尤其生产劳动斗争紧密联系,那么,包括了"歌"和"舞"而构成的"戏剧",自更突出地表现各种各样的斗争。"戏"字在《说文》里是:"戏,三军之偏也。一曰:兵也。"所谓"三军",所谓"兵",都是为了双方有矛盾而趋向冲突不得不以武力战斗而产生的。《左传》僖公二十八年城濮之战时楚军主帅子玉"使斗勃请战,曰:'请与君之士戏,君冯轼而观之,得臣亦寓目焉'"讲的就是这个意思。因此,B59 图像中的首领应是坐在座位擂建鼓的鼓手。

四 说服饰

我们注意 B59 图像人物头上羽饰、衣后拖曳长幅这一衣着特点。其中 C3、C4 头上的羽饰（C3 全部、C4 一根及橹上所装饰的一根）与广西罗布泊湾 1 号汉墓出土的铜鼓羽人划船的头饰十分相像，都刻画成长条的几何图案。其余的武士的羽饰虽然可能本来就是长羽毛，但也不排除工匠为了使整个画面效果突出即力图减少空白而有意加长。站在船台及船尾的武士的羽饰明显减短也是为了空间效果的一致。我们也注意到这与石寨山铜鼓、越南玉镂铜鼓上的盾牌舞者羽饰、衣式非常相似，汪宁生先生指出：头上羽饰，是我国西南少数民族普遍爱好。晋宁石寨山、江川李家山出土青铜器中已见头插大鸟尾羽之人物形象。又据文献记载，元代云南的蒲蛮和金齿百夷，清代云南的窝泥、濮剌、捕鸡、仲家花苗，贵州的黑苗、黑脚苗等族，台湾的高山族，均有头上插羽之俗。直至近代四川凉山彝族和云南拉祜族每逢盛事仍保持这种古老装饰。关于衣后拖曳长幅，也是我国西南民族流行服装。晋宁石寨山铜器图像中人物即作如此装束。文献记载，西南民族有"衣着尾"之俗。直到近代，云南的妙罗罗妇女仍然保持"前不掩胫，后长曳地"的古老服饰。《说文·尾部》："古人或饰系尾，西南夷亦然"。《后汉书·南蛮西南夷列传》："哀牢夷衣皆系尾。"（《华阳国志·南中志》作"衣后作十尾"）该传又云："（盘瓠之后）制五色衣服，制裁皆有尾形。"[15]汪先生的见解可同样适用于对南越、瓯越、骆越人头上羽饰、衣着尾习俗的解释。

我们认为羽饰应是岭南及西南地区古代民族流行的一种装饰。这一地区也是供装饰用羽毛的出口地。按：汉交州，初治赢隆，在今越南河内西北；元封五年移治广信，在今广西苍梧；建安十五年移治番禺，今广东广州。《太平御览》卷九二四翡翠引东汉南海（今广东广州）人杨争撰《交州异物志》："翠鸟，先高作巢。及生子，爱之恐堕，稍下作巢。子生毛羽，复益爱之，又更下巢也。"美国汉学家谢弗指出："翠鸟的羽毛。不管是用来美化人体，还是装饰寓所，翠鸟的羽毛都是最重要的装饰品。从最早的时代起，翠鸟的羽毛就被用来作为珠宝的饰物和当作最富丽堂皇的装饰品。有些是来自岭南的偏远地区。但大多数则是安南的产品。安南当时仍然是由不安定的唐朝安南都护府统治的。早在唐代以前很久，安南白鸳的羽毛就已经被用来制作周朝舞蹈者的仪仗了。而在唐朝时，它则被当作是军队的标志。"[16]

五 说鱼

我们还注意到 B59 铜提筒图像中每艘船上都设有旌旗、建鼓，船下水中都有两条大鱼，分布在船头与船尾。前三艘两条鱼游动的方向是尾对尾，第四艘下的两条鱼是尾对头。每条船的橹上都趴伏着一只大龟。船与船之间饰有水鸟，前三艘船尾还有水鸟站立在大龟的背上。

湖南长沙子弹库战国楚墓出土的人物驭龙帛画，龙作船形，首尾均上翘，虽然它采用的是象征手法，但也应有一定的现实依据。其龙形船下有大鱼，1995 年 8 月，台湾收藏家王振华在北京故宫博物院展出他收藏的中国古代青铜兵器，其中十号展品是一件战国青铜戈。其上刻有船纹。这是一艘大船，船首和船尾均高高翘起，前部有重楼，后部立建鼓和旌旗，船尾部伸出一平台，台上建尾舱。值得注意的是戈的船底下也有大鱼。[17]河南汲县山彪镇出土的战国水陆攻战纹铜鉴，其中水战场面中舟船之下都有多条游动的鱼，还有一只游动的乌龟。这大概是为了增加整个画面的表现力。类似的还有桑猎宴乐壶上的水陆攻战图。桑猎宴乐壶是故宫博物院的藏品。壶的画面分三层，每层二组，这是第三层。左方描写的是水战：双方战士都乘着船，三人在划船，五人在相对作战。右方描写的是陆战：一方正用云梯攻城，另一方正坚壁防守。其中水战场面中舟船之下都有多条游动的鱼。[18]

广西罗布湾 1 号汉墓出土大铜鼓（M1：10），主晕为十只衔鱼飞翔的鹭鸟。鼓身九晕圈，饰锯齿纹，有圆圈纹和龙舟竞渡、羽人舞蹈图案。第四晕圈在胸部，饰六组羽人划船纹，船头向右，每船六人，其中三船的划船者全戴羽冠，另三船各有一人裸体；船头下方有衔鱼站立的鹭鸶或花身水鸟，水中有游动的鱼。第六晕圈在腰部，饰八组羽人舞蹈纹，间隔以绳纹、锯齿纹、同心圆圈纹带。每组二至三人。舞人头戴羽饰，下身系展开的羽裙，两臂外伸，拇指与其余四指张开，掌心向外，上身向后倾斜，两腿叉开，作翩跹起舞状。舞人的上空有两只衔鱼的翔鹭。[19]云南江川李家山铜鼓花纹羽人划船图像，饰有水鸟，每条船下也都有两条大鱼，形状与姿势都与 B59 提筒相似。[19]这都说明当时这些区域存在同样的表示水上战争的艺术手法。

六　说 B59 铜提筒与墓主的关系

象岗南越王墓共出土大小铜提筒 9 件。[20]其具体分布情况如下：

东耳室是放置宴饮用具之所，随葬物品很多。出土提筒 3 件。出土时 3 件大小套在一起。保存完好，均缺盖，原或有木盖。3 件提筒里又置铜钫 1 件。B57 是 3 件中的最外的一件。B58 套在 B57 内、B59 内。其中 B59 就是本文讨论的主晕饰有羽人船图像的铜提筒。

西耳室出土铜提筒 1 件（C61）。东则室出土提筒 1 件（E78）。保存基本完好。直口，腹部微鼓，下部收缩成直壁，平底，圈足。腹上部有 1 对对称的并列贯耳。贯耳内残存藤条穿系木盖的痕迹。木盖已朽没。

后藏室出土提筒 4 件。分二型。I 型 2 件。敞口，腰腹部收束，直下至底，圈足。上腹近口沿处附对称环形竖耳，耳的上半部作圆环形，下半部较直，于中段各有短柱与筒壁连接，耳间有一实柱鼻，以绑绳固盖。G37 形体较小，耳际有藤条捆扎痕，内装黄牛骨、花龟和青蚶。出土时放在一铜鉴（G68）里。G48 较高大。出土时，内放着另一件提筒（G47）。II 型 2 件。口微敛，筒身上部略鼓，腰下略收，圈足稍外撇。两侧附耳，为两个并列的半环形贯耳构成。G44，口部残裂，锈蚀严重，纹饰不甚清晰。提筒内有青蚶、龟足、花龟、家鸡、猪、牛骨等食物，另还放有 1 件铜壶（G68）和 2 件小三足盒（G45）。G47 提筒口沿外壁细划几个字，仅可辨认"卅六□"字样。内装有青蚶、家鸡、猪、黄牛骨等。出土时置于 G48 内。G47 刻有"卅六□"字样，有可能是表示提筒的重量，如广西贵县罗布湾所出铜鼓便刻有重量。当然也有可能是表示南越王宫中的提筒数量的编号。

由此可见提筒在南越王宫中主要是用于盛放食物等的容器。我们据此认为南越王应该与 B59 图像所表现的内容没有直接的关系。这从提筒 B59 摆放的位置和用处得到最好的说明。如果是一件反映南越水军渡河或海战归来、大有斩获的船队，具有重要的纪念意义，有可能就会放置在主棺室，与墓主生前的珍爱之物在一起；而不会与其他两个提筒叠放在一起。只是作为盛放食物的容器。此外 B59 提筒还经过多次的修补，也只能说明铜器在当时是贵重物品而已。还值得强调的是在岭南这一铜鼓的流行区域作为当地财富与权力象征的铜鼓在南越王墓中竟然没有发现。这也反映出南越王室并不存在所谓的越化倾向，尽管在墓中发现的食物中有大量的海产品。这显然与广西贵县罗布湾 1 号汉墓中出现铜鼓与铜提筒并存的情况形成鲜明的对比。罗布湾 1 号汉墓墓主显然有可能是汉化的越人或越化的汉人。

七　说来源

根据目前掌握的材料，铜提筒仅发现于中国的云南、广西、广东和越南北部地区。中国三省区共发现 23 件，除 1 件收集外，其他全是科学发掘出土。越南发现 30 多件（资料至 1975 年止），其中经越南学者发掘出土的有 10 多件。均出红河两岸东山文化遗址或同时期墓中。其余约 20 件为西方学者所发现。青铜提筒的主要流行时期和主要的流行地区大约是：战国末到西汉初期（公元前 3 世纪中叶到前 2 世纪初）的滇国统治中心；西汉南越国时期（公元前 2 世纪）的西江流域；东山文化时期（公元前 3 世纪到公元 1 世纪）的越南红河下游三角洲地带。[21]

云南呈贡天子庙所出 3 件提筒，黄展岳先生认为不见于同时期的其他滇墓。但与筒形贮贝器十分近似，否认其与两广提筒、越南提筒的源流关系。但是我们注意到其中羽人船及水鸟图像，船头高翘，似乎也有一定的内在联系。云南及其相邻地区蕴藏铜锡最为丰富，而且发现较早。丰富的铜锡原料，为制造精美的青铜器提供了必不可少的物质条件。[22]既然在广西出土的铜鼓与云南的同类器物风格接近，也不排除广西从云南输入铜锡原料的可能。就是越南也与云南更为接近，受云南影响及输入铜锡原料的可能更大。

发掘报告指出："南越与巴蜀、西南夷也有商业往来。南越国时期，各地交往仍持续不断。广西贵县、田东、柳州、容县、浦北等地都发现有滇文化遗物。南越王墓和罗泊湾1号墓出土的铜提筒，与越南北部东山文化的铜提筒类同，特别是南越王墓出土的羽人船纹提筒（B59）与越南玉镂铜鼓上所见的主晕纹饰极为近似。今越南北部，南越时是骆越人的聚居地，他们曾受南越国'役属'，并在一段时期内归南越国管辖。两广南越墓出土的铜提筒，有可能是受骆越人的影响而在本土仿制，也有可能通过贸易交换得来，或者是骆越首领以提筒盛放方物进献于南越国皇帝的。不论出于什么原因，都说明两地文化类同，关系密切，交通贸易早已存在。"[23]

我们认为两广地区出现相当数量的铜提筒，随后又出现大量仿制的陶提筒。都说明也许这些器物的广泛分布与当地越人的民族迁徙有关。如《淮南子·人问训》载秦始皇发卒五十万与越人战，杀"西呕君译吁宋"。西呕究在何处？有人认为西呕当即后来《汉志》交趾部之西于县，但有许多史料证明西瓯（即西呕）在桂林境内。如《太平御览》卷一七一引《郡国志》曰："郁林为西瓯"。《史记·南越传》云："桂林监居翁谕告瓯雒四十余万口降"。因此，西瓯族很有可能由交趾地转移到桂林地，而在交趾地遗留下西于这一地名。在地名学上，民族虽然已经迁徙，但他们留下的地名仍然存而不废，是屡见不鲜的事。徐中舒先生推测："西于王为安阳王驱逐以后，乃北徙于桂林瓯雒地。"与事理颇合。[24]铜提筒的制造及使用传入岭南地区也在情理之中。

注　释

①　黄展岳：《略论铜提筒》，《考古》1989年第9期。

②　广州市文物管理委员会等：《西汉南越王墓》，文物出版社，1991年，第50页。

③　麦英豪：《广州地区秦汉考古的发现与收获》，中国秦汉史研究会编：《秦汉史论丛》第七辑，中国社会科学出版社，1998年，第19页。

④　张荣芳、黄淼章著：《南越国史》，广东人民出版社，1995年，第204页、第319页、第313页。

⑤　前揭《西汉南越王墓》（图三七、三八；彩版二五；图版一八，1、3）；广州市文化局编：《广州秦汉考古三大发现》，广州出版社，1999年，第357页、第358页。

⑥　汪廷奎主编：《广东通史》，广东高等教育出版社，1996年，第163页（杨式挺执笔）。

⑦　汪宁生：《云南考古》，云南人民出版社，1992年，第172页。

⑧ 冯汉骥：《云南晋宁石寨山出土铜器研究——若干主要人物图像试释》，《考古》1963 年第 6 期。

⑨ 董每戡：《说"傀儡"》所引文，载《说剧》，人民文学出版社，1983 年，第 31 页。

⑩ 连横：《台湾通史》，商务印书馆，1983 年，第 560 ~ 561 页。

⑪ 海顿：《南洋猎头民族考察纪》，商务印书馆，1937 年，第 351 ~ 362 页，上海文艺出版社 1989 年影印本。

⑫ 黄展岳：《试论两广出土的先秦青铜器》，《考古学报》1986 年第 4 期。

⑬ 董每戡：《说"歌""舞""剧"》，载《说剧》，人民文学出版社，1983 年，第 1 ~ 18 页。

⑭ 董每戡：《说"打鼓佬""场面"》，载《说剧》，人民文学出版社，1983 年，第 309 ~ 310 页。

⑮ 汪宁生：《试论中国古代铜鼓》，《考古学报》1978 年第 2 期。

⑯ （美）谢弗著、吴玉贵译：《唐代的外来文明》，中国社会科学出版社，1995 年，第 247 页。

⑰ 杨泓、孙机：《蜀船纹戈》，载《寻常的精致》，辽宁教育出版社，1996 年，第 92 ~ 93 页。

⑱ 杨宽：《战国史》，上海人民出版社，1983 年，第 288 页。

⑲ 广西壮族自治区博物馆编：《广西贵县罗布湾汉墓》，文物出版社，1988 年，第 28 页。

⑳ 前揭《西汉南越王墓》，第 49 ~ 50 页、第 78 页、第 222 页、第 283 ~ 284 页。

㉑ 黄展岳：《略论铜提筒》，《考古》1989 年第 9 期。

㉒ 汪宁生：《云南考古》，云南人民出版社，1992 年，第 76 页。

㉓ 前揭《西汉南越王墓》，第 348 页。

㉔ 周振鹤：《西汉政区地理》，人民出版社，1987 年，第 199 ~ 200 页。其引徐中舒《交州外城记蜀王子安阳王事迹笺证》，载《论巴蜀文化》一书，又收入中华书局版《徐中舒历史论文选辑》（下）。此外，笔者在南越王博物馆看到 B59 铜提筒的质地较好，与其他铜提筒迥然不同，似反映出原料产地的不同。吴凌云馆长则当即提出可用金相学测试的办法解决其产地及来源问题的设想，极富启发性，特附记于此。

南越文物研究三题

吴凌云

一　文物与岭南民俗："儋耳"与"椎髻"

1997 年发现的位于广州儿童公园附近的南越国御苑遗址，被评为当年全国十大考古发现之一[①]，出土了大量的砖、瓦、石等遗物以及石曲池等有重要历史和科学价值的遗迹，其中有大量的"万岁"瓦当和卷云纹瓦当以及筒瓦、板瓦、折腰瓦等建筑用料。在板瓦上留有许多拍印文字，如"公"、"官"、"鲜"、"降"等，还有戳印文字，如"左官奴单"、"公"、"气"、"奴利"等；除文字之外，随文字瓦同出的一种图案瓦颇值得引起注意（图一）。

图一　南越国御苑遗址出土戳印人面纹瓦

这批文字瓦，是由瓦的制作工匠拍印上去的，文字的内容大多数应是工匠的来源地，即籍贯，亦即秦始皇于"三十三年，发诸尝逋亡人、赘婿、贾人略取陆梁地，为桂林、象郡、南海，以适遣戍"和"三十四年，适治狱吏不直者，筑长城及南越地"②
的那批来自中原的高级劳工（当然还有本地和附近的越人），在赵佗手下以军事化管理
的形式从事责任制的南越王宫署的建造。从拍印文字看，他们是以籍贯进行编组劳作
的，初步的研究表明，其中有山东、河北、安徽、江苏、福建、四川等地人③。上述的
三幅拍印图案也应是其中某个制陶集团的专有图案符号。

仔细观察图一的人面纹图案，它和一般的人面纹图案的显著区别有两点：一是有奇
大无比的双耳，二是头上长"角"。根据上述出土文字瓦的内容分析，这类瓦是不会文
字的工匠拍印上去的，也应该是一种籍贯的表示法。

因为不是文字，我们只能从史籍和相关的民族学材料中去找这图案背后的含意。

"盖古之巫书"的《山海经》④中有不少早期社会民俗学内容的记载：

《山海经·海内南经》有"离耳国"。郭璞云："镂离其耳，分令下垂以为饰，即儋
耳也。在朱崖海渚中。不食五谷，但噉蚌及诸萸也。"郝懿行云："《伊尹四方令》云：
'正西离耳'。郭云即儋耳者，此南儋耳也。又有北儋耳，见《大荒北经》。"儋又作聸，
《说文》释为"垂耳"。

《山海经·大荒北经》："有儋耳之国，任姓，禹号子，食谷。"郭璞云："其人耳大
下儋，垂在肩上，朱崖儋耳，镂画其耳，亦以放之也。"袁珂云："儋耳，《淮南子·地
形篇》作耽耳，《博物志》卷一作擔耳。《海外北经》有聂耳国，即此。"

《山海经·海外北经》："聂耳之国……为人两手聂其耳，县居海水中。"袁珂注：
"居海水中者，言聂耳国所居乃孤悬于海中之岛也。"

拍印人头像那硕大的双耳，的确让我们联想到海南岛的先民，对儋耳的记载，当以
《山海经》为最早，但未免有夸大的成分。《汉书》注则显得客观些。

《汉书·武帝纪》就儋耳，应劭曰："儋耳者，种大耳，渠率自谓王者耳尤缓，下
肩三寸。"

《汉书·昭帝纪》就儋耳，师古曰："儋耳本南越地。"

中国早期一些地名和风俗习惯、图腾崇拜等联系密切。如雕题国，凿齿国等等。儋
耳的地名由来即是由其独特的风俗习惯而称名。

古书中关于长江以南越人习俗的记载，主要有如下一些：

《庄子·逍遥游》："越人断发文身，无所用之。"

《墨子·公孟四十八》："昔者，越王勾践，剪发文身，以治其国。"

《淮南子·原道训》："九疑之南，陆事寡而水事众，于是人民被发文身，以像鳞
虫。"

《史记·吴太伯世家》："……太伯、仲雍二人乃奔荆蛮，文身断发，示不可用，以
避季历。"

《战国策·赵策》："被发文身，错臂左衽，瓯越之民也……"

《史记·陆贾传》：赵佗一副纯粹的越人打扮，"魋结箕踞见陆生。"索引注称："谓为髻一摄似椎而结之。"司马贞《索隐》说："谓夷人本被发左衽，今他（佗）同其俗，但魋其发而结之。"

《论衡·率性》："南越王赵佗……背叛王制，椎髻箕坐，好之若性。"

《后汉书·南蛮传》："凡交趾所统……项髻徒跣，以布贯头而着之。"

《三国志·薛综传》说交趾人："椎髻徒跣，贯头左衽。"

《太平寰宇记》卷167：（钦州）"僚子，椎髻凿齿，赤裈短褐。"

众多独特的习俗中，"椎髻"是岭南越族的一个显著特征。所谓椎髻，即将头发盘成椎状，广东农村今称为螺髻者即是。象岗南越文王赵眜墓出土了一件越人跳楚舞的玉雕舞人作品（图二），舞女的发饰即为典型的椎髻，其特征是将头发从下往上盘，下粗上尖。

图二　南越王墓出土玉舞人

椎髻又分为单髻、双髻、项髻三种形式，单髻已见前所说的南越王玉舞人的发饰中。双髻形似单髻，唯结于头顶两侧端，形似一对耸立的角。项髻是将头发梳于脑后挽束成椎状髻。

两广越人椎髻的考古材料，除玉舞人外，还有1962年广东清远县三坑公社马土岗出土的东周铜立柱，顶端饰以越人像，其头顶有外凸的发髻；广西左江岩画中有单髻的越人形象；广西贵县罗泊湾汉墓出土的漆绘竹节铜筒（图三）和铜盘图画中以及越南玉镂铜鼓中也有头结单髻越人的形象。

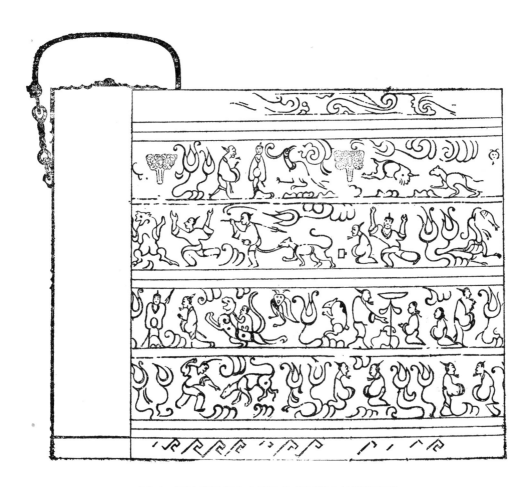

图三　罗泊湾汉墓出土漆绘竹节铜筒上的椎髻图案

双髻越人的考古材料，有广西罗泊湾一号汉墓出土的羊角钟上的人面纹[5]；广西左江岩画中的越人首领形象[6]；广东曲江马坝石峡遗址上层、香港大屿山石壁遗址出土的青铜匕首人头图像，其头顶伸出头发两束，分别向两侧卷曲成雷纹形椎髻，实为双髻的一种形式；越南和平遗址出土的青铜戈纹饰中，也有一个正面人头像，头顶耸起双髻[7]。但以上的双椎髻都不及南越国御苑遗址出土的拍印人面图像的似角的双椎髻直观。从这幅拍印人头像可以看出这是典型的越人无疑。

从以上分析可以看出：南越国御苑遗址出土的人面图像板瓦的制作者，应是秦汉时来自海南岛北部的工匠，其"儋耳"是这一地区人民最重要的习俗特征，椎髻则是岭南越人的普遍特征，这一时期这一地区没有文字，中原文字也未得到普及（这和中原有显著差别），故以最简单的图像符号区分自己的产品。也许有人说，儋耳郡是在汉武帝时才正式纳入大汉帝国的版图的，赵佗的南越国还不见丝毫的有关儋耳的记载。但前述的"儋耳，本南越地"倒值得引起重视。现在越来越多的考古发现告诉我们：不能低估古代人的交往能力和交往欲望——广州汉墓中都有外域人的形象陶俑出土，此外还有许多海外舶来品，足以证明广州和各地的交往并非我们想像的那么少。考古材料证明，海南新石器时代晚期遗址的文化内涵同两广地区基本相近，部分遗址可与珠江三角洲同类遗存相比⑧。海南与岭南的先秦文化从考古出土看属同一文化系统⑨。这说明在秦末汉初曾有一批海南岛先民来广州，海南岛对面的徐闻，汉武帝时是官方的海上丝绸之路的出海口。而琼州海峡至广州这一段，则也应该走的是海路。在广州汉墓出土的一些深目高鼻、宽鼻厚唇、高颧骨、凸下颌的托灯俑，应为东南亚经海路越琼州海峡而至广州的马来族人，从服装看，应是当年的印度尼西亚的土著居民。把这些线路相连起来，让我们觉得当年通过海路所进行的民间和官方的交往应该是相当成熟的。

　　而从宫苑遗址出土的这种"儋耳"人图案看，则民间通过海路的交往要比官方早得多，官方的海运是以民间为基础而确立的。也就是说，我们在考察古代的海上丝绸之路时，视野要更加开阔，无论是时间、区域还是航海路线，都超出我们现有的想像，乃至在史前时期。

二　文物与神话：铜灯上所反映的远古神话

　　从战国中晚期到东汉，全国各地都流行一种连枝铜灯，它们大多形体高大，像一棵花树，从中间的树干（实则为灯柱）向上有规律地分层伸出枝条，在枝条的顶端放置一个灯盘，灯盘中有支钉，用来插灯柱。在树干的顶部也多放置一些灯。这些灯在当时大多数是宫廷和贵族的家用器具，制作精美，装饰华丽。《汉武内传》中也记载说，"武帝好神仙之道，元封元年四月，帝闲居承华殿，王母使来语帝曰'从今日清斋至七月七日，王母暂来也'。帝于是盛斋存道到七月七日，乃修除宫掖，燃九光之灯，以候云驾。"这里的"九光之灯"就是两汉时盛行的一种九枝连枝灯。⑩

　　连枝灯的灯盘有多有少，少则三个，多则上百个。但考古出土的，以十五连枝灯为最多，它出土于1977年发现的河北平山县的一座战国墓中。除此之外，有1972年河南洛阳涧西七里河东汉墓出土的十三枝连枝陶灯；1969年甘肃武威汉墓的一盏十三枝连枝铜灯；罗泊湾西汉墓的一盏十枝连枝铜灯；1956年河南陕县刘家渠东汉墓出土的一盏九枝连枝绿釉陶灯；1964年江苏徐州十里铺汉墓也有出土；河南烧沟汉墓还出土了十二枝的连枝铁灯，十分珍贵。

　　南越王墓出土的一件，[11]灯盘内置三个灯柱，可以点三盏灯，应是这种连枝铜灯的变异。值得一提的是1976年在广西贵县罗泊湾汉墓出土的一盏连枝铜灯，[12]因为它反映了南越国时期神道思想的传播，并能让我们看到这一时期远古神话的流传发展状况（图四）。除此以外，两广汉墓没有太多的铜灯出土。[13]

图四　罗泊湾西汉墓出土的十枝连枝铜灯

　　这盏铜灯出土于罗泊湾一号汉墓，墓主为南越国派驻当地的最高军事行政首领（也有人认为就是《史记》、《汉书》等所记载的某代西瓯君）。铜灯高85厘米，属大型灯具，由灯盘、灯树、灯枝、灯座等组成。全灯作扶桑树形，从主干向外分三层伸出九条支干，灯盘呈桑叶形，灯的主干顶端有一金乌（太阳鸟）形的灯盏——这显然是一件蕴含神话故事的实用艺术品。

　　记载了远古神话的《山海经》[14]和《淮南子》[15]有这类关于扶桑十日的描述：

　　传说在东方海外的汤谷上，有一大树，叫做扶桑，是十个太阳在那里洗浴的地方，它在黑齿国北面，扶桑树笔直矗立在海水之中，九个太阳住在它下面的枝条上，一个太阳住在它上面的枝条上——正如这铜灯所描绘的。——见《山海经·海外东经》。

　　这棵扶桑树高达三百里，它的叶子像芥菜的叶，扶桑木就长在汤谷上，一个太阳回来了，另一个太阳便出去照耀大地，每个太阳里都生活着一只金色的三足乌——如这铜灯顶端的装饰。三足金乌的形象在长沙马王堆汉墓帛画中可见。

　　太阳开始从东边的汤谷出来的时候，在咸池里洗了个澡，日影刚上扶桑枝头，这时叫晨明；太阳已登上扶桑，准备启程，就叫朏明，出就是将明的意思；太阳登上了曲阿山，就叫旦明，这时候天刚亮；太阳到了东方那多水的重泉，人们该吃早饭，就叫早食；太阳到了桑野，就叫晏食，也就是晚食的意思，它是比早餐稍晚的餐次；太阳到了衡阳，天将正午，就叫隅中；太阳到了昆仑山，日头当顶，是正午的时候，就叫正中；太阳到了飞鸟投宿必经的鸟次山，就叫小还，表明太阳略偏西了；太阳到了偏西南方的大谷悲谷，就叫餔食，人们该吃中午饭了；太阳到了西北方的阴地女纪，就叫大还，这时候太阳完全西斜了；太阳到了渊虞，就叫高春；太阳到了连石，光将欲冥，老百姓已经停春，就叫下春；太阳到了悲泉，送儿子去一天运行的羲和妈妈，就把驾车的六龙停止下来，不再前行了，以下的短短路程，就让她的孩子单独走去；太阳到了虞渊，就叫黄昏，这是月亮该上来的时候了；太阳到了北方的蒙谷，天完全黑暗下来，就叫定昏。头一天太阳进了虞渊的水滨，第二天新的太阳出来，又把阳光照到了蒙谷的岸畔。——见于《山海经·大荒东经》和《淮南子·天文篇》等。⑯

"一日方至，一日方出"，十个太阳是轮流值班的，所以我们所能见到的太阳永远只有一个，于此足见古人神话安排的精巧和完美。

《山海经》中的大荒东经、大荒西经、海外西经等还有关于十日的其他神话：

手持千里之大的螃蟹的巫师女丑扮作旱魃求雨，"十日居上，女丑居山之上"，结果是十日杀死了丑女——其实是巫师作法时被烈日暴晒而死的。

由于十日为害，晒焦了庄稼，枯死了草木，百姓无所食，一些毒蛇害虫出来残害百姓，于是尧帝便命羿背上弓、箭，去拯救世间的种种艰难困苦。结果是羿一口气射掉了天上的九个太阳，只剩下一个，也就是我们现在所见的太阳。

从这件铜灯的造型并结合其他汉墓的相关材料，我们可以知道，含有黄老思想的远古神话一直到汉初在岭南地区还盛行着。

三　文物与南越国史：释"瓯骆相攻，南越动摇"

1983 年发现的广州象岗山南越王墓，是岭南发现的规模最大的一座汉墓。出土文物一千多套，反映了这一时期雄踞中国南方的异姓诸侯国——南越国的政治、经济、文化等方方面面的内容⑰。其中的主棺室出土的屏风构件颇引人注目（图五）。

这是两件鎏金铜器，造型一致，铸造有龙、蛇、蛙三种动物的形象。龙昂首曲体盘尾，四足踩在一个由两条蛇组成的支座上，支座为双蛇合体，两头蛇聚合到后部的正中，同拱一个短形的支座后足，蛇身则向两边旋，各卷缠一只青蛙，青蛙张口暴目，双肢前伸力图挣脱。龙的四肢微微下蹲，作起步之状，双耳后掠，张口瞠目，一蛙蹲伏在龙口之内，半露蛙体，伸出两前肢攫住龙口的两缘，好像逃脱了蛇的侵袭，得到了龙的保护，神态安详平稳，与支座下被缠身的两蛙截然不同。这两个底座分别在龙的前爪上被刻有"左"、"右"两字以示在屏风中所在的位置的不同。

这是典型的南越国青铜器，有同出的另一件"越人操蛇"屏风的底座为证。如果说"越人操蛇"反映了一定的习俗观念的话⑱，那么这件龙、蛇、蛙同铸于一器的现象似乎还有更深的寓意。

众所周知，人类社会不同的族群在早期都存在一种"图腾崇拜"现象，即神化某

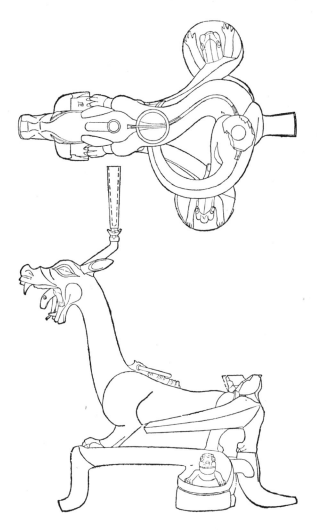

图五　象岗南越王墓出土屏风构件

些自然物，使之成为本族群的象征。具体到岭南而言，这里是古之百越之地，曾有过蛇、蛙、鳄鱼、鸟等崇拜[19]。

在这件青铜作品中，龙的造型作为青铜器的主体。龙作为华夏族的图腾由来已久，而且作为最高权力的象征——有同墓出土的龙钮"文帝行玺"金印（图六）为证，在这里也显然成了超出蛇、蛙之上的神化自然物。

以蛙作为图腾的资料有很多，有明确的材料证明古越人拜过蛙。更具体地说是位处今广西等地的越人的一支——骆越人，今壮族是他们的后裔。壮族以蛙为图腾，至今民间还流传着《青蛙皇帝》的传说：从前，有位壮族妇女生下一只神蛙，某年外寇入侵，国中群将抵敌不住，国王连忙出榜招贤："有能退敌者，招为驸马。"神蛙讨令迎敌，

口吐烈焰，把敌人烧死殆尽，得胜还朝，脱去蛙皮，变成
一英武青年，与公主成亲。婚宴上，不得人心的国王因披
上蛙皮作乐，脱不下来，变成了癞蛤蟆。驸马于是践位，
成为国君，与公主百年谐好，繁衍子孙[21]。此外，蛙图腾崇
拜还体现在壮族的祭祀仪式——蛙婆节和铜鼓上的蛙纹以
及蛙的造型等等[22]。

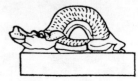

图六　象岗南越王墓出土龙
钮"文帝行玺"金印

关于蛇图腾的崇拜，则更多地见于广东以东的地区。

《淮南子》有关于这一方面的记载，但比较模糊。《淮
南子·原道训》："九疑之南，陆事寡而水事众，于是民人
被发纹身，以像鳞虫。"高诱注云："文身，刻画其体，内
墨其中，为蛟龙之状。以入水，蛟龙不害也，故曰以像鳞
虫。"指的是岭南地区，具体的方位没有细说。所谓"鳞
虫"，就是蛇，因为虫是蛇的本字。

《战国策·赵策》："被发文身，错臂左衽，瓯越之民也……"，这里指的是东瓯。

《吴越春秋·阖闾内传》："子胥乃使……造筑大城……立蛇门者，以象地户也。
……欲杂并大越，越在东南，故立蛇门，以制敌国。……越在巳地，其位蛇，故南大门
上有木蛇，北向首内，示越属于吴也。"同书《勾践入臣外传》又载，越王勾践，战败
为臣获赦回国时，吴王送勾践"于蛇门之外"。可见，蛇是巳大越的象征。

《说文·虫部》："南蛮，蛇种"、"闽，东南越，蛇种也。"可知闽地有蛇图腾信
仰。

古越族后裔诸民族的社会或历史的记载中，还有有关蛇图腾的资料。

疍民被认为是越人之后，分布在整个珠江三角洲的水域。《天下郡国利病书》引
《潮洲志》云："其南蛮为蛇种，观其疍家神官蛇像即可知。"《筒谿纤志》也说："其
人皆蛇种，故祭祀皆祭蛇神。"《岭南杂记》又载："潮洲有蛇神，其像冠冕南面，尊曰
游天大帝，龛中皆蛇也，欲见之，庙祝必口辞而后出，盘旋鼎俎间，或倒悬梁椽上，或
以竹竿承之，蜿蜒纠结，不怖人亦不螫人，……凡祀神者，蛇常游憩其家，……戊戌之
岁，余入粤游于东莞，偶行市中，见有门施彩幔。内作鼓乐者，……随众而入，见庭中
铺设屏障，几案樽俎甚备，香烟郁郁，灯火……，执乐者列两旁，鼓吹迭奏，几上供一
磁盅，盅中小树数株，有一青蛙蜿蜒升降于树间，长不及尺，大不过小指，一身两头，
项相并，颈相连，四目二口，两舌并吐，绿质柔扰，主人鞠躬立案左，出入者以次膜
拜，苟越次不整，主人正色约束，皆唯唯是命。"

通过上述史料的引述，使我们觉得"好相攻击"的越人内部分有以蛇为图腾的和
以蛙为图腾的支族，他们曾经有战争，而南越王似乎出兵"匡扶正义"，保护过骆越

人，所以骆越人送了这件礼品给南越王——同是屏风底座的"越人操蛇"的形象似乎也能说明这一点（图七），这越人应该不是普通的越人，而是越人之神，——瞧那两对獠牙即可知。这件屏风显然是南越国强盛时的一件由地方势力送给"中央势力"的歌功颂德的作品。

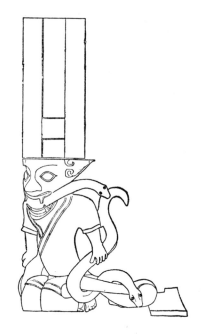

图七　象岗南越王墓出土屏风底座

这里涉及到"东瓯"和闽越的关系。

《史记》把东瓯和闽越的历史合在《东越列传》一个传里来写，并名东越。

《史记》一书使用"东越"一词时，有的用来指"闽越"，有的又指"东瓯"。如《史记·吴王濞列传》记载："南使闽越、东越，东越亦发兵从。"这里的"东越"明显是指东瓯。《史记越世家》："东越、闽君皆其后也。"此处的"东越"即是指"闽越"。汉武帝时，闽越王郢被杀后，武帝封其弟余善为闽越王，而上为东越王。《辞海》就是将"东越"和"闽越"并在一起。

由此可见，东越、闽越均是东南地区的泛称。《说文解字》："闽，东南越"，显然是今潮洲以东地区的泛称。

这使我想起了《史记·南越列传》里的话。司马迁评论南越国历史时写道："尉佗之王，本由任嚣。遭汉初定，列为诸侯。隆虑离湿疫，佗得以益骄。瓯骆相攻，南越动摇。汉兵临境，婴齐入朝。其后亡国，征自樛女。吕嘉小忠，令佗无后。"

从司马迁的上段评述看，所述事件的时间因承关系是很强的，说的是从赵佗立国到武帝灭南越之间的历史大事和这些大事的因果关系。则"瓯骆相攻，南越动摇"论述的应该是赵佗死后到"汉兵邻境，婴齐入朝"这之间的事，而《史记》、《汉书》对这之间的事没有更多详尽解说，只记载了赵佗死后，佗孙胡为南越王，闽越相攻，胡不敢擅自发兵，乃请汉廷发兵——或有可能，在闽越（东瓯）向南越国攻击的同时，位于南越之西的骆越也乘机进攻南越，所以才形成东瓯、骆越（可能也包括西瓯）相向向南越进攻，南越政权动摇的尴尬境地。这件龙、蛇、蛙各自所代表着政权的象征，似乎同这段史实有某些暗合，谨在此提出来，供大家参考。

注　释

① 麦英豪主编：《广州秦汉考古三大发现》，广州出版社，1999 年。

②　《史记·秦始皇本纪》，中华书局标点本。

③　拍印文字较多，容另文描述。如"降""祁""留"等字所表示的地名均可在《汉书·地理志》中找到。

④　袁珂：《山海经全译》，贵州人民出版社，1991 年。

⑤　广西壮族自治区博物馆：《广西罗泊湾汉墓》，文物出版社，1988 年。

⑥　广西壮族自治区博物馆：《广西左江岩画》，文物出版社，1988 年。

⑦　袁珂：《神话选译百题》P190，上海古籍出版社，1984 年。

⑧　彭适凡：《中国南方古代印纹陶》，文物出版社，1987 年。

⑨　海南省文物考古研究所：《海南省近五十年文物考古工作概述》，《新中国考古五十年》，文物出版社，1999 年。

⑩　王福康、王葵编著：《古灯》，上海古籍出版社，1996 年。

⑪　广州文物管理委员会等：《西汉南越王墓》，文物出版社，1991 年。

⑫　广西壮族自治区博物馆：《广西罗泊湾汉墓》，文物出版社，1988 年。

⑬　广州文物管理委员会等：《广州汉墓》，文物出版社，1981 年。

⑭　袁珂：《山海经全译》，贵州人民出版社，1992 年。

⑮　袁珂：《神话选译百题》，上海古籍出版社，1984 年。

⑯　《淮南子》本经篇、天文篇、精神篇。

⑰　广州文物管理委员会等：《西汉南越王墓》，文物出版社，1991 年。

⑱　吴凌云：《南越文王赵眜墓》，见麦英豪主编：《广州秦汉考古三大发现》，广州出版社，1999 年。

⑲　参见何星亮：《中国图腾文化》，中国社会科学出版社，1992 年。

⑳　梁廷望：《壮族图腾初探》，《学术论坛》1982 年第 3 期。

㉑　参见丘振声：《壮族图腾考》相关章节，广西教育出版社，1996 年。

从南越王墓出土的玉璧谈汉代的玄璧

古　方

　　所谓"玄璧"，是指一种专用于丧葬的玉璧，由于这种玉璧的制作多采用颜色较深的青色或墨绿色玉料，故称"玄璧"。玄璧璧面的纹饰一般分为两周或三周纹饰带。作两周纹饰带者，外周纹饰为夔龙纹或凤鸟纹，内周纹饰为蒲纹或涡纹（图一）；作三周纹饰带者，外周纹饰为夔龙纹，中周纹饰为蒲纹上加刻涡纹，内周纹饰为夔龙纹或凤鸟纹。夔龙为一龙首双身形象，纹饰带之间以绚纹或弦纹间隔。另外，还有少数玄璧璧面全为雕刻的涡纹和蒲纹。

图一　满城汉墓出土的夔龙纹和凤鸟纹玄璧

　　广州南越王墓共出土玉璧71件，其中玄璧43件，是目前所见出土玄璧最多的汉代诸侯王墓[①]。按考古发掘报告的分类，玄璧可分为三型：

　　Ⅰ型：5件。璧面为三周纹饰带，直径大于28厘米。一般外周和内周纹饰带各刻5

组和 3 组双身夔龙纹，中周为涡纹。D190（器物编号，下同）的内周纹饰为 3 组凤鸟。D49 为该墓出土最大的一件，直径 33.4 厘米，外周和内周纹饰带各刻 7 组和 3 组双身夔龙纹（图二）。

图二　南越王墓出土的 I 型玄璧（D49）

Ⅱ型：18 件。璧面为两周纹饰带，直径在 25～32.9 厘米之间。外周纹饰带为 3～5 组双身夔龙纹或凤鸟纹，内周为蒲纹或涡纹（图三）。

Ⅲ型：20 件。璧面纹饰不分区，全为涡纹或蒲纹，直径在 9.3～25.7 厘米之间（图四）。

这些玄璧全部出自主棺室中，具体摆放位置为：玉衣内外、内棺右侧、棺椁"头箱"中盛珍珠的漆盒上、"足箱"下面及椁盖顶的四角。若按各型玄璧分布来看，I 型

 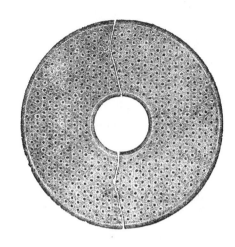

图三　南越王墓出土的Ⅱ型玄璧（D30）　　　图四　南越王墓出土的Ⅲ型玄璧（D50－8）

璧置于椁盖上和"头箱"中；Ⅱ型璧大多数置于玉衣内外，其他放置于椁盖上、"头箱"和"足箱"中；Ⅲ型璧除两件（D27、D191）置于内棺右侧外，均放置于玉衣内外。可见，大多数玄璧是放置于内棺中的玉衣内外，与玉衣的用途一样，具有殓尸的意义。

玉衣内外共铺垫玄璧29件，其中10件铺放在玉衣的胸腹上，14件在玉衣里面，5件垫在底下。玉衣上的10件璧集中在腹部至下肢的范围，作有规律的排列。正中是6件直径25.5～26.9厘米的大玄璧，分成3对，用丝带连系成一个呈"十"字形的组玉璧（图五）。另外，还用4件小玄璧分别压在这串玄璧的四角之上。在玉衣里面贴身排列14件玄璧，其中放在头罩处有2件，分别夹在两耳间；另4件纵列于胸腹位置，其余8件，直径约14厘米，纵列两侧，每边各4件（图六）。玉衣之下铺垫5件大玄璧，位置自头部至腿间纵向排列（图七）。上述铺垫在玉衣里外的三层玄璧，璧的两面多数残留有丝带的痕迹，说明在入葬时这些璧可能是分组用丝带连系起来的。

南越王墓出土的玄璧，摆放位置和组合关系都非常明确，清楚地反映了汉代连结玄璧作葬玉殓尸随葬的制度。这种连璧制度在汉代十分流行，从稍晚于南越王墓的满城汉墓和巨野红土山汉墓中亦可见到。

满城一号和二号汉墓的玉衣内，都有连璧殓尸的排列方式。如一号墓玉衣内墓主的前胸和后背共放置玄璧18件，用宽约4厘米的织物带，通过璧孔缠绕四五道，将彼此相邻的璧互相连结起来，然后又在璧的表面普遍粘贴一层织物，把前胸和后背的玄璧各自编连在一起。二号墓玉衣内放置玄璧15件，编连方式与一号墓相同[②]。巨野红土山

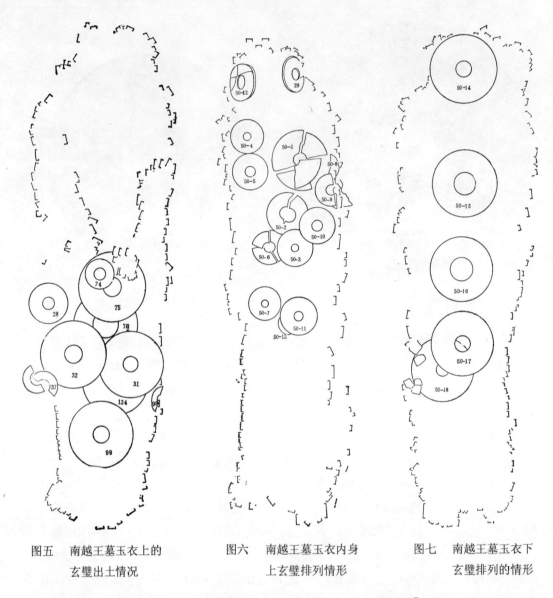

图五　南越王墓玉衣上的　　　图六　南越王墓玉衣内身　　　图七　南越王墓玉衣下
　　　玄璧出土情况　　　　　　　　上玄璧排列情形　　　　　　玄璧排列的情形

汉墓墓主尸体上置玄璧 17 件，下部放 10 件，棺上 1 件，共 28 件[③]。从广州南越王墓、满城汉墓和巨野红土山汉墓出土玄璧排列方式，我们可以看出汉代玄璧使用的一些特点：首先，玄璧有规律地放置在墓主尸体的上下，尸体上面玄璧的数量多于下面，但下面玄璧的尺寸较大，并用丝带编连在一起；其次，各墓出土玄璧的多寡不一，并无定制，但摆放方式基本一样；第三，汉代玄璧主要出土于诸侯王及其亲属墓中，说明这种葬玉之制是汉代帝王的葬俗之一。

　　关于这种葬俗的由来，从目前的考古发掘资料来看，在战国早期即已出现。如山东曲阜鲁国故城乙组 M52 和 M58 的棺内死者尸体上下分别摆放 17 件和 16 件玄璧[④]。M52

出土的4件Ⅰ式璧与南越王墓的Ⅰ型璧纹饰一样，直径在29.3～32.8厘米之间，战国时期饰三周纹饰带者仅见于此。山东临淄商王墓地战国晚期M1和M2的墓主自头部至腰部共覆盖玄璧18件和11件[⑤]。安徽长丰杨公楚墓[⑥]和湖北江陵望山沙冢楚墓[⑦]中也有以玄璧殓尸的习俗。湖北荆门市四冢一号楚墓还出土有仅刻龙首双身的玄璧[⑧]（图八）。可见战国时期玄璧的使用主要盛行于齐、鲁、楚等地。

　　玄璧不仅作殓尸葬玉，而且用于饰棺，就像南越王墓那样放置于棺椁盖上或棺的一侧。这种饰棺连璧习俗在战国至汉代也很常见。例如，湖北荆门包山2号楚墓内棺东挡板上用组带悬挂有一件玄璧[⑨]；江陵望山沙冢3号楚墓在内棺和外棺头挡的正中部位卡有一件玄璧[⑩]；江陵天星观1号楚墓内棺头挡处也散落有5件玄璧[⑪]。还有将玄璧镶嵌在棺侧，如江苏徐州北洞山西汉楚王墓出土6件镶棺玄璧[⑫]；狮子山楚王墓的镶棺玉板上则雕刻有玄璧图案[⑬]；高邮神居山西汉广陵王刘胥墓的内棺顶板外面正中镶嵌了一件玄璧，中孔用铜泡钉固定，泡钉内钮上有三股绢带，表明玄璧是用泡钉和丝带捆绑在内棺挡板上的[⑭]。满城二号汉墓的镶玉漆棺上嵌有素面玄璧26件[⑮]（图九）。另外，在一些彩绘漆棺和画像石上，清楚地绘制或刻划出了十字连璧和双龙穿璧的形象。

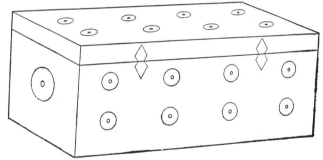

图八　湖北荆门四冢一号　　　　图九　满城二号汉墓出土的镶有玄璧的漆棺
　　　楚墓出土的玄璧

　　至于连璧习俗的意义，已有一些学者指出其形状即是《庄子·列御寇》、《后汉书·天文志》所载"以日月为连璧"、"日月若合璧"之义，象征苍天，而璧孔则是死者灵魂出入的通道[⑯]。玄璧上雕刻的龙、凤图案，则寓意它们可以引导墓主灵魂升天，进入仙境[⑰]。四川巫山汉墓出土的木棺上钉有雕刻东王公、西王母形象的鎏金铜璧，上面还铸有"天门"字样，象征着升天成仙之门[⑱]（图一〇）。笔者认为，既然古人认为龙能升天，亦能潜渊，变化无穷，那么也可引导墓主顺利进入阴间地府，像生前一样生活，而双龙穿璧的图案则是这一思想意识的反映，这在长沙马王堆一号汉墓的帛画中清楚地表现出来[⑲]。在帛画的下部，正是以双龙穿璧的形象来作为阴阳世界之间的界线的（图一

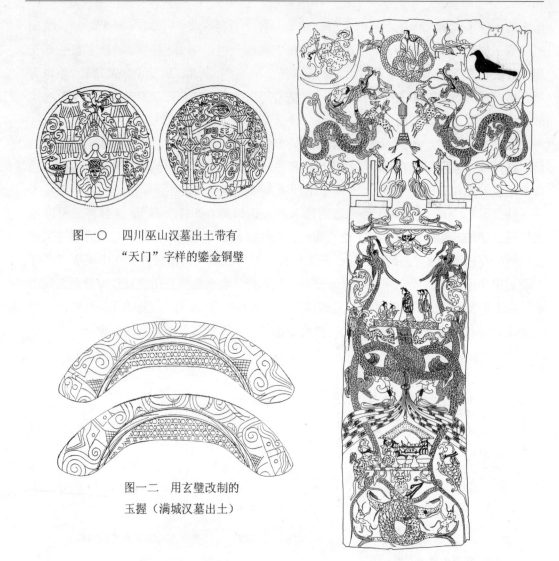

图一〇　四川巫山汉墓出土带有
"天门"字样的鎏金铜璧

图一二　用玄璧改制的
玉握（满城汉墓出土）

图一一　马王堆一号汉墓出土的帛画

一）。

　　地府即原始先民观念中的幽冥世界（幽都）。《楚辞·招魂》："魂兮归来，君无下
此幽都些。"王逸注："幽都，地下后土所治也。地下幽冥，故称幽都。"《楚辞·天
问》："日安不到，烛龙何照。"王逸注："言天之西北，有幽冥无日之国，有龙衔烛而
照之也。"有学者认为此"西北无日之国"应是冥界幽都[20]。《山海经·海内经》："北
海之内，有山名曰幽都之山，黑水出焉。其山有玄鸟、玄蛇、玄豹、玄虎、玄狐蓬尾，
有大玄之山，有玄丘之民，有大幽之国，有赤胫之民。"汉代时，以地下为阴界的观念
已广为流行，死人归阴，生人归阳。民间丧葬中盛行随葬告地下官吏的冥间文书，如湖

北江陵凤凰山 M168 出土的简文曰："（文帝）十三年五月庚辰，江陵丞敢告地下丞：市阳五夫遂少言与大良奴等……敢告主。"[21]综上所述，古人想像的幽冥世界有两个特点：1. 暗淡无光，万物皆为玄色（黑色）；2. 有龙衔烛照明，引导灵魂进入阴间。而玄璧的特征也正与幽冥世界的特点相符合。玄璧的图案主要为一龙双身造型，亦可理解为烛龙形象；玄璧的质料均选用青色和墨绿色，象征着黑暗的阴间地府。

需要提及的是，玄璧应是专为皇室和王族制作秘器的少府属官东园匠生产的[22]，很多诸侯王墓出土玉衣片的背面，还遗留有玄璧特有的双周纹饰带痕迹，说明是用玄璧改制的。满城一号和二号汉墓墓主手中的玉握，也是用玄璧改制的[23]（图一二）。这些现象表明，玄璧与其他葬玉一样，都是在同一功能制玉作坊中制作的，由于玉器原料的稀缺，它的废弃品被用来制作形体更小的玉握和玉衣片。

注　释

① 广州市文物管理委员会、中国社会科学院考古研究所、广东省博物馆：《西汉南越王墓》，文物出版社，1991 年。

② 中国社会科学院考古研究所、河北省文物管理处：《满城汉墓发掘报告》（上），文物出版社，1980 年。

③ 山东省菏泽地区汉墓发掘小组：《巨野红土山西汉墓》，《考古学报》1983 年 4 期。

④ 山东省文物考古研究所、山东省博物馆、济宁地区文物组、曲阜县文管会：《曲阜鲁国故城》，齐鲁书社，1982 年。

⑤ 临淄市博物馆、齐故城博物馆：《临淄商王墓地》，齐鲁书社，1997 年。

⑥ 安徽省文物工作队：《安徽长丰杨公发掘几座战国墓》，《考古学集刊》（二），中国社会科学出版社，1982年。

⑦ 湖北省文物考古研究所：《江陵望山沙冢楚墓》，文物出版社，1995 年。

⑧ 荆门市博物馆：《湖北荆门市四冢一号墓》，《文物》1999 年 4 期。

⑨ 湖北省荆沙铁路考古队：《包山楚墓》，文物出版社，1991 年。

⑩ 见注⑦。

⑪ 荆州地区博物馆：《江陵天星观 1 号楚墓》，《考古学报》1982 年 1 期。

⑫⑬ 李银德：《汉代的玉棺与镶玉漆棺》，海峡两岸古玉学会议论文专辑（Ⅱ），台湾大学理学院地质科学系印行，2001 年。

⑭ 殷志强编著：《古玉至美》，图版 156，艺术图书公司，1993 年。

⑮ 见注②，图一五九。

⑯ 黄凤春：《试论包山 2 号楚墓饰棺连璧制度》，《考古》2001 年 11 期；邓淑苹：《试论新石器时代至汉代古玉的发展与演变》，载《群玉别藏续集》，台北故宫博物院出版，1999 年；殷志强：《汉代的穿璧——玉璧含义的新变化》，《中国文物报》2001 年 5 月 20 日，第 8 版。

⑰ 黄展岳：《论南越王墓出土的玉璧》，载《远望集——陕西省考古研究所华诞四十周年纪念文集》，陕西人民美术出版社，1998 年。

⑱ 赵殿增、袁曙光：《"天门考"——兼论四川画像砖（石）的组合与主题》，《四川文物》1990 年 6 期。

⑲ 湖南省博物馆、中国科学院考古研究所编：《长沙马王堆一号汉墓》，文物出版社，1973 年。图三八。

⑳ 黄曲：《论地府观念的形成与发展》，《青年考古学家》（北京大学文物爱好者协会会刊）第十四期，2002 年。

㉑ 纪南城凤凰山一六八号汉墓发掘整理组：《湖北江陵凤凰山一六八号汉墓发掘报告》，《文物》1975 年 9 期。

㉒ 《汉书·百官公卿表上》："少府，……属官有尚书、符节、太医、太官、汤官、导官、乐府、若卢、考工室、左弋、居室、甘泉居室、左右司空、东织、西织、东园匠十六令丞。"师古注："东园匠，主作陵内器物者也。"

㉓ 见注②，图九五，图一九九。

西汉南越王墓前室壁画意义试析

刘春华　王志友

1983 年广州象岗发掘的西汉南越王墓，在前室发现有彩绘痕迹。彩绘痕迹在前室的周壁、室顶及南北两道石门上都有发现，为施有朱、墨两色彩绘的云纹图案装饰，并且在前室内还发现 2 套石砚，残留的墨迹黑中泛红，与前室周壁及顶部朱墨绘云纹的颜色一致，它们可能是描绘前室图案之后遗下的实用器[①]。在墓室的其他部分则没有发现彩绘遗迹，这应存在两种可能，一是这些部分本来就未施彩绘；另一种是因为墓室的多次进水，壁上的彩绘被水侵蚀掉了。根据发掘报告，后者的可能性较小。因为墓室中曾有过多次较长时期的积水浸泡，如果彩绘因水侵蚀而消失，那么前室的彩绘也有可能一起消失。但前室和石门的彩绘仍然存在，这说明了当时就只在前室绘彩，而在其他部分并未绘彩。南越王墓为什么只在前室绘彩，而其他部分没有，这可能与前室在墓室中的作用有关。

根据俞伟超先生的研究，先秦木椁具有象征地上建筑的性质，地下墓葬的棺椁结构就是各级贵族居住制度的反映。按照周代宫室制度，诸侯有前朝（堂）、后寝（室）、左右房，房的后半部叫北堂，寝之后或有下室。战国楚墓木椁的第一等，合乎诸侯的居住制度：头箱象征前朝（堂），棺箱象征寝（室），边箱象征房，足箱或即象征北堂和下室。战国楚制的具体表现形式是后来才发生的，但当即承自"周制"的传统，是"周制"的表现。汉初的"汉制"就是由"周制"演化来的，他们的基本制度即模拟的内容是一致的，而其表现形式则发生了一定的变化。最迟在汉武帝时，一部分诸侯王凿山为藏，引起墓形的巨变[②]。20 世纪 80 年代以来汉代诸侯王墓的发掘表明，这种凿山为藏的崖洞型的葬制，在文景时期就很盛行了，它们应是仿效文帝霸陵因山为藏的葬制[③]。根据各墓内不同部分的出土物和文字资料，这种墓室结构也完全是模仿墓主人生前的宫殿建筑。南越王墓在山体中开挖墓室，在墓室内又掏耳室，与满城陵山中山靖王、王后墓凿山为藏的形式相比，则还有一定的差别，处于竖穴土坑墓与凿山为葬系统之间的过渡形态。南越王墓的平面布局基本上采用楚制而与中原诸侯王墓有别，墓室的前后两部分共 7 室，中间是主棺室，周围有前室、东西耳室、东西侧室和后藏室；墓门外又设外藏椁室。显然是从楚制椁室设头箱、足箱、左右边箱的形制演变而来[④]，但因为其身份高，故比原楚地的汉初木椁墓构筑较为复杂一些。参照楚制，南越王墓的前室就象征前堂，主棺室象征后寝，东、西耳室、侧室象征房，后藏室象征北堂或下室。这是在平面布局上，从各部分的位置来区分的。

从各部分的出土物来看，前室的随葬物布置比较简单，室中靠西边置漆木车模型1具，东侧为一殉人的棺具位置，出土物有车饰、棺内随葬品、漆器及石砚；东耳室是放置宴乐用具之所，随葬品数量很多，室内整齐地陈放有多套铜、石、漆木质乐器和许多盛酒的容器；西耳室是放置随葬器物的主要场所，室内地面木板之上层层堆叠着铜、陶、铁、漆木、丝织品等多类随葬品，种类繁多，互相叠压；主棺室主要放置棺椁及随葬器物；东侧室是从殉夫人的藏所，随葬品主要是她们随身佩带的组玉佩、玺印以及日用的铜器、漆木器等；西侧室是7个殉人及其简单的随葬品和大量祭牲；后藏室是储藏食物和放置炊器与储容器的重要库藏。我们可以看到，前室不是放置随葬物品和其他设施的主要场所，但是前室内却绘满云气纹彩绘，这是周代及汉代诸侯王居住宫室中前堂的作用所决定的。

前室为堂，而堂是上古宫室的主要部分之一，位于中央，坐北朝南。早期王者所居的宫室建筑称世室或明堂，是举行各种活动的重要场所。戴震《明堂考》："王者而后有明堂，其制盖起于古远，夏曰世室。"《礼记·月令》："天子居明堂"。《明堂位》："朝诸侯于明堂。"蔡邕《明堂月令章句》以为："明堂者，天子大庙，所以祭祀、飨功、养老、教学、选士，皆其中。"阮元《揅经室集》有《明堂说》，认为："有古之明堂，……古者政教朴略，宫室未兴，一切典礼，皆行于天子之居。"其后宫室渐备，另在近郊东南建明堂，以存古制。考古发现的河南偃师二里头遗址的一、二号建筑基址就被认为分别是夏代的世室（明堂）和寝庙⑤。汉长安城遗址也发现了明堂辟雍遗址⑥，虽然学者对其中几组建筑性质的认识有一定的歧异⑦，但是建筑的布局都基本有中央主室，四面多室。长安城内的宫殿遗址也是正殿居中，配殿及附属建筑位于四周，例如被认为是皇后所居椒房殿的未央宫二号建筑遗址就是由正殿、配殿和附属建筑三部分组成：正殿位居建筑群之南，平面呈长方形，坐北朝南；正殿南面设有二阙；正殿之北的配殿和附属建筑分列东、西两侧⑧。这种宫殿的布局形式与已经发现的西汉前期诸侯王墓葬的墓室布局基本一致，从西汉南越王墓的墓室布局及室内各部分的随葬品来看，其各部分的功用是宫殿建筑各部分功用的模拟与象征。所以，南越王墓的前室也就是当时宫殿建筑主殿的表现。南越王墓坐北朝南，南面为尊，前室宜于王者居住、治事、宴飨或举行祀典，这里应象征最高统治者生活的禁内和行政的中心。

一般民居建筑比不上宫廷建筑的规模与奢华，但作为主室的堂也是建筑的主体部分。一间堂屋，两间内室，外有门，内有户，是汉代民居的基本形式。《汉书·晁错传》："营邑立城，制里割宅……先为筑室，家有一堂二内门户之闭。"这和云梦秦简

《封诊式·封守》中所称"一宇二内，各有户"的布局相类。堂前无门，而有两柱。堂东西两壁叫序，序外为东西阁厢。堂后有墙，把堂与室房分开，有户相通。堂建于高台上，故堂前有东西两阶。《急就篇》颜师古注："凡正室之有基者则谓之堂。"先秦至秦汉基本如此。堂用于行礼，待客。《释名·释宫室》释："堂为宾主相迎陈列之处。"《汉书·胡建传》记："监御史与护军诸校列坐堂上。"讲的就是这种情况。

　　文献记载，我国古代很早就有"画堂"的传统。堂作为日常活动的主要场所，堂上会绘有一定内容的图像与图案。在我国古代很早就有关于建筑物里有绘画的记载。《孔子家语·观周篇》里有周之"明堂"有壁画的传说性记载。金文里也有相关记载。《矢簋》铭："佳四月辰在丁未，□□武王、成王伐商图，遂省东国图。"郭沫若先生对此考释："两图字当即图绘之图。古代庙堂中每有壁画。此所画内容为武王、成王二代伐商并巡省东国时事"⑨。有不少学者研究认为，屈原《楚辞·天问》篇的形成，就是屈原对着楚墓祠堂里的壁画而发出的。孙作云先生还据《天问》所反映的壁画内容，部分地恢复出楚宗庙的壁画，其中主室（正堂）的天棚上是以天象及天上神怪为主题的，主要有九层天图；日中有鸟、月中有蟾蜍图；群星图；嫦娥奔月图；王子乔死后化为大鸟图；雨师屏翳图；风神飞廉图等⑩。楚宫室里有绘画，文献里也有蛛丝马迹可寻⑪。汉代继承这种"画堂"的历史传统，多处文献里有关于建筑里有壁画和画堂的记载⑫。考古材料也有多处汉代以前建筑里绘画遗迹的发现。史前时期的建筑里已有绘画：1982年在甘肃秦安大地湾仰韶文化一座房基的上层居住面近后壁的中部，发现一幅用黑炭绘有人物和动物的地画⑬。"据说，殷商绘画已很发达。近世有殷墟'画钵'出土。［日］梅原末治有《殷墟壁画录》。丁山先生据以称：'足证殷商王朝，确是'宫墙文画'了'。'在安阳小屯遗址一个为王室磨制玉石器的处所内，还发现一块涂有白灰面的彩绘墙皮，上绘有红色花纹和黑圆点，纹饰似由对称的图案组成。这一发现，说明了商代建筑物已用壁画来装饰室内墙壁'……战国的绘画更是发达，诸家已论述无遗。《韩非子·外储说》所记三年画筴及齐国画师论画鬼魅易而犬马难等资料已屡被征引。《庄子·田子方》云：'宋元君将画图，众史皆至。'因画设官而称'众史'，可知专业画师人数不少。这是文献证明之一。《说苑》也记载着齐国高台有壁画……"⑭。秦都咸阳一、三号宫殿遗址分别出土有壁画残块和较清晰的壁画⑮。楚墓的壁画、帛画屡有出土，由此推测楚的宫室、祠庙也确有出现壁画的可能⑯。文献记载汉之鲁灵光殿、武梁祠、明光殿、太子宫甲观画堂、画室等都有壁画，考古发掘出土的大量汉代壁画墓，表明文献记载的当时宫室、祠庙一类建筑物内有壁画存在是确定无疑的。

　　根据文献记载，这些古代宫室、祠庙等建筑物内绘画的中心内容是具有美刺鉴戒内容的历史或传说故事。同时也有云气等其他类图案。这些不同类图案中的寓意各异。其中云气类纹饰也有它自己的特殊含义。

《史记·封禅书》(《汉书·郊祀志》略同):"文成曰:'上即欲神通,宫室被服非象神,神物不至。'乃作画气云车,及各以胜日驾车辟恶鬼";"又作甘泉宫,中为台室,画天、地、泰一(《汉书》作太一)、诸鬼神,而置祭具以致天神。"宫室中为什么要绘画,"画天、地、泰一、诸鬼神"的目的就是使"宫室"能够"象神",不然"神物不至";象神的宫室绘画跟"祭具"一起,就能"致天神"。画云气的目的是能够"辟鬼"。《索引》引乐产所说,某日遇某事,依五行相生相克之理,驾某色车就能辟某鬼或某种祸殃:"谓画青车以甲乙,画赤车丙丁,画玄车壬癸,画白车庚辛,画黄车戊己。将有水事则乘黄车,故下云'驾车辟恶鬼'是也"。这是跟五行思想粘合在一起非常古老的"图绘"巫术,乘黄车制水事是以土克水之意,余可类推。饶宗颐先生说:"致鬼神往往在图画上画些云气飞龙,使神仙可以驾雾升天和降临下土。《楚辞·招魂》:'仰观刻桷,画龙蛇些。'楚墓、乐浪汉墓出土漆奁图案,正绘着云气缥缈。长沙的骑龙升天帛画,尤为著名。《太平经》卷七十九为乘云驾龙图。可以见迎神之状。《华阳国志》记大将军窦宪从太守廉范索云气图。《汉书·艺文志》著录有刘成子望军气六篇,图三卷。其上亦'画云气仙灵奇禽怪兽,以示四方'(崔豹《古今注》)。汉代墓制,诸侯王公主贵人皆樟棺桐朱,云气画(《续汉书·礼仪志》)。直至唐末,益州圣寿寺内壁画,尚有风侯云气一堵"[⑰]。总结以上认识,宫室画云气的目的一是辟鬼;二是"与神通"。

南越王墓前室西边出土的漆车模型,与秦始皇陵西墓道出土的一、二号绘满云气纹饰的铜车马的功用大概近似。南越王墓内共有两处出土有车的模型:其中一处位于墓室之外外藏椁内两堆陶瓮之间;墓室内就只有前室这一处了,其他地方像西耳室、东侧室、主棺室椁面上放置的全只是象征车马的车马器或车马明器。这从一个方面说明了前室出土的漆车模型,具有非同一般的作用。它与秦始皇陵西墓道旁边出土铜车马的作用有相通之处。"秦始皇陵出土的二号车里绘有云气纹,所谓'云气纹'就是龙与云气融化在一起的图案,云气间有小须突出,变成龙头与龙爪。……就个别图象而言,龙云纹作直立状,即有乘龙升天的含义。就整体而言,此车绘有云龙纹,即在表现此车为登上仙境的云气车。曹操作有《气出唱》(意为神气离开躯体之歌),其中云:'愿得神之人,乘驾云车,骖驾白鹿,上到天之门。'即反映了此种乘云车登天的想法。因此,固然二号马车有可能是反映丧车,但更可能是做为秦始皇灵魂搭乘之用,俾便前往昆仑山"[⑱]。南越王墓前室东侧的殉葬人应是为墓主驾此车巡游或升仙的驭手:殉人身上出土"景巷令印"铜印,"景巷令"即"永巷令"。前室佩此印的殉人当是南越国詹事属管"景巷令",职掌南越王室家事之宦者。前室放置车马器,以"景巷令"为殉,象征为南越王备车马,而使景巷令为骖乘[⑲]。因为漆车模型被水浮起后漂移移位,经过积水的浸泡,车上是否画有云气一类的纹饰不得而知。但是南越王墓前室所绘的云气纹,则同样表现了这种思想。欲达仙境，必须搭乘云车，在四周充满云气的环境里行车，也就无疑是云气车了。南越王墓前室的环境也就符合云气车的标准了。

墓室是古人幻想中的死后生活世界，地下墓室的构造与布置均可看作是地上人间建筑的缩影，因而"墓葬既是象征地面建筑，在墓葬中装饰以壁画也就不足怪了，它既反映了墓主人生前的财产、经历，又反映了墓主人的欲望"[20]。前堂本是宫室中祭祀、宴请的重要场所，南越王墓前室的彩绘壁画就反映了墓主的欲望，那就是通过绘满云气、龙、凤的壁画，使其达到驱除不祥、升天致神的愿望。南越王墓前室的云气纹除过流云外，其形象有的则似像龙和凤一类的变形。这种形象的凤纹、龙纹，与长沙等地楚墓出土的漆器上被认为是龙或凤纹的形象十分相似或相同[21]。龙、凤形象是南方楚地的一种最重要的纹饰，它们具有引魂升天的作用。楚人以为飞禽、爬虫、走兽，无论善恶，都有与人相通的灵性。出于图腾崇拜的遗风，楚人莫不尊凤。《艺文类聚》卷90《鸟部上》引《庄子》云："老子叹曰：吾闻南方有鸟，其名为凤"。楚人深信祝融是自己的先祖，而祝融正是凤的化身。《楚辞·大招》云："魂乎归来，凤凰翔只"，其意是引魂升天。对于龙，楚人受中原文化的影响，也很崇尚。龙是楚人赖以登天入地的神物，可导引人的灵魂飞向天界。在楚人心目中，只要借助龙与凤的力量，可无所不达。长沙楚墓中出土的器物很多是以龙凤为题材，比较有特殊含义的是供墓主人躺卧的笭床，其图案多镂刻或彩绘龙凤花纹，无疑具有一定的巫术意义，它旨在乘龙凤导引死者的灵魂升天[22]。高崇文先生对长沙王墓和南越王墓的特点及形成的诸因素进行研究时认为，南越王墓具有浓厚的地方风格，其平面布局与两广地区西汉前期的大型木椁墓的形制是一致的；墓内随葬品的放置、各室的用途以及殉人情况，与广西贵县罗泊湾汉墓也大体相似。这些特点是本地传统文化因素所造成的。就多数墓葬特点而言，在两广地区，是一种汉制、楚制、越制的融合体，尤以百越葬制糅以楚制为其特色[23]。春秋晚期至战国时期，楚文化除了吸收越族的因素以外，它本身又对越系民族及其后裔产生了很深的影响。楚文化中越式器物的来源（主要指湖南境内）主要集中在粤西、桂东地区[24]，说明这一地区的越族与楚地的交流是十分活跃的。而这一地区汉初是南越国统治的中心地区，楚文化因素在汉初南越王墓内出现也就很正常了。因而，具有明显楚地装饰风格的彩绘云气、龙、凤图案所代表的含义，在南越王墓的彩绘装饰中得到了继承，那就是通过龙、凤的引导，使墓主的灵魂在云雾缭绕、飘飘欲仙的环境下，乘坐云气车升天致神。与现存战国时期的两幅著名楚帛画《人物驭龙图》和《人物龙凤图》所表现的意境相似，只是其表现形式有所不同罢了，而与秦始皇陵铜车马所反映神仙思想的表现形式更为接近。神仙思想在春秋时期就已出现，战国以后盛行，到秦皇、汉武时期达到极致。上述孙作云先生恢复的楚宗庙主室天棚所表现的就有神仙思想。象岗南越王墓建筑在神仙思想流行的西汉初年，虽然地处偏远的南国地区，但它无疑也受到了当时中原地区流行的神仙思想的影响,南越王墓前室的壁画,就是这一思想在某一方面的具体反映。

注　释

① 广州市文物管理委员会等:《西汉南越王墓》第28页、29页,彩版一、图版七,文物出版社,1991年。

② 俞伟超:《汉代诸侯王与列侯墓葬的形制分析——兼论"周制"、"汉制"与"晋制"的三阶段性》,《先秦两汉考古学论集》,文物出版社,1985年。

③ 赵化成、高崇文等:《秦汉考古·汉代诸侯王与列侯大墓的发掘与研究》,文物出版社,2002年。

④ 黄展岳:《关于贵县罗泊湾汉墓的墓主问题》,《南方民族考古》第二辑,四川科技出版社,1990年。

⑤ 宋镇豪:《夏商社会生活史》第37~39页,中国社会科学出版社,1994年。

⑥ 唐金裕:《西安西郊汉代建筑遗址发掘报告》,《考古学报》1959年12期;孙机:《汉代物质文化资料图说·高台建筑》第183~185页,文物出版社,1990年。

⑦ 黄展岳:《汉长安城南郊礼制建筑的位置及其有关问题》,《考古》1960年9期,《关于王莽九庙的问题——汉长安城南郊一组建筑遗址的定名》,《考古》1989年3期;王恩田:《"王莽九庙"再议》,《考古与文物》1992年4期。

⑧ 中国社会科学院考古研究所:《汉长安城未央宫遗址》,科学出版社,1996年。

⑨ 郭沫若:《文史论集·矢簋铭考释》第309页,人民出版社,1961年。

⑩ 孙作云:《楚辞〈天问〉与楚宗庙壁画》,《楚文化研究论集》,中州书画社,1983年;高介华等:《楚国的城市与建筑》第299~304页,湖北教育出版社,1996年。

⑪ 萧兵:《楚辞的文化破译》第805~810页,湖北人民出版社,1991年。

⑫ 萧兵:《楚辞的文化破译》第810~820页,湖北人民出版社,1991年。

⑬ 甘肃省文物工作队:《大地湾遗址仰韶晚期地画的发现》,《文物》1986年2期。

⑭ 萧兵:《楚辞的文化破译》第789~791页,湖北人民出版社,1991年。

⑮ 秦都咸阳考古工作站:《秦都咸阳第一号宫殿建筑遗址简报》,《文物》1976年11期;咸阳市文管会等:《秦都咸阳第三号宫殿建筑遗址发掘简报》,《考古与文物》1980年2期;陈国英:《秦都咸阳考古工作三十年》,《考古与文物》1988年5、6期。

⑯ 萧兵:《楚辞的文化破译》第798~810页,湖北人民出版社,1991年。

⑰ 饶宗颐:《观堂集林·史林·楚辞与古西南夷之故事画》,中华书局,1982年,香港,上册,第111页。

⑱ 王德育:《上古中国之生死观与艺术》之第四章《秦始皇与兵马俑》(179~180页),国立历史博物馆编译小组,2000年5月,台北。

⑲ 广州市文物管理委员会等:《西汉南越王墓》第308页,文物出版社,1991年。

⑳ 宋治民:《战国秦汉考古》第119页,四川大学出版社,1993年。

㉑ 湖南省博物馆等:《长沙楚墓》第四章第五节《随葬器物·漆木、竹与皮革器》第347~385页,文物出版社,2000年;皮道坚:《楚艺术史》第五章《漆器》,湖北教育出版社,1995年。

㉒ 湖南省博物馆等:《长沙楚墓》第六章《若干问题的讨论》第541、544、545页,文物出版社,2000年。

㉓ 高崇文:《西汉长沙王墓和南越王葬制初探》,《考古》1988年4期。

㉔ 童恩正:《从出土文物看楚文化与南方诸民族的关系》,《中国西南民族考古论文集》,文物出版社,1990年。

西汉南越的犀象

——以广州南越王墓出土资料为中心

王子今

广州南越王墓出土文物为认识西汉当地社会文化情状提供了重要的资料。许多学者利用这些资料所进行的研究，推进了秦汉史的学术进步，对于西汉时期南越地方的社会文化面貌，进行了具体的说明。

本文拟就南越王墓出土与犀象有关的资料进行分析，以澄清与当时当地生态状况有关的若干问题。

一

广州南越王墓是出土象牙器及其残件比较集中的墓葬。

据发掘报告《西汉南越王墓》中的《器物登记总表》记录，"象牙及其它"一类中象牙器及其残件包括：

顺　号	名　称	件　数	器　号
（1）	象牙印章	1	E141（赵蓝）
（2）	象牙卮	1	C151—3[①]
（3）	象牙筒	1	D23
（4）	象牙龙首形饰	1	B99
（5）	残象牙雕器	2	C145—60、61
（6）	残象牙器	1	F87
（7）	象牙饰物	40	B117
（8）	象牙饰片	9	B91
（9）	象牙六博子	18	E112（12）、E114（6）
（10）	象牙算筹	200	C141、D23—1
（11）	原支象牙	5	C254

其中（4）、（7）以及（8）中的 9 件，出土于东耳室。②（2）、（11）以及（10）中的"约 200 支"，出土于西耳室。③（3）以及（10）中器号为 D23—1 的象牙算筹残段出土于主棺室。（1）、（9）出土于东侧室。④（6）出土于西侧室。

（10）"象牙算筹"《器物登记总表》记录为"200"件，器号为"C141、D23—1"，而发掘报告正文说，西耳室出土象牙算筹"总数约 200 支"，又主棺室出土象牙筒中，"内盛圆棒条状的象牙筹码，筹码每根直径0.3厘米，惜已全部断裂成1~2厘米的小段，原长度不明。"⑤象牙筒器号为 D23，而《器物登记总表》中器号为 D23—1 的"象牙筹码"，其数量并没有记录。可见，南越王墓出土象牙制品的实际数量，应当还多于《器物登记总表》的记录。

除前室和后藏室没有发现象牙及象牙制品外，其他墓室均有出土。可见，当时南越地方有珍视象牙和以象牙作器的风习。

对于出土于西耳室的原支象牙，《广州象岗南越王墓出土动物遗骸的鉴定》一文指出："出土标本的形态特征和大小比例，与现生非洲象较为接近，而与现生亚洲象区别较明显。现生亚洲象仅雄性具象牙，而且象牙通常较纤细；非洲象则雌雄两性均具有象牙，雄性象牙较大而粗壮，雌性象牙较小而纤细。出土象牙从大小比例看，更接近于前者。但因标本保存不佳，故尚难确定其种名。"⑥《西汉南越王墓》的执笔者在《南越国的考古发现和研究》一章的第四节《交通与贸易》中，将"大多发现于广州，贵县、梧州和长沙等地也有部分出土，在当时的中原地区则甚为罕见"的象牙模型，看作"有关南越海上交通的考古资料"。又说："长沙出现南越式的……象牙模型，表明长沙国贵族受南越贵族影响，经由南越引进……象牙等海外珍品。"⑦这样的判定可能不尽确切。《西汉南越王墓》的执笔者就象牙的产地还写道，"（象牙）虽然在当时的岭南和西南边境地区也有出产，但主要产地在东南亚和南亚诸国。⑧南越王墓西耳室内发现原支大象牙 5 支，成堆叠放。经鉴定，确认为非洲象牙（详见附录一四），这是南越与海外通商贸易的最有力的物证。"⑨

西耳室出土的原支象牙，"因标本保存不佳"，鉴定者所作结论，从字面看，只说"出土标本的形态特征和大小比例，与现生非洲象较为接近"，但是"尚难确定其种名"，似乎还不能说是"确认为非洲象牙"。此外，如果考虑到动物遗骸鉴定专家以禾花雀为例指出的古今"动物体型大小变化"的情形⑩，我们讨论这几支原支象牙的出产地时，也应当更为审慎。其实，从这些象牙的放置形式看，或许体现了其特殊价值⑪，其原产地远在海外是极其可能的。南越王墓出土乳香以及圆形银盒、金花泡饰等，是可以作为"南越与海外通商贸易的最有力的物证"。然而，即使西耳室出土原支象牙可以"确认为非洲象牙"，似乎也不足以说明"大多发现于广州，贵县、梧州和长沙等地也有部分出土"的象牙模型，都是"有关南越海上交通的考古资料"。

　　《西汉南越王墓》引用了《汉书·地理志下》有关汉王朝与东南亚和印度海上信道的记载，指出，"从南越墓出土的有关海外实物资料的原产地看，这条南海交通航线很可能在南越国时期就已经开辟了。"⑫这样的分析是有道理的。但是，我们还应当看到，《汉书·地理志下》列举来自南海的"明珠、璧流离、奇石异物"，其中并没有说到"象牙"。

　　研究者称，"南越王墓西耳室除出土原支象牙外，还出有其它牙雕器物，如象牙卮、象牙印、象牙泡钉等，足证当时的岭南工匠已掌握了牙雕技艺。"⑬那么，岭南工匠已经掌握的"牙雕技艺"，难道必须是以远自非洲的海外象牙作原料方才得以成熟的吗？

　　论者以为，"（象牙）虽然在当时的岭南和西南边境地区也有出产，但主要产地在东南亚和南亚诸国。"这应当是事实。但是如果以此为据，即将当时南部中国发现的象牙、象牙制品和象牙模型都判定来自海外，显然是不合逻辑的。既然岭南本地出产象牙，人们为什么一定要舍近求远呢？在没有资料可以说明海外象牙在质量及价格等方面条件明显优于岭南象牙的情况下，似乎不能简单化地排除岭南象牙应用于工艺制作，满足贵族消费的可能。

　　历史文献关于象在岭南地方的生存，是有值得重视的记载的。分析南越王墓出土象牙等资料，不宜忽视这些记载。

二

　　《汉书·地理志下》关于南海通路，说到"平帝元始中，王莽辅政，欲耀威德，厚遗黄支王，令遣使献生犀牛"事。⑭《西汉南越王墓》的执笔者认为"大多发现于广州，贵县、梧州和长沙等地也有部分出土，在当时的中原地区则甚为罕见"的"犀角模型"，也是"有关南越海上交通的考古资料"⑮，又写道："经研究，犀牛产自东南亚、印度和非洲"。甚至认为："《汉书·南粤列传》记赵佗向汉文帝进献的方物中有'犀角十'，估计也是从海路输入而转送朝廷的。"这些认识，似乎和王莽时代向黄支王索取"生犀牛"的记载相合。

　　但是，事实上"犀牛产自东南亚、印度和非洲"的说法并不确切。岭南地区当时应当有犀牛生存。

　　《禹贡》说扬州出"革"。孔颖达也说："《考工记》：'犀甲七属，兕甲六属。'《宣二年左传》云：'犀兕尚多，弃甲则那。'是甲之所用，犀革为上，革之所美，莫过于犀。知'革'是犀皮也。"注家均以"犀皮"释"革"。按照孔颖达"当州贵者为先"之说，则扬州犀皮较羽毛为贵，荆州羽毛较犀皮为贵。由此可以推知荆州犀皮出产数量可能更多。《史记·礼书》说："楚人鲛革犀兕，所以为甲，坚如金石。"《汉书·地理志下》："寿春、合肥受南北湖皮革、鲍、木之输，亦一都会也。"颜师古注："皮革，犀兕之属也。"长江流域出产犀皮，自然地理条件更为湿热，且人为因素影响较少的岭南地区，自当有犀牛生存。[16]

《史记·货殖列传》说岭南经济形势："番禺亦其一都会也，珠玑、犀、瑇瑁、果、布之凑。"《汉书·地理志下》作了同样的分析，其文句则为："处近海，多犀、象、毒冒、珠玑、银、铜、果、布之凑，中国往商贾者多取富焉。"其中犀被列为当地最重要的经济物资。陆贾使南越，劝说其放弃帝号，赵佗上书长安，其中说道："谨北面因使者献白璧一双，翠鸟千，犀角十，紫贝五百，桂蠹一器，生翠四十双，孔雀二双。"[17]其中"犀角十"，是引人注目的。《西汉南越王墓》的执笔者认为"犀角十"可能"是从海路输入而转送朝廷的"，似乎没有什么根据。从所奉献的其他物品"白璧"、"翠鸟"、"紫贝"、"桂蠹"、"生翠"分析，"犀角十"属于当地物产的可能性会更大一些。

南越王墓西耳室出土皮甲 1 件（C153）。据发掘报告记载，"甲折叠放置，已松散碎裂，皮甲大部分仅存毛孔及漆皮。从残存的甲片看，应是长方片形。四角有小孔，用以穿绳。漆皮褐黑色，残存的完整甲片长 7、宽 4.7 厘米。无法复原。"[18]这具皮甲，很可能就是犀兕皮革制作。

在西耳室出土的随葬器物中，还有 1 件保存完整的铁铠甲（C233）。作为形状近似于坎肩的轻型铁甲[19]，"内面残留着一些衬里的痕迹，其作用在于穿著时避免甲片磨伤内衣及身体，同时遮盖内面的编带形迹而增加了美观。"据考古技术专家分析，"衬里所用的材料，从右肩上保存的痕迹得知，贴近甲片的一层为皮质材料"[20]我们不能排除这种"皮质材料"是犀皮的可能。因为可以推想，这具铠甲或许存在以皮质材料制作的防护臂部的部分，而护臂部分的强度要求自然较高。护臂部分和"贴近甲片的"的"皮质材料"结为一体，也是合乎情理的。

有关岭南地方犀的活动的资料，与反映象的资料同样，其实多见于史籍。考察南越王墓有关遗物遗迹，不妨联系有关记载进行分析。

三

《禹贡》说到扬州、荆州都有"齿、革"之贡。扬州贡品包括"齿革羽毛"，荆州亦"厥贡羽毛齿革"。对于扬州地方所贡"齿革"，孔安国解释说："齿，革牙；革，犀皮。"[21]

至于汉代，南方象牙、犀皮出产亦多见于文献记载。

《淮南子·地形》："南方之美者，有梁山之犀象焉。"[22]"南方阳气之所积，暑湿居之，……其地宜稻，多兕象。"正如有的学者所指出的，"岭南是我国历史时期野犀栖息最久，分布范围最广的地区之一。"[23]《淮南子·人间》："（秦皇）利越之犀角、象齿、翡翠、珠玑，乃使尉屠睢发卒五十万，……以与越人战。"《盐铁论·力耕》："珠玑犀象出于桂林，此距汉万有余里。"又同书《崇礼》："夫犀象兕虎，南夷之所多也。"

有学者指出，岭南东部地区的野象大约 12 世纪末至 13 世纪初逐渐绝迹；而岭南西部地区的野象"约在 19 世纪 30 年代以后逐渐绝灭"。[24]据研究者绘制的《中国野生亚洲象分布北界变迁示意图》，"公元前 200 多年至公元 580 多年"，其北界在秦岭淮河一线。[25]

《汉书·景武昭宣元成功臣表》又有这样的记载：

> （湘成侯监益昌）五凤四年，坐为九真太守盗使人出买犀、奴婢，臧百万以上，不道，诛。

也是反映九真出犀，而犀亦进入市场的资料。贾捐之建议罢珠厓郡，有所谓"又非独珠厓有珠犀瑇瑁也，弃之不足惜，不击不损威"语[26]，说到犀是珠厓特产。《汉书·西域传下》赞语也有"睹犀布、瑇瑁，则建珠崖七郡"语。[27]

《后汉书·章帝纪》李贤注："武帝时因八月尝酎，令诸侯出金助祭，所谓酎金也。丁孚《汉仪式》曰：'九真、交趾、日南者用犀角二，长九寸，若瑇瑁甲一；郁林用象牙一，长三尺已上，若翠羽各二十，准以当金。'"[28]《续汉书·礼仪志上》有关于"饮酎、上陵"之礼的内容，刘昭注补引《汉律·金布令》曰："大鸿胪食邑九真、交趾、日南者，用犀角长九寸以上若瑇瑁甲一。"也说明"九真、交趾、日南"当时是犀的主要出产地。《艺文类聚》卷六引汉扬雄《交州箴》曰"交州荒裔，水与天际。越裳是南，荒国之外。""稍稍受羁，遂臻黄支。抗海三万，来牵其犀。"所谓"交州荒裔"，"来牵其犀"的说法，说黄支其犀来自海外。然而以"犀角""助祭"，"准以当金"，则反映了交州地方当时曾经是出产犀的中心地区之一的事实。

《后汉书·马援传》说，马援出军交趾，载一车"薏苡实"北返，有人上书谮之，"以为前所载还，皆明珠文犀"。"文犀"，李贤注："犀之有文彩也。"《后汉书·贾琮传》："旧交趾土多珍产，明玑、翠羽、犀、象、瑇瑁、异香、美木之属，莫不自出。"也说交趾"珍产"包括"犀"。杜笃《论都赋》写道：

> 南羁钩町，水剑强越，残夷文身，海波沫血。郡县日南，漂槃朱崖。部尉东南，兼有黄支。连缓耳，琐雕题，摧天督，牵象犀，椎蜂蛤，碎瑠璃，甲瑇瑁，戕觜觿。

"牵象犀"，是经营南边的收获之一。

《后汉书·章帝纪》："元和元年春正月，……日南徼外蛮夷献生犀、白雉。"李贤注："刘欣明《交州记》曰：'犀，其毛如豕，蹄有三甲，头如马，有三角，鼻上角短，额上、头上角长。'《异物志》曰：'角中特有光耀，白理如线，自本达末则为通天犀。'"同一事，《后汉书·南蛮传》写作："肃宗元和元年，日南徼外蛮夷究不事人邑豪献生犀、白雉。"《艺文类聚》卷八七引《谢承后汉书》："汝南唐羌，为临武长，县接交州。州旧贡荔支及生犀献之，羌上书谏，乃止。"临武，即今湖南临武。交州贡"生犀"途经临武。唐羌上书"生犀"与"荔支"并称，暗示"生犀"在交州自有活动地域。所谓"日南徼外蛮夷"，指交州南界少数民族，而后又曾归附中央政权，如汉安帝延光三年五月"日南徼外蛮夷内属"。[29]

《三国志·吴书·吴主传》说建安二十五年事，裴松之注引《江表传》有涉及"犀角"的文字：

> 是岁魏文帝遣使求雀头香、大贝、明珠、象牙、犀角、瑇瑁、孔雀、翡翠、斗鸭、长鸣鸡。群臣奏曰："荆、扬二州，贡有常典，魏所求珍玩之物非礼也，宜勿与。"权曰："昔惠施尊齐为王，客难之曰：'公之学去尊，今王齐，何其倒也？'惠子曰：'有人于此，欲击其爱子之头，而石可以代之，子头所重而石所轻也，以轻代重，何为不可乎？'方有事于西北，江表元元，特主为命，非我爱子邪？彼所求者，于我瓦石耳，孤何惜焉？彼在谅闇之中，而所求若此，宁可与言礼哉！"皆具以与之。

孙权虽然宣称"犀角"诸物等"彼所求者，于我瓦石耳，孤何惜焉"，然而其中多南海出物。而群臣所奏，也从侧面说明"犀角"等"魏所求珍玩之物"，当时已经列为"荆、扬二州，贡有常典"之外了。《三国志·吴书·士燮传》又写道："建安末年，燮遣子廞入质，权以为武昌太守，燮、壹诸子在南者，皆拜中郎将。燮又诱导益州豪姓雍闿等，率郡人民使遥东附。权益嘉之，迁卫将军。封龙编侯，都乡侯。燮每遣使诣权，致杂香细葛，辄以千数，明珠、大贝、流离、翡翠、瑇瑁、犀、象之珍，奇物异果，蕉、邪、龙眼之属，无岁不至。"《三国志·吴书·薛综传》记载，薛综上疏言日南风土形势，说道："县官羁縻，示令威服，田户之租赋，裁取供办，贵致远珍名珠、香药、象牙、犀角、瑇瑁、珊瑚、琉璃、鹦鹉、翡翠、孔雀、奇物，充备宝玩，不必仰其赋入，以益中国也。"也说到"犀角"来自日南的情形。陆胤长期任交州刺史、安南将军，以所谓"衔命在州，十有余年，宾带殊俗，宝玩所生，而内无粉黛附珠之妾，家无文甲犀象之珍，方之今臣，实难多得"受到重视。[30]交州作为富有"文甲犀象之珍"的"宝玩所生"之地的地位，更为明确。

有学者曾经论证，"唐以前，桂林、蒙州、广州、英州及郁林州南流县等地都有野犀分布，其中有的是苏门犀。"[31]苏门犀据说即双角犀。《汉书·平帝纪》颜师古注所谓"犀……一角当额前，鼻上又有小角"，《后汉书·章帝纪》李贤注引刘欣明《交州记》所谓"犀……有三角，鼻上角短，额上、头上角长"，或许与此有关。唐人刘恂《岭表录异》卷下写道："岭表所产犀牛，大约似牛而猪头，脚似象蹄，有三甲，首有二角，一在额上，为兕犀，一在鼻上，较小，为胡帽犀。鼻上者皆窘束而花点少，多有奇文。牯犀亦有二角，皆为毛犀，俱有粟文，堪为腰带。千百犀中或遇有通者，花点大小奇异，固无常定。有偏花路通，有顶花大而根花小者，谓之倒插通。此二种亦五色无常矣。若通白黑分明，花点差奇，则价计巨万，乃希世之宝也。又有堕罗犀，犀中最大，一株有重七八觔者，云是牯牛。额上有心花，多是撒豆斑，色深者堪为胯具。斑散而浅，即治为盘楪器皿之类。又有骇鸡犀、辟尘犀、辟水犀、光明犀，此数犀，但闻其说，不可得而见也。"通过唐人记述，可知汉代这一地区有犀生存，是没有疑问的。黄支国所进献，可能是已经驯化的犀牛，也可能是形态皮色特异的"价计巨万"的"希世之宝"，或者中国大陆"但闻其说，不可得而见"的珍异品种。

四

《西汉南越王墓》在利用出土资料分析当时的生态环境方面，做了十分有益的工作。

研究者指出，"从南越王墓出土的动物遗骸，可推测西汉时期广州（番禺）附近的自然环境，是河流交错、水网发达的珠江三角洲冲积平原；而且珠江河口的位置，与现代有差别。现代珠江出海口是在广州市东面约 20 公里的黄埔区，而汉代珠江河口可能就在今广州市区边缘。其依据是：1. 南越王墓出土为数甚多的海产动物，如青蚶、龟足、楔形斧蛤等，在现代广州市区珠江河口是少见的，要到黄埔区以外，或惠阳沿海地区才有分布。在交通运输不发达，保鲜技术不保证的汉代，假如不是邻近海滩，是不可能得到如此大量食用海产的。2. 近年来在广州市区（中山五路）发现了秦汉造船台遗址，在遗址的地层中发现有很多海生动物，如牡蛎壳和有孔虫等。3. 近年在珠江北岸常见有牡蛎壳层。由此看来，西汉时期的海岸线应比较接近广州。汉代广州可能是一个海口城市。一些从事地理研究的历史地理学者已经讨论过这个问题，他们认为当时海水可沿珠江上溯到肇庆、江村、园州等地。元代以后，珠江逐渐淤积，海水入侵中止，番禺（广州）才渐转为河港城市。南越王墓出土动物本身也是说明这个问题的极好例证。"

借助考古发现探索历史时期的地貌变化，进而推进历史自然地理的研究，南越王墓的发掘者和研究者的收获是有重要学术意义的。

第四纪地质及海洋地质学者在对我国东部海区全新世以来的海平面变化进行科学分析时也曾经指出："在距今 2500～1500 年的波峰时期，古海面较现今海面高约 1～3 米"。其引以为据的事实是，古贝壳堤、上升海滩沉积与海滩岩、海相淤泥与贝壳层以及珊瑚坪、隆起的珊瑚礁及海口等，"它们的海拔高度大都在 1~5 米间。"㉜又有地理学者以我国东部平原及海区构造沉降量的估算为基础，并参考有关历史考古资料所绘制的中国东部的海面升降曲线，指出距今 2000 年前后，海面较现今高 2 米左右。㉝《西汉南越王墓》中提出的"汉代广州可能是一个海口城市"的论点，因这些研究成果可以得到补证。

研究者还指出，"从动物生态学上看，出土动物中，除了适应三角洲淡水——半咸水性生态环境的动物以外，也有许多栖息于热带海洋的动物，如龟足、青蚶、楔形斧蛤等。这些动物在西汉时期应当分布于广州沿海区域，但现代则已少见于这一地区了。象类在汉代仍见于广州地区，今天已在本区消失。由此推测，汉代广州地区气候带可能比现代稍偏热带南部。近几年来，在珠江三角洲地区，如新会、顺德、南海一带，先后发现与南越王墓同期或稍早的马来鳄（Tomastoma）。此类动物两千多年前在珠江三角洲地区广为分布，但今天已经绝迹，其现生组仅栖息于东南亚中苏门答腊的淡水湖环境。由此看来，两千余年前广州市区年平均温度可能比现在稍微偏高。"㉞

研究者以南越王墓出土动物遗骸为资料，讨论汉代气候状况，其考察视角和研究方法都是值得肯定的。所得出的结论，"汉代广州地区气候带可能比现代稍偏热带南部"，"两千余年前广州市区年平均温度可能比现在稍微偏高"，也与此前一些研究成果相吻合。㉟不过，研究者虽然指出："象类在汉代仍见于广州地区，今天已在本区消失"，然而并没有使用南越王墓出土动物加以说明，不免使人略觉遗憾。

也许对南越王墓出土"整堆象牙"之外的象牙制品以及西耳室出土皮甲和同为"皮质材料"的铁铠甲衬里痕迹进行鉴定，也是必要的。南越王墓出土动物遗骸的鉴定者还曾经表示，对于利用出土动物遗骸资料考察汉代广州气候条件问题，"我们将利用氨基酸外消旋测温法对墓中动物骨骼进行测定，以得到进一步的认识。"㊱对于这样的"测定"以及因此得出的"进一步的认识"，关心汉代生态史的学人自然都在热诚期待之中。

注　释

① 原表作"C151、3"，据发掘报告正文订正。广州市文物管理委员会、中国社会科学院考古研究所、广东省博物馆：《西汉南越王墓》，文物出版社，1991 年，上册第 528 页、139 页。

② 发掘报告正文说："象牙饰物，共有大小碎片 40 余块（B117）。"《西汉南越王墓》，上册第 69 页。而《器物登记总表》称 40 件，上册第 528 页。数字略有不同。

③ "原支象牙"一项，发掘报告正文："西耳室出土原支大象牙一捆，共 5 支。"又说："象牙（C254—1），约 5 支。"《西汉南越王墓》，上册第 138 页。

④ 《器物登记总表》所谓"象牙六博子"，发掘报告正文写作"象牙棋子"。《西汉南越王墓》，上册第 528 页、252 页。

⑤　《西汉南越王墓》，上册第 140 页、217 页。

⑥　王将克、黄杰玲、吕烈丹：《广州象岗南越王墓出土动物骨骼的鉴定》，《西汉南越王墓》，上册第 467 页。

⑦　《西汉南越王墓》，上册第 345 页。

⑧　原注："《广州汉墓》，476 页。"

⑨　《西汉南越王墓》，上册第 346 页。

⑩　王将克、黄杰玲、吕烈丹：《广州象岗南越王墓出土动物骨骼的鉴定》，《西汉南越王墓》，上册第 470 页。

⑪　有的学者推想"墓中所出象牙有可能是作为牙雕原料随葬的"（王将克、黄杰玲、吕烈丹：《广州象岗南越王墓出土动物骨骼的鉴定》，《西汉南越王墓》，上册第 472 页），也许未必符合事实。

⑫　《西汉南越王墓》，上册第 347 页。

⑬　王将克、黄杰玲、吕烈丹：《广州象岗南越王墓出土动物骨骼的鉴定》，《西汉南越王墓》，上册第 472 页。

⑭　《汉书·平帝纪》："（元始）二年春，黄支国献犀牛。"颜师古注："应劭曰：'黄支在日南之南，去京师三万里。'师古曰：'犀状如水牛，头似猪而四足类象，黑色，一角当额前，鼻上又有小角。'"《汉书·地理志下》就此事又写道："平帝元始中，王莽辅政，欲耀威德，厚遗黄支王，令遣使献生犀牛。"《后汉书·南蛮传》："逮王莽辅政，元始二年，日南之南黄支国来献犀牛。"据《汉书·王莽传中》，王奇等人为王莽登基造作舆论，"班《符命》四十二篇于天下"，其中有"受瑞于黄支"语，颜师古注引孟康曰："献生犀。"是黄支"生犀牛"入献，被看作"德祥之符瑞"。

⑮　《西汉南越王墓》，上册第 345 页。

⑯　参看王子今：《战国秦汉时期中国西南地区犀的分布》，《面向新世纪的中国历史地理学——2000 年国际中国历史地理学术讨论会论文集》，齐鲁书社，2001 年。

⑰　《汉书·南粤传》。

⑱　《西汉南越王墓》，上册第 140 ~ 141 页。

⑲　《西汉南越王墓》，上册第 110 页、112 页。

⑳　中国社会科学院考古研究所技术室、广州市文物管理委员会：《西汉南越王墓出土铁铠甲的复原》，《西汉南越王墓》，上册第 387 页。

㉑　《史记·夏本纪》引《禹贡》扬州"齿、革、羽、旄"，裴骃《集解》："孔安国曰：'象齿、犀皮、鸟羽、旄牛尾也。'"

㉒　有学者指出，有野生犀象分布的"南方""梁山"，"包括或专指岭南一带。"文焕然、文榕生：《中国历史时期冬半年气候冷暖变迁》，科学出版社，1996 年，第 87 页。

㉓　文焕然、文榕生：《中国历史时期冬半年气候冷暖变迁》，科学出版社，1996 年，第 69 页。

㉔　文焕然、文榕生：《中国历史时期冬半年气候冷暖变迁》，科学出版社，1996 年，第 91 页。另参看文焕然、江应梁、何业恒、高耀亭：《历史时期中国野象的初步研究》，文焕然：《再探历史时期的中国野象分布》，文焕然：《再探历史时期中国野象的变迁》，收入文焕然等著：《中国历史时期植物和动物变迁研究》，重庆出版社，1995 年，第 185 ~ 219 页。

㉕　文焕然：《再探历史时期中国野象的变迁》，文焕然等著：《中国历史时期植物和动物变迁研究》，重庆出版社，1995 年，第 214 页。

㉖　《汉书·贾捐之传》。

㉗　王先谦《汉书补注》引王念孙曰："'犀布'连文，殊为不类。'布'当为'象'。'象''布'二字篆文下半相似，故'象'讹为'布'。'犀象瑇瑁'皆两粤所产，故曰'睹犀布、瑇瑁，则建珠崖七郡'也。

下文云'明珠、文甲、通犀、翠羽之珍','钜象、师子、猛犬、大雀之群',正与此'犀象瑇瑁'相应,则当作'象'明矣。《御览·珍宝部六》引此已误作'犀布',《汉纪·孝武纪》、《通典·边防八》引此并作'犀象'。"

㉘　据中华书局标点本《后汉书》校勘记,殿本《考证》谓"者"似当作"皆"。

㉙　《后汉书·安帝纪》。

㉚　《三国志·吴书·陆凯传》。

㉛　文焕然、何业恒、高耀亭《中国野生犀牛的灭绝》一文写道:"唐齐己(胡得生)《送人南游》诗云:'且听吟赠送,君此去蒙州(治所在今广西蒙山县南)。……峦(蛮)花藏孔雀,野石乱(注:一作"隐")犀牛。'(《全唐诗》卷842)《太平寰宇记·岭南道》载:广州〔治所在南海(今广州市)〕土产'文犀';英州〔治所在浈阳(今英德县)〕'风俗、土产,并与广州同'。同书载郁林州〔治所在石南(今玉林市西北)〕南流县(今玉林市)土产'犀牛',并解释称:'有角在额上,其鼻上又有一角。'可见它是苏门犀。"文焕然等著:《中国历史时期植物和动物变迁研究》,重庆出版社,1995年,第226页。

㉜　赵希涛:《中国海岸演变研究》,福建科技出版社,1984年,第178~186页。

㉝　王靖泰等:《中国东部晚更新世以来海面升降与气候变化的关系》,《地理学报》35卷4期,1980年4月。

㉞　王将克、黄杰玲、吕烈丹:《广州象岗南越王墓出土动物骨骼的鉴定》,《西汉南越王墓》,上册第469页。

㉟　竺可桢:《中国近五千年来气候变迁的初步研究》,《竺可桢文集》,科学出版社,1979年;王子今:《秦汉时期气候变迁的历史学考察》,《历史研究》1995年2期。

㊱　王将克、黄杰玲、吕烈丹:《广州象岗南越王墓出土动物骨骼的鉴定》,《西汉南越王墓》,上册第469~470页。

句鑃浅谈

李龙章

句鑃是东周秦汉时期一种击奏的青铜乐器。关于句鑃与铎的区别及年代、起源等问题,以往有些学者作过讨论,但争议甚多,且言犹未尽,为此笔者拟再作些探讨,并顺带就南越王墓出土句鑃相关问题谈点个人浅见。

一 句鑃与铎的区别

句鑃乐器名称于历史文献无征。《说文解字》训诂了铃、钟、镯、钲、铙、铎、镛、镈、钫等乐器名,却没有句鑃;《古今乐录》云:"凡金为乐器有六,皆钟之类也:曰钟,曰镈,曰錞,曰镯,曰铙,曰铎。"同样没有句鑃一名。不过出土的一些钟形青铜乐器则有自名为"句鑃"或"钩鑃"者,如"其次句鑃"[①]、"姑冯钩鑃"[②]、"配儿钩鑃"[③]。

据此,学者们对句鑃器形有不同的解读。王国维在《说句鑃》一文认为:"古音翟声与睪声同部,又翟铎双声字,疑鑃即铎也"。[④]王氏此说得到一些人的附和,郭沫若认为"此疑饶有至理",并反驳容庚的不同意见,认为"容能认铭文'倒刻'之中铎为铎,又何遽可云铭文'倒刻'之诸句鑃之必非铎邪"[⑤];陈梦家也谓"(王说)是也"[⑥];于省吾释句鑃"即大铎"[⑦];马衡以为"(句鑃)形制与铎相类"[⑧];马承源干脆把句鑃称之为"句铎"[⑨]。

但也有学者不同意王氏之说,容庚认为"句鑃体多纯素,与铎不同;且铎文顺刻而句鑃倒刻","(句鑃)用之于祭祀、宾客,与铎之用于军旅者不同","疑非同器而异名者"[⑩];唐兰则引用《盐铁论·利议篇》中"吴铎以其舌自破"的记载,指出"句鑃无舌"[⑪]。

其实,根据历年句鑃和铎发现的情况,两者之间的区分现在看来是很明确的。传世的铜铎也有自铭者,如容庚《商周彝器通考》载有图像的一件铎,两面都有"□郢率铎"四字铭文,容庚《颂斋吉金续录》122收录的另一件铎上部也有"□外卒铎"四字铭文。两相比较,铎与句鑃的主要区别有如下几点:

铎器形小，绝大多数通高在 10 厘米以下。而句鑃器形大，例如其次句鑃通高为 51.4 厘米，配儿句鑃一器通高 40 厘米，另一器通高 45.4 厘米。

铎不少有舌，使用方法为"振铎"、"奋铎"——即用手执柄摇动铎体，借铎舌碰击铎壁而发声。而句鑃无舌，需用其他物品敲击发声。《周礼·地官·鼓人》："以金铎通鼓"，郑玄注："铎，大铃也。振之以通鼓。"贾公彦疏："此是金铃金舌，故曰金铎。在军所振对金铎，木舌者为木铎。"又《国语·吴语》："王乃秉枹，亲就鸣钟、鼓、丁宁、錞于，振铎，勇怯尽应。"《周礼·天官·小宰》："徇以木铎。"郑注："古者将有新令，必奋木铎以警众，使明听也。木铎，木舌也。文事奋木铎，武事奋金铎。"前述《盐铁论》"吴铎以其舌自破"正是铎的用法生动写照，传世和考古发现的铜铎一些仍附有铎舌或悬舌附件，例如"□外卒铎"就有椭圆形铜环为舌；1982 年在山东临沂凤凰山春秋晚期墓葬出土的一件铎，其銎内残存木柄的尾端系一骨质棒形长舌[12]；1974 年在陕西宝鸡市茹家庄强伯伽墓出土的一件铎，内顶上有半环形梁，梁上悬棱锥形长舌[13]；1959 年在河北定县北庄东汉早期中山王墓出土的一件铎虽舌不见，但内顶仍存悬舌的环钮[14]；1973 年在广州淘金坑西汉墓出土的一件铎，其旁有一条残长 4 厘米的骨棒，应是骨舌[15]。

铎顶有短銎可纳木柄，便于手执，銎多为方形或长方形，也有圆形，与体相通。而句鑃顶上往往设扁方形实柄，也有扁圆形柄等。由于句鑃器大体重，这种方形柄不适合手执，看来句鑃只能将柄安插在座中，口朝上演奏。铎的方銎中残留有木柄的例子，除上述凤凰山铎外，还见于 1983 年在广东罗定背夫山战国墓出土的铎[16]；1978 年在湖北宜城县楚皇城战国墓出土铎[17]和在湖南资兴县旧市东汉墓出土的铎[18]（图一）。值得指出的是，南越王墓西耳室也出有铎（C57），其方銎内不仅有方榫形柄木，并有横贯的木钉用以悬舌[19]（图二）。

柄为扁方形的句鑃有传世的其次句鑃、1977 年在浙江绍兴出土的配儿句鑃、1974 年在江苏高淳出土的青山句鑃[20]、1958 年在江苏武进淹城河底出土的淹城句鑃[21]等。柄为扁圆形的句鑃有 20 世纪 80 年代后期在山东章丘小峨眉山出土的 I 式句鑃 12 件[22]、1984 年在湖北广济县鸭儿洲江底出土的句鑃[23]等（图三）。

从前述《周礼》、《国语》等记载可知，铎主要作为军旅用途的乐器。而句鑃的用途，虽史无明载，但其次句鑃铭曰："以享以孝"，姑冯句鑃铭云："以乐宾客，及我父兄"，配儿句鑃铭谓："以宴宾客，以乐我诸父"，这些铭文表明句鑃的主要用途是燕享和祭祀。

铎从墓葬出土情况看，基本为单个发现，显然它是单独手执摇奏的乐器。句鑃从已知出土情况看均为成组发现，配儿句鑃、青山句鑃和鸭儿洲句鑃均为两件同出；安徽广德 1986 年出土的九件句鑃分成三组，每组三件[24]；其次句鑃和淹城句鑃都是七件共出；

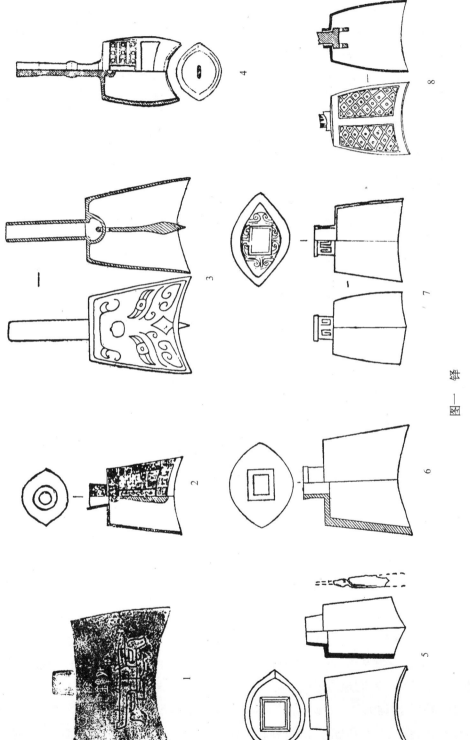

图一　铎

1. 故宫博物院藏"口外卒铎"　2. 山东临沂凤凰山春秋晚期墓葬出土　3. 陕西宝鸡市茹家庄弜伯铜墓出土　4. 河北定县北庄东汉早期中山王墓出土
5. 广州淘金坑西汉墓出土（附胄棒）　6. 广东罗定背夫山战国墓出土　7. 湖北宜城县楚皇城战国墓出土　8. 湖南资兴县旧市东汉墓出土

江苏省高淳县顾陇松溪 1974 年在同一地点出土句鑃
八件㉕；小峨眉山句鑃和浙江省海盐县黄家山 1983 年
出土的战国原始瓷质句鑃㉖则都是一套 12 件同出。而
且同组共出的句鑃形制相同，大小相次，表明其与编
钟一样都是成编演奏，只是编钟是悬挂在簨簴上击
奏，句鑃则倒插在座架中击奏。

至于纹饰的有无、口部的深浅以及铭文的倒顺，
我认为均非铎与句鑃的根本区别。不过由于句鑃是口
部朝上倒插在座架上击奏的乐器，因此铭文从口部往
下倒刻似乎更方便阅读，这与铎、钟等青铜乐器常见
的铭文刻向正好相反。

根据以上对铎和句鑃区别的认识，对照南越王墓
东耳室后壁出土的一套 8 件钟形铜器。《西汉南越王

图二　南越王墓出土铎

墓》发掘报告描述：（其）"出土时多数大小相套。器形基本相同。器体硕重，胎壁较
厚，柄、身合体铸出。柄作扁方形实柱体，上宽下窄，舞面平整呈橄榄状。器体上大下
小，口部呈弧形。"㉗这些描述均与句鑃特征相符。而且所刻的"文帝九年乐府工造"及
编号铭文也是从口部往下倒刻，同样是句鑃铭文的习惯刻法。

二　句鑃的年代问题

关于句鑃的年代，较明确的是南越王墓所出——时间在西汉武帝元光六年（公元
前 129 年），其余的均难以确考年代。不过，一些有铭文的句鑃仍可对其年代作些推
测。根据对配儿句鑃铭文考释，沙孟海认为："器主配儿，当即《吴越春秋·阖闾内
传》之太子波。"亦即《左传·定公六年》（公元前 504 年）吴败楚舟师记载中之吴王
阖闾之子终纍㉘。按此说，配儿句鑃应属春秋晚期器。曹锦炎则认为配儿可能是徐国王
室人员㉙，如按此说配儿句鑃则是徐器，由于公元前 512 年徐国为吴所灭，因此配儿句
鑃的年代最晚不迟于春秋晚期前段。

姑冯句鑃也在前后两面栾部刻有铭文 39 字，王国维认为铭文中的"姑冯昏同"即
《越绝书》之冯同㉚。郭沫若持同样意见，根据《史记·越世家》、《韩非子·说疑篇》、
《越绝外传·记吴地传》有逢同记载，《吴越春秋·勾践入臣外传》有扶同人名，他认
为逢同、扶同和冯同均为一人，姑冯句鑃铭文中有"姑冯昏同之子"字句，"（姑冯昏
同）当即越王句践时之大夫冯同"，"冯同之子器出于此者，于时吴已为越所灭（公元
前 473 年）也"㉛。杨树达赞同王、郭二氏之说，并补充道："余谓姑鹏（冯）昏同不

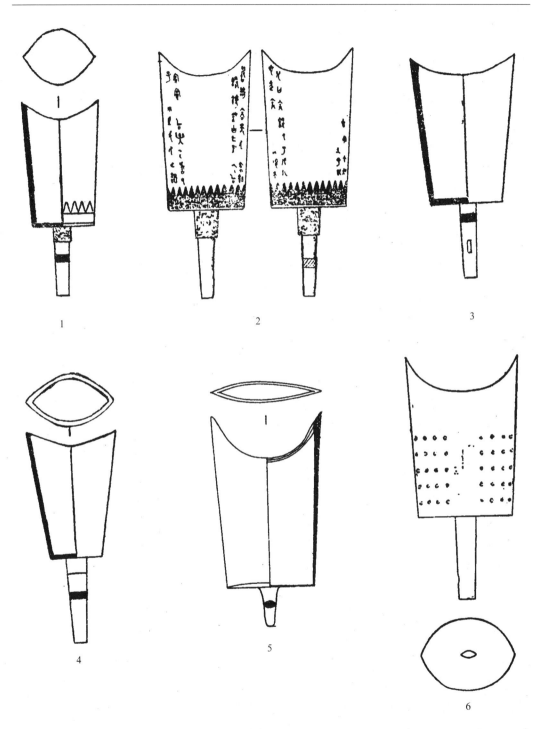

图三　句镶

1. 其次句镶　2. 浙江绍兴出土的配儿句镶　3. 江苏高淳出土的青山句镶　4. 江苏武进出土的淹城句镶　5. 山东章丘小峨眉山出土的Ⅰ式句镶　6. 湖北广济鸭儿洲出土的句镶（1～4. 为扁方形柄；5、6. 为扁圆形柄）

仅见于前举诸书,《左传》及《国语》之舌庸,亦即此昏同也"㉜。杨氏所指的舌庸事迹见于《左传》哀公二十六年、二十七年,即公元前469、468年,此时已进入战国时期。综合三人的意见,姑冯句鑃的年代应属战国早期。

一些句鑃虽没有铭文,但有伴出的器物可资作年代推测的依据。如青山句鑃出土时有两件甬钟与句鑃相互交叠放在一起。青山甬钟鼓部饰对称"🜊"形云纹,钲间饰变形夔纹,篆饰斜角雷纹,舞饰s形卷云纹。乍看与中原地区出土的西周中晚期钟很相似,例如陕西扶风强家村西周窖藏出土的属夷厉之世的师丞钟就有类似的纹饰㉝。但过细看,两者有区别。师丞钟鼓部的云纹方正粗壮,而青山钟鼓部云纹宽扁些,纹道纤细;师丞钟舞面的s形云纹同样比青山钟的s形云纹粗壮有力。联系到岭南地区出土的一些战国时期越人墓中也出有类似纹饰的钟,如广东清远马头岗M1:009号钟的鼓部同样饰有类似青山钟的宽扁对称"🜊"形云纹㉞;广西恭城秧家战国墓所出的1号钟鼓部也有宽扁对称"🜊"形云纹㉟。因此可以这样判断,南方吴越人所铸铜器常有刻意模仿中原商周器的现象,只是从考古发现看,长江下游的吴越人所仿略早些,岭南越人所仿晚些。青山钟的纹饰和吴越其他仿商周青铜器一样实为春秋时期吴越工匠摹古之作㊱,时间应到春秋中晚期,故与其同出的句鑃时代也应处在春秋中晚期。

湖北广济鸭儿洲除出句鑃外,共出的还有23件甬钟。这些甬钟也有西周铜器遗风。例如3号钟,鼓部饰粗阳线对称双体夔纹,钲间饰变形蝉纹。这些纹饰都是中原地区西周晚期铜器流行的纹饰,传至长江中下游地区,甬钟的时代相应晚些,发掘者定其年代在春秋早期㊲,笔者赞同。故同出的句鑃时代也在春秋早期。

综合起来,句鑃从目前考古发现的情况看,出现的时间比甬钟等乐器为晚,主要流行于春秋战国时期。西汉时期的句鑃仅见南越王墓一例,但这已是句鑃流行的尾声。

从器物形态看,南越王墓句鑃与其他春秋战国时期的句鑃相比有所不同,这反映其相对年代也是较晚的。南越王墓句鑃栾鼓弧,体相对较短(即体高与铣距之比较小);而其他句鑃栾平直,体相对较长。南越王墓句鑃的这种体形与墓中出土的甬钟、钮钟相一致,与中原地区发现的秦汉甬钟、钮钟体形也是相同的。例如故宫博物院所藏的一件西汉甬钟也为鼓栾,体形相对较短㊳。体形类同的甬钟和钮钟还见于1983年山东省淄博稷山西汉石墓出土的一套4件微型甬钟和一套9件微型钮钟㊴;陕西咸阳渭陵北建筑遗址出土的一件西汉甬钟和一件西汉微型鎏金钮钟㊵;1976年在临潼秦始皇陵建筑遗址发现的秦代错金银"乐府"钟等㊶。李纯一指出:"体型由平栾(腹)长体趋向鼓栾(腹)短体。其所以如此,可能是为了在某种程度上克服前者一响即煞的缺点,使体(即共鸣腔)内得到较多的交混回响,以取得较为适宜的延长音"㊷。此说有理,显然南越王墓弧鼓栾句鑃也应是工艺进步的表现(图四)。

南越王墓出土的句鑃在两广以往所见的考古材料中并没有发现。目前所见除湖北、

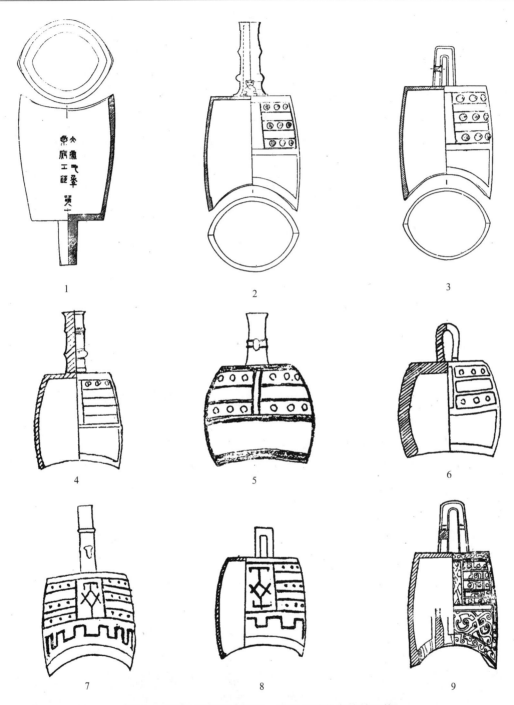

图四　南越王墓句鑃、甬钟、钮钟与其他秦汉钟比较

1. 南越王墓句鑃　2. 南越王墓甬钟　3. 南越王墓钮钟　4. 故宫博物院藏西汉甬钟　5. 陕西咸阳渭陵出土甬钟
6. 陕西咸阳渭陵出土钮钟　7. 山东淄博稷山西汉墓出土甬钟　8. 山东淄博稷山西汉墓出土钮钟　9. 陕西临潼
秦始皇陵建筑遗址出土的秦代钮钟

安徽、山东及广东有零星发现外，绝大多数出自长江以南的江浙两省。根据上述对配儿句鑃、姑冯句鑃铭文的考释以及对句鑃年代的判断，可以认为句鑃这种植鸣编乐是先秦时期主要流行在吴越地区的一种青铜乐器。说得更具体一些，其似应为春秋战国时期徐、吴、越等国有特色的流行乐器。笔者曾在《广州西汉南越王墓出土青铜容器研究》一文中说过，南越王墓出土的青铜器文化属性复杂，时代特征早晚参差不齐，除有秦汉时期流行的器物外，还有一部分铜器是从两广先秦越墓承传下来的，更有一部分器物属岭北周楚秦徐吴越等文化影响因素⑬。例如南越王墓Ⅱ型鉴基本器形就与江西靖安出土的春秋晚期徐国"盥盘"相同⑭，显然此型鉴是受徐吴文化影响而由岭南越人自铸的。南越王墓出土的句鑃同样属受徐吴文化影响的器物，由其"文帝九年乐府工造"铭文又可证明，此为南越王国工匠的摹古仿铸器。

三　关于句鑃的起源

关于句鑃的起源，以往主要有两说，其一是源于商铎或执钟；其二是源于钲。前说以郭沫若和陈梦家主张最力⑮；后说为李纯一所倡⑯。

由于姑冯句鑃铭文中有"自作商句鑃"说法，郭氏考释时认为："'句鑃'上冠一商字，余谓即殷商之商，盖句鑃之制作实仿自商人也……旧称'商铎'或'商铙'者，其实即句鑃若征城之蓝本"。陈梦家认为："句鑃无舌，从外击之，如商执钟，故曰句鑃曰商句鑃"。"句鑃源于商执钟，故曰商句鑃"。此说影响较大，但其实是有误的。郭、陈所谓的商铎或执钟，罗振玉称之为铙⑰，此名现在为学术界普遍接受⑱。当然也有人称之为钲⑲或镛⑳。李纯一不同意句鑃源于商铎或执钟说，认为句鑃和镛虽然同属钟体编组击乐器，但形制上、出土地点、时代上两者有着明显的差别。"因此，欲求钩鑃之所源自，不应求之于北方早已消失、形制和年代差别较大的镛，而应求之于那种形制、年代和地域都很接近或相当的钟体击乐器"㉑。的确，体形硕重的句鑃和小巧的商铙判然有别，商铙肯定不是句鑃的前身，李氏之说总体是对的，并指出了寻求句鑃起源的原则方向。

但李纯一认为句鑃"是中原地区Ⅰ型钲传入吴越地区后所产生的一个变种"的说法同样值得商榷。根据已知资料，钲迄今所见最早为河南陕县上村岭虢太子元徒墓所出㉒，时间为西周末春秋初；而广济鸭儿洲句鑃的年代已处春秋早期，两者出现的时间相差不大，钲谈不上是句鑃的来源。从器形看，钲与句鑃并非相当，而是差别明显。钲是特器，目前所见绝大多数为单件出土，南越王墓在后藏室也单出一件钲（G86，笔者注：报告原称为铎），这与句鑃成组发现成编演奏的情况不同。钲虽有多种型式，但其柄上往往有用于系绳挂钩的穿孔、环首、钮耳或干，例如传世品冉钲就在冠状把手下设一圆形穿孔③；南越王墓钲柄也有环状把手，这表明钲是可以悬挂击鸣的乐器，与句镩倒插击鸣的做法不同。钲的柄多为圆管状，便于手握，加上器形轻巧些，体高多在10～25厘米之间，重量多在2～5公斤，故又可手持击鸣，这也与句镩不同（图五）。钲出土地域非常广，不仅在吴越地区见出，在中原、江汉、山东、湖南、广东都有不少发现，这与句镩集中出于吴越地区的情况有区别。鉴此，可以认定钲同样不是句镩的起源。

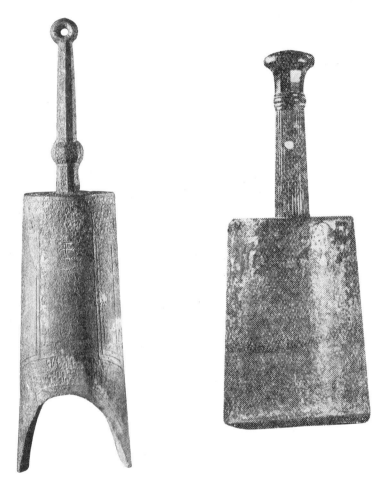

图五　冉钲（右）与南越王墓钲（左）

经过比较研究，笔者认为那种主要分布在长江中下游体形近似甬钟，与商代编铙明显有别的大铙（陈梦家、李纯一、高至喜称为镛㊿，殷玮璋、曹淑琴称为"早期甬钟"㊼，马承源称为钲㊽）可能是句镩的起源。理由有如下：

（1）均为大型倒插击奏体鸣乐器。

（2）从江西新干大洋洲大墓出土两件形制相同、大小相次的合瓦形大铙可知[57]，大铙有可能是编乐，并有可能演变成句鑃，类似的情况还见于浙江长兴所出的两件大铙[58]、江西新余出土的两件大铙[59]等。

（3）广济鸭儿洲春秋早期句鑃柄为扁圆形，钲部每侧饰 4~5 排，每排 3~4 个乳枚，很像甬钟，这与李纯一划分的Ⅱ1a式镛、高至喜划分的 C 型有乳钉铙、殷玮璋和曹淑琴划分的Ⅲ型钟也是接近的，例如湖南湘乡黄马塞铙甬部还没有旋，钲面也饰有 36 个扁圆乳枚[60]。高至喜定其年代在西周早期，并认为是后世甬钟的枚的起步形态[61]。我认为此型铙不仅是向甬钟转变的过渡形态，同时也是大铙向句鑃演变的过渡形态。只是黄马塞铙于较平直，而鸭儿洲句鑃于形凹曲。不过大铙也有似句鑃那样曲于的现象，例如湖南省博物馆收集的一件时代定在西周初年的Ⅰ式有乳枚铙（编号：殷［八］4:71）不仅枚高仅0.4厘米，与鸭儿洲句鑃枚高接近，且于形浅曲。至于湖南省博物馆收集的Ⅳ、Ⅴ式铙，例（殷［八］4:6）等器[62]（高至喜定这些铙的年代为西周早期后段[63]）于部凹曲的程度就与句鑃差不多。这说明从黄马塞铙出发，既可演变成Ⅳ、Ⅴ式铙那样曲于有旋有短柱状枚的铙，再进一步发展就是甬钟；又可演变成像鸭儿洲那样扁圆柄曲于有乳枚的句鑃，再进一步发展就成为扁方柄曲于没有乳枚的句鑃（图六）。

（4）大铙流行的下限时间与句鑃出现的时间可能是衔接的。由于大铙这种器物绝大多数都是偶然发现，缺乏共存物佐证，缺乏地层根据，因而对其断代，主要依据其器形和花纹与其他年代明确的商周青铜器的比对分析。这种标型学的分析方法的确是考古断代的一种手段，但是单靠它作年代推断显然是不足够的，容易因个人观察理解角度不同及所依据的材料不同而产生偏差。例如多出于长江下游地区的连珠纹地细线卷云纹大铙（李纯一称为Ⅰ1b式镛[64]，高至喜称为 B 型铙[65]，殷玮璋、曹淑琴称为Ⅰ型钟[66]），高氏定其年代在商代末期；李氏则认为其应早至殷墟三期前段；殷、曹更认为其应早至商武丁晚期（即殷墟二期前段）。但也有人将此型大铙的时间定在西周早期[67]，甚至定在春秋时期[68]。即便是有共存物的大铙，其年代依然有争论，例如关于江西新干大墓的年代，发掘报告定为商代后期早段，即相当殷墟中期[69]。相应地墓中出土的三件大铙（其一主纹饰几何形勾连雷纹，另二主纹为卷云纹组成的兽面纹）的年代自然也处在殷墟中期。但马承源认为：“（三件）钲上有明显的土墩墓系青铜器上的纹饰，而伴有青铜器的土墩墓，其时代很少能超过春秋早期。”[70]我认为，对大铙流行时间的种种意见和推断都有待新的地层学和标型学的资料作进一步校验。但如果认为北方西周中期出现的甬钟是受到南方大铙或甬钟的影响而产生的，从而断定大铙的下限一定只能在西周中期以前，这就过于武断。西周中期以降大铙除了向甬钟演变外，也有可能继续保持原来的形态流传一段时间。马承源和陈佩芬的看法不无道理，一些卷云纹铙的纹饰特征的确与长江下游春秋时期土墩墓所出青铜器有着密切的联系，这样即使卷云纹铙的时间到不了

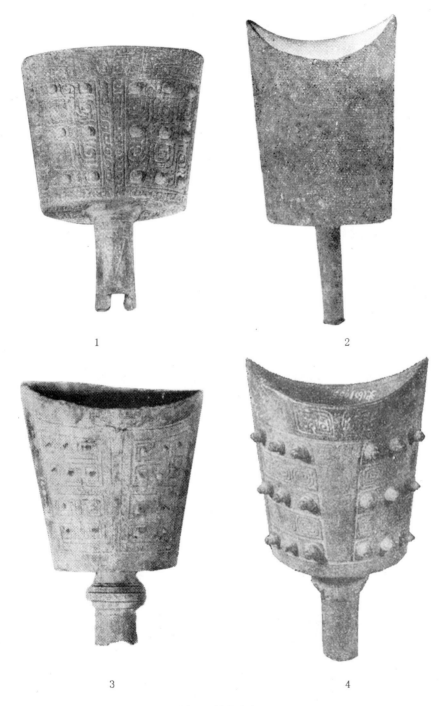

图六　铙与句鑃

1. 湖南湘乡黄马塞铙　2. 湖北广济鸭儿洲句鑃　3. 湖南省博物馆藏乳枚铙（殷［八］4:71）
4. 湖南省博物馆藏长枚铙（殷［八］4:6）

春秋时期，起码也到了与土墩墓相衔接的西周晚期。如果以上推断不错，那么大铙向句
镭演变从时间上说是顺理成章的。

注　释

① 容庚、张维持：《殷周青铜器通论》，《考古学专刊》丙种第二号，文物出版社，1984 年；郭沫若：《两周金文辞大系图录考释》，科学出版社，1957 年。

② 吴式芬：《捃古录金文》，吴氏家刻本，1895 年；郭沫若：《两周金文辞大系图录考释》，科学出版社，1957 年。

③ 绍兴市文管会：《绍兴市发现两件钩镭》，《考古》1983 年 4 期；沙孟海：《配儿钩镭考释》，《考古》1983 年 4 期。

④ 王国维：《古礼器略说》，《雪堂丛刊》，上虞罗氏排印本，1915 年。

⑤ 郭沫若：《杂说林钟、句镭、钲、铎》，《殷周青铜器铭文研究》，人民出版社，1954 年。

⑥ 陈梦家：《中国铜器概述》，《海外中国铜器图录》第一集上册，北平图书馆，1946 年。

⑦ 于省吾：《双剑誃诸子新证》，中华书局，1962 年。

⑧ 马衡：《凡将斋金石丛稿》，中华书局，1977 年。

⑨ 马承源：《中国古代青铜器》，上海人民出版社，1982 年。

⑩ 容庚：《殷周礼乐器考略》，《燕京学报》1 期。

⑪ 唐兰：《古乐器小记》，《燕京学报》14 期，1933 年。

⑫ 山东省兖石铁路文物考古工作队：《临沂凤凰岭东周墓》，齐鲁书社，1987 年。

⑬ 卢连成、胡智生：《宝鸡弜国墓地》，文物出版社，1988 年。

⑭ 河北省文化局文物工作队：《河北定县北庄汉墓发掘报告》，《考古学报》1964 年 2 期。

⑮ 广州市文物管理处：《广州淘金坑的西汉墓》，《考古学报》1974 年 1 期。

⑯ 广东省博物馆等：《广东罗定背夫山战国墓》，《考古》1986 年 3 期。

⑰ 楚皇城考古发掘队：《湖北宜城楚皇城战国秦汉墓》，《考古》1980 年 2 期。

⑱ 湖南省博物馆：《湖南资兴东汉墓》，《考古学报》1984 年 1 期。

⑲ 广州市文物管理委员会等：《西汉南越王墓》，文物出版社，1991 年。

⑳㉕ 刘兴：《镇江地区近年出土的青铜器》，《文物资料丛刊》5，文物出版社，1981 年。

㉑ 倪振逵：《淹城出土的铜器》，《文物》1959 年 4 期。

㉒ 常兴照、宁荫堂：《山东章丘出土青铜器述要兼谈相关问题》，《文物》1989 年 6 期。

㉓ 湖北省博物馆等：《湖北广济发现一批周代甬钟》，《江汉考古》1984 年 4 期。

㉔ 刘政：《安徽广德青铜句镭初探》，《东南文化》1994 年 1 期。

㉖ 浙江省文物研究所等：《浙江海盐出土原始瓷乐器》，《文物》1985 年 8 期。

㉗ 同注⑲。

㉘ 沙孟海：《配儿钩镭考释》，《考古》1983 年 4 期。

㉙ 曹锦炎：《浙江出土商周青铜器初论》，《东南文化》1989 年 6 期。

㉚ 杨树达：《积微居金文说·姑鹏句镭再跋》引吴闿生：《吉金文録》四卷 34 页下引。

㉛ 郭沫若：《两周金文辞大系图录考释》第八册，科学出版社，1957 年。

㉜ 杨树达：《积微居金文说》增订本 125 页《姑鹏句镭再跋》，中华书局，1997 年 12 月。

㉝ 吴镇烽、雒忠如：《陕西省扶风强家村出土的西周铜器》，《文物》1975 年 8 期。

㉞ 广东省文物管理委员会：《广东清远发现周代青铜器》，《考古》1963 年 2 期。

㉟ 广西壮族自治区博物馆：《广西恭城县出土的青铜器》，《考古》1973 年 1 期。

㊱ 参阅马承源：《吴越文化青铜器的研究》，《吴越地区青铜器研究论文集》，香港两木出版社，1997 年。

㊲ 同注㉓。又见梁柱：《越式青铜甬钟刍议》，《人类学论文选集》，中山大学出版社，1986 年。

㊳ 王海文：《乐钟综述》，《故宫博物院院刊》1980 年 4 期。

㊴ 张龙海、李剑：《微型鎏金编钟》，《山东画报》1985 年 10 期。

㊵ 李宏涛、王丕忠：《汉元帝渭陵调查记》，《考古与文物》1980 年创刊号。

㊶ 袁仲一：《秦代金文、陶文杂考三则》，《考古与文物》1982 年 4 期。

㊷ 李纯一：《中国上古出土乐器综论》，文物出版社，1996 年 8 月。

㊸ 李龙章：《广州西汉南越王墓出土青铜容器研究》，《考古》1996 年 10 期。

㊹ 江西省历史博物馆等：《江西靖安出土春秋徐国铜器》，《文物》1980 年 8 期。

㊺ 同注㉛⑥。

㊻ 同注㊷。

㊼ 罗振玉：《贞松堂集古遗文》，1930 年。

㊽ 见马承源主编：《中国青铜器》，上海古籍出版社，1988 年；朱凤翰：《古代中国青铜器》，南开大学出版社，1995 年。

㊾ 容庚：《商周彝器通考》，哈佛燕京出版社，1941 年。

(50)(51)(64) 同注㊷。

(52) 中国科学院考古研究所：《上村岭虢国墓地》，科学出版社，1959 年。

(53) 冉钲又称南疆钲，原为罗振玉旧藏，图见注㊾。现为旅顺博物馆所藏，见于鸿志：《吴国早期重器冉钲考》，《东南文化》1988 年 2 期。

(54) 见陈梦家：《西周铜器断代》（五），《考古学报》1956 年 3 期；注㊷；高至喜：《中国南方出土商周铜铙概论》，《湖南考古辑刊》第 2 辑，岳麓书社，1984 年。

(55)(66) 殷玮璋、曹淑琴：《长江流域早期甬钟的形态分析》，《文物与考古论集》，文物出版社，1986 年。

(56) 同注⑨。

(57)(69) 江西省文物考古研究所等：《新干商代大墓》，文物出版社，1997 年。

(58) 长兴县文化馆：《浙江长兴县的两件青铜器》，《文物》1973 年 1 期。

(59) 余家栋：《江西新余连续发现西周甬钟》，《文物》1982 年 9 期。

(60)(63) 见注(54)高文。另见高至喜：《湖南省博物馆藏西周青铜乐器》，《湖南考古辑刊》第 2 辑，岳麓书社，1984 年。

(61)(65) 见注(54)高文。

(62) 高至喜：《湖南省博物馆藏西周青铜乐器》，《湖南考古辑刊》第 2 辑，岳麓书社，1984 年。

(67) 南波：《介绍一件青铜铙》，《文物》1975 年 8 期。

(68) 陈佩芬：《记上海博物馆所藏越族青铜器——兼论越族青铜器的纹饰》，《上海博物馆集刊》第四期，上海古籍出版社，1987 年。

(70) 同注㊱。

南越国铁器与秦国铁器之比较

梁云　赵曼妮

南越国铁器主要为锸、锄等农业生产工具或刀、削等手工工具；一般士卒装备的武器主要是青铜兵器。这是南越国铁器的基本特点。

据黄展岳、麦英豪先生对南越王墓、广州汉墓、广州淘金坑墓地、广州柳园岗墓地、肇庆松山汉墓、平乐银山岭墓地、贵州罗泊湾汉墓等南越国时期墓葬出土兵器资料的统计，铜兵器共计 1384 件；其中剑 20、短剑 48、矛 60、戈 11、钺 8、镦 29、弩机 22、镞 1186 件。铁兵器共 60 件；其中剑 25、矛 20、戟 5、钺 1、镞 4 件[①]。出土的铜兵器数量是铁兵器的 23 倍，雄辩地说明了南越国军队的兵器是以青铜制品为主的。

然而，南越王墓随葬的铁兵器数量超过了该墓的铜兵器。除了一件钺之外，该墓的铁兵器皆出于主棺室，包括剑 15、矛 7、戟 2；铁工具则分布在前室、东西耳室、东西侧室、后藏室。由于主棺室是停放墓主棺椁的地方，属于墓葬的"正藏"部分，与墓主人的关系最近；其他墓室与墓主的关系较之稍远。因此，不同种类铁器的空间分布说明铁兵器较铁工具要珍贵得多。

南越王墓的铜兵器分布于主棺室和东西侧室。主棺室内有铜戈 1、铜镦 1、铜弩机 15、铜镞 519 件，皆位于棺椁之外或椁盖板上。铁兵器则大多数位于棺椁之内，一些铁剑紧贴墓主人的腰侧。这种铁、铜兵器与墓主人的亲疏远近关系生动地反映出墓主人对铁兵器的珍视程度超过了铜兵器。

只有在铁兵器还比较稀缺的条件下，才会出现这种情况。比如战国早期在中原地区已经制造和使用铁器，但远未达到战国中晚期那么普遍的程度。河南陕县后川 M2040 是一座战国早期的卿大夫级别的墓，出铜列鼎 7 件，该墓的一件金首金格铁剑，紧贴人骨的左胸腹；"可见铁剑在当时是非常贵重的武器"[②]。西汉南越王墓与战国时期贵族墓埋葬铁剑习俗的相似性，证明了南越国铁器发展的滞后。南越王墓的铁兵器不仅不能说明它的普及，反而证明了该国兵器以青铜为主的历史事实。

研究者认为南越国"主要的铜兵器大多出土于银山岭西瓯戍卒墓地。铁兵器则多见于南越王墓和南越高级官吏墓中。这种现象似乎表明，青铜制的短剑、矛、镞和弓矢，应是南越士卒的主要武器装备，铁剑、铁矛主要为南越将官所使用"[③]。这个意见是很对的。平乐银山岭墓地共出土铜兵器 299 件，铁兵器仅 4 件；还出土了鼎、釜等铁质生活容器和镰、锄等铁农具以及斧、锛、刀、削、凿等铁质工具④。可以说，在兵器之外的生产领域，基本是铁器的天下。

南越国铁器的这个特点，也正是秦国铁器的特点。

秦国兵器以秦始皇陵兵马俑坑所出最集中、也最有代表性。在秦俑一、二、三号坑已发掘的部分共获兵器 41924 件，以青铜镞占大多数；此外还有戈、矛、戟、铍、殳、剑、吴钩、弩机共 536 件；种类齐全，堪称秦国武库的缩影。这其中仅 6 件铁兵器：铁矛 1、铁镞 1、铁铤铜镞 4，还不到兵器总量的万分之一（若排除铁铤铜镞）⑤。秦俑坑所出绝大多数为青铜兵器。由于文献记载战国时期的铁兵器已经相当锋利，考古发现的战国铁器也很多。因此，这就自然让人产生疑问：秦俑坑的兵器能否代表当时秦军武器装备的真实情况？有学者就认为兵马俑坑罕见铁器乃礼制或习俗方面的原因，坑中兵器适于仪仗的用途，不能用它来代表秦的整个社会的情况⑥。

此说尚可商榷。首先，在秦俑坑之外的全国各地发现的秦兵器绝大多数为青铜制品，有戈、矛、剑、镞等，与秦俑坑的发现大体一致，可见兵马俑坑不是一个孤例。其次，俑坑兵器铭文有"三年"、"四年"、"五年"、"七年"、"十五年"、"十六年"、"十七年"、"十八年"、"十九年"。这些年号均为嬴政的在位纪年，可见兵器的铸造延续时间很长⑦。如果专为丧葬礼仪制作兵器似乎不需要延续这么长的时间。再其次，俑坑所出为实用器，不同于专为丧葬而制作的明器；况且秦俑坑兵器中仅殳和吴钩为礼兵。最后，也是最重要的一点，汉阳陵南区从葬坑的性质和秦兵马俑坑相同，均为帝陵的"外藏椁"。汉承秦制，如果秦俑坑罕见铁兵器确属丧葬礼仪的需要，那么汉阳陵南区从葬坑所出兵器也应为青铜制品。然而，南区从葬坑中除了弩机、镞等远射兵器外，戟、剑、矛等近战武器皆为铁制品⑧；如下表：

	铜兵器			铁兵器			
	镞	弩机	承弓器	戟	矛	剑	镞
第一次发掘	1707	25	1	42	16	82	
第二次发掘	849	13	2	93	77	58	159
合计	2556	38	3	135	93	140	159

近战兵器全为铁制品，与秦俑坑截然不同。这反映出在西汉前期，铁兵器已经动摇了铜兵器在兵器家族中的老大地位。

王学理先生认为秦国农工工具多铁，兵器多铜⑨，概括得相当准确。据王志友先生的统计，出土的秦铁农具有锸、铲、锛、镢、铧、锄、镰等，可用于深耕、锄草、收割各方面；铁工具有斧、凿、锯、钳、削、刀、锥等，包括木工、金工、模范、打制石器等各工种⑩。战国中晚期铁器已经在秦国农业和手工业领域占据了支配地位。文献和秦简记载秦冶铁业的职官有铁官令、左采铁、右采铁等。秦简《厩苑律》："假铁器，销蔽不胜而毁者，为用书，毁勿责"。官府免费为百姓提供铁器，损坏了亦可免于赔偿。可以说，商鞅变法以来的农战政策，就是建立在铁农具广泛应用的基础之上的。

秦国兵器用铜、工具用铁，是否为列国中的独特现象？文献记载东方国家的铁兵器相当锋利，如韩国的冥山、棠溪、邓师、宛冯生产的钢铁剑戟，可以"陆断马牛，水击鹄雁，当敌即斩"（《史记·苏秦列传》）；楚国的"宛之钜铁，施钻如蜂虿，轻利剽遫，卒如熛风"（《史记·礼书》）。秦昭王亦云："吾闻楚之铁剑利而倡优拙"（《史记·范睢蔡泽列传》）。那么，考古发现是否与上述记载吻合？或者说，东方国家是否以铁兵器为主要的武器？

目前发现的楚墓已逾千座，其中湖北当阳赵家湖、江陵雨台山、江陵九店的墓葬资料已经集结成报告出版⑪。这些墓葬出土兵器的比例很高，比如在春秋晚期至战国早期的江陵九店的乙类墓（相当于中下士或庶人）中达到75%，在丙类墓（相当于庶人）中达到25%；在同时期赵家湖乙类墓（相当于中下士或庶人）中达到40%，在丙类墓（相当于庶人）中达到7.7%。战国中晚期墓葬出兵器的比例进一步攀升，九店247座乙类墓中出兵器的有97座，约占40%；175座丙类墓中出兵器的有80座，约占46%。根据田野发掘中碰到男性墓和女性墓的几率几乎对等的原则，可以说绝大多数男性墓都随葬了兵器。这些兵器包括剑、矛、戈、镞等，绝大多数为青铜制品。由此可见楚国军队装备还是以铜兵器为主。当然，早在春、战之交的楚墓就随葬有铁兵器，如湖南长沙杨家山65号墓就出土了一柄铁剑，系含碳约百分之五的退火中碳钢⑫。但铁兵器在考古记录中没有占到一定比例，甚至没有达到与铜兵器平分秋色的地步，也是很清楚的。

文献中韩国的铁兵器也很出名。1971年在郑韩故城外城东南的白庙范村发现一处战国晚期的青铜兵器窖藏；数量超过200件，种类有戈、矛、剑。这些兵器绝大多数是韩国制造的，铭文纪年中最晚的是韩王安八年（前231年）⑬。白庙村的发现多少说明战国晚期铜兵器在韩国还很流行。在郑韩故城外城的小吴楼北和仓城南还有冶铁遗址，发现的铁器主要是生产工具。

唯一的例外是燕下都44号墓，位于武阳台西南的几块夯土面之间，是一长条形的丛葬坑，内有人骨22具，互相叠压，有的断头离肢，"可能与一次战争或屠杀有关"⑭。人骨间遗物以铁兵器为主，包括胄1、剑15、矛19、戟12、镞11、刀1、匕首4、锄1、镢4、带钩3。青铜兵器仅戈1、剑1、弩机等。44号墓说明燕国已经制造铁兵器，并达到一定规模；但不能就此认为燕国武器已经以铁兵器为主了。因为1973年在燕下都虚粮冢墓区以东的23号作坊遗址的一个炉膛内就发现了青铜戈108件；戈铭多有燕君名号，最晚的为燕王喜⑮。23号作坊遗址位于都城三号河渠以北，专门铸造兵器和货币，官营性质明显；它出土的铜兵器数量超过了44号墓出土的铁兵器。

总之，考古资料表明在战国中晚期东方国家的兵器依然以青铜为主；铁兵器已经生产，并达到一定规模，但没有取代青铜兵器占据的主体地位。这与秦国的情况大体一致。秦灭六国后，"收天下兵，聚之咸阳，销以为钟鐻，金人十二，重各千石，置廷宫中"（《史记·秦始皇本纪》），也说明了原六国兵器以青铜为主的历史事实。

为什么战国时期铁兵不能取代铜兵成为军队的常备武装？技术上的限制应是最重要的原因。

根据对燕下都44号墓铁兵器的金相组织分析，有些铁剑如M44：19是用块炼铁直接锻成的；有些剑、戟、矛则是由含碳不均匀的钢制成的，即用块炼铁渗碳制成的低碳钢作为锻料；钢中分布着大量的氧化亚铁和硅酸盐杂质，如M44：100（剑）、M44：87（镦铤）、M44：15（矛），及长达104厘米的铁剑。在加工成型方面，则是用纯铁增碳后对折，然后多层叠打而成，钢剑有明显的分层折叠现象；增碳后也没有在900度以上的高温加热进行均匀化处理，或反复锻打；故形成了每片表面为高碳层、中间为低碳层的情况[16]。简言之，当时的铁兵器是以块炼铁直接锻成、或以块炼铁渗碳形成的低碳钢为锻件锻成的。加热锻打的次数较少，没有出现西汉那种反复加热锻打的"百炼钢"。钢铁中夹杂质不均匀，质量较差。虽然当时生铁铸件已经广泛应用于农业和手工业，但生铁含碳高，硬而质脆，缺乏韧性和延展性，不宜制作兵器。又因为块炼铁的产量和效率都很低，渗碳的工序也很烦慢；所以当时虽然已经制作铁兵器，但它的产量不能满足当时对兵器的大量需求，尤其在"兵戈乱浮云"的战国时代。战国诸雄把铁主要用于农业工具，是因为锸、锄等等工具可用生铁直接铸成，性能上也没有兵器那么高的要求。直到西汉时期，出现了利用生铁脱碳成钢的新工艺，才解决了铁兵器锻件坯料上的供应问题；因为生铁的生产效率远远高于块炼铁。至迟到西汉中期，铁兵器就取代了铜兵器的主导地位。

南越国铁器和秦国以及战国时期列国铁器的相似性说明其发展落后于西汉时期的中原地区。

岭南地区在春秋战国时就进入了青铜时代。据叶小燕先生的统计，在广东各县市发现的38座东周墓中共出青铜器718件，占随葬器物总数的80%以上。青铜器包括生活用具、乐器和武器等，但以武器工具为大宗[17]。可见岭南地区青铜兵器的铸造生产在东周时期就形成了自己的传统。战国铁器有零星发现，但到了秦和西汉前期，广东地区的铁器数量才急剧增加，由此进入了铁器时代。学者们普遍认为铁器传入广东和秦始皇用兵岭南有关，是很正确的。秦始皇曾发五十万大军分五路进取岭南，其中有三路进入并留戍在了广东（《淮南子·人间训》）；还遣罪人、商人等屯戍桂林、象郡、南海，与"百粤杂处"（《汉书·高帝纪》）。这些南下的军民由此将铁器带入岭南。既然南越国的铁器直接来源于秦国，二者的相似性就不足为奇了。

根据对南越王墓铁器的金相组织分析，除一件三足越式鼎为白口生铁铸件外，余皆加热锻打成型，锻件坯料为熟铁或含碳不等的钢料。"岭南出土的铁器大部分是采用了锻造加工成形的方法，这与中原地区在战国时期的锻造加工技术相同，如铁锛……同辉县出土的战国铁斧的锻造加工工艺基本一致"[18]。

总之，南越国铁器的加工成型技术直接来源于秦国；目前发现的生铁铸件还很少，还难以确认南越是否拥有自己的冶铁业。西汉南越国铁器落后于同时期的中原地区，除了技术上的限制外，铁料的缺乏也是很重要的原因。南越王墓的铁器有用废料再加工锻打的；有的则直接利用中原地区输入的钢料作锻件，如一件铁削（C145－42）就是用生铁脱碳钢料经锻打加工制成的。《汉书·南粤传》记载高后时"禁南粤关市铁器"；"毋予蛮夷外粤金铁田器"；这竟然成为赵佗称帝并寇掠边郡的口实。可见岭南的铁器需要仰仗中原供应。当然，汉王朝对铁器的垄断，既包括成品，也包括冶炼及加工成型技术。

注　释

① 广州市文物管理委员会等：《西汉南越王墓》，文物出版社，1991 年，第 352 页。

② 中国科学院考古研究所：《陕县东周秦汉墓》，科学出版社，1994 年，第 71 页。

③ 广州市文物管理委员会等：《西汉南越王墓》，文物出版社，1991 年，第 352 页。

④ 广西壮族自治区文物工作队：《平乐银山岭战国墓》，《考古学报》1978 年 2 期；广西壮族自治区文物工作队《平乐银山岭汉墓》，《考古学报》1978 年 4 期。

⑤ 王学理：《秦俑专题研究》，三秦出版社，1994 年，第 233～234 页。

⑥ 李学勤：《东周与秦代文明》，文物出版社，1984 年，第 269 页。

⑦ 王学理：《秦俑专题研究》，三秦出版社，1994 年。

⑧ 陕西省考古研究所汉陵考古队：《汉景帝阳陵南区从葬坑发掘第一号简报》，《文物》1992 年 4 期；陕西省考古研究所汉陵考古队《汉景帝阳陵南区从葬坑发掘第二号简报》，《文物》1994 年 6 期。

⑨ 王学理：《秦俑专题研究》，三秦出版社，1994 年，第 264 页。

⑩ 王志友：《考古资料所见秦生产工具的类型及相关问题》，《秦文化论丛》第六辑，西北大学出版社，1998 年。

⑪ 湖北省宜昌地区博物馆、北京大学考古系：《当阳赵家湖楚墓》，文物出版社，1992 年；湖北省文物考古研究所：《江陵九店东周墓》，科学出版社，1995 年；湖北省荆州地区博物馆：《江陵雨台山楚墓》，文物出版社，1984 年。

⑫ 长沙铁路车站建设工程文物发掘队：《长沙新发现春秋晚期的钢剑和铁器》，《文物》1978 年 10 期。

⑬ 郝本性：《新郑"郑韩故城"发现一批战国铜兵器》，《文物》1972 年 10 期。

⑭ 河北省文物管理委员会：《河北易县燕下都 44 号墓发掘报告》，《考古》1975 年 4 期。

⑮ 河北省文物管理处：《燕下都第 23 号遗址出土一批铜戈》，《文物》1982 年 8 期。

⑯ 李众：《中国封建社会前期钢铁冶炼技术发展的探讨》，《考古学报》1975 年 2 期。

⑰　叶小燕：《论广东南越文化及其与中原文化的关系》，《岭南古越族文化论文集》，香港市政局出版，1993年。

⑱　广州市文物管理委员会等：《西汉南越王墓》，文物出版社，1991年，第333页。

西汉南越王墓出土"泰子"印浅论

陈松长

西汉南越王墓一共出土了各类印章 23 枚，其中金印 3 枚，玉印 9 枚（其中 6 枚无款），绿松石印坯 3 枚，铜印 5 枚（其中 3 枚是鎏金的铜印，1 枚无文字），玛瑙、水晶印坯各 1 枚，象牙印 1 枚。35 枚封泥，其中 1 枚圆形封泥上盖有四个"眛"字圆形私印。此外，还有 4 枚陶器上的印章戳记。

在同一墓葬中出土这么多印章的例子并不多见，现在所知，一墓出土汉印最多的是 1994 年 12 月至 1995 年 3 月在江苏徐州狮子山发掘的楚王陵，该墓一共出土了近 200 方官印，但据报道[①]所知，这些官印并不是表示墓主身份的，而是集中放置在木质箱中，放在 W4 室中随葬的，用这么多官印随葬的目的显然是表示这些属官都象征性的殉葬而已。与楚王陵汉墓随葬官印有点类似的是 1986 年发掘的徐州北洞山汉墓，该墓也出土了 12 枚铜质官印，计有"山桑之印"、"虹之右尉"、"楚御府印"（图一）、"楚武库印"（图二）、"楚宫司丞"（图三）、"楚邸"（图四）[②]等，都是楚王的属官，并不是墓主的名印或官爵印，因此，南越王墓中出土的 23 枚印章，尽管其中有好些是陪葬的"右夫人"、"左夫人"、"部? 夫人"的随葬印，但墓主一人身上就放置了 9 枚印章（4 枚无款），这确是很不寻常的现象，虽然其中只有 5 枚有款，但它们都是与确认墓主身份和名号有关的印章，从这个意义来说，西汉南越王汉墓仍是出土名号印章最多，也是最值得讨论的汉墓（1960 年湖南长沙杨家山 6 号墓中曾出土过 4 枚表示墓主官爵和名号的印章）之一。

对这 5 枚名号印章的讨论文章已有很多，以《西汉南越王汉墓》[③]一书为代表的倾向性意见是："文帝行玺"（图五）、"帝印"（图六）和"赵眛"玉印（图七）都是第二代南越王赵眛生前的用印，而两枚"泰子"金印、玉印则应是赵眛之父的遗物，因为据史书记载，第二代南越王是第一代南越王赵佗的孙子，即是王孙，生前不会有太（泰）子封号。

这种解释，在文献上似乎是讲通了，但在印章使用和随葬的葬制上却是难以解释的。

王献唐先生很早就指出："周秦两汉玺印，类皆佩带。""战国始以玺印封秩，《国

图一

图二

图三

图四

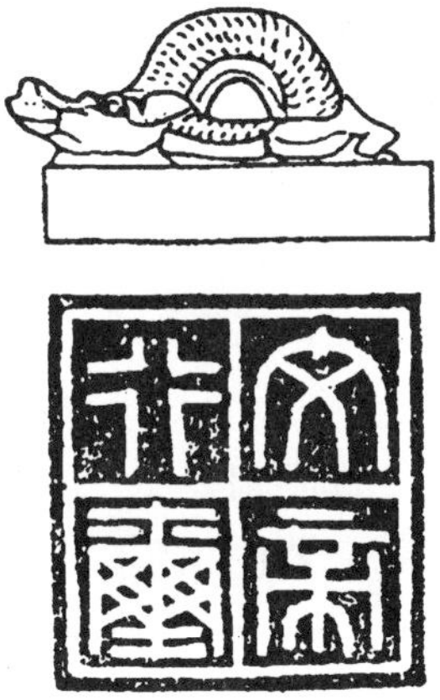

图五

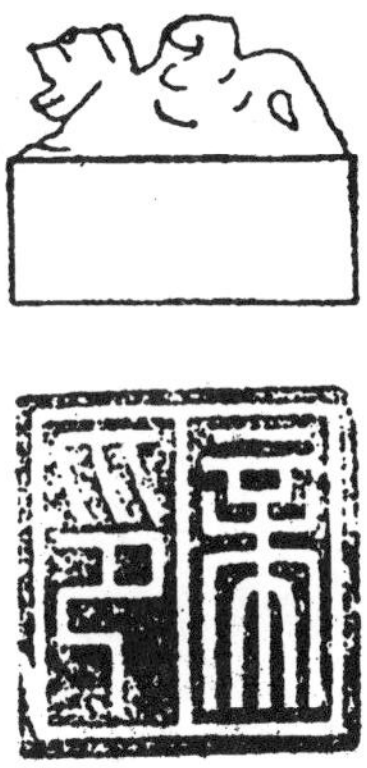

图六

图七

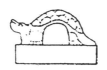

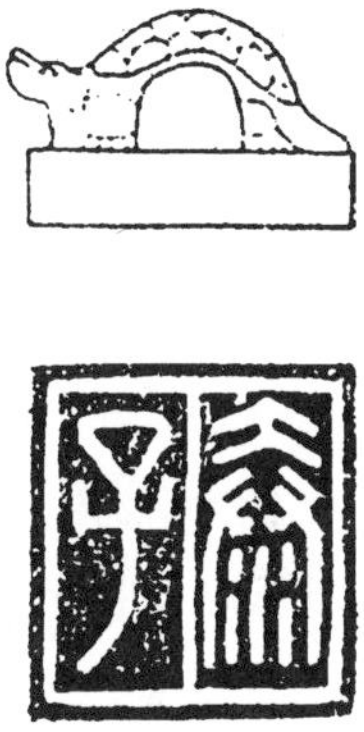

图八

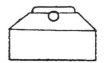

图九

图一〇

图一一

策》载赵王封苏秦为武安君，受相印。《史记·苏秦传》，佩六国相印。张仪传，佩五国相印，以印拜相，已如汉仪。"④可见战国以下，玺印作为名位身份的标识已成定例，而以玺印随葬，除压胜禳灾的吉语印之外，大都是墓主生前名位和身份的标志，因此，其玺印随葬的存放位置都有一定的规律。

据湖南历年出土的战国两汉官私玺印的资料来看，出土玺印的位置，大都是头箱或腰部，而且一般是官爵印放在头部，名号印放在腰部，最有代表性的是 1960 年长沙杨家山 6 号墓，该墓一起出土了"逃阳令印"、"洮阳长印"、"苏将军印"和"苏郢"四枚印，其中两枚官印出土于头部，两枚名号印则出土于腰部。⑤这多少也说明，作为名号之类的私印，大都是墓主生前佩带使用之物。

《西汉南越王墓》的报告中，对墓主身上出土的 5 枚印章的简述如下：

1. "文帝行玺"金印，出墓主身上，位当胸部，斜靠在 D70 铁剑的茎部处，方形，龙钮。

2. "泰子"金印、玉印各一枚，皆阴刻篆文，出墓主腰间（在该书的 205 页的描述中略有不同，说这两枚印是和一枚无字玉印同出于玉衣上面约当腹部位置）。金印龟钮，印面右"泰"左"子"，外加边栏，中有竖界（图八）。玉印覆斗钮，印面右"泰"左"子"，无边栏，无中界（图九）。

3. "帝印"玉印，蟠龙钮，出墓主身上。阴刻篆文，中间竖线分隔，外加边框。

4. "赵眜"玉印，出墓主身上，覆斗钮，印文阴刻篆书，中有竖线分隔，外加边框。

尽管"帝印"、"赵眜"两印出土的具体位置没有说明，但两枚"泰子"印的位置则说得很明确，是出土于腰间，或者说是出土于腹部位置，这个位置正与战国以来的玺印佩带和随葬的位置是相同的，如果放在这个位置随葬的这两枚"泰子"印是其父亲的封号印，显然不合古人佩带印章的习俗和随葬印章的礼制。如果这两枚"泰子"印确实是赵眜的父亲生前所封之印，而赵眜之子婴齐将其葬于他的腰间，那么，这既是对其父赵眜的大不敬，也是对其祖父的一种亵渎，更何况这样做完全不合葬丧的礼数。因此，这种解释显得牵强而不合情理。

此外，"泰子"金印与"赵眜"玉印、"帝印"金印的刻制风格完全一样，都是日字格，印文刻得平直整饬，一看就是同期之物，倒是"泰子"玉印的形制和风格显得要略晚一些。这一是它的印面没有日字格，大家知道，这日字格是秦至汉初印章的显著特征之一。另外，其覆斗钮的印台厚度和整个钮的高度都比"泰子"金印要薄些小些，长沙马王堆二号汉墓的"利仓"玉印（图一〇）和沅陵虎溪山汉墓出土的"吴阳"玉印（图一一）的印台都要高很多，这也间接说明这枚"泰子"玉印的制作时间不会很早，因此，关于这两枚"泰子"印的主人究竟是谁，似乎还有讨论的必要。

　　首先，我们不可回避的一个问题是，一个墓中为什么要随葬两枚"泰子"印？为什么已经有"文帝行玺"、"帝印"这样至高无上的封号印随葬，还要附上这种继位之前的太子封号印干什么呢？

　　答案可能只有一个，就是所谓"泰子"的封号对墓主来说相对比较重要，它可能比"文帝"的帝号还来得重要。

　　《西汉南越王墓》一书在"墓主和年代"⑥一章中分析说：

　　"墓主遗骸经鉴定，判断死亡年龄为 35～45 岁。今以 40 岁估算，知墓主约生于文帝末（前 162 年左右），是时赵佗应有八九十岁（照王铭盛推算已近百岁）。老迈耄耋之年生子，实为奇谈。故墓主决非赵佗之子甚明。把他看成是赵佗的孙子，则符合实际情况。从古代帝王早婚，祖孙（佗、眜）岁差又达八九十年这两个方面估算，墓主赵眜不会是赵佗的长孙，而应是赵佗的次孙中的一个。《汉书·南粤传》载，汉文帝元年陆贾出使南越，赵佗上汉文帝书称'老夫处粤四（应为三）十九年，于今抱孙焉。'按文帝元年即公元前 179 年，至建元四年（前 137 年）佗卒，相隔有 43 年。就退一万步来说，汉文帝元年赵佗的孙子刚出生，到佗死之年这孙子已是 43 岁的壮年了，再加上南越二世在位约 16 年，如果二世是长孙的话，死年已是 58 或 59 岁将近老年的人了，这个岁数与墓主遗骸鉴定的年岁迥异，所以，这是论定墓主是佗的次孙的又一力证。"

　　应该说，这种分析和论证是很有说服力的。我们在认可这种推论的同时，就不得不面对另一个越位僭礼继承王位的问题。

　　按《西汉南越王墓》的分析，"墓中出土'泰子'金印、玉印各一枚，原应是赵佗之子（赵眜之父）的遗物，因佗子未及嗣位而亡，印归赵眜掌管，眜死，又是婴齐把这 2 枚'泰子'印随同'文帝'金印一起入葬"。这里我们且不说赵眜之父是如何"未及嗣位而亡"，单说赵眜本人，他连长孙都不是，可能连掌管其父"泰子"印的资格都没有。此外，按嫡长子继位的封建礼制规定，如果是赵佗的长子"未及嗣位而亡"，那么，继位的也应该是其长孙，赵眜作为赵佗的次孙，哪有继承帝位的资格呢？因此，赵眜的继位，肯定经过了一场血风腥雨的宫廷继位争夺战。可以想像的是，第一代南越王赵佗在位的时间太长，他的子孙成年者肯定有一大堆，尽管他生前曾立过太子，也许这太子本人无能，也许这太子因故早亡，反正在赵佗去世之时，赵佗本人也可能左右不了局势，故赵眜作为赵佗的次孙，才有越礼继承帝位的可能，而他的继位，从哪一个角度来说，都是不合封建礼制的。所以，他的继位，犹如清代康熙驾崩，雍正继位一样，也一定经历了一场越位继承帝位的殊死争夺。

　　如果以上的推论不太离谱的话，那么，赵眜继位的历史本身并不是一段很光彩的历史，尽管这段历史在史书上没有记载，或者这段篡位内幕在南越王宫中就已封锁，故史书缺载，但就赵眜本人来说，这样越礼继位的事实可能始终是他的一块心病，因此，为了遮人耳目，蒙骗世人，他可以自铸"泰子"印来证明其继位的合法性，因为他位处南越，连帝位都可以僭称，可以"乘黄旗左纛"，与汉朝廷抗礼，那自命为"泰子"又有什么奇怪的呢？

通过上述讨论，我们认为，这两枚"泰子"金印、玉印并不是赵眜其父的封号印，而应是他本人自铸的封号印，以之随葬并放置于腰间，说明他生前曾经佩带过。金印与玉印并不是同时所制，这说明赵眜生前曾铸制过不同的"泰子"印，他之所以铸制和佩带"泰子"印，其根本原因是他对"泰子"这个身份的看重，就连其死后，也要向阴间地府证明其继承帝位的合法性，故其子将不同时期铸制的两枚"泰子"印都置于其腰部而随葬，这样做，既合当时的葬制，又了结了其父生前的一块心病，同时也向世人和后人说明他婴齐继位的合法性，这岂不是帝王家的良苦用心之处？

注 释

① 参见《徐州狮子山西汉楚王陵发掘简报》，载《文物》1998 年 8 期。

② 参见《徐州北洞山西汉墓发掘简报》，载《文物》1988 年 2 期。

③ 《西汉南越王墓》，文物出版社，1991 年。

④ 参见《五灯精舍印话》，齐鲁书社，1985 年。

⑤ 参见《湖南省博物馆藏印集》，上海书店出版社，1991 年。

⑥ 参见《西汉南越王墓》上第 324 页。

南越王墓银盒舶来路线考

周永卫

　　1983 年发现的广州南越王墓，是迄今为止岭南地区发现的规模最大、随葬品最丰富的一座古墓，被称为是 20 世纪 80 年代中国五大考古发现之一。墓中出土的文物中，尤以列瓣纹银盒备受世人瞩目，被认为是岭南发现的最早的"舶来品"。[①]南越王墓的银盒的造型及纹饰都与中国汉代器物风格迥异，而与伊朗波斯帝国时期（公元前 550~前330 年）的器物类似。这件银盒的蒜瓣形花纹，是用锤揲法压制而成，一般认为，锤揲压制金银器起源于波斯文化。与此银盒同作花瓣形花纹的金银器皿，在西方多有发现。耐人寻味的是，山东临淄汉初齐王墓器物坑中出土的 1 件银盒，云南晋宁石寨山 11 号和 12 号墓中出土的 2 件铜盒，其造型与纹饰与南越王墓中的银盒几乎完全相同。[②]

　　南越王墓年代是公元前 128~117 年之间，石寨山 11 号、12 号墓是公元前 175~前118 年之间，齐王墓的年代是公元前 179 年左右，三处墓葬的年代大体相当。在同一时期，相距千里的三地竟会出现如此类似的海外珍品，实在令人惊叹。学者们一般认为，南越王墓银盒与齐临淄王墓银盒是从海路传入的。[③]笔者以为，南越王墓银盒由滇缅印道或交趾陆道"舶来"的可能性也相当大。

一

　　在与晋宁石寨山 11、12 号墓处于同一时期的 13 号墓中，出土了蚀花的肉红石髓珠一颗，在发掘报告中并未提及，只当做一般的玛瑙珠。夏鼐先生最先发现它与一般玛瑙珠不同，其十道平行线纹是用化学方法人工腐蚀出来的。[④]蚀花石髓珠在西亚地区有悠久的历史，夏鼐先生文章中说，据英国人培克（H. C. Beck）的研究，它最盛行的时期是三个时期：（1）早期（公元前 2000 年以前），花纹以眼形纹（即圆圈纹）为主要特征，仅见于伊拉克和印度河文化的遗存中；（2）中期（公元前 3 世纪~公元 2 世纪），花纹以直线纹和十字纹为主，分布地域更为广泛，西到罗马时代的埃及，南到印度南部，东到我国新疆、西藏、云南等地，但以巴基斯坦的坦叉始罗（Taxila near Peshwar）发现的为最多；（3）晚期（公元 600~1000 年）。石寨山 13 号墓出土的这颗蚀花肉红石髓珠显然属于培克所说的中期类型。夏鼐先生认为它虽然与坦叉始罗出土的相似，但花纹过于简单，很可能是不同地区分别各自创造的，是否为本地创造，抑或系输入品，殊难断言。笔者同意张增祺、童恩正二先生的观点，认为这颗蚀花肉红石髓珠是从西亚传入的。⑤因为石寨山古墓群出土的玛瑙珠数量极多，无法以件计，但蚀花肉红石髓珠仅一颗，十分珍贵罕见，显然不会是本地产品，如果本地能造，为什么不用玛瑙珠蚀出更多的石髓珠呢？蚀花肉红石髓珠的传入路线，为探讨石寨山波斯风格铜盒的传入路线提供了十分重要的线索。

1972 年在云南江川县李家山春秋晚期（公元前 5 世纪）24 号墓中出土的一颗蚀花肉红石髓珠，表面有白色圆圈纹和曲线纹图案，属于培克所说的早期类型，即公元前2000 年以前。⑥张增祺、童恩正二先生认为其输入路线就是古代印度——云南那条不被更多人注意的商道，印度当时制珠工艺非常发达，其蚀花肉红石髓珠等产品曾在苏米尔（Sumer）、埃及、西亚等地都有发现，⑦是很有道理的。

李家山墓群的形制、葬式和随葬品种类、形制等与石寨山墓群非常接近，同属滇池地区所特有的滇文化墓群，地理位置上二者相距近 40 多公里。二者关系非常密切。⑧

这种属于中期类型的以直线纹为主要特征的蚀花肉红石髓珠在广东也有出土，但时间比石寨山 13 号汉墓出土的这颗要晚。在广州西汉后期墓中曾出土过 2 颗蚀花肉红石髓。⑨在广东南海西汉晚期汉墓中，也出土过 2 颗蚀花肉红石髓珠。⑩

从蚀花肉红石髓珠来说，云南虽然只发现了 2 颗，但它代表蚀花肉红石髓珠发掘的两个不同时期。广东发现的蚀花肉红石髓珠虽多一些，但都属于中期类型，时间都比较晚。

二

考古发现表明，两广与云南地区在汉代以前就已经有了密切的交往。两地早在新石器时代就有不少共同的文化因素，如有肩石斧，本属于百越系统的文物，但在云贵高原上也有分布。近年来在两广地区发现一些属于春秋战国时期和西汉的青铜器，也与石寨山文化的青铜器相似。广西西林铜鼓葬与石寨山文化关系尤为密切。许多器物，在石寨山文化中是大量存在的，在两广地区青铜器中则是个别的，这说明后者是在前者影响下制作的。⑪而在考古学上，两广地区受云南地区文化影响最大最明显的莫过于船纹铜鼓了。

在南越王墓中出土有 9 件大小不一的铜提筒，一般认为是骆越人的盛酒器，其中一件提筒腹部共刻绘有 4 只船纹，每只船内有 6 个人，其中 5 人均头戴长羽冠，身穿羽裙，动态大同小异。有研究者认为这幅图案反映的是一支大型船队斩杀许多敌人，带回首级，并抓到生俘的凯旋场面，认为船是大海船，船只前后的动物图案是海龟、海鸟、海鱼。[12]

羽人船形纹饰在两广云贵等地出土的青铜器特别是铜鼓上出现的不少，学术界比较一致的看法是认为铜鼓的发源地在云南中部偏西地区。[13]铜鼓脱离炊具而定型后有由西向东的发展趋势，在滇池地区成熟，同时沿着巨川大河向南、东、北三个方向流传开来，影响到我国南方和东南亚一大片古老民族地区。在这广大地区范围内，以云南中部、越南北部和两广地区南部发展得最充分，有的自成体系，成为当地土著文化的重要组成部分。据 20 世纪 80 年代初统计，我国当时存在的 1400 多面铜鼓中，只有 27 面饰有船纹，在越南还有 13 面船纹鼓。借助于伴出物和考古研究的成果，可以知道船纹铜鼓出现的年代上限在战国前期，下限在西汉末。船纹的分布情况是：云南晋宁 9 面、江川 3 面，文山、广南、金平、麻栗坡、云县、腾冲各 1 面；广西西林、贵县各 2 面；四川会理及贵州赫章各 1 面。国外的船纹鼓，大都发现于越南北部，基本分布在红河三角洲，越南近邻老挝等国也偶有发现。[14]

这些船纹时代都与南越王墓时代大体相当或略早，船的造型，船上的人数、形态举止打扮，船只首尾的动物都与南越王墓铜提筒上的船纹极为相似。

这些羽人究竟是何民族？船只是内河船还是海船？羽人船纹图究竟反映了什么样的文化内涵？冯汉骥先生认为，晋宁早期铜鼓（如 M14：1）船纹的船形，船身狭长轻便，仅可在内河或滇池这种小水中行驶，皆与海中航行装置不合，没有桅和帆，根据船纹推测，应用铜鼓的人为海滨民族是不合乎实际的。[15]笔者赞同此观点，认为船纹反映的是小船而非大船，一般只有 4 至 6 人，何大之有？是内河船而非渡海船。船首尾前后的动物，也并非海鸟、海龟、海鱼。

云南是铜鼓及船纹的发源地，南越王墓中出土的骆越人的船纹铜提筒，充分反映出滇文化对南越国的影响。

三

滇池地区古墓中曾发掘出大量的海贝。其中，江川李家山古墓群中，出土的海贝总数约 11 万 2 千余枚，重 300 余斤。晋宁石寨山古墓群出土海贝总数约 14 万 9 千余枚，重 400 余斤。关于这些海贝的用途，学术界也有不同意见。李家瑞先生认为是货币，[16]方国瑜先生认为是装饰品。[17]但都认为这些贝不产于内地江河湖泊，而产于深海之中。《马可·波罗游记》中说，元代云南使用的贝币，全部来自印度。"印度、印度支那、云南一带用贝币，正是成一系统的。云南所用贝也是产于印度洋及印度支那的南海中。"[18]正如江应樑先生指出："秦汉之时，永昌为通海要道，在交趾、广州尚未成为海上国际商埠时，西亚或南海船只东来的，都在缅甸、暹罗登岸而入云南。我们或者可以大胆地说，云南用贝是与暹罗有着密切的关系的，姑立一个假想如下：（1）自汉唐以来，云南土著民族和暹罗必长时期发生着经济的关系。（2）暹罗用海贝，为着经济相互之间的密切关系，所以云南也以海贝为货币。（3）暹罗与云南之关系，必较中国本土与云南之经济为深切，故元明以前，中国虽也有铜钱入云南，但却不能使滇中废贝而用钱。"[19]

这些海贝主要出土于春秋末期（公元前6世纪）至西汉中期的墓葬中。出土过蚀花肉红石髓珠的李家山24号墓和石寨山13号墓，出土过波斯风格铜盒的石寨山11、12号墓，都有大量海贝出土，其中石寨山11号墓出土海贝2800余枚、12号墓2万余枚、13号墓2万5千余枚，[20]反映出这一时期云南对外交往的频繁。

中南半岛的掸族诸国连接傣族的缅越地区，他们的宗教、文字、风俗等和云南傣族相近，也用贝币进行贸易，与云南关系极为密切。这些海贝就是通过他们沿萨尔温江（怒江）、伊洛瓦底江、湄公河（澜沧江）、红河溯流而上，传至云南的。以今天的通航条件来看，这些河流在云南境内，奔流于深山峡谷之中，水流汹涌，险滩密布，不具备通航条件，但这些河流出境以后，进入平原地区，河床宽阔，水流和缓，均可行船。[21]

两汉时期，海贝特别是带有紫颜色的海贝在岭南地区也很受器重。赵佗献给文帝的礼物中就有"紫贝五百"。[22]三国时期吴国万震的《南州异物志》载："交趾北、南海中，有大文贝。质白而文紫，天姿自然，不假雕琢，磨莹而光色焕烂。"[23]晋刘欣期《交州记》云："大贝，出日南，如酒杯。小贝，贝齿也，善治毒。俱有紫色。"[24]约隋唐时出现的佚名《广州志》亦云："贝凡有八，紫贝最其美者，出交州。大贝出巨延州，与行贾贸易。"[25]岭南的交趾和日南一带是紫贝的重要产地，那里出产的紫贝，有的被输入到云南。紫贝在南越国时期备受青睐，应该是受了云南和中南半岛地区用贝的影响。

在历史上，两广与云南的交往是非常密切的。西江的上游南盘江和北盘江都发源于云南，珠江水系将云贵两广地区联系起来。南越国和西南的滇、夜郎等国的交往更为频繁。汉番阳令唐蒙于武帝建元六年（公元前135年）出使南越，"南越食蒙蜀枸酱，蒙问所从来，曰：'道西北牂柯江，牂柯江广数里，出番禺城下。'蒙归至长安，问蜀贾人，贾人曰：'独蜀出枸酱，多持窃出市夜郎。夜郎者，临牂柯江，江广百余步，足以行船。南越以财物役属夜郎，西至同师，然亦不能臣使也。'"[26]

汉代的牂柯江就是今天的珠江（粤江），明清以来，称珠江为牂柯江还很普遍。[27]蜀地枸酱通过夜郎，顺牂柯江进入番禺，足见南越国与夜郎、蜀地的密切联系。同时，在今云南西部保山地区龙陵一带，南越国以向这里的君长赠送财物的方法，而收买拉拢之，从而使滇、夜郎等西南夷国家、部族对南越国保持一种比较松散的附属关系，这种关系一直保持到南越国灭亡。

南越国与滇池地区西南夷的交往，除了通过牂柯江和夜郎以外，还通过西瓯、骆越等部族与之发生关系。西瓯族主要生活在今广西西江中游及灵渠以南的桂江流域。骆越族主要聚居于西瓯族的西部与南部，即今天广西的左、右江流域，越南的红河三角洲及贵州省的西南部。赵佗称帝后，率军征服了骆越族，并利用吕后对其用兵失利罢兵之机"以兵威边，财物赂遗闽越、西瓯、骆，役属焉，东西万余里。"[28]同时，骆越接近滇，受滇文化影响深，有滇文化色彩的事实，[29]是众所共知的。有学者指出，分布于越南北部地区，其时代约在公元前 3 世纪～公元 1 世纪之间的东山文化，它的汉文化因素主要来自四川地区。[30]南越国所统治下的越南北部地区，与西南地区的云南、四川等地有着悠久而密切的交往历史。

有学者认为，晋宁石寨山出土的 2 件铜盒，可能是按照舶来品的式样仿造的。[31]笔者以为仿造的可能性很小，如果是仿造的，那么它的原型是从何处而来？是南越王墓中的那件银盒吗？从时间上看，这 2 件铜盒只会比银盒的时间早，至少是同时，而绝不会比它晚。我推测，铜盒和银盒，甚至包括临淄齐王墓中的银盒，都与蜀商的活动有关。西汉前期，蜀商在中国的经济舞台上扮演了举足轻重的角色，在岭南和西南地区更是异常活跃。这一点，笔者将另文探讨[32]。因此，不仅石寨山铜盒的"舶来"路线是由滇缅印道而来，南越王墓银盒和临淄齐王墓银盒由滇缅印道或交趾陆道"舶来"的可能性也相当大。在当时，中国南方地区与印度的对外交往都是以中南半岛为桥梁，走的是陆路，或内河水路，而不是绕过马六甲海峡的海路。

注　释

① 《广州秦汉考古三大发现》第 241 页，广州出版社，1999 年。

② 《西汉南越王墓》（上）第 346 页，文物出版社，1991 年。参见《西汉齐王墓随葬器物坑》，《考古学报》1985 年第 2 期；《云南晋宁石寨山古墓群发掘报告》第 69 页，文物出版社，1959 年。孙机先生认为南越王墓出土的银盒属于安息银器，应是从安息输入的，见孙机《中国圣火——中国古文物与东西文化交流中的若干问题》第 143 页，辽宁教育出版社，1996 年。

③ 徐苹芳：《考古学上所见中国境内的丝绸之路》，《燕京学报》1995 年新 1 期；孙机《中国圣火》第 143 页；林梅村：《汉唐西域与中国文明》第 317 页，文物出版社，1998 年。

④ 作铭：《我国出土的蚀花肉红石髓珠》，《考古》1974 年第 6 期。夏鼐先生字作铭。

⑤⑦ 张增祺：《战国至西汉时期滇池区域发现的西亚文物》，《思想战线》1982 年第 2 期；童恩正：《古代中国与印度交通的考古学研究》，《考古》1999 年第 4 期。

⑥⑧ 《云南江川李家山古墓群发掘报告》，《考古学报》1975 年第 2 期。

⑨ 徐苹芳：《考古学上所见中国境内的丝绸之路》，《燕京学报》1995 年新 1 期。

⑩ 《广东南海汉墓发掘简报》，《文物资料丛刊》第 4 期，文物出版社，1981 年。

⑪ 汪宁生：《试论石寨山文化》，《中国考古学第一次年会论文集》，文物出版社，1982 年。

⑫ 《广州市文物志》第 97 页，岭南美术出版社，1990 年。

⑬ 《古代铜鼓学术讨论会纪要》，《古代铜鼓学术讨论会论文集》，文物出版社，1982 年。

⑭ 李伟卿：《铜鼓船纹的再探索》，《中国铜鼓研究会第二次学术讨论会论文集》，文物出版社，1986 年。这里不妨列举几个比较重要的船纹铜鼓：（1）云南江川李家山 17 号墓和 24 号墓各出土 1 面船纹铜鼓。24 号墓铜鼓上纹饰有船 4 只，每只船上有裸体羽人 4 至 5 人，作划船状，船间有游鱼、立鸟，鸟长喙大眼；17 号墓铜鼓船纹有船 4 只，每只船上有羽人 3 或 4 人，皆作划船状。这 2 座墓，其年代上限可早到春秋末，下限应在战国中期。见《云南江川李家山古墓群发掘报告》，《考古学报》1975 年第 2 期。（2）晋宁石寨山 14 号墓出土的 1 面铜鼓（M14∶1）胴部下端作羽人划木船者 4 组，每船有 4 人，其年代上限在西汉初叶或更早一些，下限在文帝五年（公元前 175 年）左右。见《云南晋宁石寨山古墓群发掘报告》。（3）广西贵县罗泊湾 1 号墓出土船纹铜鼓 2 面。大铜鼓（M1∶10）图案上有船 6 只，每只船上有划船羽人 6 人，其中 3 船的划船者全戴羽冠，另 3 船各有 1 人裸体，船的前后有龟、鸟、鱼。小铜鼓（M1∶11）上有 2 组羽人划船纹，每船 2 人，皆裸体。其年代在西汉前期（公元前 207～前 111 年）。见广西壮族自治区博物馆：《广西贵县罗泊湾汉墓》第 28～29 页。（4）广西西林铜鼓墓出土铜鼓的胴部饰有船纹 6 只，船首尾饰鸟首，船身大而长，配备有桨、橹，首尾翘起，每船 9 至 11 人不等。船上人物活动大同小异，多数人头戴羽冠。以 9 人船为例，船头跨座 1 人，手执尖形器，后坐 3 人划桨，以上 4 人皆头戴羽冠，裸体；划桨者后立 2 羽人，身穿带前后幅的服装，双手执一长柄而舞，后立一带靠背的小平台，上坐一盛装人，双手合于脸前。平台下置一带足容器。船尾为一执桨执橹人，头上无羽冠，裸体。船前后有鱼、长鸟。11 人船与 9 人船略同，仅在船首多一手执尖形器而坐的羽人及船尾一盛装而舞的羽人。其时代在西汉早期。见广西壮族自治区文物工作队：《广西西林普驮铜鼓墓葬》，《文物》1978 年第 9 期。

⑮ 冯汉骥：《云南晋宁出土铜鼓研究》，《冯汉骥考古学论文集》，文物出版社，1985 年。

⑯⑱ 李家瑞：《古代云南用贝币的大概情形》，《历史研究》1956 年第 9 期。

⑰ 方国瑜：《云南用贝作货币的时代及贝的来源》，《云南大学学报》1957 年第 2 期。

⑲ 江应樑：《云南用贝考》，《云南边疆民族论丛》，珠海大学出版，1948 年。

⑳㉑ 陆韧：《云南对外交通史》第 65 页，云南民族出版社，1997 年。

㉒㉓㉔㉕ 《汉书·两粤传》。

㉖ 《史记·西南夷列传》。

㉗ 张荣芳：《西汉蜀枸酱入番禺路线初探》，《镇海楼论稿》，岭南美术出版社，1999 年。

㉘ 《史记·南越列传》。

㉙ 《文物考古工作十年》第 234 页，文物出版社，1990 年。

㉚ 童恩正：《试谈古代文明与东南亚文明的关系》，《文物》1983 年第 9 期。

㉛ 孙机：《中国圣火——中国古文物与东西文化交流中的若干问题》第 144 页。这 2 件铜盒发掘报告上说表面皆呈水银色，孙机先生认为是镀锡的。

㉜ 参阅拙文《西汉前期的蜀商在中外文化交流史上的贡献》，《史学月刊》2004 年第 9 期。

"干栏建筑基础说"商榷

——妄谈广州秦造船遗址的性质

区家发

关于广州造船遗址的性质，1976年3月在现场召开了遗址性质鉴研座谈会，到会的有关专家学者们几乎一致地认为这是一处造船遗址。这一发现是中国考古的重大发现，非常珍贵，是我考古界和全国人民均值得引以为荣和骄傲的事。但有些人提出干栏建筑基础说以否定船台说，并在广州举办"广州秦汉造船遗址真伪学术研讨会"对遗址发掘者进行指责。遗址的定性是经过全国与会者的专家一致确认的，如果有人认为错了，如果也的确错了也不能指控为"伪"，最多指出认识不对，只是认识问题，绝不能提高到品质问题，指责他人作伪。如果找不出作伪之处，也就说明发掘报告是认真负责的。

本人只是一个老迈的考古匠，对造船史和古建筑毫无认识。本来，对秦造船遗址的性质问题，本人是没有资格参与讨论的，但是对田野考古的地层学也有一点认识，对遗址上各文化层的判断也有数十年的经验，如果连分层发掘也不懂，是没有人会相信的，所以本人也冒昧对该船台遗址被人说是干栏建筑基础提出不同看法。错误之处良多，请大家指正。

一 尚未发现先秦时期的干栏式建筑遗迹

有人根据南方自然气候的特点和民族学的一些材料，特别是现在尚在南方普遍存在的干栏式建筑，论证过西南地区（包括广东）的原始住宅形式是干栏式建筑，于是，积非成是。所以凡西南地区的原始居民的房屋都一定是干栏式，这种观念在考古界的脑海中已根深蒂固。但极具讽刺的是，经过几十年来在西南地区（包括广东）的田野考古调查发掘，从目前已发表的材料来看，我认为还从未发现一处先秦以前可复原的干栏式建筑遗迹。1978年广东省博物馆在高要县金利公社茅岗大队石角村前的鱼塘中，发现了一处水上木构建筑遗址。长达千米，宽约百米，挖出木柱22根，木桩31根，差不多已公认为一处干栏式建筑遗址[①]。但发掘者推断这是一处古代临水的水上建筑或水上栅棚建筑。查实并不是居址建筑，而是建于漓江边约 10 至 20 米的罾棚。罾是方形的大网。在栅棚上安置方形大网用长木或大竹放入江中，待鱼游入网内，渔民便将大网绞起离开水面，这种捕鱼法，渔民称之绞鱼。现在西江的河边上均可见到罾棚（见原发掘报告的图一六）。现在岭南水上栅棚建筑就是渔民所称之罾棚，如果把罾棚也看作干栏式建筑遗迹那就大错特错了。恕本人孤陋寡闻，号称南方原始居民的建筑干栏式建筑遗迹少见报道，但与北方居址建筑相同的例子则多得很。例如广东曲江鲶鱼转、马蹄坪和韶关走马岗三处临浈江江边的山岗遗址，其房子的建筑形式都是半地穴式的，结构基本相同，平面呈方形，多用五根木柱支撑屋顶。屋内有火膛，有储藏对象的窖穴和放置圆底器的洞穴。在香港这个地方，港湾特别多，沙丘、沙堤和淡水的潟湖差不多分布到每一处地方，但也没有发现一处干栏式的建筑遗迹。但在虎地坳海边的山岗上却发现一处面积相当大的半地穴式的房子建筑遗迹。更令人感到惊奇的是，1997 年香港考古学会在后海湾下白坭村的沙丘上不但没有发现临海的干栏式建筑，却发现了一座夯土房基的大房子。其上有排列有序的 51 个柱洞，可见是一座面阔六间，进深二间，前面出廊的悬山顶大型房子，面积达 107.5 平方米（见原发掘报告的图六、十一）[②]。这样宽大的房子，取向准确，其房基经多层夯实处理，其出现在 4000 多年前的香港，对于当时生产力水平极其低下的石器时代，实在令人难以想象。同时，它不是单独的建筑，在其西南侧亦发现有夯土房基，说明这是一组建筑群，一处颇具规模的村落。

举了上述这么多例子，说明广东地区的原始住宅形式并不是干栏式的，而是一些考古学家根据民族学资料，以想当然的主观推断所得出的推论，是没有考古资料作实证的。广州秦造船遗址的船台从其长逾百米的狭长形，考古地层的叠压关系及其结构特点，所处的河汊地质条件等都与干栏式建筑扯不上关系。

二　任嚣、赵佗选择河汊边泥沼地上建宫殿几无可能

南海尉任嚣、赵佗都是北方人，习惯居住于地面上的半地穴式房子或夯土房基的悬山顶式房子，并不习惯巢居的干栏式，可能他们连什么叫做干栏式的房子也未曾听过或见过。为什么南海尉任嚣的官署要选择于河汊边松软的泥滩上呢？在番禺珠江北岸大大小小的土岗多的是，例如番山、禺山、越秀山、东山，均很容易夷平建官署，建宫殿，为什么舍易取难呢？须知道，在河边的泥沼上构筑干栏式建筑基础，其长度达百米以上，要花多少人力物力呢？同时在泥沼上的建筑基础要承托官署的重压，地下又没有桩柱，地基一定不稳，稍有常识的人都知道必定会沉降，又怎能在其上起宫殿呢？所以在河汊泥沼上起干栏式宫殿是难以想象的。

秦派五军南下开拓岭南，西线的两军遇到西瓯越的顽强抵抗，领军的屠睢也被西瓯

君所杀，处在中线的任嚣、赵佗必须开拔军队前往支持。为了支持西线的两军必须赶造楼船溯江而上向西瓯越作弧形包围。建造楼船解救友军是当务之急，局势未定，哪里还有什么时间建造工程浩大的官署？分明是造船遗址，却说是干栏式建筑基础。这是有违历史真实的。

三　结语

　　我认为，广东在几十年来的田野考古调查发掘中从未发现先秦以前可复原的干栏式建筑遗迹。1978 年在高要金利茅岗发现的水上栅棚建筑，查实并不是临江边的干栏式建筑，而是置罾网捕鱼的罾棚。在广东最常见的原始居址建筑反而是北方的半地穴式、立柱茅屋、夯土房基悬山顶大房子或竹骨泥墙和夯土墙房子，至于干栏式建筑的房子只有在两汉墓出土的陶屋才见到。干栏式的陶屋（明器）是上层住人，下层饲养牲畜。秦造船遗址绝不是干栏式官署或宫殿的建筑基础，先秦时期干栏式建筑在广东地区尚未出现，又怎能无中生有呢？

注　释

① 《广东高要县茅岗水上木构建筑遗址》，《文物》1983 年 12 期。
② 《香港元朗下白坭吴家园沙丘遗址的发掘》，《考古》1999 年 6 期。

南越国宫苑遗址的文化价值研究

高大伟　岳升阳

一　秦汉南越国宫苑遗址的基本状况

南越国是秦末汉初由中原人赵佗在岭南建立的一个地方政府，以番禺（今广州市）为都城。1983 年在广州旧城西北的象岗山发现了南越国文帝墓，为南越国的研究提供了实证。1995 年及 1997 年，先后在广州旧城的中心位置发现了秦汉南越国宫署遗址，又为南越国都城及宫署的存在、概貌及确切地点提供了重要物证。经考古研究确定，已发掘的两处宫署遗址均为南越国宫署中的御苑遗址，是中国乃至世界现存最早的园林实物遗存之一，具有很高的历史文化价值。

（一）南越国宫殿的选址与方位

南越国宫殿区坐落在珠江北岸越秀山山前的台地边缘。它北倚越秀山，南临珠江，远眺大海，东、南、西三面环水，地势相对平缓，地理位置优越。在微地貌上，宫殿遗址东西两侧曾有基岩构成的高地[①]，这些由基岩残丘顶部形成的高地拥抱着一片由滩涂演变而来的平川，一条小河自北向南穿过平川中间，这条小河就是后代史书中记载的甘溪之水。宫殿的主体大约就建在这片有河水经过的平川上，这为宫苑中的水景园林提供了理想的地理条件，池塘、曲水和环绕宫殿的水系布局都需要有平缓的地貌和便于引用的水源，当地恰恰具备了这样的条件。三国时期交州刺史布骘曾经到此，"见土地形势，观尉陀旧治处，负山带海，博敞渺目，高则桑土，下则沃衍，……骘登高远望，睹巨海之浩茫，观原数之殷阜"[②]。三国距西汉时期不甚远，地貌和环境特征当相差不多，南越国将宫署御苑安置于此"形胜"之地，当是经过精心选择的。但另一方面，由于当地适宜于建筑宫署御苑之地相对狭小，从而不得不占用一部分松软的滩涂地。南越国宫署园林利用了滩涂与低缓岗地交错的地形，在布局和建筑技术上独具匠心，利用技术手段解决困难。南越国宫殿坐北朝南，略偏向东南，北面大体对着越秀山主峰，以越秀山为靠山，形成宫殿的轴线，这与中国传统的堪舆思想是一致的，体现了秦汉时期的普遍观念，例如有人提出，汉长安城就有这种与山体、地形的对应关系[③]。同时，它可能还有星宿对应关系上的考虑，尚需进一步挖掘。

（二）已发掘的南越国宫殿遗址

南越国宫殿遗址发现于1995年，当时在广州市中心电信局的一处建筑工地，发掘出秦汉南越国时期大型石构水池的一角，池壁和池底为石片，呈冰裂纹状铺砌，池壁呈17度缓坡，一些石片上篆刻有"蕃"等字样，池底散落许多"万岁"瓦当和大量石柱、石栏杆、石门楣等建筑构件以及铁制工具，池底有向南延伸的木质导水暗槽。经专家考证为秦汉南越国宫署的一部分，特别是池壁上的"蕃"字和众多的"万岁"瓦当，第一次以实物证实了秦汉时期南越国都城、宫殿确在今广州城的中心区。这一重大考古发现被列为1995年我国十大考古发现之一。1996年"南越国宫署遗址"被列为全国重点文物保护单位。

1997年，在石构水池的南面又发掘出长逾150米的石渠。石渠北端与上述石池底暗槽相接，石渠由北向南延伸，再蜿蜒回转西去，最终与西端暗槽相接。石渠由红砂岩石块砌筑，截面净高0.7米，净宽1.4米，渠底铺满灰黑色卵石，渠内左右相错地摆放着一些大卵石。石渠中段有两处弧形石板构成的矮堰，渠壁有三处缺口，缺口内斜铺石板。石渠东端有一弯月形石池，池中竖立两道石板墙和两根八楞石柱，池底有大量龟鳖遗骸。石渠中段侧旁有一片沙地，石渠西端是一石板石墩桥，桥为南北向，桥北端的踏步石呈弧形排列，间距0.6米。石桥东面有砖铺长廊散水向南延伸，石桥北面也有散水，其旁散布着大量瓦砾和焦木。石池和石渠同属于南越国宫殿中的园林建筑，是我国岭南地区秦汉考古的又一重大发现，为研究我国秦汉园林及早期岭南园林提供了珍贵的实物资料。2000年，在石渠遗址的北面，又发掘出南越国宫殿的建筑遗存，初步确定为宫殿建筑的散水。这些发现为分析、研究宫殿的整体布局和基本特征提供了重要线索。

二　南越国宫殿园林遗址的历史文化定位

（一）秦汉园林的历史地位

中国古典园林起源甚早，古代的台、囿、园圃是其三个主要源头。殷有"沙丘苑台"，周建"灵囿、灵台、灵沼"，都是帝王的宫殿园林，东周时，随着诸侯势力的强大，由台、宫、馆、苑、囿构成的贵族园林体系，兴起于各诸侯国中，如秦有林光宫，齐有琅邪台，魏有梁囿，赵有赵圃。至秦统一六国后进一步大兴土木，广建行宫、园林，为汉初宫、苑的发展奠定了基础。作为秦末由中原进入岭南的势力，南越国王必然会效法中原，将中原宫殿园林建造技术带到岭南，创建自己的宫殿园林。而且从已出土的遗址看，南越国宫殿也确实是按照北方地区宫殿园林的形式进行建造的，属于秦汉时期的园林系统，要认识它的文化价值就要从秦汉园林的建筑成就入手，把握其所蕴含的文化精髓。

秦汉时期的都城园林大体可见两类，一类是以宫室为主的园林，为皇帝日常起居、视事、朝会、庆典的场所，是朝廷政治活动的中心。如秦朝的阿房宫，规模宏大，气势非凡。《史记·秦始皇本纪》："三十五年（公元前 212 年），……先作前殿阿房，东西五百步，南北五十丈，上可以坐万人，下可以建五丈旗。周驰为阁道，自殿下直抵南山。表南山之巅以为阙。"这种规模宏大的园林是以宫殿为主体的，至西汉则为长乐宫、未央宫，规模减小，居于城中，园林的地位居为附属，这一类宫殿园林就是后代皇城的前身，东汉以后逐渐由多座皇宫转变为单一的皇城。另一类则以园林为主，多处于城郊之地，如西汉长安城外的上林苑，有众多湖泊、宫苑，包括著名的昆明池、建章宫等。它开启了后世的两个御园方向，一个为大内御园，建章宫是其滥觞，另一个为城郊御园，昆明池是其代表。秦汉时期的郊野园林功能多样，可囊括帝王的各种活动需求于其中，宫、苑交错，在空间上呈极度扩展之势。正如周维权先生在其《中国古典园林史》中所说："西汉皇帝对离宫别苑的经营似乎把自己的力量展示到了狂热的程度，其规模之大，建筑之美仑美奂足令后人为之瞠目。表现出仿佛涵盖宇宙的魄力，显示了中央集权的泱泱大国的气概。"④

在园林构成上，秦汉时期的园林中，大者有苑，苑之最大者为上林苑，涵盖了长安近郊的园林，其内又有苑三十六，为园中之园。有宫，为宫殿建筑群，往往结构繁复，廊道纵横、环绕，似无定形，上林苑中就有宫十二处。有观，有阙，为单体的建筑景观，可登高眺望。有台，有坛，可登高观望，可行祭拜之礼。有阁，有殿，皆为各有功用的建筑物。有阁道、复道，可以通游者。有池，有渠，可以观水景，池中有洲，有岛，以拟自然状态，或象征神仙之居所。园中亦多花草林木，各种动物，可供观赏或狩猎。它包含了后世帝王园林的许多基本形式。

秦汉时期的园林还奠定了许多造园的思想，如建章宫内建有太液池，池中筑有三岛，象征东海的瀛洲、蓬莱、方丈三仙山，开后世皇家园林"一池三山"景观之先河，体现了神仙思想在园林中的运用。

南越国宫殿园林遗址位于南越国都城之内，属于西汉时期的王侯封国宫殿园林，它可与未央宫中的苍池相比较，是城内宫殿中的园林，在它的旁边应有南越国王宫的主体宫殿群落。南越国宫殿园林不是郊外的苑或宫，称之为宫苑似有不妥，宫苑是东汉皇家园林的称呼，在西汉时宫与苑是分别称呼的⑤，二者尚未合一。因此按照中国帝王园林的分类，应属于宫中御苑的性质，与北京明紫禁城中的御花园有些相似，是以宫殿建筑为主的花园，这里我们暂时用现代的语言称之为宫殿园林。

（二）南越国宫殿园林遗址的文化定位

在中国园林历史行程中，秦汉以前是第一个大阶段，其中秦、汉的苑囿体现了第一阶段的最高成就。它汇合着宫馆、禽兽、林木、山水四要素，基本上体现了天然和人工的统一。如果说，先秦的园囿除台榭外，较多的是强调形式的天然美，那么，秦汉园囿中人工美的质素就明显地增加了，其主要标志就是离宫别馆的建筑美在量和质两方面的提高。

南越国宫殿园林是秦汉园林发展时期的产物，包含了该时代园林的基本特征，其遗址的发现具有重要意义。南越国宫殿园林遗址的发现，使人们第一次通过实物感受到如此生动的西汉园林风貌，令人为之振奋。

南越国宫殿园林由于是王侯一级的宫殿园林，其规模自然没有长安园林所具有的恢弘气势和壮丽结构，但它却包含了汉代园林艺术的基本要素，通过精巧的构造和丰富的园林意境显示出汉代造园艺术水平。尤其是方池、曲水景观更为以前的考古发掘所未见，规模虽小却很精致，耐人寻味。因此可以从中感受到秦汉时期的造园水平和园林思想，它作为秦汉园林的典型遗物具有很高的研究价值，是中国园林文化的宝贵遗产。在目前尚未有新的、更加完整的秦汉园林遗址发现的情况下，将南越国宫殿园林遗址作为中国秦汉园林的实物代表是当之无愧的，这是我们把握南越国宫殿园林遗址之文化价值的关键。

（三）从世界园林史的角度评价南越国宫殿园林遗址

古典园林是人类文化遗产的一个重要组成部分，世界范围内的几个主要文化体系都产生过相应的园林体系，并形成了各自独特的造园风格。人类造园的历史可大体分为东方和西方两条主脉：西方以欧洲为中心，包括西亚和伊斯兰国家，其起源是多元的，但都汇于罗马，罗马园林是其代表；东方以中国为主要代表，日本等是其后续的延伸。从文化精神上看，中国汉朝和罗马的园林都体现了对自然的感情，但罗马人的自然感情中是以神性为核心的，园林的自然情趣中体现了神性的存在，而中国的园林则是以人文精神为灵魂的，追求人与自然的和谐。

从园林的布局形式看，中西园林可划分为规则式与自然式两种体系。规则式几乎包括了从古代西亚到欧洲17世纪勒诺特时期所有的园林样式：无论是古波斯的十字轴线、古埃及的对称方直的平面布置、古希腊罗马的柱廊园、中世纪的回廊式中庭、伊斯兰世界的十字水渠和四分园格局，还是文艺复兴时期意大利的中轴纵向进深、对称规整的台地园，或17世纪法国古典主义以轴线贯穿建筑和庭园的整体布局，他们的视觉形象均表现为对称，规整，有序。西方文化认为，园林既然是人为的，是人类的一种艺术创造，那么园林艺术就应该像其他艺术形式一样，在于按照一定的规律来建造，并通过某种构图来产生光影变幻的效果，而不仅仅在于精心地再现自然景观中的某些局部。这一观点使规则式园林在西方园林发展史的大部分时间上处于统治地位。直到18世纪英国自然风景式园林的出现，才有了规则式与不规则式的分野。

从古埃及的宅园到中世纪的庭院，期间经过古希腊、古罗马园林，是规则式园林的发展阶段。这一阶段园林的主要特点是，在建筑物围合的人工环境中，以人工的手法布置花草和水景，强调的是人工化的"自然"景观与人工环境的协调。这种将自然引入人工环境，以自然要素来装点人工园林的创作方法，可以看作是借助自然之物来美化人工环境的艺术思想的反映。在园林史上与南越王宫苑同时期的西方著名园林作品多为史料记载，有迹可寻的园林遗迹寥寥无几，其中保存相对完好的遗迹有罗马庞贝城内的住宅和梯沃里哈德良山庄。

公元前 79 年，罗马的庞贝城因威苏维火山爆发而被埋没在火山灰下。近代考古学家对庞贝城进行了考古发掘，并修复了一些宅园。从中可以看出，古罗马宅园通常由三进院落构成，即用于迎客的前庭、列柱廊式中庭和真正露坛式花园。维蒂住宅在庞贝城中具有一定代表性，在前庭之后，是一个面积较大、由列柱廊环绕的中庭。庭院内布置着花坛，有常春藤棚架，地上开着各色菊花。中央为大理石水盆，内有 12 眼喷泉及雕像。柱间和墙隅处，还有其他小雕像喷泉，喷水落入大理石盆中，水柱成花环状。此外其他古罗马宅园的中庭里还往往有水池、水渠，渠上架小桥。其情趣颇与南越王宫殿园林有相通之处。哈德良山庄为罗马皇帝哈德良（117～138 年在位）的宫苑，是唯一保留较多的罗马帝王园林。哈德良山庄坐落在梯沃里的山坡上，选址与南越王宫苑颇有相似之处。山庄建于 124 年，以水体统一全园，有溪、河、湖、池及喷泉等。园中有一半圆形餐厅，位于柱廊的尽头，厅内布置了长桌及塌，有浅水槽通至厅内，槽内的流水可使空气凉爽，酒杯、菜盘也可顺水槽流动（这使我们不能不联想到南越王宫殿园林中的曲渠流水和渠上亭榭）。园内还有一座建在小岛上的水中剧场，岛中心有亭、喷泉，周围是花坛，岛的周边以柱廊环绕，有小桥与陆地相连。以上两例西方早期规则式园林，其理水方式与南越王宫殿园林自然式理水方式既有相通也有不同。相通点都是对自然水态的描摹，但由于处理方法不同，从而使两种不同文化影响下的园林风貌迥异。

与西方园林平行发展的中国古典园林，在几千年的发展和演变中，一直循着自然式发展的主线，具有独特的审美品质，积淀了深厚的文化内涵，并形成了特定的形式语言和构成要素，因而成为世界公认的东方园林的主要代表，在人类造园的历史长河中，堪称独树一帜、源远流长。神州大地，山川形胜，景象万千，成为造园创作的蓝本和不竭的源泉。长期的发展演进，形成了以自然山水为表现主题的造园风格和创作方法。山石与水体构成园林的基本空间骨架，也成为构园造景的主体景观。它们既表现为峰峦洞谷、悬岩峭壁或江河湖海、池塘潭瀑，也表现为平坂冈阜、假山峰石或清泉小井、溪流山涧。在典型的园林布局中，山水景观常常是观赏的主要对象，空间视线的集中处，建筑与植物点缀其中，完善了山水景观的整体形象，也营造出蓊郁苍翠的山林气氛。这种以自然山水为表现主题的造园创作方法由来已久。自秦汉开创了园林中人工挖池堆山的先例，"一池三山"的典型布局成为历代帝王苑囿造园的主要模式，其影响十分广泛和久远。在东方，除了与中国接壤的大陆国家，如朝鲜、越南等受其影响外，隔海相临的日本，也早就借鉴了中国古代造园艺术与技术的成就。在 7 世纪末 8 世纪初（飞鸟时代末期），中国的道家思想以及神仙说法传入日本，深刻影响了其园林创作。当时的御苑及贵族府邸中的所谓"池泉庭院"，便是仿中国池中有山的"山池院"形式，例如日本在 1086 年所建造的鸟羽离宫，就是这种"神仙岛"景象的创作。这一风格盛行于桃山、江户时代（1574～1867 年）。1598 年所建造被誉为桃山时代的代表作的醍醐寺三宝院庭院即是一池三山的做法。而至江户时代，无论是诸侯御苑、寺院园林，还是在一般私家庭园中，都广泛地采用蓬岛神山的主题。不过后期岛的设置已不限于三个，而是只取其涵义，在构图上往往达到数个。蓬岛神山的进一步发展，遂形成日本化的龟岛、鹤岛形式。近年来日本还出土了飞鸟、奈良时代（593～793 年）的流杯渠残石，表明了中国人创造的"曲水流觞"这一园林内容，当时已经传到了日本。

南越国宫殿园林产生于秦末汉初的岭南地区。据现有的史料考证，中国岭南地区在南越国建立之前很少园林资料，就考古发掘获得的一些图案资料来看，也只是房屋附近种植一些树木。而自秦统一岭南赵佗建立南越国起，以中原文化为主流的秦汉文化传入岭南之后，其造园艺术才发生了一个飞跃的进步。因此南越国宫殿园林深得秦汉园林之精髓，其具有的自然式布局、曲水流觞式的理水和追求神仙境界造园理念，全面反映了秦汉园林的基本风格和水平，是中国自然山水园林形成初期的代表作品，也是唯一保存最为完整、历史最为悠久的代表东方园林风格的遗址。在其与以上两例早期西方规则式园林遗址的理水比较中，可以看到，南越王宫殿园林自然式理水与西方规则式理水的差别，虽然都是对自然水态的描摹，都是追求水体可人的情趣，但处理和表现方法不同，从而使两种不同文化影响下的园林风貌迥异。所以南越国宫殿园林遗址与西方园林现存的古巴比伦空中花园、庞贝柱廊式花园和哈德良庄园等园林遗址，共同构成了世界上园林生成早期东西方园林分野的重要标志。

三　南越国宫殿园林遗址所体现的造园艺术和造园思想

目前南越国宫殿园林遗址的考古还仅是开始，园林的全貌远未展现出来，但它带给人们的惊喜和震撼已超出了想像。它已使我们能够管中窥豹，体会西汉时期的园林风采。南越国宫殿园林遗址发掘面积不大，却出土了比较丰富的园林要素，主要包括方池、曲水石渠、"沙池"、宫殿、廊道、水井、暗管、石质建筑构件、砖石路面和动植物残体等，从中可以感受到南越国宫殿园林景观的精巧和别致。

传统园林艺术原理揭示，一座园林作品是景象结构基础与景象导引的对立统一。前者为构成景象的物质基础，也是造园材料和手段，它包括：以山水为主的地表形势塑造、动植物配置、为园游和园居生活服务的建筑设置以及通过匾联题刻等形式的诗文协作。后者是指造园所依托的理论、功能和思想。南越王宫苑遗址表明，这座园林不仅具备了地表形势、动植物配置和建筑处理以及题刻等基本景象要素，而且也较全面地反映了汉代园林的思想理论。下面从五个方面加以分析：

（一）南越国宫殿园林的水系布局

中国古代园林艺术中的理水，首先是如何探寻利用自然的水源，将其合理而又艺术地组织到园林的景点之中。探寻水源是造园选址和规划设计的一个十分重要的步骤。水源的情况，决定着园林的规模大小和艺术形态。利用自然水源是最佳的选择，因为自然水源既经济又优美。南越国宫苑就是成功利用天然水源理水造园的成功范例。

南越国宫殿坐落于珠江三角洲下游的珠江入海口附近，它远倚越秀山，近临珠江海口，宫殿附近即有溪流经过，引水条件十分便利。宫殿区的地势在总趋势上为东北高而西南低，因此宫殿区的水系虽多有徊绕，但在总体上是由东北流向西南。目前所发现的方池和曲流石渠应是宫殿区东部的水系，它的上源应是宫殿区东北方的溪流。水由东北方引入城中，再进入宫殿区引入方池。方池之水由池的南面流出，经暗管引入石渠，随后曲折东去，再由暗管引出。该水流在穿越建筑物下的暗管之后，有可能在宫殿区中再度露出地面，形成新的水景，然后流向西南，与宫殿区西部水系会合。

从已揭露的石衬方池和曲水石渠看，宫殿区的水景可能多位于宫殿的左侧，水流由后向前、由左向右流动，这与长安宫殿的水流方向正好相反，这是由于两者的地势走向相反所致。长安地势西南高而东北低，水流由西南流向东北，宫中水流与之一致。但广州地区的水流在总体上是由西北流向东南，南越国宫殿的水流与之并不一致，这正是宫殿区微地貌上的差异所致。除了流经宫殿区内部的水流之外，考古工作者曾在广仁路发现秦汉时期的码头遗址，并发现有河流的砂层，据推断为古代甘溪。甘溪源自白云山，向西南流至广州城北面的越秀山下，再折而南，汇入珠江[⑥]。甘溪是由古城的东北绕至古城的西面，而宫殿区的水流即由东北流向西南，因此宫殿区的园林用水很可能也是来自于甘溪。

（二）方池仙境创造的景观价值

方池位于石渠上游，池为长方形，面积约为 4000 平方米，方向与宫殿建筑一致。池底呈斗状，四壁和底部铺衬石板，石板为冰裂纹状拼接。这种池底做护衬的做法是南越国宫殿园林的一大特点。一般来说，水池衬底是为了防止渗漏，适合于水源缺乏的地区。南越国宫殿所在地并不缺水，且地下也不是渗漏严重的地层，水池衬底恐怕与防止水质较差的地下水出溢有关。南越国宫殿的一部分坐落于由海湾滩涂形成的陆地上，水池附近的"船台"遗址处出土的黑泥层即为此种地层。该地层为全新世中期的海相沉积层，成陆时间很晚，而且当时的南越国都城近临海湾，地下水会受到海水的影响而水质不好，衬底可以减少地下水对池水的影响。

池是古代园林中的基本要素⑦，早在殷周时期，宫殿中就已有池。西汉时期池被广泛用于园林之中。如长乐宫中有鱼池、酒池，汉武帝曾行舟于酒池之中，并于池北建高台，武帝在台上"观牛饮者三千人"。武帝"以夸羌胡，饮以铁杯，重不能举，皆抵牛饮"⑧，是皇帝饮宴宾客的地方。太液池是长安建章宫中著名湖泊，它位于建章宫中部偏北处，高岸环周，清波荡漾，"周回达十顷"。"太液者，言其津润所及广也"⑨。由于建章宫是一座离宫，是皇帝游乐的场所，因此太液池不仅水面广阔，而且建筑物也多奇特别致，具有人间仙境的特色。"池中有鸣鹤舟、情旷舟、采菱舟、越女舟"。汉成帝"常以秋日与赵飞燕戏于太液池，以沙棠木为舟，以云母饰于鸽首，一名云舟。又刻大桐木为蚴龙，雕饰如真，夹云舟而行"⑩，游乐至极。规模浩大的上林苑中，湖泊星罗棋布，其中最大者为昆明池，"立牵牛、织女于池之东西，以象天河"⑪。"池中有豫章台及石鲸，刻石为鲸鱼，长三丈，每至雷雨，常鸣吼，魔尾皆动"⑫。荡漾池中的"豫章大船，可载万人，上起宫室，因欲游戏"⑬。昆明池不仅是长安城的人工蓄水库，而且也是上林苑中风光最优美的地方。另外还有橘池（昆明池北，橘水源头）、初池、窿池、牛酋池、喇池、积草池、东肢池、酉肢池、当路池、大壹池、郎池、炊飞外池、影娥池、鹤池、盘池、槐池等⑭。这些湖泊为上林苑增添了无限美好的风光。

池作为园林景观不仅在长安有，在各地的王宫中也有，如燕国宫中即有池。《汉书·五行志》："昭帝元凤元年，有乌与鹊斗燕王宫中池上，乌堕池死"，说明燕王宫中有池，曾有乌鸦坠死池中⑮。南越国宫殿园林中的水池与长安宫、苑中的池不同，应属于藩王宫中的宫殿园林景物，因而在规模上无法与长安的皇家园林相比，尤其是难与长安的郊外御苑相比较，但它反映了汉代藩王宫中的宫殿园林特点。广州发现的南越国宫殿园林中的方池属于藩王宫中之池，在全国属于首次发现，它使我们对了解西汉园林有了更多的认识。在艺术上是西汉园林的杰作，同时也是首次出土的同种类型的汉代园林。

特别值得注意的是在水池的中部发现石质建筑构件的堆积，石池底部散落许多"万岁"瓦当、大量制作精美的石柱、石栏杆、石门楣等建筑构件和铁制工具，说明石池中曾有石构建筑物，它很自然地使人联想到"一池三山"的景观。其中池象征东海，池中堆土或叠石象征传说中的海上仙山——瀛洲、蓬莱、方丈，即三山。瀛洲，一名魂洲，"有金銮之观，饰以环玉，直上干云中"。蓬莱山，"亦名防丘，亦名云来，高二万里，广七万里"。方丈之山，"一名峦维东方龙场，方千里，瑶玉为林，云色皆紫"⑯。据《史记·封禅书》记载："威（齐威王）、宣（齐宣王）、燕昭（燕昭王）使人入海求蓬莱、方丈、瀛洲……三神山，上有不死之药……其物、禽兽皆白，而黄金白银为宫阙。未至，望之如云；及到，三神山反居水下；临之，风辄引去，终莫能至云"。秦始皇统一中国后，东巡至海上，方士们大事渲染东海神山，于是遣徐福等率童男童女入海求神山的仙药，求之不得，遂在咸阳做长池，引渭水，池中堆蓬莱山，以求神仙降临。汉武帝在长安建章宫内凿太液池，池中亦建瀛洲、蓬莱、方丈诸山。一池三山在此后的岁月中一直是中国帝王园林的主题。但在南越国藩王宫殿园林中是否有长安御苑中的"一池三山"，还有待于今后的考古成果。此外，池中的建筑物构件也可以理解为台的遗迹。汉代园林中临水建台、水中建台是十分常用的造园手法，如长安建章宫的太液池，池广十顷，中有渐台，高二十余丈，上有殿阁之属。方池面积有限，安排三座岛屿或显局促，但建筑一台，还是十分合适的。方池之中或许耸立着楼台一类的建筑，柱立水中，如仙境般。

方池的南面有木质出水暗渠，方向指向石渠，因而可以推定它是石渠的上游，它不但是水景，也可作为石渠的调蓄水源。方池在设计上应是一个独立的水体，四周可能还有建筑，因此它的进水和出水都应走暗道。目前的发掘已找出泄水的暗道，这也使我们可以看到暗管的作用，它能在保障园中水流相通、流动的情况下，使各个水体成为相对独立的空间。这正是宫殿园林布局所需要的。

（三）曲流石渠体现了汉代高超的造景艺术

曲水石渠是已发现的园林遗址中最具特色的遗物，现残长近150米，上口宽134～140厘米，深67～117厘米。渠壁由砂岩石块砌筑，最上一层渠壁石块向外退出使渠壁呈台阶状。石渠形成多个弯曲，渠底衬石板，多作密缝冰裂纹铺砌。在上游渠段还于石板上密布一层灰黑色卵石。在渠内呈之字形摆放大型卵石，以分阻水流。石渠的建造体现出对自然河流的模拟，有弯道深槽、急流浅滩、河湾深潭、卵石河床等特征。整个渠底由东到西落差为75厘米，坡降为5‰。石渠在建造上巧妙地利用了这一坡度，以石渠回转处的水潭为分界，将落差集中于水潭上游，通过加大坡度形成激流浅滩，下游渠道平缓，并于中途建有两道"渠陂"，水流涌过"渠陂"冲激卵石，不但会产生粼粼碧波，还会水声潺潺，宛如置身于山谷溪涧之中。这是一种仿水利工程"堰"的设施，水少时可以拦蓄水流，形成一定深度的水体，以利于游戏之用。

在残存渠道的起点处保留有一段急弯深槽，该处渠道由西南向急转为东南向，几成90°转弯，在凹岸一侧修成陡岸深槽，凸岸一侧则坡度较缓，显然是对天然河流弯道的模仿。急弯下游有一小段坡度较大的渠道并置有卵石，渠水会在此形成激流，发出水声。陡坡与渠道转弯处的"弯月形石池"相接，池长7.9米，宽5.77米，深1.9米，蓄水深度可达1.5米，如同天然河道中的深水潭。水流至此水深骤然加大，水面也相对开阔，水的流速必然大幅降低，形成流动缓慢的平稳水面。水潭下游渠道平缓无急弯，可以形成缓流，而渠中的大卵石则使平稳的水流发生变形，产生小的旋回。由此造就出一张一弛、或激昂或平缓的韵律。

作为"弯月形石池"的水潭是石渠中最重要的部位，潭中有相对而立的两块石板和两根石柱，石板一方面可起到减缓水流冲击的作用，另一方面又和其两边矗立的石柱一起发挥着撑托上面建筑物的功用。此外还有其特殊的用途，将在下文中论述。在石池内还出土有大量龟鳖的甲骨，有些龟鳖体型很大，这进一步说明了遗址的园林特征，汉代皇家园林中饲养有大量动物，其中就有紫龟绿龟，龟作为长寿、吉祥之物，广泛豢养于园林池渠之中。"弯月形石池"为龟的生活、繁殖提供了理想的水深，这也就是为什么池底会出土大量龟甲的原因。石渠在布局上与宫殿建筑物相衔接，因此在首尾都使用了埋藏暗管来输水。这些暗管多位于建筑物之下，渠水由建筑物下涌出，又消失于建筑物的台基之下。通过管道穿过建筑物是当时宫殿园林建筑中的普遍做法，例如在战国和汉代的遗址中，就发现有位于建筑基础中的陶制水管。这一手法不但将水与建筑紧密地结合起来，而且可以充分利用空间，实现宫殿的园林化。这一做法在后代的园林中也被广泛使用，成为中国园林中的常用手法，南越国园林遗址为我们研究中国园林水体布局、导流手法的演变提供了很好的例证。

从园林史来看，秦汉时期的园林艺术思潮，在追求太液、蓬莱等仙居环境的同时，伴有自然形胜的鉴赏，南越王宫苑遗址的曲水石渠为此提供了有力实物实证。它模仿大自然各种美丽水景的形态，浓缩再现于人工园林之中，创造出了溪流、泉涌、旋涡、渊潭等绚丽多彩的园林景观，体现了"崇尚自然，写意自然"的中国造园理水理念。

（四）沙洲、曲溪、动物和植物所展示的天然图画

经济是孕育园林的母胎，园林艺术美虽然和精神文化密切相关，但物质文化是它的基础，园林的建造和管理，必须依赖于畜养、种植乃至建筑等物质生产技术。先秦时代的园囿，虽然草木丛生，但是这类植物主要不是作为观赏的对象而存在，而是作为禽兽生存的条件而存在。秦、汉时期的苑囿在历史的基础上有了较大的发展，"扬翠叶，杌紫茎、发红华，垂朱荣"的林木花果，也开始成为有一定独立意义的审美对象，它们有些不只是自生自长，不只是作为禽兽活动的生存环境存在，而是向着经济功能和审美功能合璧的方向发展。因此秦汉园林中的动、植物不仅要满足狩猎和采摘的需要，还要越来越多地满足园林景观功能。

在汉代长安园林中，就有目的地养、植大量珍奇的动物和植物，如太液池边雕胡（蒐之有米者）、紫择（蘦芦之未解叶者）和绿节（蒲之有首者）繁茂，池边多平沙，"沙上鸭胡、鸥鸽、鸭鹍、鸿鸽，动辄成群"。"尧雏雁子，布满充积，又多紫龟绿龟"[17]，上林苑中草木畅茂，"奇兽珍禽"，散布其间，供皇帝秋冬射猎。且奇花异卉，比比皆是。"群臣远方，各献名果异卉三千余种植其中，亦有制其美名，以标奇异"[18]。

　　南越国宫殿园林属藩王御苑，在有限的面积内集约化地经营园林，审美要求更高于经济要求，园中自然要有许多珍奇的动物和植物。石渠中出土的大量龟骨、鱼骨、龟壳说明，园中确曾有动物的饲养。这些龟或许就是长安园林中的"紫龟绿龟"。此外，园中还出土有鹿角及兽骨，可见当日园中放养有龟、鳖、鱼、蚌、鹿等水陆观赏动物。同时，我们还可以从有关长安园林的记载中推测南越国宫殿园林中的动植物和产自海洋的装饰品。如"积草池中有珊瑚树，高一丈二尺，一本三柯，上有四百六十二条，南越王赵佗所献，号为烽火树，至夜光景常焕然"。又，汉武帝元鼎六年（公元前 111 年），破南越后，从南方引种了许多亚热带植物。其中宫蒲 100 本，山姜 10 本，甘蔗 12 本，留求子 10 本，桂 100 本，蜜香、指甲花 100 本，龙眼、荔枝、槟榔、橄榄、千岁子、甘橘皆 100 余本。[19]这些植物也应是南越国宫殿中的观赏植物。正因有了这些花草果木的配置、点缀，才能招引鸟兽生活其间，使整个宫苑鸟语花香，充满了自然的勃勃生机，景色绚丽，令人陶醉。

　　既然要繁养龟鳖，栽植花草，那么就要为动植物创造良好的生活环境，满足人与动植物和谐共处的要求，南越国宫殿园林充分运用曲溪、地形、沙洲等要素，曲溪由东向西流，至中段由南向北形成一大转弯，将庭园分隔成东西两块，东侧为沙洲，少树木；西侧则为茂密植被。这种布局不仅创造了丰富的景观，还为动、植物创造了有如天然的生态环境。岭南多雨，园中地势平坦，排水排涝是植物养护中的重要问题。因此利用园中东西不足 1 米的高差，结合水渠随地势由东向西的迂回曲折，增加了水渠的长度，将地表降水有效地引导入渠，排除园外。特别是大转弯的运用，有效地接纳了东部较高地势流下的雨水，避免了地表积水，为东部植物提供了良好的生长环境，也为园主人提供了游览方便。岭南气候环境适宜养鳖，龟鳖在夏季喜阴凉潮湿的环境，冬季也可不休眠，继续生长。产卵时爬出水面，在沙坑掘地产卵并掩埋，龟鳖卵靠日晒孵化，小鳖出壳后即爬回水中。现在遗迹展示现场标明溪流的一大转弯处西侧，考古发现积沙层——沙洲，可推测出这片沙地当为龟鳖产卵孵化所用。在这一转弯处的石渠两侧，各设一处缺口，内铺石板可供龟鳖出入水面，并可到对面繁茂的密林中避暑纳凉。御苑中 4000 平方米的大型石水池中，也应养殖有大量各类鱼虾，保证了龟鳖的食物来源。就这样，南越王宫殿园林在适应自然环境的基础上，通过建造良好的动植物共生环境，不仅满足了人的生理和审美需要，而且还充分地考虑了动植物的生息繁衍，从而创造了人、动物、植物和其生存环境和谐统一的天然图画。

　　（五）"曲水流觞"体现出的园林游乐功能

　　游乐性质，是秦汉时代"囿"、"苑"所共有的，南越王宫殿园林作为与帝王生活起居密切相关的大内御苑更应如此。据现有遗迹大致可推测出当时可在园中展开的三种游乐方式。一种是以观赏、嬉戏园中禽兽、鱼鳖为乐，其玩法如：燕太子丹为了让荆轲刺杀秦王，曾陪其游东宫池，用金丸投掷池中龟鳖取乐。一种是欣赏乐器演奏，这种活动通常可在台榭上进行，渠旁的宫殿当是欣赏它的最佳场所。另一种就是集饮酒、戏水、诗赋为一体的"曲水流觞"游戏，这是中国一种古老而又长盛不衰的游戏项目。据《晋书·束传》记载，流觞习俗始于周代，"昔周公城洛邑，因流水以泛酒，故逸诗曰羽觞随波"。"曲水流觞"的习俗，在岭南地区一直延续到后代，《南越笔记》曰："南汉引（甘溪）以流筋，与宫人荒宴，称甘泉苑……流杯曲水有二，其一在增城张老岩……其一在从化之北四十里……龙门有圣砌岭，流水九曲……亦可以浮杯逐署"。自南越国后流传不辍。

南越王宫殿园林中的蜿蜒石渠，显然为这一游戏的开展提供了必要的条件。按照游戏对曲溪宽度、深度以及水流速度的要求，"曲水流觞"的最佳河段应该在深潭以下河段。"弯月形石池"应当是其起点。在"弯月形"深潭的中间设置两块石板，使两板之间形成平静的水面，下游渠道平缓，并设有保持水位的渠陂，渠中有序排列的阻水大卵石可做停杯使用。当上游水池闸门关闭，泉涌停息，叠瀑止声，下游由于渠坝的阻隔可保持一定的静态水面，这时可将酒杯放在深潭的两块石板之间。当游戏时，上游提闸放入适宜水量，流水流出暗管，沿上游水渠跌落而下，产生击水之声，放觞即告开始。水流进入深潭时，撞击第一块石板，流速放缓，并形成逆时针水流，经两石板外侧流过，带动石板间的浮杯徐徐流出，顺水漂流而下。石池之上应有建筑物，或为露台，或为房屋，两石板之间的平静水面在"弯月形石池"所在的水渠弯道内侧，形成一个三面环水的高地，在此出土有建筑物的排水石槽，说明此处应有建筑。而从造园布景的角度看，此处也适宜于放置景观建筑，有可能是亭或台，主人可以在此观赏"曲水流觞"的游戏。

以往人们谈到园林中"曲水流觞"的理水艺术，都认为它源出一千六百多年前的著名书法家王羲之的记述。如果南越王御苑"曲水流觞"之说进一步得到验证，那么将使这一具有浓厚文学韵味的理水艺术手法的历史推进至汉代。我们可以认为："曲水流觞"是中华民族一古老游戏，汉代即进入园林，并成为一表现题材。至晋代因为借助了王羲之《兰亭序》产生的名人、名篇、名书法的光环效应，而成为后世园林中文人雅集盛会的代名词，其形象也愈趋艺术化、多样化。南越王御苑石渠游乐功能的揭示，将使"曲水流觞"这一理水艺术手法历史内涵更加丰富，艺术形象更加丰满。

通过以上五个方面的分析，我们大致可以得出这样的结论：南越王宫殿园林所展示的图景是汉代帝、王园林的典型景象。据《西京杂记》的一段记载："茂陵富人袁广汉，藏锱巨万，家童八九百人。于北邙山下筑园，东西四里，南北五里。激水注其内；构石为山，高十余丈，连延数里。养白鹦鹉、紫鸳鸯、牦牛、青兕，珍禽异兽委积其间。积沙为洲屿，激水为波澜。其中致江鸥、海鹤孕雏、产鷇（kòu），延蔓林池。奇树异草，靡不具植。屋皆徘徊连属，重阁修廊，行之移咎不能遍也。"[20]文献中所提到的"太液蓬莱"、"仙山楼阁""海鹤孕雏、产鷇（kòu），延蔓林池"以及"积沙为洲屿，激水为波澜"等景象创作，都在南越王宫殿园林遗迹中得以印证。因此宫苑遗址的发现，不但对于秦汉考古是一大收获，对于园林史的研究也是十分重要的。南越王宫苑遗迹表明，它与当时西汉京畿的高级园林景象一致，都表现出了对自然景物的崇尚与模仿，奠定了中国园林"虽由人作，宛自天开"，崇尚自然之美，融人工于自然之中的基本格局，开创了中国园林的独立体系。西汉南越国宫殿园林集中体现了这一特征，其遗址的出土，为我们了解中国园林的发展和演变，提供了最为直观的证据。

四　南越国造园手法在岭南园林中的体现

（一）岭南园林是中国古典园林的重要分支

中国园林是以自然山水为主题思想，以花木、水石、建筑等为物质手段，在有限的空间里，创造出视觉无尽的，具有高度自然精神境界的环境。在中国园林发展过程中，由于政治、经济、文化背景、生活习俗和地理气候条件的不同，形成了北方皇家园林、江南私家园林和岭南园林三大园林体系。这三大园林分支作为一个大系统，总的来说都是"虽由人作，宛自天开"的自然风景园，都是富有东方情调的真、善、美三位一体的自然王国，都表现了中国园林参差天趣、丰富多彩的美。但另一方面受各自文化圈的影响，又形成了独特的风格和鲜明的个性。北方皇家园林追求规模宏伟、富丽堂皇，不脱严谨庄重的皇家风范。江南私家园林讲究自由小巧、古朴淡雅，具有尘虑顿消的精神境界。而岭南园林则以对多民族文化和海洋文化的强烈包容性见长。它摆脱了文人沉闷的隐逸文化羁绊，较少繁缛礼节的纠缠；它布局紧凑、装修华美，追求赏心悦目的世俗情趣；它讲求经济性和实用性，在设计中表现出更多的灵活性和创新精神。总之岭南园林不但继承了中国园林文化的优秀传统，而且更突出体现了中华文化"以人为本，为我所用"的特点，成为中国园林的杰出代表，中国造园艺术的精华。

（二）南越王宫殿园林开辟了岭南古典园林之滥觞

岭南古典园林存世作品较少，以往的代表作品主要有南汉药洲九曜石遗址，还有明清时代保留下来的四大名园——顺德清晖园、佛山梁园、东莞可园和番禺余荫山房。南越王宫殿园林的发现将岭南园林的历史往前推进了近500余年，填补了岭南园林断代史上的空白，使岭南园林作为一个独立的园林体系更趋完整。

秦统一以前的岭南经济、文化并不发达，被称之"南蛮"。赵佗建立南越藩属国以后，引进中原文化，首书了岭南文明发展史的重要一页。因此可以认为，其所建立的南越国宫殿御苑是岭南园林建筑史重要开篇，为后来岭南园林的发展奠定了基础。由于其造园思想、方池仙境手法等已经在前文对中国园林影响中述及，下面仅结合三大体系之比较，重点谈其对岭南园林个性特征的影响。

1. 水池、水渠等水体是联系园林景物和空间的主要关联要素

岭南多雨潮湿的气候环境成就了以水景见长的岭南园林特点。水本无形，理水的实质在于水容器的设计，包括水池的形状、水岸、水口等局部构造和形成水景的条件。岭南园林理水为与建筑布局相配合，多以规则式水体形态，创作出各种自然形态的水景。这种自由中不乏规则的园林水面岸线，与江南园林自然式水体为主的理水风格趋向于"异"；但是，和西方园林系统相比，二者又趋向于"同"。

南越国御苑水景突出人工水池、河渠的景观形态。石水池平面呈规则的矩形，池壁和池底铺砌平整；长逾150米的石渠砌筑齐整，岸线呈规则的几何形状，截面尺寸除转折部位外基本相同。清代出现的岭南"四大名园"（可园、梁园、清晖园、余荫山房）延续传统的理水方式，水池、河渠形态被模拟入园中，以条石、块石砌筑整齐的驳岸。几何式池塘被组织到厅堂中轴上或庭院环境中，形成了变化多样的水院空间，并通过线形的河渠联系成完整的园林水体形态。广东番禺的"余荫山房"东部，以八角形水池为中心，池中建构八角形的"玲珑水榭"，西部以方形荷池为中心，两池的水路通过"浣红跨绿桥"联结起来，构思十分巧妙。再如可园、清晖园，其水池也呈曲尺形、长方形等几何形状，池岸线均为直线。这在一定程度上助成了岭南园林理水的一大特点。

2. 以建筑为主的图案式庭园布局

中小型园林通常有两种布局方式，一种为园林包围建筑，追求人格化的自然山水，建筑在园林中只是起陪衬、点缀作用。这种园林布局在江南园林中较为常见。另一种布局形式，是建筑包围园林，这类园林形式在岭南园林中表现得格外突出。其特点是以建筑空间为主，宅居和园林融为一体，庭园设置不在乎大与全，而在于实用。常将建筑物沿外围边线成群成组地布置，用连房广厦的方式围成内庭园林空间，使庭院空间与日常生活空间紧密结合起来。园内以曲折的长廊把各种建筑连在一起，又将庭园划分成若干不同的景观空间。庭园面积虽小，但园内石沼桥廊、古木花藤，布置得幽深别致，精巧绝伦。从而形成了从平面布局上看极富图案化的布局形式。

南越王宫殿园林虽然宫殿与园林分置，但从布局的衔接上看结合仍然非常紧密。园林的两面都以建筑来围合，并通过廊庑联系在一起，使人足不出户便可游赏于厅台楼阁之间，避开了烈日、暴雨、肆风等不利气候，突显了影响岭南园林艺术风格的"环境"因素，也解读了后世岭南园林对于曲廊的情有独钟。另一方面南越王宫殿园林无论从平面的四面空间分界，还是纵贯东西的曲渠流水、方池仙境，乃至平桥布石都极富图案化的精巧构思，这不仅是与建筑适应的需要，也是岭南人审美取向在园林中的最早表现。

3. 精于装饰、色彩绚丽的岭南风韵

南越国虽然是岭南的小国，但它是南海丝绸之路的发源地，经济、文化、科技的发展不仅受内陆的影响，也受海外文化的影响。此外岭南百越多民族聚居的特点，也使其文化审美观更具包容性。这些"地域"因素在南越王宫殿园林遗址中有所表现，图案丰富的画像砖、精美的道路铺装、样式多样的石质雕刻、水渠渠底精细的冰裂纹铺装、富有韵律的水中置石，都显示岭南文化中的注重装饰的美学意向。这种地域性审美取向历千年而沉淀，形成了岭南社会普遍的审美心理结构，至明清随着当地成为经济发达的通商口岸而愈鲜明。在岭南的宅园中，顺德清晖园、东莞可园、番禺余荫山房，其体量不大的建筑，却极尽装修之能事，雕镂精细繁密。在色调风格上也以红、橙、青、绿等各种色彩，相互辉映，形成绮丽多彩、纤巧繁缛的岭南地方风韵。

五　南越国宫殿园林先进的造园技术

秦统一以前的岭南经济、文化并不发达，被称之"南蛮"。经赵佗开发后，南越大地在政治、经济、文化科技等方面都有了迅速的发展，但史料的记载稀少。南越国御苑遗址反映了当时科技在建筑园林上的突出成就，弥补了空白。发达的建筑材料技术，御苑石水池、石曲渠以及部分建筑构件都用石材，秦汉时期用大量石材造宫苑为中原地区少见。因此，闻名世界的秦阿房宫，被义军焚烧，大火延续三个月，已难窥旧貌，而汉武帝平南越，亦纵火烧城，但南越国御苑却因石构为主而保存大量遗迹。御苑所用石材主要是砂岩和火成岩（河卵石）两种。砂岩因结构粗松，易于开采和加工，大量应用打凿成石板、石块以及八棱石柱、石栏杆、石门楣等建筑构件。而硬度大不易加工的火成岩则保持其自然形态，用来布置于水池和曲渠底部，增添其自然的趣味。南越国宫苑石材的雕凿工艺多种多样，石曲渠渠壁的石块只经过较粗的加工打凿成深浅均匀的平面即可，石块表面的凿痕仍清晰可见。石水池池壁和石曲渠渠底的石板以及"渠陂"、"斜口"、八棱石柱、石栏杆等构件的表面经过细致的打凿之后，还进行磨光处理，使得表面平整光滑。特别是栏杆石座、望柱等平滑弧面的处理，石门楣、石算等构件的凿槽、穿孔技术的精细更令人叹服。如果没有优良的工具和熟练的技术是不可能达到如此精湛的水平的。

（一）科学的建筑结构技术

1. 石木结构的先进力学反映。从池中竖立两列巨型石板，把池分隔成3间，石板底部还横向铺垫有枕木，把建筑的荷载，经枕木传递分散到地面，以保持基础的稳固，这种结构力学在中国古代十分罕见。

2. 板式和抬梁式混合结构为秦汉建筑典例。池中南北两次间中各立一根八棱石柱，石柱平置于池底石板之上，柱底与石板之间并没有榫卯相接，而柱头却有一方形凸榫，可见其上应有构件相套接。该建筑说明西汉早期已有板式和抬梁柱式混合结构，为研究汉代石构建筑提供了重要的物证。

3. 最先运用斜拉力学于石构建筑。池西壁地面上的三根残存的牛鼻梁石，呈放射状向弯月石池张开，面向池中的石板、石柱。而朝池的一端突出处有一孔，很明显有磨损过的痕迹。可知这牛鼻梁石与池中的石构建筑起斜拉的作用，与池中的石板和石柱当为一组整体建筑。

4. 在遗址中出土了迄今世界上最大最精工烧制的方砖。遗址出土最大的方砖使用黏土烧制，边长为95厘米，厚达15厘米。中国最早的建筑专书、宋朝李诫的《营造法式》中，有"砖作制度——用砖"专题，记载砖的规格为"殿阁等十一间以上用砖方二尺厚三寸"，换算为现在的尺寸边长约60厘米。说明宋代李诫尚未见到南越王宫如此巨大的"金砖"。

（二）先进的理水技术

利用形状、深浅不同的水池，大小不同及铺砌各异的卵石和弧形的石陂控制水的流速、波浪、水声，达到人造自然的效果。无水不成园，纵观中外、古今之园林，水都是庭院的生命，才使园林和自然更亲近。南越国御苑模仿大自然各种美丽的形态，将之浓缩再现于人工园林之中。

御苑的石曲渠造就成自然山谷溪涧中的水流形态。两壁用砂岩石块砌筑，渠底铺灰黄色砂岩石板，在石板上铺满了大小不一的灰黑色河卵石，其间还疏密有致地放置黄白色大卵石，各色石材搭配，色彩夺目。曲渠当中设两道"渠陂"，当水流涌过"渠陂"，冲激卵石，不但会产生粼粼碧波，还会水声潺潺，宛如置身于山谷溪涧之中。这种通过积石来营造人工水体和水声的艺术手法，在《淮南子·本经训》中也有记载："来溪谷之流，饰曲岸之际，积牒旋石，以纯修畸，抑域怒潮，以扬激波。"若园林中的溪渠绳直，一眼望尽，则意境全无，南越国的石曲渠从北而南曲折向东，再蜿蜒西去，让游人产生一种幽远无尽的感觉。在曲渠北部有一急弯处，石渠从东北至此陡然斜下，并急转向东南，石渠西壁垂直，东边呈斜坡状。当水流至此突然奔流直下，并急转回旋，造就旋涡，宛若自然，欣赏水涡则是另一种景致。

南越国遗址水景的曲折通幽的表达和运用，扩大空间的手法，水法的营造，至今影响深远。苏杭的园林和岭南的可园、梁园、清晖园、余荫山房四大名园都是一脉相传。但早期的园林实景都已不复存在，后代岭南园林的造园手法是否有本地早期园林的渊源，已然不明。御苑遗址的发现，弥补了这一历史的空白，使我们可以将岭南园林的上述造园手法上溯至两千年前的西汉时期。

西方园林关于水的运用，虽不晚于中国，但仅见于史载，早期遗迹已湮灭。公元前9世纪希腊诗人荷马所载他生前400年前的希腊园庭中，辟有喷泉；还有公元前7世纪巴比伦空中花园，是世界上七大奇迹之一，据推测高约23米，上种满了奇花异草和参天大树，但这史前喷泉的水是怎样流通喷涌的，这些花草树木是如何用水灌溉的，他们有什么精巧考究之处皆不得而知了。现在保存下来最早的欧洲水法是西班牙在1377年兴建的红堡园中的"狮庭"，庭院的中心有一喷泉，底座为十二石狮圈成一圈。与南越国御苑时间相距足足有一千年的时间了。

南越国御苑有科学的地表排水系统，水来源于石水池，通过木暗槽导入。石曲渠尽头设排水闸口，闸口内层设置木闸板还可以调节水渠的水位，外层的石算既可阻隔树叶、垃圾堵塞暗渠，又可防止龟鳖外逃，设计相当巧妙。为了做到渠水清莹澄澈，石曲渠顶层向外拓宽20厘米后，还加砌一道挡墙，挡墙内高外低，可防止雨水将地面的泥沙、树叶等带入渠中污染渠水。曲渠的进水和排水都用木暗槽，使得渠水"来无影，去无踪"。石池的进水木暗槽内宽23厘米，高18厘米，而石渠尽头的排水木暗槽则内宽44厘米，高22厘米。排水暗槽明显比进水暗槽大，这一细节可以保持水流的顺畅。

御园中还铺设有陶质的地下排水管道。为防止泥沙和垃圾堵塞管道，在入水口还设置地漏用以沉沙，上铺有带梳孔的石算来阻隔垃圾，可见当时排水系统的建设已达到相当完善的地步。

遗址经局部解剖发掘，发现渠边地层有独特结构。地面上层为细沙，中为碎石，下层为大石，大石下还没有挖到生土。这一结构与现在运动场草地下的自然排地表水作用相似，而其真正用途还有待进一步证实。

（三）丰富的园林小品装饰技术

用石板以冰裂纹状密缝铺地是世界造园史上的首例。御苑中石水池的池壁和曲流石渠的渠底，用不同形状的砂岩石板呈密缝冰裂纹铺就，为我国园林所首见。"冰裂地"对中国史有着深远的影响。明代计成《园冶》总结了前人造园经验，将"冰裂地"写进中国第一本园林专著中。从目前的考古发现来看，造园用"冰裂地"为世界首见。在古希腊、罗马的建筑上有乱石砌筑墙壁的形式，如希腊阿波罗神殿的挡土墙。根据西方最早的建筑专著维特鲁威《建筑十书》（成书于公元前32年～前22年间），当时筑墙方法有砖砌体、网格砌体、希腊式填心砌法、整体砌法、乱石砌体、罗马式填心砌法等。其中乱石砌体类似于冰裂状，所用的石块是没有经过加工的，而且只用于砌墙。"墙体的……乱石砌体是把毛石一一砌筑起来的，虽然外观并不美观，……却可造成更加坚固的砌体。"

南越国御苑砌冰裂地的石板两面均是经过加工的，打凿整齐，石板之间不规则的接缝处，亦经打凿，使得石板与石板之间交接紧密。在公元前200多年前，用冰裂纹石板铺地的独特方法用于造园，是世界造园史之创始，在世界造园史上有重要地位。石木建筑结构先进，南越国宫苑遗址中的大型石水池和石曲渠均为石构建筑，其独特的建筑手法以及使用大量的石材，于中国中原地区的传统木构建筑的风格相异；同时在宫殿、回廊等建筑上综合使用了大量石、木、陶等多种建筑材料，这些都反映了南越国的建筑技术水平和生产力水平已达到较高程度，是赵佗开发岭南的丰硕成果的反映。石渠的弯月形石池中，当有一临水建筑，可惜已毁。但从遗迹中仍可看出其结构的独特。

小桥、流水、步石的园景组合，为造园史上首见。石曲渠西头的石板平桥，以渠壁为桥墩，上架两块完整的石板，桥的跨度虽然小、结构也简单，但却是我国目前发现年代最早的石桥实例。桥的两端还有九块保存完好的步石，他们间距相等，且布置得略成弧形。现存的几块步石的间距为60厘米，而我国园林专家总结现存明清园林中的步石也恰好是这个宽度，也最为适宜。可见在两千多年前，我们的祖先就已经认识到这个造园规律了。

六 关于南越王宫殿园林遗址价值的评价

1. 它是两千多年前中国多民族历史文化形成的历史见证；是目前中国境内发现最早的宫殿园林的实例；它的发现对于研究中国历史文化、研究中国古代都城、古代建筑和古代工艺都具有极其重要的价值，是广州历史文化名城的精华所在。

2. 南越国宫殿园林深得秦汉园林之精髓，其具有的自然式布局、曲水流觞式的理水和追求神仙境界的造园理念，全面反映了秦汉园林的基本风格和水平，是中国自然山水园林形成初期的代表作品，也是唯一保存最为完整、历史最为悠久的代表东方园林风格的遗址。

3. 南越国宫殿园林遗址与西方园林现存的古巴比伦空中花园、庞贝柱廊式花园和哈德良庄园等园林遗址，共同构成了世界上园林生成早期东西方园林分野的重要标志。

4. 石池和石渠是我国岭南地区秦汉考古的又一重大发现，为研究我国秦汉园林及早期岭南园林提供了珍贵的实物资料。

5. 使人们第一次通过实物感受到如此生动的西汉园林风貌，在艺术上是西汉园林的杰作，同时也是首次发现的同种类型的汉代园林，填补了研究中的空白。小桥、流水、步石的园景组合为造园史上首见。

6. 体现了高超的理水技法，是中国园林理水技法的最早实例。

7. 为我们提供了岭南园林的本地渊源，使我们可以将岭南园林的一些造园手法上溯至两千年前的西汉时期。

注 释

① 陈伟汉、全洪：《广州秦造船遗址周边古地貌考查》，广州市文物考古研究所编《广州文物考古集——广

　　　州秦造船遗址论稿专辑》，广州出版社，2001 年，第 185～191 页。

② 《水经注·良水》，上海古籍出版社，1990 年，第 708 页。

③ 秦建明、张在明、杨政：《陕西发现以汉长安城为中心的西汉南北向超长建筑基线》，《文物》1995 年第 3 期。

④ 周维权：《中国古典园林史》，清华大学出版社，1999 年，第 64 页。

⑤ 同④，第 68 页。

⑥ 广州市文化局编：《广州秦汉考古三大发现》，广州出版社，1999 年，第 16～21 页。

⑦ 池在古代即指池塘湖泊，也指有水的护城河，此宫中之池是指水池。

⑧ 陕西省古籍整理办公室编、何清谷校注：《三辅黄图校注》，三秦出版社，1995 年，第 258 页。

⑨ 同注⑧，第 247～250 页。

⑩ 同注⑧，第 251 页。

⑪ 同注⑧，第 255 页。

⑫ 同注⑧，第 240 页。

⑬ 同注⑧，第 238 页。

⑭ 同注⑧，第 235～263 页。

⑮ 《汉书·五行志》，中华书局，1975 年，第 100 页。

⑯ 同注⑧，第 235～248 页。

⑰ 同注⑧，第 251 页。

⑱ 同注⑧，第 216 页。

⑲ 同注⑧，第 195、196 页。

⑳ 成林、程章灿译注：《西京杂记全译》，贵州人民出版社，1993 年，第 100 页。

略说南越王墓是岭南考古
名符其实的重大发现

杨式挺

值此南越王墓发掘 20 周年暨博物馆建馆 15 周年即将到来之际，勾起笔者对于 1983 年 8 月至 1984 年 12 月参加该墓发掘整理期间以及 1990 年夏我们几位队长集中到番禺糖厂修定稿子那段不寻常日子的美好回忆。本文拟从参加象岗南越王墓的发掘、整理工作中的一些感受和认识，来说说广州南越王墓是岭南考古名符其实的重大发现这个命题。不妥之处，敬请指正。

一 几点感受

（一）及时发现，依法上报

1983 年 6 月 8 日，省府在象岗山准备建高层公寓楼，当推土机把山岗削低 17 米并在开挖墙基时，挖到了墓室的顶盖石板。基建科长邓钦友即叫停工，并及时报告市文管会。经广州市文管会派员前往勘查，并从墓顶石缝挤身进去发现了西汉器物，从而初步确认这是一座岭南前所未见的西汉石室墓。勘探者立即意识到这是一个重要的发现，随即将情况报告给省文管会，并电告了国家文物局。笔者是 6 月 11 日被友好告知去现场参观的。

在接到国家文物局的电话后，6 月 15 日，由广州市文化局副局长饶志忠、麦英豪和本人一起到北京汇报请示工作。先到红楼国家文物局，谢辰生顾问、黄景略处长接待我们。谢辰生同志先问了饶副局长，来之前告诉了广东省文化厅没有？……。这次汇报，获得了工作支持，并批准了发掘经费。我们又到夏鼐副院长处汇报发现情况。夏所长说，国家文物局和考古所会全力支持您们工作的，并指示在发掘过程中，要注意分层清理，做好记录，多拍照，多绘图，以便日后整理复原和编写报告。再到王府井大街中国社科院考古研究所，副所长王廷芳和乌恩接待了我们。考古所领导准备派出发掘、绘画、照相和录像技术人员以及携带先进设备来支持发掘。不久之后，考古所派来了黄展岳、白荣金、杜玉生、姜言忠、韩悦等来到广州。

（二）领导的关怀和支持，是做好发掘工作的根本保证

广州南越王墓的发掘和保护，始终得到了从地方到中央有关领导的重视关怀和支持，使整个发掘和保护工作，得以顺利进行。

遵照夏鼐先生的意见，由文物局和考古研究所联名上报国务院，请求批准发掘。广州市专门成立发掘领导小组，由欧初任组长。广州市公安局局长宋恕忠派来一个加强排，负责保护发掘现场和护送出土文物。出土文物开始暂时保管在中山纪念堂。为了文物的安全，叶选平省长指示，1983 年底前一定要把它搬移到起义路市公安局内一幢楼房保管好。后来的整理工作就在那里进行。

7 月 1 日，国家文物局顾问谢辰生率领的工作组（包括黄景略、李季和黄展岳等）来到广州，带来了国务院同意发掘的批文和发掘证照。在国家文物局的指导下，由考古研究所、省博物馆、市文管会三方派人组成"广州象岗汉墓发掘队"，由麦英豪任队长，黄展岳、杨式挺任副队长。

7 月 2 日，谢辰生同志召开会议，传达国家文物局对发掘的要求，并明确了队长责任：一是确保工作人员的人身安全和文物安全；二是按科学发掘要求保证工作质量；三是发掘后安排组织整理资料，编写发掘报告。

8 月 12 日，广州市文管会代表黄流沙、广东省博物馆代表杨式挺、中国社会科学院考古研究所代表乌恩，共同签定了"广州象岗汉墓联合发掘议定书"。

在做好各项准备工作之后，8 月 25 日上午，发掘工作正式开始，广东省、广州市有关领导出席了隆重的开幕式。

（三）精心筹划，群策群力，勇闯"地宫"，确保"两全"，保质保量

广州象岗山南越王墓是一座深埋石山、多室结构的石室墓，造墓采取竖穴和掏洞两种形制的结合。后部主体为竖穴式挖坑，分主棺室、东侧室、西侧室和后藏室；前部分为前室、东耳室和西耳室。东、西耳室为横向掏洞而成。南面是斜坡式墓道，通至地面。整座墓平面似"早"字形。墓室内南北长 10.85 米，东西最宽 12.5 米，建筑面积约 100 平方米。由于深埋地下近 20 米，墓室阴暗潮湿，空气稀薄，墓室还浸渗过水，所以在发掘前，必须安装抽风排气长胶管和电灯。由于埋藏了二千余年，墓门、顶盖石板和墓室石块都有部分断裂现象，增加了发掘的危险性。还由于墓室面积不大，而随葬品数量大，层层叠叠，错迭交织，也给发掘清理带来许多难题。如发掘完墓道，准备打开第一道墓门时，发现墓门横额已断裂，随即要采取保护措施。又如清理西耳室时，发现器物堆满全室，有些铜鼎等物还移动至前室，室内清理没有立足之地，于是想方设法、小心翼翼地在墓室四角放上砖块，搭架起一个贴近随葬器物的木板平台，才能一层层地进行清理、绘图、照相。再如，清理完前室、东、西耳室，将要进入主棺室时，发现第二道墓门紧闭，两扇墓门上的铁轴已经锈蚀，一时无法打开。于是队长决定停工休

整，研究对策。利用这一空隙时间，我们发掘队的几位队员，从第二道墓门底下生土处，掏挖了一个地洞，爬进主棺室探测墓内随葬器物保存现状。接着，照相、录像人员也进去录像扫描。使我们的发掘人员能够做到在发掘清理前，对各个墓室遗物的保存现状进行分析，然后制定发掘方案。对于这种做法，以往从未采用过，所以我们是深有体会的。当然，这需要有现代化的技术设备和熟悉掌握技术设备的人员。休整 2 天之后，请来了广州园林局石工队研究开启墓门的方法，陈日荣队长发现一扇石门的上轴已断裂，于是开来起重吊车，利用这一断裂处以手动滑车把该扇墓门吊离。第二道墓门有惊无险的打开，为顺利进入后部的 4 个墓室，扫除了前进的障碍。

当第二道墓门一打开，发掘人员按计划分工，同时认真细致地清理主棺室（墓主室）、东侧室（4 位夫人室）、西侧室（仆役和动物牺牲随葬室）和后藏室（大型炊煮器物储藏器室）。墓主室和"夫人室"的重要性显然要高于其他各室，这从这两室的基本功能和随葬品的珍贵价值可以看得出来。当然，从整座墓葬来说，各室都有它不可分割的基本功能，都有重要的珍贵的随葬器物。凡此种种，都体现了墓主生前的高贵身份、统治地位以及生活上的穷奢极侈！

（四）发掘工作刚告结束，立即投入了筹备建馆保护，并转入深入细致一丝不苟地整理编写发掘报告

1983 年 10 月上旬，整个野外发掘工作宣告结束。10 月 8 日，发掘领导小组立即召开发掘工作总结和墓室原址保护以及筹建遗址博物馆的座谈会。记得当时曾有一种意见，就是在墓室上面建造博物馆。当然，后来有了新的建馆方案。

10 月 10 日，全国各大报刊都以显著位置刊登了广州南越王墓发现的新闻消息。笔者回忆起我们三位队长曾接受广州日报的采访并写了一个报道稿，题为岭南考古的重大发现。这"重大"两字，是经过斟酌推敲的。它是南越王墓本身发现的丰富新颖内涵及其学术价值赋予的，是从岭南乃至全国发现的汉墓的比较中得出的，并得到全国考古学界的认可的。如广州南越王墓的发现，被国家文物局评为 1983 年全国考古新发现之一。又如，南越王墓的发现和保护，得到了各级人民政府的重视，从批准成为市级、省级文物保护单位到国家级重点文物保护单位。就我个人的考古经历和认识说，南越王墓的发现，堪称是岭南考古名符其实的重大发现。这不仅仅体现在它发现了什么，更重要的是它说明了什么，还体现在该墓的发掘、整理、保护、宣传到建立专题博物馆，始终得到了从地方到中央领导部门的重视和支持，这在岭南考古史上是没有先例的。例如，南越王墓发掘工作结束后，继续就如何保护墓室砂岩石块的断裂和风化问题，请来了有关专家研究，解决了这个问题。又如，在《西汉南越王墓》专刊中，附录有 18 个鉴定、复原报告。包括墓主的性别年龄、丝缕玉衣的复原、铁铠甲的复原、墓室岩石的石料产地、玉器、铜器、铁器、银、铅器、玻璃器、丝织品、纸质、殉人遗骸、动物遗

骸、药物、漆木屏风等。这在以往岭南的考古报告中是罕见的或不见的。这种检验鉴定和复原，增强了发掘报告研究的科学性和说服力，也体现了南越王博物馆与有关科技单位人员团结合作共同攻关的协作精神。

对于广州象岗南越王墓发现的学术价值和重大意义，已经有许多研究文章和专著论及。正如中国社会科学院副院长夏鼐先生在得知广州南越王墓发现的情况后指示说："这是一个重大发现，不亚于马王堆和满城汉墓，我们一定要把这座汉墓发掘的事情办好。"国家文物局顾问、著名文物专家谢辰生说："南越王墓有三个至为难得：一是从建国后的考古发掘所见，凡属大型的墓几乎都被盗掘，十室九空，而南越王墓未受盗扰，保存完好，实在难得；其次，发现时墓内未遭任何扰乱破坏，这对科学研究有特别重要的价值；还有，这座石室墓是岭南发现的规模最大，随葬遗物最丰富，墓主人身份最高的西汉大墓，司马迁的《史记》、班固的《汉书》均为主人入传，因而墓主的史事清楚，年代精确。"《西汉南越王墓》专刊的"前言"这样写道："象岗南越王墓是岭南地区发现的规模最大、出土文物最丰富、年代最早的一座彩画石室墓，是中国汉代考古中的重大发现之一。"这些评论，言简意赅，高度概括了广州南越王墓发现的重大意义。

（五）恒久的轰动，历史的丰碑

考古的发现，往往因其新颖、奇特、保存完整而引起社会轰动。一时间，或人山人海、万人空巷，参观围观，热闹非凡；各种新闻媒体也争相报道，沸沸扬扬，议论纷纷。但这种轰动效应，有的短暂即逝，有的则持久不衰，深入人心。关键在于发现的对象保存得好不好，是不是真正重要的发现。不久前，北京老山发现一座汉墓，中央电视台准备在开棺时作现场直播，但一经发现被盗后，轰动也随即冰释。1974年，湖南长沙马王堆发现一座汉墓，因墓主人女尸保存完好，还曾在人民公园展示过。又出土了丰富多彩的随葬品，由此建立了湖南马王堆汉墓博物馆，供广大观众参观。

1955年，香港九龙李郑屋村发现了一座大型穹窿顶结构砖室墓，保存得相当完好。出土了一批铜、铁、陶器随葬品。墓砖上还有"番禺大治历"等铭文，证明汉代港九地区属南海郡番禺县管辖。因该墓地处偏僻，又是未被扰盗的大型砖室墓，为当时港九首见，故一时引起轰动。不仅黎民百姓争相参观，报社电台也连篇累牍报道。对于墓葬的年代和墓主身份也众说纷纭。有的说是外来文化，有的说是南宋杨太夫人墓，有的认为是东汉墓。当然以东汉说为是。李郑屋汉墓随葬品不算丰富，但在港九地区是颇具规模且保存完整的砖室墓，尤其是建成永久性博物馆，供人们参观研究。笔者因公于1981年10月赴香港考察参观过该墓。

1950年以来，广州发现的历代古墓数以万计，其中也不乏保存较好的和随葬品较丰富者，然而由于各种原因，一座也没有保留下来。所以南越王墓发掘完后得以保护下来，既是对昨天的反思，也是对今天和明天的高瞻远瞩。

广州南越王墓 1983 年 8 月 25 日开始发掘，到 10 月上旬发掘完毕，在整个发掘过程中，并没引起什么大的轰动，因为为了保证"两个安全"：发掘人员安全、文物的安全，领导决定发掘期间暂不对外公开。但在发掘结束后，有一批文物曾在中山纪念堂展出供观众观赏。尤其是在南越王墓博物馆落成后，全面系统突出地陈列墓中的文物精品。15 年来，吸引接纳了许多海内外观众和专家学者。一件件一组组精美绝伦的文物珍品，让观赏者驻足细细品赏，受到一次次美的熏陶和启迪。这是心灵的共鸣和震撼，这是恒久的轰动效应。南越王墓的重大发现并得以保留下来，南越王墓专题博物馆得以建立，为广州乃至岭南历史文化建设，树立了一座丰碑。祝愿它世世代代保存下去，永放异彩！

二　几点认识

根据个人参加南越王墓的发掘、整理和编写讨论发掘报告中的一些认识，我觉得南越王墓的重大发现，至少有如下的十个方面。

（一）西汉石室墓的新发现

广州象岗南越王墓是一座凿山深埋多室结构和有斜坡墓道的石室墓，不仅在岭南考古是首次发现，就是在全国汉代诸侯王墓也是不多见的。我国汉代诸侯王一级的墓已发掘 20 多座。墓葬结构主要有两种形式：一种是竖穴土坑，多层棺椁，有的棺椁外设"黄肠题凑"，如北京大葆台燕王墓、长沙咸家湖长沙王后墓、马王堆 1 号汉墓；另一种是凿山为藏，布置多侧室、多耳室，如满城中山靖王刘胜墓、曲阜九龙山鲁王墓、徐州龟山楚襄王墓、徐州北洞山楚王墓等等（详见黄展岳：《汉代诸侯王墓论述》，《考古学报》1998 年第 1 期又，笔者 1974 年以来，曾多次参观过长沙马王堆汉墓和长沙王后墓；1993 年参加中国考古学会理事会暨年会期间，曾到曲阜九龙山参观鲁王墓）。南越王墓采用的是凿山竖穴与掏洞相结合的做法，这就为研究汉代王侯墓形制结构和造墓方法增添了新例。对广东古建筑史的研究也提供了重要实例。

（二）西汉玺印的重大发现

南越王墓出土的玺印多达 23 颗。这是迄今国内汉墓中出土最多的，而且这些玺印应是南越国自己铸刻的。它对研究南越国的历史和礼仪制度以及我国汉代玺印制度，增添了一批珍贵实物资料。尤以主棺室和"夫人"室的发现最为重要。主棺室的"文帝行玺"龙纽金印，是全国考古发现的最大的一颗西汉金印，也是目前唯一的汉代龙钮"帝玺"，它还是墓主身份最可靠的证物。从该玺的文体制作工艺和使用痕迹看，应是南越国自制的实用印玺，意义重大。从全国看，迄今只见到一方"皇帝行玺"封泥和

1968 年在咸阳发现的一枚"皇后行玺"螭虎钮白玉玺。其他如东汉"朔宁王太后玺"金印和"广陵王玺"金印均为龟钮。南越王墓主室出土一方"帝印"螭虎钮玉印，西耳室还出土 2 枚"帝印"封泥。此方"帝印"应为南越王印玺，这种直书"帝印"文物国内未见。帝印当指皇帝之印，这也进一步证明第二代南越王生前曾僭号称帝的史实。主室还出"泰子"龟钮金印、"泰子"覆斗钮和"赵眜"覆斗钮玉印。由于"泰子"（太子）印与"赵眜"名章共出，因而墓主究竟是谁，在学术界曾有不同的看法。因为第一代南越王赵佗的儿子是谁？在《史记》、《汉书》没有明载，唯《交州外域记》和《日南传》曾记赵佗派太子赵始攻破交趾安阳王的故事。如太子确实是赵始，那么这两枚"太子"印当是赵始的遗物。赵眜是谁？正史亦无记载。但史书明载第二代南越王为文王，名曰赵胡。"文帝行玺"龙钮金印的"文帝"以及一套铜句鑃刻"文帝九年乐府工造"的"文帝"，当然不是西汉文帝而是南越国第二代文王，他曾僭号，故文献记载婴齐曾"藏其先武帝文帝玺"，亦可佐证。至于文帝（文王）赵胡为什么又叫赵眜，发掘专刊已有记述。东侧室出土 4 位"夫人"印——"右夫人玺"龟钮金印、"左夫人印"、"泰夫人印"、和"□夫人印"，均龟钮鎏金铜印，还有"赵蓝"覆斗钮象牙印等。从出土位置看，赵蓝应是右夫人的名字。从玺印的名称和质料看，四位夫人的名位排列应是右夫人、左夫人、泰夫人、□夫人。从印文和凿刻工整看，右夫人玺刻工明显，文体庄重，且有使用痕迹，故应为生前实用印，其他 3 颗夫人印印文草率，可能是专为随葬而刻制的。我国秦汉以来的后宫制度，皇帝正配称皇后，至于地位较低的妃妾称夫人，并在夫人之前冠以姓氏，如戚夫人，故右夫人并不等同于皇后，四个夫人皆应属于嫔妃。1980 年，广西贺县金钟 1 号西汉墓，也出土有"左夫人印"龟钮玉印，同时还出 2 方龟钮、伏螭钮铜印，惜印文已难辨。1979 年，贵县罗泊湾 2 号汉墓也出土 1 方"夫人玉印"。据唐颜师古为《汉书》作注引如淳所说，当时只有皇帝的妾或列侯妻子方可称"夫人"。参照广州南越王墓所出的"夫人"印，故推测金钟 1 号墓和罗泊湾 2 号墓墓主当属于赵氏南越国派驻广西的相当于王侯一级的官吏夫人的墓葬。此两座的年代亦属于西汉前期后段。由这批玺印的发现，可知南越国自行铸制玺印并曾委派岭南各地南越官吏。

（三）丝缕玉衣的发现和复原

玉衣为上古贵族的殓葬服饰，始于战国，盛于两汉。玉衣又称玉匣、玉柙。所谓"玉匣珠襦"，就是古代帝后、诸侯王的葬饰。根据身份与等级的不同，玉衣的连缀又分为金缕、银缕、铜缕和丝缕。目前全国发现的汉代王侯玉衣有 13 套以上，但其中除河北中山靖王刘胜夫妇墓、广州南越王墓和 1986 年河南永城芒山梁王墓玉衣保存完整外，其余的均不完整。永城梁王墓玉衣为金缕玉衣，该玉衣分头套、上衣、左右袖筒、左右裤筒和左右鞋五大部分组成，由 2008 片青玉构成。这和广州南越王墓玉衣的组成部分是相同的；连同玉衣出土的，还有玉耳塞、玉鼻塞和玉玲（参看河南省文物精华展：《华夏文明之源》图录一书 94 "金缕玉衣"。2002 年 7 月香港印制，该"文物精华展"及玉衣等 2003 年曾在广东省博物馆展出）。广州南越王墓墓主玉衣为丝缕，该玉衣全长 1.73 米，由 2291 块玉片组成，经专家长达 3 年的辛勤劳动得以完整复原。这是目前汉代玉衣中年代最早的一套，比河北满城中山靖王刘胜夫妇的金缕玉衣还早。据专家鉴定，部分玉片的质料可能出自粤北曲江县。据《韶州府志》和《曲江县志》记载，曲江县有玉山。从曲江县马坝石峡遗址的石峡文化一些玉器的质料看，可知曲江玉山从新石器晚期已经开采。不过，笔者推测，南越王墓的各类玉器及其不同质料应有不同的来源。

（四）玉器的大量发现

南越王墓出土的玉器，多达 240 多件（套），约占全部随葬品 1 千多件（套）的十分之二。种类有玉衣、玉璧、组玉佩、玉印、玉剑饰、角形杯、玉盒、带钩、玉舞人等 19 种，是汉代考古的一次空前发现。在各种玉器中，不乏佼佼者，这里不能尽述。其中最引人注意和兴趣者，如墓主身上的 20 多件大玉璧和夫人们佩带的组玉佩，使人们对汉代玉佩的组合和形状有了一个较全面的了解。如各种形式的龙凤透雕的造型奇特的玉璧、玉佩，其中一件龙凤纹双重玉佩的图案被制作为南越王博物馆的馆徽。犀角形玉杯、承盘高足杯都是考古发现史上罕见的。西耳室一件漆盒里珍藏玉剑饰 43 件（包括首、格、璏、珌 4 种），雕工精湛，完好如新，表面涂硃，为汉代玉剑饰的珍品。记得 1990 年底南越王墓玉器首次到香港中文大学文物馆展览并举行学术讨论会时，屈志仁先生在发言中就特别指出，南越王墓的有些玉器，具有中原战国玉器的风格特征。

（五）铜镜有新的发现

南越王墓出土各式各样铜镜达 39 面。其中最值得一说的有 3 种：一种是带托铜镜，国内罕见。它由镜托和镜面、中间用漆胶粘合而成。镜托上纹饰极其美观精致。托面错金银丝和填绿松石，托面有 9 枚乳钉，正中有 1 枚乳钉作为中心点，边沿有 3 个作三等分位置的环钮，环钮绑扣 3 条绶带到中央，丝绸绶带朽迹尚存。制作工艺精巧。这件铜镜装饰和山东淄博出土的一件战国镜十分相似。一种是"山字纹"铜镜，其中"四山纹"镜 2 面、"六山镜" 1 面。据研究，"山字纹"镜流行于战国楚地，湖北、湖南、安徽等省均有出土，而以湖南最多。在湖南楚墓所获的铜镜中，"四山纹"镜占 70% 以上。"三山镜"和"六山纹"镜目前只见于著录和传世品，且为数极少。中国历史博物馆收藏有一面"六山纹"镜（详见孔祥星、刘一曼著：《中国古代铜镜》一书第 30 ~ 35 页）。可见南越王墓发现的"六山纹"镜弥足珍贵。再一种是绘画铜镜，共发现 4 面。其中一面直径达 41 厘米，是目前国内最大的一面西汉绘画镜。本人和吕烈丹在细心清理镜背时，意外地发现有多组人物画，三三两两地分布在镜背的内外区，是用白色或青绿色颜料描绘上去的。图像有2人击剑的，有3人拱手站立旁观的，十分传神。这种绘画图像风格，与长沙马王堆汉墓帛画的风格十分相似（关于南越王墓及南越国的铜镜的详况，可参看全洪：《南越国铜镜论述》，《考古学报》1998年第3期）。值得指出的是，南越王墓出土的不少器物，如"山字纹"镜、漆木屏风、铜虎节、铜鼎、玉璧、组玉佩、铜甬钟等，既有战国的风格，又有楚式、汉式等民族的作风；既体现了汉越关系，也表现了南越与楚地政治、经济文化上的交往与联系。

（六）刻有铭文的铜句鑃、铜虎节和铜戈

南越王墓出土的青铜器达500件，在各种质料的器物上，有数十件刻有铭文者，它对研究南越王墓、南越王国及其相关历史，具有特别重要的意义。从某种角度上说，这些有铭文的器物，乃是南越王墓的最重要最具价值之发现，盖岭南迄今发现的先秦器物中，尚无一件有明确的汉字。故《西汉南越王墓》专刊特辟一章：《出土文字资料汇考》。这里仅举3例。

（1）铜句鑃一套8件，出东耳室乐器室。该室还有带漆木钟架的铜钮钟一套14件、甬钟一套5件和2套石编磬，体现了该墓承袭周秦以来"钟鸣鼎食"的礼乐制度。此套句鑃之重要，在于每件刻有"文帝九年乐府工造"篆体铭文，每件下面刻"第一"至"第八"。这个"文帝"是指南越文帝（文王），并非指西汉文帝。南越国"文王"即位于汉武帝建元四年，"文帝九年"即汉武帝元光六年（公元前129年）。"文帝九年乐府工造"，说明这一套铜句鑃是南越文帝九年乐府中的工师所监造的，也表明南越王国仿效秦汉设有自己的乐府。广州建城历史有多长？文献记载说法不一。"文帝九年"即公元前129年，故这套有明确纪年的8件铜句鑃的发现，清楚地证明广州（古番禺）建城至今已有二千余年的历史。

（2）铜虎节一件，作老虎形，长19、高11.6、厚1.2厘米。两面均错金，饰斑纹金箔，正面虎身斑纹间刻铭文一行5个字。末一字难认。据香港中文大学饶宗颐教授的考释，可释读为"王命命车徒"。这类虎节以往在岭南未发现过。关于符节的用制，据《周礼·掌节》载，"凡邦国之使节，山国用虎节，土国用人节，泽国用龙节"。《小行人》亦载"达天下之六节，山国用虎节，土国用人节，泽国用龙节，皆以金为之。道路用旌节，都鄙用管节，皆以竹为之。"由此可见先秦符节有不同的形状、质料和用制。如1957年安徽寿县发现的"鄂君启节"为舟节，形如圆形竹节，铜质嵌金铭文，铭文多达300余字，记载楚怀王时鄂君率领船队经长江"洮阳"等地经商的情形。舟节上有"王命命集尹"之句。据《西汉南越王墓》专刊第10章铜符节条，传世的龙节似戒尺，虎节作伏虎形，与南越王墓虎节相类。龙节、虎节下面铭文均为"王命命传赁"。从龙节背面尚有铭文看，推测虎节应有两片，双方各持一片，用以杜绝诈伪者。出土地点可考者有两器：一件龙节，1946年出自长沙黄泥坑；一件虎节，出自安徽寿县楚墓。由此可证龙节、虎节和上述舟节皆为楚器。南越王墓所出之虎节，形制字体与传世之龙、虎节皆同，然文例作"车徒"而非"传赁"。"传赁"（即专任）为乘传及宿上驿使者所用。"车徒"则多属军事性质，盖战时用以征调车徒之信符，故南越王墓所出的虎节，很有可能也是作为兵符使用的（参见拙作：《读饶宗颐教授若干考古学论著感怀》一文，收入杨式挺著：《岭南文物考古论集》，广东省地图出版社 1998 年）。

（3）秦相邦张仪铜戈

此戈发现于东耳室编钟架旁。同时还有另 1 件器形相近的无铭铜戈。据研究，此戈与关中所出秦戈同，铭文格式亦具秦兵器特点，故定为秦国制造。内上铭文三行，刻工浅细，尚可辨读。第一行为"王四年相邦［张］义□□□"等。"王四年"当即秦惠文王后元四年（公元前 321 年）。据文献记载，张仪相秦惠王，前后历时 18 年。《三代》著录有"相邦义戈"，铭文曰："十三年相邦义之造，咸阳工师田、工大人耆、工槵"。"十三年"当即秦惠文王更元前十三年（前 325 年），早南越王墓此戈 4 年。"义"与"仪"古音同韵互通，故张义确系秦相张仪。值得注意的是，南越王墓的兵器皆铁制，此 2 件戈形体较小，与铁兵殊不类。故作者认为，此 2 件戈似为秦平南越时带来的，随后兵器大都改为铁制，过时了的铜戈就成为南越王的珍品，被改用为礼乐时的仪仗器，迨及"文帝"死乃随之入葬。此时上距此戈的制造年代已历 110 年左右。笔者举此铜戈为例，意在联系及秦平南越，秦始皇先后派尉屠睢、任嚣、赵佗等将领，后赵佗始建南越王国，以及广州区庄秦墓曾发现一件有铭文秦戈，南石头秦墓也发现过"蕃禺"烙印漆盒。这一切，都表明南越与中原秦国的密切关系。再次，戈属勾兵，安装长柄，是战争中杀伤力很强的兵器。岭南迄今发现的商周战国青铜戈，已有 20 多件。其中有中原式、楚式的，也有地方或百越式的。从各地出土的铜戈，是探寻战争轨迹的证物。但岭南的先秦青铜戈，没有一件是刻有铭文的，所以南越王墓和广州区庄秦墓发现的有铭文铜戈，能更具体地研究相关历史。

（七）平板玻璃的新发现

南越王墓出土有蓝色透明的平板玻璃牌饰 11 对 22 件，每一块由长方形鎏金铜框镶嵌而成，出土时有丝织物包裹，出土登记标签写作玉器。笔者在整理时发现是透明的玻璃状物，高兴地报告了麦英豪队长，他也认为是玻璃。就笔者所知，我国以往考古发现的春秋战国和汉代的琉璃饰物，主要是圆珠形珠饰，最著名的如"蜻蜓眼式珠"即圆圈纹珠。另外，长沙、衡阳、资兴、广西合浦等地的战国西汉墓和南越国时期墓葬还发现有玻璃珠、璧和玻璃杯等，但从未发现过平板玻璃。因此南越王墓发现的平板玻璃，当属全国首次发现，也是我国迄今发现的年代最早的平板玻璃。经鉴定，属中国自己制造的铅钡玻璃，而不是外国进口的钠钾玻璃系统，对研究我国古代玻璃生产发展和南越与中原楚地的物质交流具有意义。

（八）铁器的重要发现

铁器的发现和使用，对于岭南古代社会的开拓和发展，具有划时代的意义。广东在战国时期已经使用了铁器，但发现数量不多，如始兴白石坪、曲江龙归、深圳叠石山和封开南丰利羊墩等战国遗存，发现过镬、斧、锛、盂9件工具和农具。

秦平南越后，铁器有了大量的发现。如南越王墓出土铁器246件，广州182座南越墓中有51座出土铁器83件，广州秦汉造船工场遗址出土14件，广州南越国宫署遗址出土数件，广西贵县罗泊湾1号汉墓出土25件，平乐银山岭123座南越时期墓中有98座出土206件，等等。这批近600件铁器的发现，是与秦汉时期岭南社会有了一个飞跃发展历史密切相关的。史书记载表明，南越王国的"金铁田器牛羊马"需要仰赖于西汉朝廷的供给。

在南越王墓的246件铁器中，与以往发现比，有三项特别值得说说。一项是铁铠甲和主棺室发现的15件铁剑等。铁铠甲重9.7公斤，由709块铁片组成并可复原，在岭南是首次发现。墓主身旁两侧的10把铁剑，有些长达110～130厘米，剑鞘上还附有玉剑饰，这是以往罕见或不见的，也表明西汉的铁兵器比东周的铜兵器更坚韧，更先进。第二项是在西耳室一个漆木箱发现54件铁工具和3件铜锯片，经笔者整理并绘制了器物图；在另一个竹编物出土27件铁工具。这81件铁工具有：锤、锛、凿、铲、削、锉、刮刀、服刀、弯刀、铲刀和锥等。还有一个编号的粗细铁针多达500枚。这批铁工具的发现，一方面反映南越国时期铁工具对铜工具的取替趋势，另一方面反映了工具的多样化和工艺的细化。如广东春秋战国时期的铜削刀和铜刮刀是常见的、具有南方特色的工具，到了西汉前期才出现铁削刀、铁刮刀，这在封开南丰利羊墩西汉墓中也有发现，是一种具有时代特色的指示物（参看杨式挺等：《广东封开利羊墩墓群发掘简报》，《南方文物》1995年第3期）。服刀、锉刀、弯刀和铲刀等，则是新的发现。5件服刀带有刻花的骨鞘，骨片面上刻工精美。服刀应是腰间佩带的刀具。特别是9件不同尺寸的铁锉，有些长达31至33厘米。形式有方锉、扁方锉、半圆锉、平锉，锉身有密密的齿。经检验，是用含碳不同的钢料锻打折叠制成的，反映了南越国时期锉刀加工工艺的成熟。第三项是后藏室出土一件大型越式铁鼎。通高48厘米，重26.2公斤。它是证明南越王国能够自己铸造铁器的典型证物。不过，这次南越王墓发现的铁农具很少，仅有盂、锄、镰8件。没有发现如福建武夷山市闽越国城址和云南石寨山西汉遗存的铁犁和五齿耙。广东发现的犁、耙和牛耕模型器要到东汉及西晋。经检验，南越王墓铁器的制作方法，主要是铸造，其次是锻打。由于南越王墓出土了一件越式大铁鼎，有的学者提出广东的冶铁业当始于西汉。这个看法可能是不能成立的。一是南越王墓出土的大铁鼎等铁器是铸造和锻造的，尚未有冶炼的，二是他们可能忽略了铸铁与冶铁的区别。这在《西汉南越王》专刊中已有具体的论证。

（九）海外交通贸易证物的重要发现

《史记》、《汉书》明载，番禺（今广州）是秦汉时期南海郡郡治，南越王国的都城，也是我国汉代"粤地"的重要港口和海内外珍异特产的集散地，海外交通贸易兴盛。

南越王墓出土了一些与海交贸易相关的重要物件，有力地证明了这个问题。如长达120厘米的产自非洲的5根原支大象牙。一件蒜瓣形花纹的扁圆形银盒，其纹样具有古代波斯银器的特点。墓主身穿"珠襦"上的32枚半圆球形金花泡饰，其焊珠工艺具有古代西方的工艺特点。一件漆盒里的药物似乳香，乳香主要产自红海沿岸。多件铜、陶镂孔熏炉，熏炉是用来盛放香料药物的。雕工精湛的犀角玉杯和犀形玉璜。在出土的多件铜提筒中，有一件器身刻铸有4艘战船纹样，这类船纹在广西贵县罗泊湾1号墓、西林县普驮铜鼓墓和越南出土的铜鼓上也有发现。联系以往广州和广西贵县等地南越墓中发现的木、陶的船模，象牙犀角、香药、琥珀、红髓玛瑙珠饰、玻璃杯等舶来品，更加能够反映西汉南越国都城番禺已经有了频繁的海外交通贸易的史实（详情还可参看邓炳权：《源远流长的南海交通贸易》、杨式挺：《略论南海早期交通贸易二题》等文，均载广州博物馆、广东省博物馆与香港市政局合办《南海海上交通贸易二千年》一书，1996年）。

（十）人殉的特殊发现

南越王墓发现的人殉竟达15具之多，这在全国汉墓中是一种特殊罕见的现象。这些殉人包括墓道和外藏椁内各1人，前室1人，东耳室即宴乐室1人，东侧室即"夫人室"4人，西侧室即庖厨室7人。在西侧室7人中，有5个并排在一起，均无棺木，另2具骸骨与猪、牛、羊牺牲混在一起。从外藏椁及各室的"功能"、死者的身份、殉葬处置和随葬品看，如前室出"景巷令印"，东侧室出4颗"夫人"玺或印，西侧室中的一个较年长的有一枚无名玉印等情况看，这15个人殉的身份不是奴隶，而是为墓主殉死或殉葬的宠妃、掌管、卫士、乐师和仆役们。这种残酷、野蛮、落后的人殉制度，在岭南及至全国汉代王侯墓中是极其罕见的。目前所知，仅在广西贵县罗泊湾1号西汉墓有2姬妾殉死，7人殉葬，罗泊湾2号西汉墓中有1人殉葬的情状。罗泊湾1号墓在椁室底下设有殉人坑。

从我国考古发现看，"人殉"和"人牲"是有所不同的。人牲（也称"人祭"）是用活人做牺牲，杀之以祭神灵、祖先。人殉是用活人去为死去的氏族首领、家长、奴隶主或封建主殉葬，俗称陪葬（参看黄展岳：《中国古代的人牲人殉》一书，文物出版社，1990年）。在商周奴隶制社会，奴隶被视为会说话的牲畜，他们被奴隶主大量杀虐甚至肢解作为"人牲"乱置于殷王贵族墓中，情状惨不忍睹。安阳殷墟、侯家庄均可见到这种大墓。到了春秋战国，"人牲"和"人殉"制度受到社会谴责，于是出现了以

"俑"代替殉人制度。到了秦汉，"人殉"制度在中原已经基本废除，岭南却仍保留这种野蛮制度。《汉书·南粤传》曾载，第三代南越王婴齐性情暴戾，喜杀人取乐，这从第二代南越王墓发现的 15 个人殉现象也得到了证实。

综观上述，1983 年 8 月广州象岗发掘的南越王墓，出土了一千多件（套）各类珍贵文物，值得研究的问题是很多的。仅从本文上述列举的十个方面，已不难看出广州南越王墓的发现具有重大的历史价值和重要的现实意义。概括来说，它的发现和研究成果，极大地充实了《史记》、《汉书》对南越王国的简单记载，极大地复原了南越国史的本来面目，包括政治、社会经济、礼仪制度、文化、艺术及海外交通贸易各个方面。它的发现，尤其是一批有文字的文物的发现，为研究南越王国与汉朝中央文化交流和融合的关系、南越与闽越、西瓯、骆越以及楚地的关系，提供了重要的实物资料。它的发现及其典型的大量随葬器物，为岭南汉代考古的断代树立了标尺。象岗山南越文王墓的发现，还纠正了丙辰年（1916 年）在广州东山龟岗发现的一座西汉大型木椁墓，被误认为南越文王墓的臆断。它的发现，为寻找第一代南越王赵佗墓提供了重要线索。关于赵佗墓的埋葬地点，历史上有种种猜测和记述，或谓鸡笼岗（今燕塘）至天井（今越秀山）一带，或谓在大壳岗（今越秀山水塔处），但多离不开越秀山的范围。根据汉代有"聚族而居，合族而葬"的埋葬制度，赵佗墓当在象岗山附近的可能性很大。广州市文物考古工作者为此而做了不少有益的试探，相信不久的将来会被找到以重见天日。

我个人认为，把广州南越王墓和南越王博物馆以及南越国宫署、御花园遗址和秦汉造船工场遗址等作为申请世界文化遗产的项目，是符合条件的，也是适时的。这样一来，广州象岗南越王墓、南越王博物馆、南越国宫署和御花园等南越国时期的重要史迹和国家级重点文物保护单位，就能够得到更好更有效的保护，同时也为广东建设文化大省增强了优势。这也是我们众多文物工作者的期望所在。

附记：本文写作过程中，参看和引用了《西汉南越王墓》专刊和《南越藏珍》两书，特此致谢！

从考古发现看南越国在岭南地区
开发方面的历史地位

崔锐　　付文军

　　秦始皇统一中原后，发兵50万分五路进攻岭南，经过三年的激烈战争，统一了岭南，设置了桂林、南海、象郡等三个郡。秦末汉初，南海郡龙川县令赵佗乘中原战乱之际，断绝与中原的交通，吞并了桂林、象郡，自立为南越武王，为南越国之始。汉武帝元鼎六年，中央政府平定吕嘉之乱，南越国灭亡。之后，汉王朝为加强对岭南地区的有效控制，设置了儋耳、珠崖、南海、苍梧等九个郡，使之正式成为汉王朝直接管辖下的行政区域。而秦末汉初的南越国，就处于一个承前启后的位置，一方面它巩固和开拓了秦对岭南地区的控制，另一方面它又为汉在岭南设郡以及岭南地区的进一步发展打下了坚实的基础，其历史地位和作用具有重要的研究价值。

　　岭南地区自从大批秦军和中原移民南下开始，就与中原地区发生了紧密联系和交流，其政治、经济也深受中原地区的影响。大批秦军和大量中原移民的南下，首先为岭南地区带来了先进的生产工具和技术，其次为岭南地区的生产发展提供了充足的劳动力保障，从而有力推动了岭南地区的经济进程。历史文献资料中对于南越国时期岭南地区的经济状况、发展水平记载很少，本文拟运用考古文献和考古发掘相结合的方法对南越国时期的经济情况做一简单分析，并以此为基础，进而说明南越国在岭南地区开发方面的历史地位和作用。不妥乃至错误之处，敬请方家指正。

一　冶铁业

　　战国中、晚期的中原地区，铁制工具已经普遍应用于社会生产、生活的各个领域。而在岭南地区，铁器则少有发现，广东始兴白石坪战国晚期窑址中发现的一件铁臿和一件铁斧，是岭南地区已知目前发现的时代最早的铁器。有学者认为它是楚人势力扩展到岭南后流入的，数量不多，分布范围不广，影响十分有限[①]。秦平灭百越以及随后大规模的移民南下，才是铁器在岭南大量出现的重要契机，铁器在这个时候才开始对岭南的社会进步、经济发展产生明显的影响。先进的铁制生产工具的大量出现，无疑会强化岭南地区对铁器的认识，而且会进一步刺激对铁器的需求量。秦朝末年，中原地区战乱不断，岭南与中原的交流被迫中断。汉王朝建立后，册封赵佗为南越王，双方开始在边境开设关市进行贸易，南越国由此输入了大量的生产急需的金、铁、田器和马、牛、羊等物资。吕后时期为了对南越国进行经济封锁和打击，政府禁止金、铁、田器出关，在诸多和解努力均告无效后，赵佗与汉交恶。汉文帝时，南越国重新成为汉的属国，双方又恢复了关市贸易，南越国再次开始从中原地区大量输入金、铁、田器以及马、牛、羊等重要物资，这种情况一直延续到南越国灭亡。

考古发现的这一时期铁器数量较多，多为墓葬出土。如平乐银山岭 123 座南越国墓中有 98 座共出土铁器 206 件[②]、广州南越王墓出土 246 件铁器[③]、广州市 182 座南越墓中有 51 座共出土铁器 83 件[④]、贵县罗泊湾 1 号汉墓出土铁器 25 件[⑤]、广州秦汉造船工场遗址出土 14 件铁器[⑥]。出土铁器的种类有生产工具（包括农具和手工业工具）、武器和生活用具等。有学者统计，已发现的南越国墓葬共 383 座，其中有铁器随葬的 165 座，共出土铁器 51 种，598 件[⑦]。

与战国中、晚期的铁器发现相比，南越国时期（包括秦统一岭南）发现的铁器，无论是数量还是种类，都占有明显的优势。但是，迄今为止，南越国时期仍未发现铁矿资源的文献记载，由于缺乏可利用的铁矿原料，我们可以断定，南越国的铁器多为从中原进口，铁器原料一直依赖中原的供应。汉武帝时期，国家实行盐铁官营政策，出铁的郡、国一般都设铁官，"郡不出铁者，置小铁官"，据《汉书·地理志》记载，当时，全国共设铁官四十余处，但岭南九郡却没有一个铁官和小铁官的设置[⑧]，这充分说明，受自然条件的制约，岭南地区直到汉武帝时仍未有较具规模的冶铁业存在。但是南越国的部分铁器可能是先从中原输入铁矿原料，然后在本地加工制成的，这已从众多专家的分析中得到了证实。

南越国时期发现的铁器数量虽然较战国时期明显增多，其种类、数量亦远非战国时期所能望其项背，但其分布范围仅仅局限于南越国都城及各郡县附近，普及程度较低。由于南越国一直未建立自己的冶铁业，南越国的经济发展受到了较大的限制，也使得它在同汉王朝的经济交往中长时间处于不利、被动的地位。

二　农业

由于农业涉及的内容十分庞杂，本文仅从农具的变化来说明南越国时期的农业生产情况。

战国中、晚期中原地区铁制工具已普遍应用于农业生产，而同时期的岭南地区的生产工具还多为石器、骨蚌器和简单的青铜器[⑨]。与此相联系，岭南地区的农业发展水平必定相对比较低下。铁器的第一次大规模传入是随着秦统一岭南的战争和移民的大量南下带来的,但不久即被中原的战乱所打断。到汉王朝建立后,南越国再次开始从中原输入金、铁、田器等各类物资,以用于农业生产,中间虽然出现了吕后时期的短暂的经济封锁,但随即很快就与中原地区恢复了关市贸易,直到南越国灭亡。

岭南地区考古发现的生产工具有:钁、锄、臿、镰、斧、锛、手铲、锉、锥、刮刀、锤、凿等,共19种。而且,值得一提的是,南越国时期的遗址和墓葬中没有发现可以确认的青铜农具,出土的农具,刃部皆为铁制,类型主要有锄和臿,收割工具可能已使用了铁镰。罗泊湾1号汉墓中出土的《东阳田器志》的木牍中就记载到,南越国的农具主要依赖中原的输入,锄和臿则是两种主要的农具。铁制农具的较多发现说明南越国的农业生产可能有了一个较大的发展。

农业的另一项重要技术是牛耕。当时中原地区已经比较广泛的使用牛耕了,南越国的农业生产中是否已经使用了牛耕,未见有文献记录。在南越国时期遗址和墓葬中也没有发现铁犁铧及有关牛耕的物证,这似乎从侧面反映了当时在中原已经获得推广的牛耕技术可能还没有流传到南越国。

由于南越国铁矿资源的缺乏,导致其冶铁业的不发达,从而使其金、铁、田器等生产资料依赖中原的输入,因此南越国的铁制农具的普及程度远远不及中原地区,而且其分布范围也很有限,这自然而然限制了农业生产的进一步发展和开发地区的扩大,使得其对岭南地区的开发只是初步的和局限于部分地区的,如南越国都城、郡县的所在地。根据考古调查,左江流域不但不见几何印纹陶器和青铜器,连汉墓也没有发现,遗留下来的还是石器、骨蚌器和简单的青铜器[⑩]。这是南越国时期岭南地区的开发范围和开发程度的最好例证。

三　冶铜业

大约在两周之际,岭南地区开始使用青铜器,并学会了原始的铸铜技术,但直到秦统一岭南以前,青铜器始终未在社会生产中占据主要地位。秦统一岭南后,岭南地区的青铜冶铸技术有了长足的进步,青铜器冶铸水平大为提高,青铜器的种类和数量极为丰富,南越王墓出土的500多件青铜器和罗泊湾1号汉墓出土的200多件青铜器就充分向我们展示了南越国青铜冶铸水平所能达到的高度。

在同时期的中原地区青铜器日趋衰落的情况下,南越国的青铜冶铸业却有较大的发展,这已有学者做过专门论述[⑪]。造成这种情况的原因,一言以蔽之,与当时的社会发展阶段有关。岭南地区在秦统一岭南地区时,其青铜技术尚未得到充分的发展,秦人的南下为其提供了先进的冶铸技术,有了先进的技术后,青铜业出现较大的发展是必然的结果。而且，如前所述，南越国的铁器生产受制于中原地区，在自己拥有丰富的铜矿资源的条件下，必然要大力发展青铜制造业，以弥补铁器的短缺。有学者研究发现，南越武器以铜制为多，青铜制的短剑、矛、钺、弓矢是南越士兵的主要武器装备，铁剑、铁矛则主要为南越将官所用[12]。这种军队装备，又从反面说明了南越国青铜铸造业的发达和铁器生产的局限。从发现的铜器来看，既有汉式铜器，又有楚式铜器，更多的则为越式铜器，这反映出南越国时期仍有一部分的铜器需要从中原进口，前述的从中原大量输入的"金、铁、田器"中的"金"，指的就是铜。

四 造船业

岭南地区河流密布，又面临大海，丰富的林业资源又为造船业提供了充足的物质保证，所以，船舶是其重要的交通运输工具。秦始皇在统一岭南的过程中，为运输物资和人员开凿了灵渠这一史实，就间接说明了船舶运输在岭南地区的重要性。

广州发现的秦汉时期的造船工场遗址，经试掘发现了1、2、3号3个船台，结构基本一致，船台与道相结合，皆由枕木、滑板、木墩三部分组成。经推算，当时常用的船只长度为20米左右，宽约5米，载重约五百斛至六百斛（即合25吨至30吨）[13]。造船工场的时代大约在秦统一岭南之际到汉初文景之间，即赵佗割据称帝后废弃。这一造船遗址的发现，说明早在南越国初期，就已经在番禺（今广州市）建立了能够大规模生产船只的造船基地，已开始了使用船台造船的时期。而且，从汉武帝时期的南海交通状况的文献记载以及南越国时期墓葬出土的有关海外实物资料的原产地来看，南越国时期可能已经开辟了南海交通航线，而其发达的造船业则是实现海外交通的坚强后盾[14]。

另外，随着铁制工具的传入，造船的效率和质量也得到提高。在广州造船工场遗址，就发现了31件铁制造船工具。

五 制盐业

制盐业是当时最重要的生产部门之一，与人们的日常生活息息相关。岭南地区虽临近大海，但由于气候湿润多雨，对盐业生产影响较大，制盐业就不是太发达。南越国时期制盐业发展情况文献记载不详，但我们可从另外一个角度窥其一斑。南越国灭亡后，西汉政府在全国推行盐铁专营，岭南九郡中仅南海和苍梧两郡各设一盐官，而同一时期北方的制盐业中心——齐鲁地区，仅渤海、千乘、北海、琅邪、东莱5郡即设盐官12处，占西汉盐官设置总数的1/3以上，相比之下，两者差距太大，这似乎也能反映出岭南地区的盐业生产不甚发达，可能最多只能满足当地的需求。

　　至于漆器制造业、纺织业等手工业，虽然它们在南越国时期亦有较明显的进步和发展，但对于南越国乃至整个岭南地区的经济进程并没有产生太大的影响，故本文从略。

　　从以上几个方面综合来看，由于秦朝末年大批中原移民的南下，带来了先进的生产技术和工具，南越国时期的经济较战国中、晚期有了明显的发展，但是其对岭南的开发仍然处于起步阶段，获得发展的地区非常有限，发展的程度也很有限，大部分地区还保留着非常原始的经济生产方式，采集和捕捞仍然是人们获得生产资料和生活资料的主要渠道，很多地区正如《史记·货殖列传》中所描述的那样："楚越之地，地广人稀，饭稻羹鱼，或火耕而水耨，果隋嬴蛤，不待贾而足，地势饶食，无饥馑之患，以故呰窳偷生，无积聚而多贫。是故江淮以南，无冻饿之人，亦无千金之家。"相对于当时的中原地区来说，仍然极为落后。

　　综上所述，南越国对岭南地区的开发和经营只是初步的，真正大规模的开发始于汉在岭南设置九郡和三国时期中原战乱引起人口大规模南迁之时。岭南九郡的设置为中原与岭南的交往扫清了政治上的障碍；三国时期中原人口的大规模南迁，再次为岭南输入了大量的人口和劳动力，其与越族的通婚杂处，又增强了相互之间的经济文化交流，有利于消除民族隔阂和敌对情绪。行政管理与人口南迁二者融合在一起，为岭南地区的进一步发展提供了有利的社会背景，而这一切都奠基于南越国时期。所以，从这个角度看，南越国对岭南地区的开发和经营在历史上具有承前启后的重要作用，对它在历史上的作用应有一个充分的认识和肯定。

注　释

① 莫稚：《广东始兴白石坪战国遗址》，《考古》1963 年 4 期；杨式梃《关于广东早期铁器的若干问题》，《考古》1977 年 2 期；张荣芳：《略论汉初的"南越国"》，《秦汉史论集》，中山大学出版社，1995 年。

② 广西壮族自治区文物工作队：《平乐银山岭战国墓》，《考古学报》1978 年 2 期；《平乐银山岭战国墓》，《考古学报》1978 年 4 期；黄展岳：《论两广出土的先秦青铜器》，《考古学报》1986 年 4 期，原报告对墓葬时代判断有误，黄展岳做了修改。

③ 广州市文物管理委员会、中国社会科学院考古研究所、广东省博物馆：《西汉南越王墓》，文物出版社，1991 年。

④ 广州市文物管理处等：《广州汉墓》，文物出版社，1981 年。

⑤ 广西壮族自治区博物馆：《广西贵县罗泊湾汉墓》，文物出版社，1988 年。

⑥ 广州市文物管理处等：《广州秦汉造船工厂遗址试掘》，《文物》1977 年第 4 期。

⑦ 黄展岳：《南越国出土铁器的初步考察》，《考古》1996 年 3 期。

⑧ （日）潮见治：《汉代铁官郡、铁器铭文与冶铁遗址》，《中原文物》1996 年 2 期。

⑨ 参见广州市文物管理委员会等编：《西汉南越王墓》第一、二章，文物出版社，1991 年。

⑩ 同注⑨。

⑪ 张荣芳:《汉代岭南的青铜铸造业》,《秦汉史论集》,中山大学出版社,1995 年。李龙章:《广州西汉南越王墓出土青铜器研究》,《考古》1996 年 10 期。

⑫ 同注⑨。

⑬ 上海交通大学"造船史话"组:《秦汉时期的船舶》,《文物》1997 年 4 期。

⑭ 张荣芳:《汉代我国与东南亚国家的海上交通和贸易关系》,《秦汉史论集》,中山大学出版社,1995 年。参见广州市文物管理委员会等编:《西汉南越王墓》第一、二章,文物出版社,1991 年。

中国古代海洋文化的先驱

——从南越国遗迹看南越文化及其历史地位

彭　年

南越族是生长于岭南沿海之地"以射猎为业"的海洋民族。秦始皇统一岭南，特别是汉武帝平定南越国后，随着中原移民的增加和汉族农耕文化的传播，南越族的多数居民先后弃渔务农，走上了"男耕女织"的发展道路。岭南社会亦逐渐从渔猎社会过渡到农耕社会。近年来，一些研究百越文化的学者由于强调汉文化的影响，往往忽视南越族长期居住于南海之滨，"以采海物为生"的历史特点，把汉族"男耕女织"的农耕文化当做包括南越在内的百越文化的主流，实际上否定了岭南越族在汉族南迁入越前曾经以海上渔猎为业的历史。本文拟以南越国遗迹出土文物为据，结合其他考古资料和有关历史文献的记载，说明"男耕女织"非南越之俗，南越族是一个以捕鱼和猎取海生物品为其主要生活来源的海洋民族，是海上丝绸之路的开拓者，南越文化是中国海洋文化的先驱。

一　"以射猎为业"的海洋民族

近年来有的学者认为《汉书·地理志》所描述的"'男子农耕，种禾稻苧麻；女子桑蚕织绩'的风俗画是百越经济生活的主流"[①]。其实不完全是这样。且不说东瓯、闽越诸族的情况如何，仅就南越而言，确实并非如此。成书于西汉初期的《淮南子·原道训》载："九嶷之南，陆事寡而水事多"。《盐铁论·论菑》也说："越人美蠃蚌而简大牢"。这说明渔猎和捕捉海生食物是南越居民主要的生活之源。直至东汉时期，岭南仍有不少居民"以采海物为生"。《后汉书·任延列传》说"九真俗以射猎为业"。《陶璜列传》也载："合浦郡土地硗瘠，无有农田，百姓唯以采珠为业。商贾去来，以珠贸米"。如果说文献记载比较简单，难以使我们深入认识南越经济生活的真实情况，那么以南越族为主体建立的南越国遗迹文物的出土，就可以使我们更加深刻地认识这一问题了。

1983年广州象岗发现的南越王墓出土了动物遗骨20多种，其中以海产动物为多，计有青蚶 2000 多个，龟足 1500 多个，楔形斧蛤 200 多个。此外还有耳螺、笱光螺及很多鱼类遗骨[②]。该墓还出土了 620 件陶网坠和一批铁器，其中有凿、镊、削刀等，这是南越人用来捕鱼和采掘、捕捉、加工其他海生动物的工具。在出土的海产物品中，龟鳖板上有烧烤的痕迹。一些壳瓣呈闭合状，保持鲜活状态，这是为了供墓主人在阴间边煮边吃，过生前一样的生活[③]。上述出土文物不仅说明南越人在长期采集、捕捞海生动物中"积累了丰富的生产经验，掌握了从事渔业生产的娴熟技能，对动物的生态、习惯及潮汐规律、气候变化等等都有一定的了解"[④]，而且也为我们再现了二千多年前南越人烧烤、煮食海味食物的生活图景。

晋代葛洪《西京杂记》第一卷载：南越王赵佗献给汉朝皇帝的贡品中，有一株"烽火树"，"高一丈二尺，一本三柯，上有四百六十二条"，熊熊然，有"夜火欲燃"之态，很可能是红珊瑚。这件举世罕见的红珊瑚，能从海底深处完整无损地打捞起来，并千里迢迢献给汉皇帝，除了显示二千多年前南越人打捞技术的高超之外，还说明了他们不仅善于捕捉海产食品以满足物质生活之需要，而且也懂得利用"海中物产"作艺术品，以满足他们爱美和追求美感的这种更高层面的精神生活的需要。

值得注意的是，南越王墓出土了一个船纹青铜提筒，腹中刻有四只首尾高翘的海船。船的前后有大海龟、海鱼和海鸟等图像[⑤]。佛山等地汉初墓葬中出土的陶船，塑有渔夫捕鱼的图像[⑥]。广州农林下路发现的南越国时期的椁墓中，有一个彩绘的木船模型，有关专家认为是一艘楼船[⑦]。广州汉墓还出土了十四艘木船、陶船模型[⑧]。这些图像和模型，使人联想起文献所载越人"以船为车，以楫为马"[⑨]，"习于水斗，便于行舟"[⑩]，"番禺始为舟"[⑪]，"越王造大舟，溺水三千"[⑫]的情形。南越人还发明了"戈船"。《史记·南越列传》裴骃《集解》引张晏曰："越人于水中负人船，又有蛟龙之害，故置戈于船下，因以为名也"。广西贵县罗泊湾一号西汉墓出土了两个铜鼓，鼓胸有一幅双身船纹。该船双首双尾，有六个羽人划桨[⑬]。双身船，《越绝书》卷三称为"方舟"。"方"作"舫"，《尔雅·释言》郭璞注曰："舫，并两船"。这种双身船浮力大，行驶平稳，为古越人海上捕鱼或运输之用。今天南洋群岛还可以看到此类双身船。为避免海上捕捞有蛟龙之害，南越人盛行"断发纹身"之俗，又自称龙子、龙孙，崇拜龙神、海神，以祈求出海渔猎平安。广州马棚岗发现汉代民居遗存，可能是个渔村[⑭]。许多学者认为，唐宋以降珠江三角洲"以舟为室，视水为陆，浮生江海"、"采海物为生"而被称为"海上水居蛮"的蜑户[⑮]，就是秦汉之际"美蠃蚌而简大牢"的岭南越人的后裔。从这里我们可以粗略窥见南越海洋文化对后世岭南文化的影响。

其实，南越海洋文化并非始于秦汉之际的南越国时期，早在先秦乃至史前时代，海洋文化的曙光就已经初照于南海之滨。中国沿海发现的贝丘遗址以两广为最多。广东的海滨贝丘遗址不下 80 处，其中南海市就有 52 处，而以距今 6000 年的西樵山贝丘遗址最为密集，佛山近郊的贝丘遗址较为典型。广西东兴海滨山岗和小岛上的三处贝丘遗址发现文蛤、魁蛤、牡蛎等多种海生软体动物遗壳。上述贝丘遗址的发现说明了早在史前时代，今两广沿海地区特别是珠江三角洲的南越族先民，就以拾贝捉鱼为业，"其经济生活以捕捞、渔猎为主"[16]。"以采海物为生"的海洋渔猎经济已经成为南越经济生活的主流。

进入文明时代以后，南越渔猎经济获得了长足的发展，其捕捞对象亦不限于海生食物。《逸周书·王会》载南越族向商汤王进贡珠玑、玳瑁等珍贵海产。《淮南子·人间训》说秦平南越的原因是"利越之犀角、象牙、翡翠、珠玑"等奇珍异宝，其中珠玑为海产品。战国时，楚国之所以"无求于晋"，且最后成为抗秦主力，即因楚据有南海物产之故。汉武帝建郡于海南岛北端，以其地位于海中崖岸之上，历来以出产珍珠著称而以珠崖为名。1983 年 6 月南越王墓出土了一个装满珍珠的漆盒，为上述文献所载提供了考古学上的证据。另外，《正德琼台志》卷三载秦代商人渡海往海南岛贩运珍珠等物产返中原。《史记·货殖列传》、《汉书·地理志》亦载汉代岭南越地由于出产珠玑、玳瑁等海宝而招来内地（中国）大量商贾，番禺因此成为珍珠北运的集散地，跻居当时全国十九个著名都市之一。南越珍珠的北运，给中原人增添了奇光异彩，汉代文人视之为贵重而美好之物。傅武中《舞赋》中有"珠翠闪烁而炫耀"之语，描述舞女之靓丽。扬雄《羽猎赋》则用"剖明月之珠胎"，喻珠珍在蚌壳中如妇人怀妊。"明月之珠出于江海，藏于蚌"，这是司马迁对珍珠的赞美[17]。总之，珍珠已经成为中国文人笔下美好事物的别称。上述记载表明，自商周以降，岭南越族不仅"以射猎为业"，"以渔猎、捕捞和采集果实等为生"[18]，而且以盛产珍珠、玳瑁、红珊瑚等海中之宝而饮誉中华。中国海洋文化的曙光从南海之滨喷薄而出，冉冉而上，南越之族是中国海洋文化的摇篮。

二　南越商业文化的特点

随着捕捞技术的提高，海产品的增加和渔猎经济的发展，南越商业也出现了。南越人居住于五岭之南，南岭山脉如天然屏障，使他们难以与中原通商交往。但岭南之地濒临南海之滨，大小岛屿星罗棋布，海岸线长达 8000 公里，又有季风之利，因而造就了海上航运的极大优势。上述地理环境的特点，使古越族的商业经济形成了以海外贸易为主的历史特点。

《汉书·地理志》载：

自日南障塞、徐闻、合浦航行可五月有都元国；又航行可四月，有邑卢没国；又船行二十余日，有湛离国；步行可十余日，有夫甘都卢国；自夫甘都卢国船行二月余，有黄支国……。有译长，属黄门，与应募者俱入海市明珠、璧流离、奇石异物、赍黄金、杂缯而往……。黄支之南，有已程不国，汉之译使自此还矣。

上引文字是我国正史对汉武帝时期海外贸易，也是对我国古代海外贸易最早、最明确而详尽的记载。这种海外贸易是官办的，由黄门（少府属下的官署）掌管。出海口徐闻等地皆为岭南之地，交易诸国今属东南亚和南亚，最远至印度东海岸（黄支国）和斯里兰卡（已程不国）。航路长达 8000 公里。值得注意的是，当时黄门属下的汉朝官员（译长、译使，掌翻译及贡献事务的外交官）"与应募者俱入海"。这种"应募者"肯定不是政府官员而是岭南居民，其中必有南越人。由于政府官员只是充当翻译和贡献事务，因之有关航海的路线、行程等要务乃至海船水手等当由"习于水斗"即有航海经验的南越人承担。另外，在官办对外贸易出现之前的相当长时期，必有民间对外贸易大量存在，因为只有民间对外贸易大量存在之后，朝廷的官署（黄门）才会派出译长、译使万里远航，去冒这个风险。这就是说，早在汉武帝之前的南越国时期，甚至南越国之前的古越族时期，民间的即岭南越族的海外贸易就已开始了，这条后来被称为"海上丝绸之路"的航线，即由南中国海通往东南亚和南亚诸国的海上对外贸易通道，无疑是岭南越人开辟的。南越人是中国海上贸易的开拓者，是海上丝绸之路的最初主人。

在广州象岗南越王墓遗址出土的大量文物中，有许多与古代海外贸易密切相关的舶来品，包括象牙、乳香（药物）、熏炉、金花泡饰、犀角模型、银盒、胡俑等不同种类、不同数量、不同用途的器物。据有关专家的研究，五根长达 1.2~1.6 米的原支大象牙，经鉴定确认为非洲象牙，很可能与熏炉（13 件）一起从西亚进口。制作工艺源出于西方的金花泡饰 33 枚，古希腊的文化遗址亦有出土，估计与非洲象牙一起从海路输入南越。圆形银盒的造型、纹饰和鎏金等工艺特点，与伊朗古苏撒城出土的刻有波斯国古名字（前 5 世纪）的银器相类。银盒中的药丸，很可能是阿拉伯出品之物。犀牛产自印度、东南亚和非洲，赵佗向汉文帝进献的贡品中有"犀角十"[19]，当由海路输入而转送给朝廷。陶塑和木雕的胡俑，其形状可能取自西亚或非洲东海岸来的劳苦人民。他们由海路贩运到中国来，成了贵族的家奴，主人死后其形状被仿造成俑埋入墓中作陪葬品。上述南越王墓出土的海外舶来品，和《汉书·地理志》所载明珠、璧琉璃、犀牛等"奇石异物"的来源是一致的，大多来自东南亚和南亚，有的虽产于非洲和西方，但仍经东南亚和南亚转运输入南越。这就是说，南越王墓出土的舶来品，为南越族开辟海上丝绸之路提供了考古学上的证据：最迟在南越国时期，由南中国海通往东南亚和南亚的海上丝绸之路已经开通，岭南越族是开拓中国海上丝绸之路的先行者。

其实，早在先秦甚至史前时期，古南越族及其先人就已开始与海外有了交往。考古资料证实，在 5500~4000 年前，西樵山出产的各种不同功能的石器工具，在菲律宾、印度尼西亚和马来西亚等地都有发现⑳。殷墟 YH127 坑甲骨宝藏中有"武丁大龟",有的学者认为这副龟甲产于马来半岛,是岭南与东南亚和中原直接交往的物证㉑。《广东通志》、《广州府志》,载周夷王 8 年(公元前 886 年),番禺有"楚庭"之建。据考古发现,西周时期番禺已成为岭南对外贸易的中心,中外珍珠、象牙、犀牛、翡翠和食盐等重要商品的贸易皆以番禺为集散地。上引资料表明,自氏族社会末期至商周之时,南越先人已同东南亚、南亚的一些民族有了交往,其中包括越来越多的商业往来。

战国时期,南越族的海上贸易有了新的发展。公元前 4、5 世纪印度侨胝厘耶著《治国安邦术》一书中有"Cinapatta"一语,意思是"中国的成捆的丝"。季羡林认为"这时中国丝绸已输入印度"㉒。公元前 3 世纪,希腊人称中国为"赛里斯"(Seres),意为"丝国"或"蚕丝产地"。依据上引的资料,许多学者认为自公元前 4、5 世纪以降,中国海上丝绸之路已经形成,它的起点就是番禺(今广州)。不过当时番禺是"习于水斗,便于行舟"的南越族聚居之地,而中原人尚未入主岭南,因此上引记载正好说明了南越族是海上丝绸之路的最初主人。另外,《吕氏春秋·慎大览第三·贵因》载:"适越者,坐而至,有舟也"。《吕氏春秋》成书于战国时期,当时灵渠尚未开凿,因此从中原"适越"的舟船应是航海而至。这条海路起于番禺,向北经潮安,可抵福州。后来东越王余善"上书请以率八千从楼船击吕嘉等,兵至揭阳,以海风波为解,不行。挂两端,阴使南越"㉓,走的就是这条海路。这说明,战国时期南越的海上交通,除了南路的南海航线之外,还有北路的东海航线,即上述从番禺经潮安,福州北至中原的航线。

以上所述表明,南越商业以海外贸易为主,海上交通是南越的优势,南越航运具有悠久的历史。1989 年珠海市南水镇高栏岛宝镜湾海边发现了春秋战国时期的摩崖岩画。这幅长 5、高 2.9 米的大型岩画,由舟船、人物、蛇、鸟、鹿、波浪纹、雷纹等和十多组图案构成,造型奇特,形象丰满,富于想像,缥缈神奇之情溢于岩壁之表。有的专家认为这是一幅平安海航祈祷图,表现了南越人的航海活动、海滨生活和敢于探索、向外拓殖的海洋意识。宝镜湾岩画向我们证实,南越人是中国最早的航海者,是中华民族开展海上航运的先驱。

三　"男耕女织"非南越之俗

提出"南耕女织"是南越经济的主流之说者,其主要根据是《汉书·地理志》关于粤地"男子农耕,种禾稻苎麻,女子桑蚕织绩"的记载。其实不确。请看《汉书·地理志》原文:

　　自浦合、徐闻南入海,得大州,东西南北方千里,武帝元封之年略以为儋耳、珠崖郡……。男子农耕，种禾稻苎麻，女子桑蚕织绩。

上述记载表明，"自合浦、徐闻南入海，得大州"，指的是海南岛，并非全部岭南越族所居之地；"男子农耕"，"女子织绩"是汉武帝元封之年"略以为儋耳、珠崖郡"以后的事，而非南越族原来之习俗。这就是说，汉平南越之后，由于中原农耕文化的迅速传播，居住于海南岛的越人逐渐汉化，海南社会亦逐渐从渔猎经济过渡到"男耕女织"的农耕经济。换言之，在汉族入主岭南前，包括海南岛在内的南越经济并非以农耕经济为主，"男耕女织"不是南越之俗。

我们指出在汉平南越前，南越经济不是"男耕女织"的农耕经济，并不是说南越原来没有农耕经济，而是说南越原来的农耕经济没有达到以"男耕女织"的小农户为经济单位、以使用牛耕和铁犁为特点的精耕细作的发展水平。从农业的发生而言，岭南并不比北方落后。考古资料表明，早在新石器早期，甚至旧石器晚期，分散居住于岭南之地的南越先民，就已经开始进行早期的农业种植。广东英德牛栏岗遗址出土了距今二、三万年至八千年的砍砸器、斧形器、磨刀切割器和铲形器等石制农具，说明在旧石器晚期岭南已出现农业种植。广东阳春独石仔、广西桂林甑皮岩等遗址出土的新石器早期的打制砍砸器、磨制石斧、穿孔石器等表明，岭南最早出现的农业是一种以"刀耕火种"为耕作形式的原始农业。广东潮安陈桥村新石器中期遗址出土的石制和骨制农具以及表明已经出现饲养业的大量家畜头骨的出土，说明岭南农业已经进入锄耕阶段。而新石器晚期曲江石峡遗址出土的用于翻土、松土的石镢、石锛以及用于中耕锄草的石铲，则表明岭南农业已经走完了刀耕火种的阶段，而进入锄耕农业的发展时期。

战国和西汉前期，中原农业出现了以铁犁和牛耕的推广为标志、以"深耕熟耨"为特点的犁耕农业生产高潮，而岭南仍处于较为成熟的锄耕农业的发展阶段。岭南最早使用铁器是在战国时期。广东始兴白石坪战国晚期窑址出土的铁锄一件、铁斧一件，是岭南地区迄今已经发现的铁器中年代最早的标本。这两件铁器是楚人入越时带来的。秦平南越后，大量铁器在岭南出现。南越王墓出土铁器246件，加上其他南越遗址出土的铁器，南越国时期已经出土的铁器共计700余件。这么多铁器，大部分是造船工具，如斧、锛、凿、刮刀、削刀等。其次是武器，如剑、矛、戈、铁铤铜镞等。还有炊具杂器，如鼎、釜、五足架、锼、锥等。而属于农具的只有臿、锄、镬、镰等4种共计8件[24]。上述出土南越铁农具同广西贵县罗泊湾出土的从中原引进南越铁农具清单《东阳田器志》所载田器锄、臿、铫（《说文解字》释为"锸属"，当是与臿类似的起土农具）等是一致的，说明臿、锄、镬、镰等是南越国时期农业生产的主要工具：

臿：即锸，刘熙《释名》"锸、插也。锸地起土。"用于翻土、修埂、开渠、挖掘等。

锄（钽）："锄者，助也，去秽助苗长也"[25]。用于松土、除草、中耕、培土、间苗等，亦可用于修水利、排水等。

镢：用于开荒造田，特别是刨树根等有极高的效率。

镰：用于收割水稻等农作物。

从上述出土南越国时期的铁器和文献所载中我们可以看到：

第一，在汉平南越以前，岭南虽然大量使用了铁器，但铁农具不论在数量上还是质量上都远远赶不上造船工具和武器，甚至赶不上生活用具。这说明在南越社会经济生活中，农业生产不占主要地位。人们“以渔猎、捕捞和采集果实为生，农业种植并不发达”[26]，因而得不到社会的重视。

第二，作为南越农业生产的主要生产工具，臿、锄、镢、镰等铁农具是用于开荒、翻土、锄草、中耕和收割等生产环节的工具，这表明当时南越的农业生产还没有走完较为成熟的锄耕农业发展阶段的路程。

第三，在已发现的700余件南越国时期的铁器中，竟然没有发现铁犁铧（包括较为原始的V形铁犁铧）以及有关牛耕的任何遗物。这更进一步说明在汉族入主岭南以前，南越的农业生产还没有达到以铁犁和牛耕的推广为标志的犁耕农业的发展水平。

近年来一些研究秦汉史的学者，为了强调秦军入越开创岭南铁器时代的意义，提出南越国时期由于铁农具的使用而使岭南农业进入精耕细作的阶段。其实不完全是这样。首先，秦并岭南后，大量的中原人流入岭南，但他们皆是戍卒、逋亡者、赘壻、贾人、“治狱吏不直者”和“女无夫家者”，并没有多少中原农民，很难说能把中原地区精耕细作的农业技术带到岭南。其次，流入岭南的铁农具都是臿、锄、镢、镰等属于锄耕农业所需要的生产工具，而没有犁耕农业所使用的铁犁铧以及与牛耕相联系的任何生产工具。因此，虽然秦统一岭南后，由于大量铁器的流入而开始了岭南生产力的铁器时代，铁农具的使用，使大面积的砍伐树林、开垦荒地成为可能，从而进一步改变了岭南原来“刀耕火种”、“火耕水耨”的耕作形式，但是秦代中原铁农具的流入，并没有使岭南农业进入以铁犁和牛耕的推广为标志的精耕细作的时代，实际上汉平南越以前，南越农业仍停留在锄耕农业的发展阶段上。

另外，刘邦死后，吕后“禁南越关市金铁田器、马牛羊”[27]，引起赵佗三次向朝廷上书请求解禁。有的学者认为“赵佗这样急切需要马、牛，并把它和金铁田器相提并论，除了用于运输外，牛也用于耕作”。这种推论似乎缺乏说服力。吕后禁运上述物资，其意在限制南越经济和军事力量的发展。“金铁田器”可用于生产，也可以改制成铜铁武器。牛马用于运输，羊只能供食用。如果仅仅根据牛马和田器相提并论而得出“牛也用于耕作”的结论，那么同样也可以说羊和田器相提并论，因而羊也用于耕作。甚至还可以说羊和牛马相提并论，所以羊也用于运输。显然，这种推论是不合理的。因此，以赵佗请求解禁“关市金铁田器马牛羊”一语，证明南越国时期出现牛耕是难以成立的。只是到了汉平南越以后，特别是东汉时期，岭南农业才逐渐使用铁犁和牛耕，进入深耕细作的犁耕时期。

四　南越文化的历史地位

从上述有关南越国时期的文化遗址和历史文献的考察中，我们可以获得对于南越文化历史地位的两点粗略的认识。

第一，南越是以渔猎为业的古代海洋民族，具有海上航运的悠久历史，是中国古代海洋文化的先驱。

1837 年发表的德国著名哲学家黑格尔的名著《历史哲学》一书提出中国没有海洋文化之说。该书认为尽管中国有海，在古代也可能有发达的航海业，但是中国却"没有分享海洋所赋予的文明"，"海洋没有影响他们的文化"[28]。近年来，我国学者突破黑氏这一统治中外学术界一个多世纪的偏见，开始研究中国海洋文化的历史和现状，指出拥有 960 万平方公里陆地面积，300 万平方公里海域面积，18000 多公里海岸线和 500 多个岛屿的中国，不仅有发达的内陆文化和大河文化，而且也有悠久而丰富的海洋文化。本文所述南越文化的历史进一步表明：肇始于远古时期今两广沿海地区、特别是珠江三角洲的南越先民，就以捕捞、拾贝和渔猎为业，"以采海物为生"，海洋渔猎经济成为史前南越经济生活的主流。自商周以降，南越渔猎经济获得了长足的发展，捕猎对象从海生食物发展到珠玑、玳瑁等贵重物品。"南风之时兮，可以阜吾民之财兮"[29]。上引《南风歌》是先秦时期南越之族乘南风之利、因南海而致富的历史的真实反映。南越国时期是南越文化发展的高峰。这一时期南越人在长期的海上活动中，积累了渔业生产的丰富经验，掌握了海上作业的熟练技能，对海洋和航海实践有了一定的认识，从而推动了渔猎经济的空前发展。他们不仅从事渔业生产，而且以其所产珠玑、玳瑁、红珊瑚等海中之宝北运中原，给汉族王朝增添奇光异彩而饮誉中华。

在渔猎经济的推动下，南越的海外贸易也出现了。早在新石器时代，南越先人就开始与东南亚和南亚有了交往。西周中期，番禺已成为岭南对外贸易的中心，中外商品皆以番禺为集散地。战国时期，中国海上之路已经开通。这条以番禺为起点的海上贸易通道，以徐闻、合浦为出海口，远航至东南亚和南亚，最远达印度东海岸和斯里兰卡。据有关专家考证，我国最早的海港是春秋时期胶洲湾的琅琊，越王勾践曾迁都琅琊，随行的有"死士八千，戈船三百"。后来陆续有碣石（今河北乐亭县南）、转附（在今芝罘半岛）、吴（今苏州市）、会稽和句章（今浙江宁波市西）等港口见诸史册[30]。但这些港口大都是作为军港而兴起，其航运范围通常仅限于中国沿海。海上丝绸之路则不仅与内地紧密相连，且与海外多国交往。特别引人注意的是，这条由南越人开辟的对外贸易通道，比西汉中原人开辟的陆地丝绸之路，早了 200 多年。且自战国开始，海上丝绸之路世代相承，以至于斯。历史证明，岭南越族不仅是一个"以采海物为生"、"以射猎为业"的古老民族，而且具有海上航运的悠久历史，是中国对外贸易的开拓者。南越文化是中国古代海洋文化的先驱。因此，所谓"中国没有海洋文化"之说是完全不符合历史实际的。外国人尽管去说"中国没有分享海洋所赋予的文明"，但我们应该说，包括南越族在内的中国人在自己的海域里，创造了自己的海洋文明，中国是人类海洋文化的摇篮。

第二，随着汉人入主岭南和越人汉化，岭南农耕文化逐渐上升为主流文化，而海洋文化则退居次要地位。

岭南越族是一个以渔猎经济为主的海洋民族，农业生产不发达，至南越国时期，仍停留在锄耕农业的发展阶段。汉武帝平定南越国、建立南海等九郡后，岭南社会迅速发生变化。首先是人口大量增加。如南海郡，西汉平帝元始二年（公元 2 年），在籍人口仅 94253，到东汉顺帝永和 5 年（公元 140 年），增至 250252[31]。138 年间增长了 266%。这些新增加的人口，除了少量的自然增长外，大部分是汉族移民。他们把中原地区精耕细作的农业技术带到岭南。其次是两汉王朝在岭南施行务农殖谷、奖励垦辟的政策。汉武帝在岭南置铁官[32]。各地郡县官员亦大力推广牛耕与铁犁。有的"教民牛耕"、"广开田畴"，有的实行冶铁官办，大量"铸作田器"。其结果使牛耕和铁犁在岭南迅速推广。佛山石澜出土的东汉水田模型，有母牛舔犊、陶俑扶犁赶牛和"V"形铁犁等图像。这是一幅生动而有象征意义的牛耕图，说明到了东汉时期，岭南农业已经基本上结束了锄耕阶段，进入精耕细作的发展时期。

农业经济的迅速发展，人口的大量增加，对岭南原来的渔猎经济发生了重大的影响。首先是越来越多的人口压力，使"射猎之业"不堪负荷。虽然岭南居民很早就从事海上捕鱼、采珠等生产活动，甚至出现"物阜民丰"之景象，但由于海船、网罟、船海技术和捕捞技术的限制，大多数渔民的捕捞活动一直被局限于近海地域，难以进行远洋捕捞，因而捕捞所得非常有限而不稳定，不足以保障大量人口的需要以维持其生命的延续和发展。其次，对大多数岭南居民而言，海上渔猎所得有限而不稳定，而精耕细作的犁耕农业产量较高且收成可靠，因而理所当然地选择了弃渔务农的道路。随着时间的推移，以农为业的人口越来越多，"男子耕农种禾稻，女子桑蚕织绩"的农耕文化，终于发展成为岭南社会的主流，而海洋文化则退居次要地位，成为农耕文化的辅庸和补充。尽管如此，岭南越族所创造的海洋文化并没有在历史上消失，特别是古越人那种敢于冒险、崇尚开放、勇于拓殖和倔强剽悍的海洋民族精神，仍然世代代地留传下来而不泯灭。中国近代化始于岭南，中国现代改革从广东开始，正是这种海洋意识在新的历史条件下的再现和发扬光大。

注　释

① 徐杰舜：《中国古代海洋文化特质试析》，广东炎黄文化研究会编《岭峤春秋——海洋文化论集》，广东人民出版社，1997 年，第 289 页。

② 广州市文化局、广州市文博学会编：《羊城文物博物研究》，广东人民出版社，1993 年，第 29 页。

③ 同注②，第 30 页。

④ 王将克等：《广州象岗南越王墓出土动物遗骸的鉴定》。《西汉南越王墓（上）》，文物出版社，1991 年。第 463 页。

⑤ 《西汉南越王墓（上）》，文物出版社，1991 年，第 50 页。

⑥ 徐恒彬：《汉代广东农业生产初探》，《农业考古》1981 年 2 期。

⑦ 张荣芳、黄淼章：《南越国史》，广东人民出版社，1995 年，第 286 页。

⑧ 《广州汉墓》，文物出版社，1981 年，第 475 页。

⑨ 《越绝书》卷八。

⑩ 《汉书·严助传》。

⑪ 《山海经·海内经》。

⑫ 《汉书·南粤传》。

⑬ 广西壮族自治区文物工作队：《广西贵县罗泊湾一号汉墓发掘简报》，《文物》1978 年 4 期。

⑭ 《羊城文物、博物研究》第 65 页。

⑮ 宋·范大成：《桂海虞衡志·志蛮·蜑户》。

⑯ 麦英豪：《广州城始建年代考》，《羊城文物博物研究》，广东人民出版社，1993 年，第 64 页。

⑰ 《史记·龟策列传》。

⑱ 张荣芳、黄淼章：《南越国史》，第 187 页。

⑲ 《汉书·南粤传》。

⑳ 曾昭璇：《论岭南文化的起源和发展》，《东方文化》创刊号。

㉑ 陈长琦：《六朝广东发展的考古观察》，《广东社会科学》1992 年 2 期。

㉒ 季羡林：《中国蚕丝输入印度的初步研究》，《历史研究》1956 年 4 期。Cina 即支那，指中国。Patta 即帕达，意思是带、条。Cinapatta 意思是"中国的成捆的丝"。

㉓ 《史记·东越列传》。

㉔ 南越王墓出土铁臿 3 件、铁锄 1 件、铁钁 2 件、铁镰 1 件。广州建设大马路蛇头角南越国墓出土铁镰 1 件，共计 8 件。

㉕ 刘熙：《释名》。

㉖ 张荣芳、黄淼章：《南越国史》，第 187 页。

㉗ 《汉书·南粤传》。

㉘ 黑格尔：《历史哲学》，三联书店，1956 年，第 146 页。

㉙ 《礼记·乐记》。

㉚ 邓端木编：《广州港史》，海洋出版社，1986 年，第 26 页。

㉛ 《汉书·地理志》、《后汉书·郡国志》。

㉜ 《汉书·地理志》。

论楚庭至南越国文化遗存的重要价值和意义

杨东晨

岭南（今广东、广西以南地区及越南北部）又称岭外、岭表、岭峤及岭海等，是中原人对大庚岭、骑田岭、都庞岭、萌渚岭、越城岭以南地区的称谓，时代较晚。唐代诗人高适《送柴司户》诗曰："岭外资雄镇，朝端宠节旄"；高适《饯送八充彭中丞判官之岭南》诗曰："举鞭趋岭峤，屈指冒炎蒸。"峤，是高大峻峭的山脉之意。《新唐书·李靖传》记载：武德四年（621年）高祖授李靖为岭南抚慰大使、检校桂州（治所在今广西桂林市）总管，"以岭海陋远，久不见德，非震武威示礼义，则无以变风。"以五岭面对南海而名"岭海"。唐代始正式在广州置"岭南道"、"岭南节度使"。即岭南等名称始于唐朝。

一 从传说的五羊城到南海郡城

广东北接湖南、江西、福建南土的一部分，西临广西，东临福建，南海环绕其南境，是大陆与海洋经济、文化的交汇之区。其政治、经济、军事、文化、交通的中心或枢纽地广州，位于珠江（它原为广州以下入海河道的名称，现为西江、北江及东江的总名称）三角洲的北缘，西、北、东三江的汇合地，土地肥沃，河流纵横，经济开发较早，是远古先民离开森林、山洞后最早的生息活动地。其后，陆续有岭北的所谓华夏人徙入，略有文献可征。《广东新语》卷三云："二禹在中宿峡，相传轩辕二庶子，长太禹，次仲阳，降居南海，与其臣曰初武者隐此。太禹居峡南，仲阳居峡北，故山名曰二禹。在南者曰南禹，北曰北禹。"何光岳释："中宿峡位于今广州西北清远市西北六十里江北之滨。轩辕氏二庶子太禹、仲阳，正与黄帝轩辕氏之曾孙番禹迁南海记载相同。然则，太禹、仲阳当为番禹之后，是最早南迁至广州、清远一带番禹人的祖先，故有禹、禹山、番山、浮丘山，也当因番禹人迁居于此而得名"[①]。可见岭南地区"番禹"之称是比较早的。历夏、商、周三代，番禹地区已是越族（包含华夏、东夷等族）居地中经济、文化最为进步的中心地，商代岭南等开始出现的"印陶文化"就是其证。

1. 从五羊城至南武城

番山、禺山名称较早，历史悠久。其地何时有城（即通常所说广州市的渊源）？说法不一，界定的时间，亦有分歧。依据屈大均《广东新语》所说：周夷王（约公元前877～前865年）时，南海有五位仙人，衣各一色，所骑羊亦各一色，来集楚庭，各以谷穗一茎六出，留与州人，且祝曰：愿此阛阓水无荒饥。言毕腾空而去，羊化为石，城因此而得名曰"五羊城"、"羊城"，又曰"仙城"、"穗城"。即广州城史约有2800余年。此系神话传说，似乎难以确信。《广东新语》又云：楚成王（相当于周惠王五年至周襄王二十六年）时期（公元前671～前620年），"南海服于楚，作楚庭"；"地为楚有，故筑庭以朝楚。"裴渊《广州记》云："六国时，广州属楚。"但《史记》《越世家》、《楚世家》未明确记载。《辞海》亦云："楚庄王曾为霸主。疆域西北到武关（今陕西丹凤东南），东到昭关（今安徽含山北），北到今河南南阳，南到洞庭湖以南（今湖南北部）。战国时疆域又有扩大，东北到今山东南部，西南到今广西东北角。楚怀王攻灭越国，又扩大到今江苏和浙江。"可见六国时"广州属楚"，是据相传故事所说。《读史方舆纪要》说："相传南海（今广州）人高固（春秋时期齐国卿士高傒的后裔）为楚威王（公元前339～前329年）相时，有五羊衔萃于楚亭，遂增筑南武城，周十里，号五羊城。"何光岳释曰："楚亭也即楚庭，这便是广州别名羊城和穗城的来由。羊与扬音通，五羊或系五个扬越部落南迁于南海。罗香林《中夏系统中之百越·古代百越分布考》云：'号称南越首府之番禺，自昔有楚庭之称'，证明楚人招抚了高固。因他是中原之人，不是越王之裔，所以大胆放心地既任他为相，带着相国的头衔去坐镇强悍而散漫的五个扬越部落。他建立的楚庭，象征着楚国在南海扬越人地区牢牢地确立了统治权。楚庭，实际是楚国的行政机构驻地。而经楚成王、楚庄王、楚共王以至楚悼王、楚威王五次大的经营，时间长达300年之久，才基本上把扬越完全置于楚国的统治之下"[②]。周圣楷《楚宝》卷十九《良吏》记载：高固还向楚威王推荐名儒铎椒任太傅，辅佐朝政。铎椒博学多才，撰《铎氏微》40章献给威王，作为历史借鉴，以促进楚国社会的发展，由此"文教日兴"。到了战国晚期的周赧王（公元前314～前256年）时，楚王的相国公师隅又维护和扩修了南武城。以此传说而论，广州已有约2300多年的历史。

2. 从南武城至南海郡

秦始皇统一中国（公元前221年）后，在岭南正式设立郡、县，内有番禺县。《元和郡县图志》卷三十四"广州南海县"载：南海县本汉番禺县之地。番山在县东三里，禺山在县西南一里。"番禺县，本秦旧县，故城在今县西南二里，县有番、禺二山，因以为名。"《中国地名由来词典》云："番禺市""在广东省中南部，珠江口西北，秦置县"，"番禺为古越语地区，意为盐村，1992年设市。"[③]均说明秦之"番禺"县比较广大，含今广州市区大部分。《中国历史地名大辞典》云："番禺县，秦置，治所在今广东省广州市。隋开皇十年废。唐长安三年复置，治所在今广州市南珠江南岸。大历间移治今广州市。北宋开宝五年又废。皇祐三年复置。1933 年移治市桥。1950 年再移治新造。1956 年还治市桥，即今址"④。这就进一步说明秦至隋朝的"番禺县"，指的是三国吴设置的广州；1933 年后的"番禺"则是指的是今"番禺市"。

秦始皇设置的南海郡在什么地方呢？檀萃《楚庭稗珠录》卷二粤囊上《越城》载："越城之创也，自公师隅当周赧王时相越，筑南武城。后任嚣、赵佗增筑之。"可见南海郡所是在"楚庭"、"南武城"基础上增修而成的。《辞海》释："南海，郡名。秦始皇三十三年（公元前 214 年）置。治所在番禺（今广州市）。秦汉之际地入南越，汉元鼎六年（公元前 111 年）灭南越后复置。辖境相当今广东瀹江、大罗山以南，珠江三角洲及绥江流域以东。"可见楚庭（亭）、南武城均在番禺县。《中国地名由来词典》云："广州市在广东省中部，珠江三角洲北缘。古属番禺县，三国时从交州析置广州。1925 年设广州市。一般志书多认为吴改交州为广州时，原交州在广信（今广东封开县），故名，广信为'广布恩信'之意。又据徐松石《傣族僮族粤族考》：岭南广字地名最初见于《山海经》，后来汉之广信，三国之广州皆据古越黄族土音而来，广字原义只是黄色罢了。广本音工，广州等于黄州"⑤。《读史方舆纪要》云：番禺"在府治东偏，秦置县，为南海郡治。以番、禺二山为名。"《史记·南越列传》正义云："都广州南海县"南海县系隋朝分番禺县地所置，仍是番禺县原属地。学术界多以此南海郡城作为广州市的初始年，即广州城距今已有 2216 年的悠久史。

二　南越国是岭南社会文明的里程碑

岭南地处中国的东南部，在新石器时代晚期中原的华夏族、东夷族先民已与岭南的古越族开始交往。三代至战国，华夏与岭南的扬越、骆越、蛮人等文化的交流和融合，已日渐增多。广东、广西及其以南地区的民族在艰苦的环境下，创造了不同地域特色的古越文化和海洋文化，为中国丰富的先秦文化增添了内容和光彩。⑥秦汉王朝统一岭南后，实行郡县制，加强了中央政令在该地区的推行，促进了中原政治、经济、文化向岭南地区的传播和民族融合，使其地社会文明步伐加快，出现了社会大发展的第一个高潮阶段，丰富的考古文化雄辩地证明了这一史实。⑦

1. 秦朝在岭南地区的统治机构

《史记·南越列传》记载："秦时已并天下，略定扬越，置桂林、南海、象郡。"秦朝在今广东设置的县有番禺、揭阳、博罗、龙川等县。又载：秦置三郡后，"以谪（贬逐官吏）徙民，与越杂处十三岁"。秦始皇三十三年置此三郡时，留 50 万士卒于南越驻守，"他们大都（至少有 40 万人）与土著越人女子结婚，把中原文化传入岭南，使岭南的农业生产和手工业技术有了很大发展"⑧。这些秦人士卒及子女加上流放于岭南的官吏、家属及罪人、贫民，有的学者估计秦朝时岭南有七八十万秦人，有的估计有百万人，都有可能。"当时南越人口不会越过七八十万，略多于华夏人的 50 万戍兵；但这些戍兵中至少有 40 万人娶了南越人女子为妻。虽然这些戍兵有些在中原也有妻子，但由于长期戍守在岭南，不能回家团聚，故只能娶越女为妻。到了第二、第三代时，具有华夏人血统的居民便大大超过了纯粹的南越人，而南越人也逐渐融合于汉人之中"⑨。文献记载秦始皇还徙无夫君之女 1.5 万人去岭南为士卒补衣缝袜，也基本上是在那里与士卒成家生养子女。秦朝的岭南，尤其是三郡及县治所之地的经济、文化的发展，以及秦人的增多和与越民的融合，都为南越国的建立打下了基础。

2. 南越国的建立

《史记·南越列传》记载："秦二世（公元前 209～前 207 年）时，南海尉任嚣病且死，召龙川（今广东龙川县）令赵佗语曰：'闻陈胜等作乱，秦为无道，天下苦之，项羽、刘季、陈胜、吴广等州郡各共兴军聚众，虎争天下，中国扰乱，未知所安，豪杰畔秦相立。南海僻远，吾恐盗民侵地至此，吾欲兴兵绝新道，自备，待诸侯变，会病甚。且番禺负山险，阻南海，东西数千里，颇有中国人相辅，此一州之主也，可以立国。郡中长吏无足与言者，故召公告之。'即被佗书，行南海尉事"。赵佗遵照任嚣嘱咐，立即拟檄文断绝由桂阳（今湖南郴州）通往连州（今属广东）、零陵（今湖南宁远）通往贺县（今属广东）的"新道"。又将这两条新道必经的五岭南麓山口的横浦关（今广东南雄县北）、阳山关（今广东阳山县）、湟溪关（今广东英德县南）封闭，派重兵把守。接着，他又令军民在战略要地修筑赵佗城（今广东昌乐县）、秦城（今广东仁化）、万人城（今广东英德与清远之间），扩修了任嚣维修的南武城，在番禺城北山修建台，并派重兵把守番禺西石门天险隘口。赵佗在秦、越民众支持下于秦二世三年（公元前 207 年）派军攻占了桂林、象郡，自立为南越武王（当以南武城而号），辖地有今广东、海南、广西及越南北部地区。赵佗称王后，将番禺城北之山更名为"越王山"（亦称越秀山），将山上修建的台更名为"越王台"，将任嚣维修的南武城更名为"武王城"。由此知，南海郡府（王城）、番禺县治所均应在今广州市。

3. 南越武王的地方统治机构

（1）设计灭安阳王国

安阳王国是战国时期蜀王之子"泮"所立的小国，位于今广西红水河下游，一些骆越部落依附于他。传至秦朝末年时，安阳王国渐强。《广州外域记》载：南越王军进攻安阳王国时，辅佐大臣皋通善于制造神弩，一发能射杀 300 人，阻挡了攻势。赵佗与臣谋划，派太子赵始入其国，伪降于安阳王，刺探其神弩的秘密。"安阳王有女媚珠，见始端正。珠与始交通。始向珠令取父弩视之。始见弩便盗，以锯断弩讫，便逃归报越王。"神弩毁，南越王赵佗便下令军队发动攻击，安阳王大败而亡国。《广州外域记》又载：安阳王国亡后，南越武王"令二使者典主交趾（南越国辖地，时无郡，辖境相当于今广西南部及越南北部）、九真（赵佗置，辖境相当于今越南清化、河静两省及义安省东部地区）二郡民"，并使骆越酋长管理其民。赵佗又封其同宗人赵光（一说为佗之孙）为苍梧（王府在今广西梧州市）王，加强对交趾、九真、桂林及象等地区的统治，防止西江中游的西瓯、骆越反叛，并防御汉军沿漓江南下。

（2）调整县域

增设含洭（今广东英德县西含洮镇）、浈阳（今英德东）二县，归南海郡太守府管辖，加强对北江水道的控制；在桂林北（今广西兴安县）西南 17 里处置"严关"，并在此关南增设"秦城"，对桂林郡构成犄角保卫之势；又在越城岭（亦称始安岭、临源岭、全义岭、越城岭在今广西壮族自治区东北部和湖南边境）设防御之事，今遗迹仍存。

在揭阳县（今属广东）东的今福建漳浦县西南梁山西盘陀岭口，修筑浦葵关，防止东面闽越的西侵。揭阳县西北有揭阳岭，是福建（时为闽越地）通往广东的必经之地，南越王亦派兵驻守。

在南越武王的治理下，对岭南的统治日渐巩固，"疆域最盛时，东包汀江以东的福建永定、平和、漳浦，与闽越相接；北以五岭山脉与长沙王吴芮相连；西至广西环江、河地、东兰、巴马、德保、百色一带，与句町国、夜郎国为界；南达越南北部、中部的大岭，与马来人原始部落相邻。几乎奠定了汉代中国的南疆地域"[⑩]。按此说与设海南省以前之历史地名辞典所释"岭南"地域，今海南省，香港、澳门特别行政区，均当在南越国的地域之内。

4. 归服汉朝

汉高祖十一年（公元前 196 年），派使者陆贾持节赴南越国，宣喻帝恩，晓以大义，久离中原的赵佗先是傲慢无礼（问汉朝大，还是南越大），后心服口服，表示接受汉室的管辖，归依汉朝。陆贾遂宣读诏书，封赵佗为南越王，授予印绶，互相通使，安抚和好百越，与长沙王国（在今湖南）和睦相处。赵佗从此"称王朝命如诸侯"，关系友好，至汉武帝建元四年（公元前 137 年）病逝。

秦将赵佗跟随任嚣征讨南越（又称扬越）、骆越，为秦朝统一岭南地区做出了积极而重要的贡献。在推行秦制，传播中原生产技术，发展岭南经济、文化，维护越人地区社会安定等方面又做出了新贡献。秦末中原大乱，他遵循南海尉任嚣制定的方略，临危受命，以和平方式行事，在不惊扰越、秦人民的稳定环境中建立了南越王国，保护了岭南地区各族人民生命、生产、生活的安全，维护了南土的完整。尤其是在西汉统一的王朝建立后，又接受汉高祖封号，臣服于中央政权，可谓顾大局、识大体的政治家、军事家，也是秦汉史上一位对民族对国家有重大贡献的传奇历史人物。⑪

5. 南越国的衰亡

《史记·南越列传》记载：赵佗长寿，太子赵始在其前病逝，故佗去世后，由嫡孙赵胡（又称赵眜）任南越王，臣服于汉朝，关系较好，送其子赵婴齐入长安宿卫。南越王赵胡去世，谥号文王。婴齐由长安返回继位，称南越王，立长子赵兴为太子，送次子赵次公入长安宿卫。婴齐去世，谥号明王，太子赵兴继南越王位，年少而由皇太后樛氏掌权。丞相吕嘉德高望重，历武王、文王、明王三朝（系越族人），宗族任长吏者多达70余人，"男尽尚王女，女尽嫁王子兄弟宗室，及苍梧秦王有连（赵与秦同宗，赵光自称秦王；连，指吕嘉与秦王结为姻亲）。其居国中甚重，越人信之，多为耳目者，得众心愈于王"。太后和年少的越王兴感到势孤力薄，欲去"王号"入朝内服，吕嘉发动宫廷政变，杀太后、王及汉使者，立明王的越女妻子所生子赵建德为王，反叛。元鼎六年（公元前112年），汉武帝派大军分四路攻南越，次年冬灭吕嘉叛军，亡其国，历五世五王计97年（赵佗去世后的4世仅延续26年）。史实雄辩地证明，分裂独立，背叛汉朝，对汉、越人民都是百害而无一利的，也必然遭到失败，以亡国而告终。

三　广州发现南越国遗迹的价值和重大意义

1. 南越国王城的方位

番禺二山、仙城（五羊城、羊城）、楚亭（庭）、南武城、番禺县、南海郡、南武王城等，基本上是不同历史阶段对同一地域的不同称谓，但其具体方位在今广州市的什么地方？从文献中很难确定。20世纪"70年代中曾在广州中山四路发掘一处秦汉时期的大型木构建筑遗址，当时判断为'造船工场遗址'。1988年在这处遗址西侧不远的中山五路百货商店工地又发现了汉代大型建筑基址，揭露出用砖铺砌的地面130多平方米。建筑全貌因基建范围所限未能弄清。与汉砖共存有'万岁'瓦当。其年代为西汉初期，即属南越国时期。从出土物及基址规模分析，应属南越国的王室宫殿一类建筑。联系中山四路的'造船工场遗址'的上部堆积中也出有大型铺地砖，推测这处'造船工场遗址'很可能亦属宫殿一类的建筑基址，与中山五路百货商店工地发现的大型建筑基址有密切关系"⑫。其后，考古工作者又研究说："广州秦造船工场遗址是当时秦兵'一军处番禺之都'的重要史证。经两次发掘，得知有3个呈东西向平行排列的造船台，南边是造船木料加工场"。"遗址深埋在地表下5米，被一层纯净的红黄土所覆盖，其上为南越国宫署遗址。证实造船工场是在营造南越国宫署遗址时被填埋"⑬。考古资料证实"番禺之都"、"南越国王城"，就位于今广州越秀公园及其以南的中山四路及其西的中山五路百货商店工地一带，弥补了文献记载的不详或不足。

2. 南越国王城及其他建筑遗迹

南越国王城的宫殿的建筑是什么样子，《史记·南越列传》无记载，考古资料称：南越国宫署遗址中"以石构方池和曲渠组成的宫苑遗址最为重要。方池呈仰斗状，面积4000平方米，已清理400平方米，为石池西南的一角。池壁斜坡状，用砂岩石板呈密缝冰裂纹铺砌，石板上篆刻有'蕃'、'阅'等字"，"池内出有八棱柱、石栏杆、石门楣、绳纹的板瓦、筒瓦，'万岁'瓦当等"。"曲渠之西，有石板平桥和步石，出水闸口外接木质暗槽"，"这是我国目前所知年代最早保存较好的宫苑石构水景实例"。"在秦造船遗址南边的造船木料加工场之上，有一段长约20米的宫署走道（宽2.55米），当中平铺砂岩石板，两侧用印花大砖夹边。走道上还留有残瓦件，'万岁'瓦当和成层的炭屑灰烬。可见南越国宫署是毁于大火的，与《史记》、《汉书》关于汉武帝元鼎六年汉兵陷番禺，'纵火烧城'的记载正相符合"[⑭]。从这些的实物中可以析知，南越国王城基本上是依秦汉王城修建，宫殿建筑布局、苑池、街道、排水渠道、门阙等，都是仿照秦都咸阳或汉长安，材料中的砖、瓦也有的是长安皇室供给的，是秦末汉初岭南最为宏伟壮丽的王城。相传楚相高固营修的南武城，四周城垣已长10里，南越国王城的范围可能亦如此，任嚣、赵佗增修的当是城内的宫殿、官府、学宫建筑等。它虽然与秦都咸阳、汉都长安的规模不能相比，但在远离长安的南海，也可称是"惊天地、泣鬼神"的一个陆海明珠王城。其宫殿区在城垣内的山下平地区，北依武王山为屏障。

清代梁廷楠《南越五主传·先主传》载：赵佗"以龙川为兴王地，就五华山筑台曰长乐。"20世纪80年代几次发掘的五华县华城狮雄山遗址，山岗顶部平台发现一处大型回廊式建筑基址，中央是主体宫殿建筑基址，出土有大量的绳纹板瓦、筒瓦和一些饰卷云纹的瓦当，有的瓦当中圈内有篆体反文"定"字。五华县西汉初属于龙川县，这一宫殿式的建筑当为"长乐台"故址。其风格和建筑技术模仿了中原的王城。

南越国的城堡形制，也具有中原建筑风格，如始兴县罗围犁大嘴和乐昌的两处城堡遗址，后者在武江岸旁，存有小部分墙体，绳纹瓦、陶器反映出为是任嚣、赵佗所筑之城堡。赵佗筑的"万人城"在今广东英德县，考古工作者在英德连江口与北江交汇处，发现有堆积的绳纹瓦，形制亦应与乐昌的城堡相似，有城墙、城门及街道等，相似中原的县城或郡城。

3. 南越王墓令世人惊异

《史记》、《汉书》等对南越国几代王的陵墓未详载，不知长久离开中原的赵佗陵墓及生长在南海的几代王陵，到底是何形制（即是按越人葬俗，还是按秦汉葬俗）？考古发现解开了这个历史之谜。

（1）南越武王赵佗陵墓

《太平寰宇记》卷一五七《广州南海县》引《吴录》云："番禺县有禺山，尉佗所葬。"清穆宗同治年间（1862～1874年）《番禺县志》云："番山在城内东南郡学宫后，有番山亭；禺山在番山北一里。"仇池石《羊城古钞》卷首孤兀禺山云："禺山依城之北，与番山相去里许，番南、禺北联属如长城。然邑之得名盖以此也。"二山相连，当系今之越秀山（亦称越王山）。

（2）南越文王赵眜（胡）陵墓

南越国第二世王赵眜，实是佗之孙，为第三代人，其墓在何处，文献未详载。广州市的象岗山，按番、禺二山方位，当系此二山脉，今被一公路与越秀公园隔开，与赵佗的陵墓相距不远。1983年6月在象岗山发现一汉代古墓，8月至10月发掘。"根据墓主身上发现的'文帝行玺'龙纽金印等8枚印章，确定为第二代南越王赵眜的陵墓，揭开了西汉初期南越王国的帝陵之谜。"[15]。"该墓深埋于象岗山20米的腹心深处，是我省发现规模最大的竖穴与掏洞相结合的一座石室墓。全墓仿前朝后寝布局，用750多块红砂岩大石构筑而成，前部3室，后部4室，墓门前有木构的外藏椁。南面接斜坡墓道。墓主棺椁位于后部主棺室，已朽"[16]。"从墓室的设置、殉人及随葬器物的情况看，有越王墓与广西罗泊湾西瓯君夫妇墓有许多相同之处"[17]，"说明它们都遵循着一种共同的埋葬习俗，而与中原的汉制有一定的差别。"[18]我们认为虽然其葬俗与中原汉制有一定差别，但墓的形制基本上是仿照汉代墓制的，"竖穴"、"掏洞"，斜坡墓道在南，以山为陵。赵佗、赵眜二王，从汉朝使者口中或中央政府文告中，对汉文帝"凿山为陵"的情况是清楚的，显然受到了文帝"霸陵"的影响，"前朝后寝"亦是汉初帝陵寝宫之制。由赵眜的墓制可析知赵佗墓制当与此相仿。

（3）南越明王赵婴齐陵墓

赵婴齐是南越第三世王，属于佗的第四代孙，在西汉国都长安为"质子"数年，对汉高祖、惠帝、文帝、景帝的陵墓情况十分熟悉，且目睹了当时正营修汉武帝庞大"茂陵"的实况，所以他未再像曾祖父佗、父王眜那样"以山为陵"，而是平地堆土为冢。"1983年在广州西村车辆段宿舍工地发掘了一座西汉前期大型木椁墓，墓坑长13、宽6米，为广州所见南越国时期规模最大的一座木椁墓。此墓被严重盗掘，经清理，有劫余的精美玉饰，雕工与象岗南越王墓所出相同。推测此墓可能是第三代南越王赵婴齐之墓。据史料记，第四、五代南越王均系被杀而无陵墓。这样，南越国之主就仅剩第一代王赵佗的陵墓尚未发现"[19]。从此墓规模最大、平地起冢、木棺椁等情况看，显然是受到了汉武帝茂陵形制的影响。诸王墓内的越式葬品，则是受越俗影响。

4 南越国文化遗存反映的社会状况

广东地区秦汉考古发现甚多，文化遗存相当丰富，广州市区尤为集中。其中可判明为南越国文化遗存的有南越国王城、陵墓及中小型墓等，出土文物佐证了其国的经济、文化面貌，弥补了文献记载的不足。

（1）南越王公贵族的奢侈生活

南越国的王公、贵族、大臣及越人上层人士，虽身处偏远的东南地区，但过着与中原王朝统治阶级一样的奢侈生活，宫殿或府衙如同中原，用具、服饰等也如同汉皇室或官僚贵族。如南越王赵眜安葬时"身穿丝缕玉衣，随葬大量玉佩饰，还有'文帝行玺'及'泰子'2枚金印和'赵眜'玉石印等共9枚分于玉衣之上。墓中发现15位殉人，其中'右夫人'等四位是墓主的姬妾。出土随葬器物1000多件（套）。其中玉器200多件，除我国首见的丝缕玉衣外，还有角形杯、承盘高足杯、盒、卮等5件玉容器，11套组玉佩饰，58件玉具剑佩等最具特色。青铜器中有'文帝九年乐府工造'等铭文8件大小相同的勾镭、刻有'蕃禺'铭文的铜鼎、四艘战船纹的铜提筒，'王命╴车徒'错金铭文铜虎节等。还有4000多颗墨丸，是我国一次出土数量最多的汉墨"[20]其中的"金印"、铭文"句镭"，显然是长安制造；宴乐用器、饮食器皿、衣冠服饰、车马帷帐、弓矢甲胄等器物中，亦有微量是长安皇室赏赐之物，反映了中央王朝与南越国的友好关系及南越国的历史地位。"大量具有本地特点的青铜器，说明当时岭南地区铸铜技术已达到很高水平"[21]，如铜提筒、铜鼎、铜虎节等，工艺都相当精细。精美的玉器中，有2件"玉雕舞人，一呈跑姿，一作扭腰，长袖舒展，生动地展现了2000多年前越人的舞蹈艺术。1件青白玉雕角杯，形如犀角，器身浮雕卷云纹，制作精美，为汉代玉器中之稀世珍宝"[22]，反映了南越国玉器制造的高超水平。"大型越式铁鼎的出现，又反映了南越人对锻铸铁器技术的掌握"[23]。"一些象牙器、银器及玛瑙、水晶、玻璃珠饰，其质料、工艺风格殊于中国，显然为海外所产，这是南越国与海外通商贸易的实证"[24]。这些都反映出南越国官营作坊已能制造技艺复杂、高超的王室器物，也说明南越国的经济是比较昌盛的。汉、越器物反映了民族与文化融合的状况。

（2）中小型南越墓及葬品

1982年"在广州市西北郊三元里柳园岗发掘43座西汉早期墓。墓坑均为长方形竖穴，大多数为木椁墓，少数为土坑墓。其中部分墓底有腰坑，少数有墓道。这批墓葬属中小型。出土器物中，陶器如瓮、罐、瓿、三足盒、三足罐等有浓厚的地方色彩。陶器中有打印'居室'、'臣辛'陶文，表明这批墓葬的年代为南越国时期"[25]。乐昌县城南部发掘160多座汉墓中，有南越国（西汉早期）墓葬若干座，出土的陶瓿、三足盆等，富有地方色彩。封开县南丰利羊墩也清理了南越国时期汉墓12座，广州（汉墓200座）、韶关、徐闻、佛山、揭阳、普宁、海澄、梅州、龙川等地，均发现有南越国时期的汉墓。这类中小型墓葬，基本上是一般官吏和平民之墓，葬式为木椁与土坑，"陶器可分为两大类，一类是具有地方特色的瓷、罐、三足盒、提筒、缶；另一类为鼎、盒、壶、钫组成的礼器"[26]，说明民营或民间的手工业生产也有了一定的发展。

（3）农业和居住状况

象岗山"南越王墓出土不少于 200 个个体的黄胸鹀（禾花雀）说明珠江三角洲在西汉初年已稻田连片。墓中残留的稻、黍、高粱、梅、酸枣、橄榄、乌榄、人面子、荔枝等粮食和果类，以及汉墓中常见贮粮的仓、囷模型器、各种家禽家畜动物陶塑等，展示着岭南地区农业生产丰收的场景"[22]。南越王墓出土的一件铜提筒的腹部刻有四艘羽人船，船身自甲板以下，分隔为 6 个舱室，推动力靠的是三桅一大橹，船的前后还刻有海岛、海龟、海鱼[23]，反映了南越国人的渔业和海外贸易的兴旺发达。一般平民多住在"干栏式"房屋内，贫民则有的住在木、竹搭的茅草房内，生活较苦。总的概况是粤东、粤南经济比较昌盛，汉越民和文化融合较早，粤西有越民与汉民的融合步伐比较缓慢，铜鼓是其典型器物。其中以王城直辖地（今广州）的经济、文化最为发达，王城及其县城内均设有"学宫"，直接向居民子弟传授汉文化。

综上所述，南越王城是历史悠久之城，南越国是在东南地域的特殊环境、特定时代内，以特殊方式建立的制度不同而又维护中国统一的"独立"王国，不仅在中国秦汉史上享有特殊地位，而且在世界古代史上也占有重要地位，并对当代世界上一些民族比较复杂的国家或地区，如何维持安定团结，友好相处，也具有借鉴意义。因此说，将广州发现的南越国遗迹申报为"世界文化遗产"是当之无愧的。

注　释

① 何光岳：《百越源流史》第 378～388 页，江西教育出版社，1989 年。

② 同注①，第 80～81 页。

③ 牛汝辰编：《中国地名由来词典》第 251～252 页，中央民族大学出版社，1999 年。

④ 魏嵩山主编：《中国历史地名大辞典》，广东教育出版社，1995 年。

⑥ 杨东晨：《论先秦时期广东地区的民族与文化》，《嘉应大学学报》1999 年 1 期；《论先秦时期广西地区的民族与文化》，《广西右江民族师专学报》2000 年 2 期；《论先秦时期香港和澳门地区的民族和文化》，《固原师专学报》1999 年 1 期；《论先秦时期海南地区的民族和文化》，《固原师专学报》2000 年 3 期。

⑦ 杨东晨：《论秦汉时期广东与港澳地区的民族与文化》，《嘉应大学学报》2000 年 5 期；《论秦汉时期广西地区的民族与文化》，《广西右江民族师专学报》2001 年 2 期；杨东晨：《秦汉区域民族与文化》，团结出版社，2001 年；杨东晨：《民族史论集》，香港国际文化艺术出版社，1996 年。

⑧ 同注①，第 138 页。

⑨ 同注①，第 138～139 页。

⑩ 同注①，第 142 页。

⑪ 杨东晨：《岭外明珠南越国——论龙川令赵佗创立南越国和对岭南社会发展的贡献》，载丘政权主编《佗城开基客安家》，中国华侨出版社，1997 年。

⑫⑮⑰⑲㉑㉒㉔㉕ 广东省博物馆：《广东考古十年概述》，载《文物考古工作十年》（1979～1989），文物出版社，1991 年。

⑬⑭⑯㉑㉕㉗㉘　广东省文物考古研究所：《广东省考古五十年》，载《新中国考古五十年》（1949～1999），文物出版社，1999 年。

⑱　高崇文：《西汉长沙王和南越王墓葬制初探》，《考古》1998 年 4 期。

从南越王墓出土文物看楚国科学技术对南越国的影响

后德俊

楚国，是我国历史上春秋战国时期的一个比较大的诸侯国，历史书中常常提到的"春秋五霸"和"战国七雄"，楚国都是其中之一。楚人自称是华夏民族的一支，屈原在追述本身的世系时曾自称是"帝高阳之苗裔"（《楚辞·离骚》）。楚人自西周初年开始立国，《史记·楚世家》记载："熊绎当周成王之时，举文、武勤劳之后嗣，而封熊绎于楚蛮，封以子男之田，姓芈姓，居丹阳。"从西周晚期开始，楚国逐渐强大起来，吞并许多小的诸侯国，所谓"汉东诸姬，楚实尽之"（《史记·楚世家》）是也。"汉阳诸姬"，是指周王朝分封在汉水流域一带的姬姓小国。楚国强盛时的疆土相当广大，几乎包括了我国现今版图的整个南半部，所谓楚人地"南卷沅湘，北绕颍泗，西包巴蜀，东裹郯淮，颍汝以为洫，江汉以为池"（《淮南子·兵略训》），在此广大的土地上，劳动人民创造了光辉灿烂的古代文化，现今的学术界将其称之为"楚文化"。春秋战国时期，不仅楚文化的影响到达了现今的两广地区，楚人也到达了两广地区，广西平乐银山岭战国墓中有一些可能就是战国时期楚人的墓葬就是一例。此外，楚人向南方迁徙必定也将楚地先进的科学技术带到了南方，并在西汉前期的南越国内曾经得到过比较广泛的应用、继承与发展，南越王赵眜墓中的出土文物就证实了这一点。

一 "火耕水耨"的水稻种植技术

广州，又称之为羊城，羊城之名的来历是根据一个家喻户晓的民间传说：在西周时期的周夷王之时（约公元前887~前858年），有五位仙人骑着口衔六支稻穗的五只羊来到了楚庭（传说中的当时广州地名），将稻穗赠给当地的人民，祝福他们从此之后再也没有饥饿之苦。然后，五位仙人隐去，留下的五只羊化成为山石。位于现今广州市越秀公园内的五羊雕塑就是根据这一美丽的传说而创作的。传说毕竟只是传说而已，它的历史根据到底是什么呢？考古发掘和出土文物向我们揭示了这一历史之谜，原来是与楚国的水稻种植技术有关。

　　春秋战国时期，楚国的水稻栽培面积是比较大的，水稻种植技术也比较高，其主要标志就是"火耕水耨"的耕作方法。这种耕作方法，在我国古代文献中多有记载：公元前 2 世纪司马迁在《史记·货殖列传》中云："楚越之地，地广人稀，饭稻羹鱼，或火耕而水耨。"到了公元九世纪初的《隋书·地理志下》中记载："江南之俗，火耕水耨，食鱼与稻，以渔猎为业。"直到近代，我国农村一些地区在种植水稻的耕作中仍然在使用类似于火耕水耨的耕作方法。仅从这一点就可以看出，这种种植水稻的耕作方法是一种比较适宜于长江中游地区采用的耕作方法，否则就不会一直延续几千年的时间。

　　火耕水耨是种植水稻时的两个耕作阶段。所谓火耕，就是秋季收割水稻时只割下稻穗，留下大部分稻秸在田中，来年春天，放火将其与干枯的野草一起焚烧成灰烬，然后翻耕土地，将灰烬埋在土下作肥料。这是水稻种植中备耕阶段的耕作方法。这种耕作方法在出土文物中也可以找到一点证据：20 世纪 70 年代在湖北江陵发掘的凤凰山 167 号西汉早期墓中出土有四束稻穗，就是从稻穗下面不远处割下的，可见是将稻秸留在了田里。春秋战国时期，长江中游一带森林覆盖面积很大，日常所用燃料比较容易取得，无需像近现代那样用稻秸作燃料。直到近现代，我国农村一些地区常常将植物的秸秆堆在一起，上面再铺一层拆下来的灶土或已经晒干破碎的塘泥，然后焚烧，烧成的灰烬运到田中作为肥料。这一方法可以说是古代火耕的延续和发展。

　　所谓水耨，就是在水稻生长前期，在稻苗中间有许多杂草生长，此时可以将稻田里的水放掉一些，人到稻田中将杂草拔起后再埋进田里去，然后灌水沤腐，将杂草变成了肥料。这是水稻种植中中耕阶段的耕作方法。水耨，不是只进行一次，往往要进行二、三次。在近现代，人们是这样进行中耕除草的：稻田里的水放掉一些之后，每人持一棍作拐杖赤脚下到稻田内，由于田内泥土比较稀软，可以用脚趾将杂草的根扒起后再用脚掌将其踏到泥土下面，一般是杂草都比稻苗长的要高一些，容易辨认。杂草除完后再向田里灌水，将杂草沤作肥料。从本质上说，水耨的方法几千年来并没有太大的变化。

　　火耕水耨是楚地劳动人民长期以来适应于自然环境而创造出的一种种植水稻的耕作方法。我们知道，长江中游地区属于亚热带气候区，气候温暖，雨量充沛，有利于水稻的种植，但是从晚秋到早春这一段时间内雨水比较少，人们往往将收割后的稻田内的水放干，俗称"晒田"，这样不仅可以使留在田内的稻秸和杂草变得干枯，利于来年种稻前的火耕，而且在"晒田"的过程中，有利于土壤内部微生物的滋生繁殖，增加土壤的肥力。直到今天，"晒田"的方法在我国农村的许多地区仍然在使用。所以说火耕水耨是楚地劳动人民创造的一种适宜于水稻种植的耕作方法。

　　需要指出的是：在湖南澧县发掘出的城头山古代文化遗址中，已经发现了距今6500 年和距今5800 年前的稻田，两类不同时期的稻田都具有田埂，后一种稻田还修建有排灌水的设施。到了春秋战国时期，楚国人大量修建水利设施，如楚国名相孙叔敖修建的著名大型水利工程——芍陂，就是一例。这类大型的水利工程，其主要目的应该是为了发展农业生产，当然也包括稻田灌溉用水。所以说楚国的稻田不仅是修建有田埂，也一定修建有比较配套的排灌水设施。也只有在这一前提下，火耕水耨的耕作方法才能够得以较好地发挥作用。

以上所述可见，火耕水耨是楚地劳动人民种植水稻的耕作方法，但是这一耕作方法长期以来曾一直受到误解，将火耕水耨与刀耕火种看成同一回事，认为两者都属于落后的农业耕作方法，这是不妥的。因为，刀耕火种指的是：在荒地上用刀将草木砍伐之后原地放置晒干，草木干枯时放火焚烧成灰烬，用带有尖端的木棒在铺有灰烬的地面上掘坑点种，然后就再不进行其他任何的管理了，待到作物成熟时才来收获。可见，刀耕火种是一种原始的耕作方法，与楚国人种植水稻所用的火耕水耨是不可同日而语的。

楚地劳动人民将种植水稻的先进耕作方法传到了广州一带，这与羊又有什么关系呢？要了解其中的原因，必须要从我国古代的图腾崇拜谈起。我们知道，楚人的先祖是与炎帝有关的以羊为图腾的古代先民的一支，这在古代文献中多有记述，如司马迁在《史记·楚世家》中记载："熊绎当周成王之时，举文、武勤劳之后嗣，而封熊绎于楚蛮，封以子男之田，姓芈姓，居丹阳。"楚人姓芈，"芈"，即是羊的叫声"咩"，所以楚人的先祖是以羊为图腾的。不同时期或从不同路线进入广州一带的楚人，他们将楚地较为先进的水稻种植技术带到了当地，促进或改进了当地的水稻生产，使稻米的产量增加，从而得到了当地人民的欢迎。由于楚人姓芈，以羊为图腾，在历史的长河中就逐渐地演化成了五位仙人骑着口衔稻穗的羊来到广州的传说了。广州为什么又称之为"羊城"，其历史的根源就在于楚人先进的水稻种植技术传到该地的结果。

由于保存环境的原因，南越王墓中没有稻谷出土，但出土了200多个禾花雀的骨骼，禾花雀以灌浆水稻为主要食物之一，说明当时的广州一带有大量的水稻种植。南越王墓及广州汉墓中出土的一种农具——锸，直装木柄，下端木叶前端包嵌凹形的铁刃，在湖北江陵、湖南长沙一带战国楚墓或楚遗址中常有出土，是种植水稻的农具之一。由此，可以说西汉前期广州一带的水稻种植技术应该是火耕水耨。并且主要应是从楚地传来的。

二 板块玻璃的制造技术

1983年在广州象岗发掘的是西汉前期南越国第二代国王赵眜的陵墓。南越国是西汉前期割据岭南的地方政权，赵眜墓的年代为公元前122年左右，为西汉前期。该墓各室中出土了一批玻璃制制品，现分述如下：[①]

南越王墓出土玻璃制品较多，计有玻璃璧、玻璃珠、玻璃牌饰等。玻璃璧，色青白，器表饰蒲纹，直径约 11 厘米，大小略有差异，表明是逐个分铸的，浅蓝色玻璃牌饰均为长方形，一般长 8～10、宽 4～5、厚约 0.3 厘米。它们的化学成分见下表（表一）。②

表一　南越王墓西耳室出土玻璃制品的化学成分（光谱分析结果）

名称	氧化物（重量%）										
	SiO_2	Al_2O_3	CaO	MgO	PbO	BaO	K2O	Na_2O	Fe_2O_3	CuO	MnO
平板玻璃 C181	42.64	0.18	3.79	0.43	33.73	12.83	0.05	5.01	0.09	0.04	0.06
平板玻璃 C211	40.49	0.95	5.41	0.89	33.35	11.93	0.34	6.03	0.09		
乳白色璧 C192	40.03	1.56	1.24	0.67	38.73	10.85	0.77	4.40	0.03		

由化学成分可以看出，南越王墓中出土的玻璃品中铅和钡的含量较多，属于我国古代特有铅钡玻璃，而这种铅钡玻璃正是楚地劳动人民的创造。玻璃璧与玻璃牌饰类的板块玻璃，应该是采用楚国玻璃制造技术中的"模压法"生产出来的，其主要工艺为：

1. 制模

根据所需器物的形状先制泥范，一般说来，玻璃璧、玻璃牌饰、玻璃剑首等只需上下两块范，泥范制好后必须先将它烘干。为了防止浇铸时高温玻璃液的突然冷却，泥范在浇入玻璃液之前需进行预热。

2. 熔化

将各种制造玻璃的原料（一般呈粉末或碎片状）拌匀后放入坩埚内进行加热熔化。坩埚可以置于熔炉内进行加热。出土的楚国玻璃制品都是小型器物，由此推测当时熔化玻璃的坩埚容积也比较小。根据（美）布里尔博士的考证，二氧化硅·氧化铅·氧化钡类型的古代玻璃的熔化温度达 1050℃，考虑到操作时的温度还要稍高一些，与春秋战国时期楚国采用炼铜竖炉冶铜时所达到的冶炼温度（1100℃－1200℃）是比较相近的，也是楚人拥有的科学技术能力所能达到的水平。

3. 浇铸

将熔化后的玻璃液浇入泥范中，由于玻璃液的黏度较大，必需使其表面大致平整，然后盖上另一块泥范。泥范本身有一定的重量，对玻璃液起到模压的作用。

玻璃制造工艺中模压法的出现和使用与青铜铸造技术有着相当密切的关系，从某种意义上说，玻璃制造中模压工艺的出现和使用是青铜器泥范铸造技术的延伸与发展。

三　青铜冶铸技术

《西汉南越王墓》一书中指出："战国中期以后，楚国势力进逼岭南，五岭通道开始打通，大约也在这个时候，岭南才开始有自己的冶铜业，同外界有了较多的接触。青铜冶铸业也得到较快的发展。"③可见，南越国的青铜冶铸业是在楚国的影响下发展起来的。

南越王墓中出土"铜镜39面，多数属楚式镜，其中有六山纹镜、彩绘人物画像镜……"④，这些铜镜中，有的可能是从楚地传入的，有的可能是南越国时当地制造的。特别是彩绘人物画像镜，其彩绘或颜料还有一小部分保存了下来，表明彩绘部分极有可能是大漆绘制的，否则，在南越王墓那种地下环境中铜镜表面的彩绘或颜料早已不存在了。在青铜表面髹漆是战国时期楚地漆工艺中的一种，彩绘髹漆铜镜在战国时期的楚墓中多有发现，如湖北江陵九店楚墓出土的四枚彩绘镜，镜背用黑、红等色漆绘出方格、鸟等纹饰。可以说，南越王墓中出土的彩绘人物画像镜是在楚国科学技术的影响下产生的。

在南越王墓中出土带有"王命命车徒"铭文的虎符，完全是楚人的物品，已有学者论述。至于岭南地区先秦青铜制造业的产生与发展曾经受到楚文化的影响，学者们也多有论述了。

四　髹漆工艺

据《西汉南越王墓》一书介绍，南越国的漆器主要有三个特点：青铜器上髹漆画、漆器上施用金色、使用金银玉片装饰漆器等⑤。

战国时期的楚地创造了我国漆器生产史上的第一个高峰，战国时期的楚墓中出土的大量漆器就是证明。其中金髹、镶嵌、金属表面髹漆等工艺都是楚地漆器生产中已经较多使用或已经开始使用的工艺之一。

青铜器上髹漆是战国时期楚地髹漆工艺的特色之一，前面已经论述过的髹漆铜镜就是一例。时代属于战国早期的湖北随县曾侯乙墓出土编钟上的铜人与爬虎状挂钩表面，都是髹漆彩绘的，特别是铜人表面髹有类似"连衣裙"的服装，使之栩栩如生。

湖北江陵战国楚墓中出土的彩绘鸳鸯豆，大量采用金髹，鸳鸯的羽毛大都是用金色漆描绘的；江陵西汉早期墓中出土的双鱼耳杯，也大量地用金色漆描绘。

在漆器上镶嵌金银玉片的工艺，在战国时期的楚地漆器中都已经出现，如湖北襄阳山湾楚墓出土的镶有金箔片的漆器、湖北荆门包山楚墓及河南信阳楚墓出土的镶有石子的漆几等，但数量很少。

可以说，南越王墓出土漆器所反映出的漆工艺是战国时期楚地漆工艺的应用，更是战国时期楚地漆工艺的继承与发展。

以上只是从四个方面简单地概述了楚国科学技术对南越国的影响，实际上远远不止这四个方面，应该是全方位的。产生这一情况的主要原因之一是地域因素，自春秋以来，随着楚国的壮大，楚的势力对岭南的影响就已经开始，到楚威王"南平北越"之后，这种影响就逐步加强。

注　释

①②③④⑤　广州市文物管理委员会等：《西汉南越王墓》第 134、211、424、331、332、337～338 页，文物出版社，1991 年。

广西汉墓的发掘与南越国史研究

蓝日勇　蒋廷瑜

南越国是秦末赵佗在岭南地区建立的一个地方政权，传了五代，至汉武帝元鼎六年（公元前 111 年）被灭，前后历时 93 年。关于这个政权统治岭南期间的各方面情况，《史记》、《汉书》有专传，两书的纪、传、表、志中还偶有记述。但《史记》、《汉书》所记南越国偏重在政治制度方面，对当时岭南的经济、文化、民情很少涉及。要想全面了解南越国，恢复南越国的历史面貌，深入探讨南越国其他的一些问题，必须借助考古新发现。

根据史书记载，西汉前期，广西大部分地区属南越国统辖。因此，在广西境内发现西汉前期的遗址和墓葬，实际上就是南越国的文化遗存。对它们的调查和发掘，为南越国史研究提供了大量的实物资料，不少发现为史书之缺载。

一　广西汉墓的发现与发掘

汉代人视死如生，实行厚葬，墓主生前一切用品，包括佣人狗马，都随之埋入坟墓，并在地面垒起高大的封土堆。广西发现许多汉墓，有的成群分布。自 20 世纪 60 年代以来被陆续列为自治区文物保护单位的就有 30 多处。它们主要分布于湘桂铁路线以东，沿桂江、贺江、郁江、南流江等水路交通线上，多是当时郡县所在地或经济发达地区。著名的有兴安石马坪古墓群、平乐张家古墓群、贺州贺街古墓群、贺州铺门古墓群、梧州古墓群、贵县（贵港）汉墓群、合浦汉墓群等。与此相关的是，在这些墓群附近还发现汉代城址，如兴安石马坪古墓群附近有秦城遗址，贺州贺街古墓群附近有临贺故城，贺州铺门古墓群附近有封阳县故城等。

这些发现是与历史情况相符合的。贵港是秦代桂林郡治所在地，南越国时期仍在此设郡或封国；梧州是南越时期苍梧王封地。这两地有大量西汉前期的墓葬。合浦在南越被灭以后才设郡，那里的墓葬主要是西汉中晚期和东汉时期的。

20 世纪 50 年代广西正式开展田野考古工作，首先就是配合黎塘至湛江铁路建设发掘贵县（今贵港）一带的古墓，其中就有不少西汉前期的墓葬。后来在梧州、贺州、平乐、兴安也发掘到西汉前期的墓葬。历年来经过清理发掘的汉墓已逾千座。其中以贵港罗泊湾一、二号墓[①]、风流岭三十一号墓[②]、贺州金钟一号墓[③]、合浦望牛岭一号墓规模最大，出土遗物也最多。贵港罗泊湾一、二号墓出土各类文物 1200 多件；风流岭三十一号墓出土铜器、铁器、漆木器 110 多件；贺州金钟一号墓出土陶器、铜器、铁器、玉器 124 件；贺州河东高寨西汉前期墓已发掘 5 座，出土文物 218 件[④]。贵港还有不少西汉前期的中小型墓葬，如 1955 年发掘的风流岭十八号墓是一座长方竖穴土坑墓，出土陶器 10 件，包括瓿、盂、杯、三足小罐。贵港汉墓群的发掘资料大部分没有整理发表，其他情况暂时不明。梧州古墓群分布于市东北郊的云盖山、螺山、龙船冲，桂江西岸的莲花山、富民坊、大塘和西江南岸的塘源、旺步、高旺一带，将整个梧州城包围，自 1958 年以来，配合城市基本建设已发掘 300 多座，出土文物 6000 多件，其中有不少是西汉前期的。合浦发掘的汉墓已近千座，多为西汉中晚期及东汉的，西汉前期的很少，但也不是绝无仅有。1987 年在文昌塔发现一座汉代土坑墓，出土的金器和陶器与当地西汉晚期墓葬同类随葬品不同，应是南越国时期的。

对于 1974 年发掘的平乐县银山岭的那一批墓[⑤]，考古学界一种意见认为定属战国晚期的偏早，据黄展岳先生研究，银山岭原定为战国时期的 110 座墓与广州、贺县的西汉早期墓作比较，不但墓葬形制相同，出土器物也基本一致，因而改定为西汉早期，与同一墓地原定西汉早期的 12 座墓同期[⑥]。这批墓葬出土文物 1116 件。

西汉前期墓主要是竖穴土坑墓和土坑木椁墓。竖穴土坑墓一般没有墓道，墓室是一个狭小的呈目字形的长方形竖穴土坑，葬具有棺而无椁。土坑木椁墓一般也没有墓道，墓坑也是长方形，葬具除木棺之外，还有木椁，椁底常有横放的枕木承垫。这时期的大墓则有斜坡墓道，墓室宽大，有的椁室被分隔成若干个椁箱。有的墓底还挖腰坑，有的在椁室底下铺一层石子。随葬品，竖穴土坑墓的很少，有的只有几件陶器，有的有少量铜兵器，器物的地方色彩很浓。土坑木椁墓的随葬品稍多一些，少则几件，多则几十件，一般都放在棺椁之间。大型木椁墓随葬品异常丰富，有的多达数百件，几乎人生所需应有尽有。随葬品的组合，除了一套地方色彩很浓的器物外，也有的随葬仿中原地区的陶礼器，如鼎、盒、壶、钫，此外，还有匏壶、联罐、瓿等新出现的地方产品。铜器仍有一定数量，主要是鼎、盆、洗、鍪、镜、带钩、兵器、钱币等实用器。

从总体观察，广西西汉前期的墓葬，其形制及随葬品，与南越国腹地的面貌大体一致，说明上述地区在西汉初年是南越国的属地。

二　广西汉初墓葬资料对南越国史研究的贡献

广西汉初墓葬资料对研究南越国历史无疑是很重要的。当 20 世纪 70 年代末和 80

年代初，贵港罗泊湾一、二号墓及贺州金钟一号墓相继发掘以后，广州的南越国史研究专家曾感叹："南越国王的墓是不是葬到广西去了？"因为那时在广东境内还没有发现类似这样的西汉前期大墓。1983 年南越王墓的发掘，才揭开了这层迷雾。也正因为这些考古新发现，激发了我们研究南越国历史的兴趣，着手合写了《古南越国史》小书⑦，尝试运用考古发现材料结合文献史志研究岭南地方史。广州南越王墓的发掘和随后《西汉南越王墓》发掘报告⑧和《南越国史》专著⑨的出版及其他相关论著的陆续发表，南越国史研究取得空前丰硕的成果，为我们更深刻认识广西的考古发现，提供了更多的启发。

（一）丰富了对南越国政治制度的认识

南越国是在秦末汉初建立的，其政治制度一开始就接受了秦代制度的影响。到汉高祖十一年（公元前 196 年）赵佗被正式封为南越王，此后南越国虽然成了西汉王朝的一个诸侯国，但实际上仍是自主一方的独立王国，政治制度既有仿效西汉王朝和其他诸侯国的一面，又有不同于西汉王朝和其他诸侯国的一面，这从考古发现可以了解到郡县制、分封制和一些官僚制度的信息。

郡县制。秦始皇统一岭南就在岭南推行郡县制，设南海、桂林、象郡，郡下设县。从文献记载看，赵佗割据之初，诛杀秦的郡县官吏，代以自己的心腹党羽，后来一直沿袭。贵港罗泊湾一号墓的漆器中，有的烙印"布山"戳记；出土的青铜器，有的刻有"布"字铭文。按秦汉时期漆器烙印戳记的习惯，"布山"应是该器产地的名称。铜器上的"布"字是后刻的，应是该器流传和使用地的地名。结合与之共存的漆器戳记来看，"布"字应是"布山"二字的省文。"布山"作为地名最早见于《汉书·地理志》郁林郡条，是郁林郡的首县，即郡治之所在。郁林郡是汉郡，原是秦代桂林郡。秦的桂林郡下是否设有布山县，文献无征。赵佗在实行割据时基本上沿袭秦代的郡县制，尽管后来也封了一些王，但南越国的政权机构主要还是继承秦代的，至少桂林郡一直保存着。由此我们可以推断，存在于汉初的布山县应是秦代布山县的延续。

分封制。南越国所分封的王和侯，见于记载的有三人。一是高昌侯赵建德，二是苍梧王赵光，三是西于王。从考古发现看，南越国还封有其他侯王。贵港罗泊湾二号墓出土一枚"夫人"玉印，贺州金钟一号墓出土一枚"左夫人"玉印。这两枚玉印都是墓主人的私印。根据《汉书·文帝纪》和《外戚传》记载，以及唐人颜师古为《汉书》作注引如淳所述汉代制度，只有皇帝的妾或列侯的妻才能称"夫人"。墓主既称"夫人"，说明她们的丈夫是侯王一级的人物。罗泊湾二号墓出土过"家啬夫印"封泥，按汉代制度，诸侯王和列侯称家，列侯有家令，诸侯有家臣，"家啬夫"应是侯王手下的家臣，也说明墓主的丈夫是侯王。该墓一件陶盆有一个小篆印记，我们没有释读出来，后经吴凌云先生考证，是"秦后"二字。秦后应是苍梧秦王之后，说明当时确实封过苍梧王。在广州南越国宫苑遗址出土过"苍梧"二字戳印的陶片，又是一佐证⑩。赵佗曾在交趾地区分封了一个"西于王"。《汉书·闽粤传》曰：故瓯骆将左黄同斩西于王，封为下郦侯。《汉书·景武昭宣元成功臣表》载：下郦侯左将黄同，以故瓯骆左将斩西于王功侯，七百户，（元封元年）四月丁酉封。西于王及西于国的存在也被考古发现所证实。我们不但在容庚《秦汉金文录》所载传世铜釜看到"汉安二年十月十三日交趾西于作"铭文。1975 年在广东德庆县新圩大桥村大辽山发现一座东汉墓，有陶器、铜器 50 多件。其中二件铜洗和一件铜壶有铭文。一件铜洗底内铸五铢钱纹，外刻隶书"谢著有"3 字；另一件铜洗外刻隶书"元初五年七月中西于造谢著胅"13 字；铜壶底刻隶书"元初五年七月中西于李文山治谢著有"16 字。⑪1985 年 6 月在合浦县风门岭一座西汉晚期同坟异穴夫妻合葬墓中出土铜镳壶，肩部刻划"西于"2 字⑫。这些发现也可证实分封西于王确有其事。

　　南越的官僚制度，也是"同制京师"。以中央百官为例，在广西汉墓可以看到打有私府、食官、厨官烙印的器物。罗泊湾一号墓漆器上有"私府"印戳。私府是私府长的省文，汉代各王国都设有私府长。看来南越也不例外。1955 年在贵县火车站汉墓出土有记重记容铭文的铜鼎，在靠近鼎耳的一侧刻"食官一斗三升十斤六两"10 个字。《汉书·百官公卿表》载：掌皇后、太子家的詹事都有属官"食官"；《汉书·文三王传》载诸侯王国的王后也有食官。广州西汉前期 1010 号墓出土陶鼎上刻有"食官第一"铭文，经考证，这座墓是食官令的墓。⑬罗泊湾一号墓有针刻"厨"字漆器，厨应是厨官省写。厨官原为秦詹事属官之一。说明南越国册封的侯王也有厨官署的设置。⑭

　　（二）显示与中原内地不可分割的联系

　　1. 语言文字的推广

　　广西西汉前期墓出土的木牍、木简、漆器、木器、铜器上都有文字，还有封泥、封泥匣、玉印、陶器印戳，无论是毛笔写的，还是刀锥刻划的，或是烙印、戳印、錾刻，都是秦汉隶书，与全国各地发现的秦和汉初的文字风格一致。说明南越国是推广、使用全国统一的汉字的，没有创造自己的文字。以罗泊湾一号墓出土木牍《从器志》为例，有汉字 372 个，标点符号 19 个；文字基本上是秦隶，保留战国时代俗体篆书笔意甚浓，书写工整，笔法秀丽，有很高的书法艺术水平。说明南越国已有一些文化修养很高的人。南越国通行汉字，加速了汉越民族的融合。

　　2. 沿用秦制度量衡

　　赵佗建立南越国后，亦效秦制，推行统一的度量衡。罗泊湾一号墓出土了一批与度量衡有关的资料，包括三个方面，既有度量衡器具，又有记重、记容铭文的铜器，还有关度量衡的文字记录，而且度、量、衡三种计量资料都具备，实在难得。

　　度的方面，出土的木简和木牍上记载有寸、尺、丈等长度单位，说明南越国的长度单位是以寸、尺、丈为递进单位的，与全国统一的长度单位相同。有3件尺子，寸的长度都是2.3厘米。其中一件木尺完整，全长23厘米，正面刻十等分，每一等分当为一寸，可能是南越国市面上通行的标准尺。

量的方面，有4件有计容量铭文的铜鼎，既有"汉式鼎"，也有"越式鼎"。分别刻有"二斗二升"、"二斗少半"、"析二斗一升"、"二斗大半升"、"蕃二斗二升"、"析二斗大半升"、"一斗九升"等，经过实测换算，一升约合现在190~200毫升之间，与中原内地秦汉之际的量制一致。

衡的方面，木牍《从器志》有"线絮廿斤丝二斤"记载，木简中有"客籼米一石"的记载；出土记重铭文的铜鼓、铜钟、铜桶上分别刻有"斤"、"两"等计重铭文。铜鼓（M1：10）刻"百廿斤"，实测重30750克，正好是当时的一"石"。铜钟一件（M1：35）刻"布八斤四两"，实测重2190克，秦汉时期是"十六两为斤"的，折合每斤256.45克；另一件（M1：36）刻"布七斤"，实测重1870克，折合每斤为267.14克。一件铜桶（M1：4）刻"布"，"十三斤"，实测重3405克，折合每斤为260.03克。根据前人研究，秦和西汉的标准重量每斤在250~275克之间。以上铜钟、铜桶的比值都全在这个波动范围之内，说明衡制也同全国标准一致。铜鼓的记重铭文"百廿斤"，则代表了全国"一石"的标准重量。[15]

（三）进一步展示了南越国的经济成就

1. 农业

广西气候温暖，雨量充沛，是发展农业的好地方。赵佗割据岭南后，执行重农政策，大力推广先进生产技术，积极引进"金铁田器、马牛羊"和作物良种。这从广西考古中也可看到。

（1）铁器的使用和推广

在平乐、贵港等地的南越国时期的墓葬中发现大批铁制生产工具和生活用具，包括锸、锄、铲、镰、斧、锛、斤、凿、削、刀等，说明南越国时期岭南西部地区已广泛使用铁器。这些铁器大部分形制与内地的相同，估计是从内地输入的。贵港罗泊湾一号墓出土一方自铭为《东阳田器志》木牍，列有给死者随葬农具的清单。东阳是古地名，地在今江苏省盱眙县和安徽省天长县境，当时在吴王刘濞的封国之内。表明当时从吴国引进先进的生产工具。另一木牍记载农具的名称和数字，动辄一项就是十几件、四五十件乃至一百余件，数量很大。[16]

（2）粮种的改良和经济作物的发展

汉代对于培育和选择农作物的优良品种已很重视。贵港罗泊湾一号墓中有一块名为《从器志》的木牍，提到"仓种"，这种仓种就是经过挑选的种子。有两片木简上，分别写有"客籼米一石"和"客籼□"等字。"籼"即是"籼"，是稻之不黏而早熟者。

"客"就是外来的意思。客籼就是从外地引进来的籼稻。因此推测当时已经把外地良种引进到岭南来。

汉代岭南的农作物多种多样。主要粮食作物是水稻。在贵港罗泊湾一号墓出土过炭化稻谷。此外还种粟和大麻，在贵港罗泊湾汉墓发现过粟粒、大麻籽。此外还有其他作物，如甜瓜、木瓜、黄瓜、葫芦、芋头、姜等瓜菜和经济作物，也种植花椒、金银花、广东含笑。水果有桃、李、橘子、橄榄、梅、人面子等。[17]

2. 工业

（1）青铜冶铸业的兴盛

广西西汉前期墓出土铜器有生活用具、生产工具、兵器、娱乐器、装饰品、杂器、冥器。有一部分是中原内地输入的，有一部分是本地铸造的。如越式鼎、附耳桶、羊角钮钟、筒形钟、铜鼓等，极具地方特色，应是本地生产的。铸造技术有新的创造，范铸法发展到多种形式，有全范铸造法和多范铸造法；既有一次铸成的，也有分铸合成的。平乐银山岭汉墓的铜鼎，底部范痕呈圆形，腹部范痕有一道从足上穿过，是用三分范一次铸成的。辅助工艺有焊接、铆接和套接工艺。罗泊湾汉墓用铜鼓改制的三足案，其三足就是另铸出后焊接上去的。同墓的铜盆，其含衔环铺首的后钉是插入腹壁铆上去的。其6件铜盆都有铆钉修补过的痕迹。铜九枝灯上的干、枝、叶、鸟都是分开铸造，然后以榫铆套合成器的。风流岭三十一号墓的铜马，分9段铸造，然后套接，再用销钉固定成器。装饰工艺中采用了彩绘工艺，罗泊湾铜钫、铜壶、杯形壶，表面都髹黑漆，画有图案。提梁铜筒和一件铜盆还画有精美的叙事画。

（2）越族织锦业的诞生

贵港罗泊湾一号墓有丝织品、麻鞋布、织锦。《从器志》记录随葬的纺织品包括成匹的缯、布，用缯、布做成的衣服和囊袋，还有线、絮、丝等，使用量相当大，可惜原物都已腐朽无存。残存的纺织品有麻织品和丝织品。原料以麻、丝两种纤维为主，又以蚕丝纤维占多数，主要原料是家蚕丝。在同墓中还发现不少纤维状物，在湿润状态下，外观呈黄褐色，颇类纸浆。经中国科学院自然科学史研究所鉴定，是一种植物性纤维。又经广西绢纺研究所鉴定，认为可能是木棉，但是否作为纺织原料，无法确定。麻织品都是平纹织品，有粗细两种，粗麻布用于做鞋袜，细麻布用于做衣料。残存品种有鞋、袜、漆缅纱帽等残片。丝织品主要是平纹的绢、纱衣料，十分纤细。其中7号殉葬棺内还有不少黑地橘红回纹织锦残片，颜色十分鲜艳。同时发现一些实用织机的部件，如木质的翘刀、打纬刀、吊杆、调综棍、纺锤棒、卷经板、圆棒、绕线板、绕线棒、锥钉、马头等。由于该墓早年被盗，织机已经散乱，无法复原，但从这些部件特征来看它们当为斜织机的构件。墓中出土的卵石，一些表面极光洁，一面甚至发亮，应是研光工艺的碾压工具。大致可以认为，罗泊湾织机是一种比较原始的斜织机。这种织机出于南越国官僚贵族墓葬中，可以代表当时岭南西部织机发展的一般水平。

（3）漆木器制造业的建立

广东肇庆的战国墓曾经出土过一些漆器残迹，说明岭南很早就开始制作和使用漆器。贵港罗泊湾一、二号墓出土漆器 800 余件，其中一号墓漆耳杯残片 700 余片、盘残片 100 余片，器形有耳杯、盘、奁、盆、豆、梳篦盒、方盒、桶、盾、器足、器盖、拐杖等，三副棺材也上漆，还有漆画盆、漆画筒。贺州金钟一号墓出土耳杯、奁、盆、壶等漆器。其中日常生活用的漆器，胎骨全是木胎，制法有旋木胎、斫木胎、卷木胎 3 种。所施的红漆和黑漆，色泽艳丽，纹饰流畅。如罗泊湾一号墓漆奁，完好如新，胎骨是卷木胎，即用薄木片卷成卷筒状器身，底部和上部用刨好的薄板与卷筒接合而成，外面髹光亮的黑漆，并以红漆描绘变形的凤纹和雷纹，内壁髹红漆，形态华美，色彩鲜丽，既美观又实用。旋木胎的漆器比较厚重，是采用大小合适的原木旋出外壁和底部，腹腔则靠剜凿而成，然后外髹黑漆，内髹红漆，饰以各种纹饰，古朴大方。漆耳环在该墓中数量最多，均是斫木胎，即用木板斫削而成。器上有两个半圆耳，平底，平面呈椭圆形，外髹黑漆，内髹红漆，耳上饰水波纹，口沿饰变形的凤纹。有些器具烙有"布山"字样，说明是当地所产。此外，还在铜壶、铜盆、铜桶上进行漆画，色泽鲜艳，笔法流畅，结构合理，造型生动活泼，特别是一些人物画，更是栩栩如生。此外还有夹纻胎。罗泊湾一号墓的漆器上还有"布山"、"市府草"、"市府□"、"私府"等戳记，"杯士"、"胡"、"康"等刻划铭记和漆书文字。从"布山"、"市府草"等戳印可以看出，桂林郡治布山设有市府作坊监造漆器，其漆器制造业属官营性质。汉初内地漆器上凡带地名的戳记，地名为二字者，大都省略后面一字，但"布山"二字没有省略，这和广州石头岗南越国贵族墓出土漆椭奁盖的"蕃禺"戳记一样，反映了南越国漆器制造业的特别标记做法。[18]掌握了将漆绘于铜器上的技术，所绘人物图像线条流畅，形象生动。[19]

（四）突现南越国边区独特的文化面貌

1. 顽强地保留腰坑和人殉

墓底设腰坑是中原地区商和西周时期十分普遍的现象。进入春秋时代，腰坑的数量已大为减少，到春秋晚期几乎全部消失。但在岭南西部，腰坑到西汉早期还普遍存在。平乐银山岭 123 座墓中有 92 座有腰坑。广东德庆落雁山、肇庆松山、四会鸟旦山和高地园、广宁铜鼓岗、罗定背夫山、封开利羊墩等地战国晚期至西汉前期墓也有腰坑。不但中小型墓如此，大墓也有这种现象，如罗泊湾二号墓，腰坑内殉人；罗泊湾一号墓椁室底下有 7 个殉葬坑，每一个坑中都有一副棺材，都有殉人。

人殉起源于原始的宗教信仰。当时的人相信人有灵魂，人死以后还要到另一个世界去生活，而那个世界也和人类现实世界一样，需要吃、穿、住、用、玩。因此，在埋葬死者时，除了将他生前用过的生产生活用品拿去陪葬之外，还要将为他服务的人拿去陪葬，这就产生了人殉。人殉早在父系氏族社会就有了，到奴隶社会，人殉十分普遍。到战国时期，人殉制度已被各国废除，在全国范围已极为罕见了。西汉以后，人殉已被法律明令禁止，再也没有使用人殉的了。但在广西的西汉前期墓中还有两座。罗泊湾一号墓椁室底下有七个小墓坑，每一个坑中都有一副木棺，每棺都有一具尸骸，这七人都是殉葬者。罗泊湾二号墓在椁板底下有一个殉葬坑，内有一殉葬人。更而甚者南越王本身也保留这种落后的人殉。赵佗割据岭南，继承秦代制度，但同时根据岭南的实际情况，采取了一系列"和辑百越"的灵活政策，包括尊重当地越人的风俗习惯。其中人殉正是这种割据性的反映。

2. 盛行铜鼓文化

铜鼓是中国南方少数民族的传统乐器和礼器，起源于云南的洱海——礼社江流域。大约到春秋时期，随着民族的迁移和民族间的文化交流，岭南地区部分骆越人吸收了铸造铜鼓的工艺技术，在广西田东县祥周乡联福村的南哈坡和林逢乡和同村的大岭坡，相继发现早期铜鼓。到南越国时期，岭南西部的铜鼓文化已很盛行。西林县普驮发现西汉前期用4面铜鼓互相套合的贵族首领墓葬，隆林县出土过船纹牛纹铜鼓。南越国桂林郡所在地的贵港罗泊湾一号墓出土2面船纹铜鼓和1面被改装为烤火盆的铜鼓鼓面。这些铜鼓都是典型的石寨山型—东山型铜鼓，是发展成熟期的铜鼓，形体稳定，制作精良，纹饰华丽，并有写实图案，说明铜鼓文化在岭南西部地区已经经历过一段发展，与当地文化结合了。在南越国都城番禺，今广州柳园汉墓也有仿制这种铜鼓的陶制模型明器出土，说明影响所及已到达岭南东部。

3. 风行猎首之俗和龙舟竞渡

罗泊湾汉墓有两件器物说明猎首之俗的存在。一件是羊角钮钟，鼓部正面铸人面纹，眼、鼻、口隐约可见，头顶有散发，其他模糊。把人面铸在铜钟，应与猎头习俗有关；一件是漆绘铜盆（M1：15），腹外壁画有战争叙事画，反映了整个猎首过程，从双方对打，到一方败走，另一方追逐，直至将对方俘获，割下首级，拴到自己的腰上。猎首之俗在岭南地区原始社会末期就有了，是农业民族祭祀田神所需要的。在石峡遗址上层出土一件人面纹铜匕首，两侧饰阴纹人面，圆头短脸，粗眉大眼，扁鼻梁，两耳外扇，无发髻，一侧人头顶有两朵云雷纹装饰。清远马头岗东周墓柱形器上的人首双耳穿孔，额中黥刻记号，与此相似。古越族的猎首之俗在汉代还普遍存在，《太平御览》乌浒条引《南州异物志》记有生活在广州之南、交州之北的乌浒"春月方田，尤好出索人，贪得之以祭田神也"。铜盆上的猎首风俗画，印证了文献记载。

贵港罗泊湾的两面铜鼓的胸部都有船纹。小铜鼓（罗M1：11）有船4条，船形简单，首尾高翘，很像现在的竹排。每条船上平坐二人，均脑后梳髻，裸体。双腿前伸，双臂向前划桨。大铜鼓（罗 M1∶10）有船 6 条，首尾高翘，有羽毛装饰，船身窄长，中部有 12 道横梁，每条船上平坐 6 人，均头戴羽冠，赤身裸体。最前一人双手持羽杖，像是指挥者，后面五人都作相同的划桨动作，有强烈的节奏感。这些画面应是龙舟竞渡习俗的写照。竞渡之俗是长江以南广大地区各民族中非常流行的活动。这和南方"陆事寡而水事众"的自然环境有关。岭南越人早在原始社会就居住在水网地区，过着以渔猎为主的经济生活。龙舟竞渡只是他们水上生活的演习而已。传说龙舟竞渡为纪念爱国诗人屈原而兴，广西乃至岭南当时是否也有这种风俗，以前不得而知，有此发现，才明了汉代的瓯骆族也风行此俗。

4. 有独特的音乐舞蹈

仅罗泊湾一号墓出土的乐器就有 11 件。有革鼓、筑、瑟形器、铜鼓、羊角钮钟、筒形钟、铜锣、盖板直箫。这些乐器可分为两类，一类如木腔革鼓和筑。革鼓在五岭以北的楚地是经常发现的。其中一件扁矮革鼓与江西贵溪越人崖墓和湖北随州曾侯乙墓的悬鼓大体相同，应是楚越系的一种悬鼓。筑在长沙马王堆三号汉墓的竹简遣册中也有记载。另一类如铜鼓、羊角钮钟、筒形钟等，是岭南特有的民族乐器。铜鼓仅分布于我国西南地区和东南亚一些国家。罗泊湾铜鼓属石寨山类型，其分布范围更小，仅在云南、贵州、广西和越南北部等地，显然是岭南土产乐器。羊角钮钟的分布地域与石寨山铜鼓大体相同。筒形钟也仅见于以上两地。十二弦乐器不同于中原内地的琴瑟，盖板直箫形制也较特殊，都应是土著乐器。乐器的组合可从《从器志》中得到一些线索。《从器志》在正面第五栏有两行关于乐器的记载：

大画鼓——缯囊

掏Ⅴ越筑各一

在这两行字之后还有一行空缺，大约当时留待填写别的乐器的。上面提到的 3 件乐器都在椁室内。"大画鼓"就是漆绘木腔革鼓，有缯囊装载。"掏"，可能是"琴"的假借字，所出十二弦乐器既有岳山、弦枘、弦孔，不同于中原的瑟，可能就是这种掏。"越筑"的"筑"字是"筑"字的假借，筑前冠以"越"字，当和同一《从器志》中的"越服矢"相类，是指筑的产地而言，出土五弦的筑即是。从器物坑出土乐器的情况来看，在西坑内，紧挨大铜鼓的一侧就是革鼓；在东坑内，与小铜鼓共存的是铜锣和铜钟。铜鼓—革鼓合奏，在近代少数民族中还可看到。从总的方面来看，罗泊湾这批乐器绝大多数是岭南土著民族的乐器。再从殉葬人来看，六个乐舞伎都是当地的土著民族。[⑲]有专家对其中的铜乐器进行了测音，结合民间现存演奏方法，推测这是一种以青铜定音打击乐器为主，与皮膜类打击乐器相配合的打击乐合奏。[⑳]

罗泊湾铜鼓上的纹饰除了船纹之外，还有羽人舞蹈纹。大铜鼓（M1∶10）腰部纹饰有舞人 8 组，每组 2～3 人。舞人头戴羽冠，脸向左侧上昂，上身裸露，腰围舞裳，双臂下曲，向左右侧伸作耸肩状双手叉开呈人字形，左腿前伸，右腿后蹲，上身稍向后仰，扭动腰身，翩翩起舞。2 人一组的，舞者头顶上空还有一只衔鱼翻飞的翔鹭相伴。3 人一组的有 2 组舞者头顶上各有 2 只衔鱼的翔鹭，一组没有翔鹭。各组舞人之间用锯齿纹、同心圆纹组成的纹带作边饰加以分隔。这种舞蹈主要是手足姿势的变换，腰胯的扭摆，表现鹭鸟翻飞的各种形态，反映人们的欢快心情。分开来看，是不同动作的双人舞或三人舞；连接起来看，是一幅 8 组集合 20 人构成一个整体的大型集体舞的壮丽场景。贵港风流岭 31 号墓出土彩绘镂空雕花木板，所绘图案为云气上有两个互相追逐兽面人身力士，既像习拳，也像对舞。

5. 有特殊的防病治病手段

广西古称瘴区，人民居处多是高山峻岭，草木茂密，既是乍寒乍热，又是多风多雨，常受风寒侵袭，易患种种疾病。在长期与疾病的斗争中，不断总结防病治病经验，创造出许多因地制宜的方法和手段。其中包括解暑饮料和针灸疗法。

在罗泊湾一、二号墓都有铁冬青树叶出土，一号墓是放在一个有盖的小陶碗内；二号墓有 4 个小陶碗都放有。此外，在合浦县堂排西汉晚期墓一个錾刻着精致的锯齿纹和菱形锦纹的小铜碗内也盛有这种树叶。看来是作为浸泡饮料陪葬的。铁冬青又名熊胆木，也叫红熊胆，茎、叶都味苦，性寒，用来泡茶，能清凉解渴和镇痛。是现今夏季在广州、南宁等地流行的清凉解渴饮料"王老吉"茶的主要原料。可以说罗泊湾汉墓发现的铁冬青是最原始的"王老吉"解暑饮料的原料。[22]

罗泊湾汉墓出土 3 枚银针，外部造形相同，针柄均为绞索状，顶端有一小圆孔。通长分别为 8.6、9.0、9.3 厘米。从外形观察，具有柄、身和穿孔的结构特征，与河北满城西汉刘胜墓的金银医针雷同，也和清代传统"九针"中的青铜医针相似，可以肯定是一种针刺医针。岭南多瘴疠，针刺则是治疗痉挛痛痹疾患最有效的办法。这三枚银针是目前发现年代最早的金属九针实物，其绞索状针柄形制对后世针具的针柄造型有着深远影响。由此可以推测，岭南地区是九针的创始之地。[23]

三　余论

对广西的汉墓资料我们还研究得很不够，贵港、梧州已发掘的西汉前期墓没有认真整理。对南越国时期的城址，没有作过专门调查、勘探和发掘，桂林郡郡址、合浦郡郡址（包括合浦港）至今还是一个谜，也许分别就淹没在贵港市区和合浦城区地下。对全州洮阳故城、兴安秦城、灌阳观阳故城、贺州临贺故城，除秦城遗址作过局部钻探和小范围试掘外，其他只作过地面调查，没有作过认真的勘探和发掘，对它们的确切年代、性质还模糊不清，影响了对南越国历史的全面了解。高寨汉城的存在及贵港汉城调查材料引发的南越国地方侯国城市考古问题，特别是苍梧王国地望、地位问题的探讨，必将有助于南越国史研究的深入。

注 释

① 广西壮族自治区博物馆：《广西贵县罗泊湾汉墓》，文物出版社，1988 年。

② 广西壮族自治区文物工作队：《广西贵县风流岭三十一号西汉墓清理简报》，《考古》1984 年 1 期。

③ 广西壮族自治区文物工作队等：《广西贺县金钟一号汉墓》，《考古》1986 年 3 期。

④ 广西壮族自治区文物工作队等：《广西贺县河东高寨西汉墓》，《文物资料丛刊》第 4 辑，1980 年。

⑤ 广西壮族自治区文物工作队：《平乐银山岭战国墓》，《考古学报》1978 年 2 期。

⑥ 黄展岳：《论两广出土的先秦青铜器》，《考古学报》1986 年 4 期。

⑦ 余天炽、覃圣敏、蓝日勇、梁旭达、覃彩銮：《古南越国史》，广西人民出版社，1988 年。

⑧ 广州市文物管理委员会等：《西汉南越王墓》，文物出版社，1991 年。

⑨ 张荣芳、黄淼章：《南越国史》，广东人民出版社，1995 年。

⑩ 吴凌云：《"秦后"印戳和"苍梧"印戳——两件反映南越国内部关系的新物证》，《广东史志》1999 年 3 期。

⑪ 广东省博物馆：《广东肇庆大辽山发现东汉文物》，《考古》1981 年 4 期。

⑫ 黄启善：《合浦县风门岭、望牛岭汉墓》，《中国考古学年鉴》（1986），文物出版社，1988 年。

⑬ 广州市文物管理委员会、广州市博物馆：《广州汉墓》第 474 页，文物出版社，1981 年。

⑭ 《西汉南越王墓》上册第 309 页。

⑮ 蒋廷瑜：《广西贵县罗泊湾汉墓出土度量衡资料分析》，《第二届中国少数民族科技史国际学术讨论会论文集》，社会科学文献出版社，1996 年。

⑯ 蓝日勇：《东阳田器志木牍发微》，《南方文物》2000 年 2 期。

⑰ 蒋廷瑜：《广西汉代农业考古概述》，《农业考古》1981 年 2 期。

⑱ 蓝日勇、杨小菁：《广西贵县罗泊湾一号汉墓漆器铭文探析》，《江汉考古》1993 年 3 期。

⑲ 蓝日勇：《汉初广西漆器业初探》，《玉林师专学报》1988 年 1 期。

⑳ 蒋廷瑜：《广西贵县罗泊湾出土的乐器》，《中国音乐》1985 年 3 期。

㉑ 吴钊：《广西贵县罗泊湾 M1 汉墓墓主的音乐生活与祭祀习俗（节稿）》，《铜鼓和青铜文化的新探索》，广西民族出版社，1993 年。

㉒ 蒋廷瑜：《广西汉墓出土铁冬青》，《农业考古》1984 年 1 期。

㉓ 蓝日勇：《广西贵县汉墓出土银针研究》，《南方文物》1993 年 3 期。

悠久的历史古老的文化英勇的城市广州

陶正刚　郭　红

一　古老的广州城

广州建城已有2000余年的历史，地上地下保存有大量的古代文物和近现代文物。它们就是广州建城历史的见证。广州有着悠久的历史，古老的文化。

秦始皇统一六国后，派遣大臣任嚣、赵佗率领兵丁南下，于始皇帝三十三年（公元前214年）统一了岭南，建立南海（治番禺，今广州）、桂林（治今广西桂平西南）、象郡（治临尘，今广西崇左境）等三郡。又发谪戍五十万人来到岭南，开发南越地区，发展经济。秦国灭亡后，赵佗据岭南地，建立南越国，以番禺为都城（注：古代番禺在今广州市区内），历经五世，共90余年。广州市以麦英豪同志为首的文物工作者经过数十年如一日的辛勤耕耘，在广州老城区发现秦汉时期重要遗迹有：秦造船遗址（位于中山四路）、南越国宫署遗址（位于中山四路）、秦汉码头遗址、赵佗时期的古城址、象岗南越王墓、秦时期石头岗木椁墓、秦时期区庄螺岗木椁墓等。同时，在这里出土了一批有文字的文物：东郊螺岗秦墓出土有"（秦始皇）十四年属邦"铜戈；西村石头岗1号秦墓出土烙印"蕃禺"的漆盒；中山四路秦造船遗址上层出土的"万岁"瓦当和印花大方砖等等。中山四路忠佑大街南越国宫署遗址石构建筑上面有"蕃"字等石刻文字。象岗南越王墓也出土许多重要的文字材料：墓主人身上有9枚印章，最大一枚是龙钮"文帝行玺"金印，还有龟钮"泰子"金印，螭虎钮"帝印"玉印，墓主"赵眜"的名章玉印。殉葬的4位夫人也都有印玺，有龟钮"右夫人玺"金印、与同出"赵蓝"象牙印；还出土有同为龟钮鎏金铜印的"左夫人印"、"泰夫人印"、"□夫人印"。特别是象岗南越文王墓的发掘，出土文物丰富，大部分都属于稀世珍宝。其中铜器有通高54厘米的越式大铜鼎、"蕃禺"鼎、烤炉、船纹提筒、大鉴、铎、四连体熏炉、直径21厘米的六山纹铜镜、虎节等。玉器有南越王赵眜的丝缕玉衣、三龙重环璧、兽首衔璧、金钩玉龙、剑饰、南越王组玉佩、南越王右夫人组玉佩、角杯、盖盒、承盘高足杯、铜框玉卮、铜框盖杯、龙虎合体带钩和八节铁芯龙虎带钩等。这些都证明二千年前广州就是南越王国所在地。同时在广州地区发掘的千余座两汉墓葬中出土形式多样的陶屋明器，有墙垣高耸、警卫森严的城堡，"筚门圭窦"，适合高温、多雨潮湿自然环境居住的"干栏式"、"曲尺式"、"三合式"、"楼阁式"居住室，都反映西汉时期广州经济发展的情况。

广州历来都是我国向外发展的重要港口城市，对外开放的门户，海上交通贸易起于汉、盛于唐宋。唐代海上航线从广州出发、远达东非，明清以来直达欧美。番禺城（广州）是全国闻名的商贸大都会之一。《史记·货殖列传》载"番禺亦一都会也，珠玑、犀象、玳瑁、果布之凑"。《汉书·地理志》"处近海，多犀象、玳瑁、珠玑、银铜、果布之凑，中国往商贾者多取富焉。番禺其一都会也"。广州发现有大码头遗址和造船台遗址。龙生岗东汉墓出土的彩绘楼船模型，船上楼阁、桨橹齐全。先烈路东汉墓出土船舶模型，已经分前中后三舱，有舵、锚等，在世界文明发展史中也是名列前茅的。这些都可以说明广州自古以来都是对外商贸的重要城市。

由于广州在对外经济发展中的重要地位，必然在中外文化交流中起着的推波助澜的重要作用，将中国的文化、科学技术、物产传播到非洲欧洲世界各地。在南中国海、西沙群岛和非洲、欧洲各地发现多艘远洋航行的中国沉船，在沉船中发现大量中国古代精美的瓷器、指南针、罗盘等等。在南越国宫苑遗址发现的石沟建筑、石材和石筑工艺都有与西方相类似之处。南越文王墓出土有原支非洲象牙、波斯银盒和焊珠金饰件，广州多座汉墓出土有香料和香薰炉、药物蚀花的玛瑙珠等，这些舶来品都能说明广州海上交通地位的重要。魏晋南北朝时期，中外使者往来频繁，海外高僧相随来到广州，佛教传入中国。西晋太康三年（281年）天竺国（今印度）僧人迦摩罗来广州，建三归和王仁二寺庙，传播佛教。光熙元年（306年）天竺名僧耆域泛海至交广，后抵洛阳（注：见《广州文物志》2000年12月版第3页）。东晋隆安五年（401年）罽宾国（今克什米尔）佛教名僧三藏法师昙摩耶舍来广州建王园寺（今光孝寺）传教，奉敕翻译佛经。梁普通七年（526年）天竺僧达摩来到广州开坛传教，"西来初地"之名由此而来。唐宋以来，广州对外贸易鼎盛时期不仅从广州直通波斯、大食国，还可到达东非红海等地，向东可通日本、高丽，广州港口云集婆罗门、波斯、狮子国等世界各国商旅，成为世界著名的东方大港。从隋代起在广州外港建南海神庙，至今庙内还保存有唐韩愈撰文的《南海神广利王庙碑》。唐中央政府首先在广州设置市舶使，总管对外贸易事务。西城设置"蕃坊"，作为外商居住地。同时，伊斯兰教也相随着传入中国广州。现存的光塔、怀圣寺和清真先贤古墓，都是伊斯兰教的圣地，也都说明广州对外交往的重要史实。

宋、明历代中外文化商贸有着长足的发展，中国瓷器外销世界各地，外国的珠宝运来中国，商贸十分发达，在古墓中发现有孟加拉国银币和威尼斯银币。明代初年实行海禁政策、清初又实行海禁闭关政策，经常是全国仅保留广州一个口岸，并特许广州十三行行商统一经营全国的对外贸易，并且在西关珠江北岸设立夷馆，为外商办理商务和作为外商的居住地，十三行成为当时中国对外贸易的中心。这一切都证明广州2000余年来成为中国对外贸易和通往世界的交通中心。占着极其重要的位置。

从鸦片战争以来，中国进入半殖民地半封建社会，广州历经外族入侵，饱受了战争的痛苦，广州人民群起反对外国侵略者，在斗争中，揭开了中国近代史的序幕。有著名的鸦片战争和虎门禁烟、三元里百姓抗英斗争等。目前广州现保存有三元里英勇誓师旧址，大角、上横挡、下横挡、乌涌等炮台旧址及"义勇之冢"、"湖南、广东、广西各标忠勇官兵之墓"、"义勇祠"、牛栏岗战场遗址、升平社学旧址等遗址。记录了广东人民抗英斗争可歌可泣的英雄事迹，也揭露了帝国主义殖民主义者可耻的面目。

广东花县又是中国近代史上第一次农民起义太平天国的策源地，洪秀全等人1851年发动金田起义，势如破竹，震撼大江南北，动摇了满清皇朝的统治。

广州是维新运动创始地，光绪十七年（1891）康有为等人公车上书失败后，回到广东，在今中山路长兴里邱氏书院开设长兴学舍讲学授徒，著《新学伪经考》、《孔子改制考》等书，为维新运动、戊戌变法奠定了理论基础，又培养了梁启超、陈千秋、麦孟华等革新者，为维新变法积聚了力量。

广州又是辛亥革命的策源地，旧民主主义革命，孙中山策动新军起义、黄花岗"3·29"起义，为武昌起义的胜利，中华民国的诞生作了准备。1912年反动势力的篡权，广州又成为二次革命的基地。1917～1923年孙中山为捍卫民主与共和，又以广州为基地发动第三次革命。这时期的文物古迹比比皆是，最著名的有黄花岗七十二烈士墓，孙中山大元帅府等等。

1923年国共第一次合作；1923年中国共产党第三次代表大会；1924年国民党在共产国际和共产党的帮助下进行了改革，又创造了黄埔军校；1925年省港大罢工；北伐战争。1927年蒋介石叛变革命，中国共产党组织工农兵广州起义，建立了东方第一个工农民主政权——广州苏维埃政府。1957年广州市人民政府为当年起义牺牲烈士建立"广州起义烈士陵园"，缅怀革命烈士。

日本侵华，抗日战争烽火燃遍祖国大地。国民党十九路军将士自动抗击日寇，牺牲烈士尸骨运回广州，建立"十九路军淞沪抗日阵亡将士陵园"。抗日战争事迹、陵墓、纪念碑也有多处。解放战争史迹有中共广州市委和人民解放军进城式检阅台旧址等。

众所周知，广州城区还有一大批明清时期民间建筑，如明代早期的岭南第一楼、五仙观大殿镇海楼、光孝寺伽蓝殿。明代晚期的赤岗塔、琵琶塔。清代建筑陈家祠（陈氏书院）。还有清末民国初年随着西方文化进入广州，吸取西方建筑物的特点建造起来的各种欧式建筑，哥特式的圣心大教堂，粤海关大楼，英式、法式的沙面建筑群，装点着广州城池，给广州城增添了姿色。其中最著名的陈家祠堂，雕栋画梁，中轴线上主要有头门、聚贤堂和后堂。两侧为厅堂，两边以偏间、廊庑围合，每座单体建筑以青云巷隔开，建筑物间以长廊相连，六院八廊互相穿插。房屋梁架、驼峰、斗拱、雀替均雕刻有花卉、瓜果、人物等纹饰。房屋顶上屋脊雕塑花鸟、石湾陶塑人物，垂脊塑寿果、蝙蝠和狮子。优美的琉璃建筑，可谓华南一绝。

还有古瓷窑，石湾陶瓷闻名全世界，为世人赞叹，其艺术也是顶尖。

二　保护和建议

广州城二千余年的历史，绵延悠久，是中国人民的骄傲，也是广东人民的骄傲，他将随着中国历史的发展而青春常在，永载史册。在这二千余年间不同时期不同寻常的兴旺发达史中，从上述材料可以看到广州的许多特点：

1. 历史悠久：自从秦始皇派赵佗等人来到广东等地开发以来，历代历朝都有许多新的建树。绵延不断，的确是国内少有，仅见于广州。

2. 广州自古以来一直都是国家重点发展地区。古文化遗址、遗迹保存十分完美，又是很多。特别是汉代初期南越王建都广州，地面下保存有宫殿、御花园、出海用码头、造大船、造海船的工厂（作坊）等，在今日广州北京路、儿童公园一带地面下汉初汉代文化遗址几乎到处都是。

3. 广州不仅有大面积的古代文物，还有近代现代的革命文物，中国从鸦片战争起进入半殖民地半封建社会，广州是中国反帝反封建革命前沿阵地。给我们留下了许多重要的宝贵资料。

4. 出土文物有很大一批属于一、二级文物，甚至有些文物属国宝级。既有科学价值、艺术价值，又有优美的欣赏价值。还有许多文物是中西文化交流的重要见证，海上丝绸之路的证据，说明我国对外经贸历史悠久，十分繁荣昌盛，也是国内少见。

5. 广州地区丰富的文物古迹，受到广州市党政领导重视，他们为文物的保护排忧解难，所以位于广州市区中心地带，寸金地段的文化遗址几乎都能平安保存下来，考古发掘经费也有保证，这一点在全国很多地方也是不容易办到的。在当今中国，主要领导的重视是保护文物的关键。

6. 广州位于中国南部，是祖国大陆的南大门，与深圳、香港、澳门、台湾相邻，是对外开放的前哨。地理位置的特殊性、重要性，使广州成为联系广大侨胞的枢纽地，华侨的祖籍大部分来自广东地区，所以广州地区出土的文物联系着爱国华侨的心，他们热爱祖国，热爱祖国文物古迹，热情地关心、爱护、支援文物保护工作，在全国也是非常罕见的。丰富的文物古迹也吸引着世界各地的文化、文物爱好者，来到广州参观旅游和进行科学研究。

广州的文物古迹已经完全具备申报世界文化遗产工程必要的基本物质要素。为此，希望广州的文物工作者更加努力，认真积极地稳妥地做好文物保护，让广州市古老又优秀的文化，能够整体地全面保护好，再经过对某些地方整顿、修葺和包装，创造更加完善的条件和业绩。总之，广州市文物保护的措施是得力的，重点保护，重点发掘，开发和利用并举，妥善解决好保护文物与城市现代化建设之间的矛盾。广州市的领导和广大文物工作者在这一点上是做得十分出色的，值得大家学习。在配合基本建设工作中，千万不能文物保护一再迁就，给城市建设让路，只发掘不保护，最后把一个古老、文化遗迹又极为丰富的大型遗址，一点一点地全部"消灭"，将大量的实物遗产，一个个地"消灭"，最终全部"转移"到图纸上面。在这一点上山西侯马晋国晚期都城新田遗址，是有深刻教训的。由于某些原因，许多重要遗迹都"搬迁"到图纸上面，在实地无法再现其本来面貌，是十分可惜的。

（注：本文主要参考 1990 年版《广州市文物志》，2000 年 12 月版《广州文物志》。）

关于南越国史迹申遗的分析

田　静

南越国是西汉初年在岭南地区建立的地方政权，历五世，共 93 年。南越国存在的时间虽短，但它是岭南历史上极其重要的一页。1983 年南越王墓的发现，丰富了人们对南越国政治、经济、文化、丧葬习俗的认识和研究。尤其是南越王墓出土的大量珍贵文物，反映了南越国高度发达的科技工艺水平。我以为，南越国史迹兼具汉、越、楚三种文化内涵，具有十分特殊的文化意义，具备申报世界文化遗产的基本条件。

一　申遗需具备哪些条件

世界遗产大体分为三类：即在历史、艺术或科学及审美人种学、人类方面有世界意义的纪念文物、建筑物、史迹等的文化遗产，在审美、科学、保存形态上有着具有世界价值的地形或生物，包括景观在内的地域等的自然遗产和同时含有文化与自然两方面因素的双重遗产。

《保护世界文化和自然遗产公约》规定，属于下列各类内容之一者，可列为文化遗产：

①文物：从历史、艺术或科学角度看，具有突出、普遍价值的建筑物、雕刻和绘画，具有考古意义的成分或结构，铭文、洞穴、住区及各类文物的综合体；

②建筑群：从历史、艺术或科学角度看，因其建筑的形式、同一性及其在景观中的地位，具有突出、普遍价值的单独或相互联系的建筑群；

③遗址：从历史、美学、人种学或人类学角度看，具有突出、普遍价值的人造工程或人与自然的共同杰作以及考古遗址地带。

南越王墓出土的文物、南越国的墓室建筑、南越国的遗址，大体具有以上所列的标准。

凡提名列入《世界遗产名录》的文化遗产项目，必须符合下列一项或几项标准方可获得批准：

①代表一种独特的艺术成就，表现出人类创造才能和智慧的杰作；

②在某个时期或在世界某个文化圈内，建筑物、技术、纪念碑、都市规划、景观设计等一系列的发展给世界带来很大改进、显示出人间交流价值的东西；

③目前仍存在着或已消失或还存在有少量证据、带有独特色彩的传统文化和传统文明；

④显现了人类历史发展中的某一重要阶段的建筑风格或表现了建筑物与建筑技术结合的完美性，或与所置身的景观相宜相称的东西；

⑤含有某种文化特性或多种文化特性的人类传统的集中的或土地利用之类的东西，特别是随着人类历史的发展它的存在也逐渐消亡的东西；

⑥能够引起人们共鸣，并且具有生动鲜明的传统、思想、信仰、艺术作品或是与文学作品有着直接的或有着实质联系的东西。

南越王墓自 1983 年发现以来，已经引起学界的广泛关注，成为汉墓研究的热点和南越国史研究的中心。1995、1996 年又发现南越王宫御花园和南越国宫署遗迹。南越国史迹因符合世界文化遗产评定标准的第③、④、⑤项的标准而具备了申报世界文化遗产的条件，理应被列入世界文化遗产名录。

二　南越国史迹申遗的优势

南越国史迹申遗有哪些优势呢？我以为主要表现在以下两个方面：一是目前我国普遍重视申遗工作，这正是申遗的良好机会；二是这些年来广州市政府在文物保护与文物利用方面成绩显著，已经具备了申遗的基本要素。具体地说，目前申遗的优势主要在以下两个方面：

（一）国内国际环境适宜

1985 年我国正式加入《保护世界文化和自然公约》，经过多年的艰苦努力和积极申报，迅速在申报遗产领域取得重大进展，现已有 30 处文化和自然遗产被列入《世界遗产清单》，名列世界遗产大国，仅次于意大利和德国，列第三位。"世界遗产"热中国，不仅许多著名的古迹风景区广泛动员，大笔投入，治理环境，改善管理，积极创造条件争取加盟，而且很多人文景观也在积极治理周边环境，为申报遗产工作做准备。各级政府重视和支持申遗工作，新闻媒体关注和追踪报道申遗工作，普通百姓理解和赞同申遗工作，各地为申遗全城人民同心协作之类的消息屡屡见诸报端，这是国内良好的申遗环境。

再从国际上看，20 世纪 90 年代中后期以来，世界上"申遗"又成热潮。文化遗产在世界文化事业中的地位日益提高。如今人们的生活水平提高了，更加重视文化遗产。这是社会发展的重要标志，也是世界性潮流。据报道，在欧洲，文化遗产一直被视为民族身份、国家象征。这是难得的国际环境。

因此，我以为，现在正是南越国史迹申遗的大好时机。我们应该抓住机遇，积极开展申报工作，主动向世界展示广州的自然资源和人文环境，展示南越国丰富多姿的文化内涵。

西汉南越王博物馆展出的南越王墓原址和墓中出土的大量精美文物，还有正在筹建的南越王宫博物馆将展示南越王宫御花园和南越国宫署遗址，这两大遗址博物馆的建成开放将完整展出南越国丰富多样的文化面貌，如实反映南越王生前死后的生活状况，全面展现秦汉时期岭南文化独特的艺术魅力。这些都是目前申遗的有利条件。

（二）科学保护成绩突出

目前南越国史迹的科学保护为合理开发奠定了基础。这些年，广州文物主管部门以保护文物为主的观念和文物考古工作者借助现代科技手段现场保护文物的实际做法有利于申遗工作。作为申报世界遗产的候选单位，南越国史迹的保护与开发问题自然会提上议程，关键是要把握两者之间的度。

不难想像，南越国史迹所在地广州，将会因为城市的现代化建设和文物保护之间发生抵触。保护与利用是文物保护中最主要的矛盾，管理者的自身定位将直接影响到文物保护的最终效果。美国国家公园的管理者将自己定位于管家或服务员，而不是业主的角色，对文物只有照看和维护的义务，而没有随意支配的权利。近年来，广州市政府在开展文物的有效保护与合理开发问题上考虑得非常周到，广州市文化局将所辖文物景点统一管理，集中宣传，一些文物古迹得到了及时维护，这就为下一步的集中治理奠定了基础。我认为，这是此次申遗工作的一大优势。

与此形成对照的是不少地方政府、房地产开发商、大型超市集团等看中古建筑街区历史形成的人口密度大的寸土寸金优势，以"现代化"和保护公民生存发展权等名义，大兴土木，大毁古建，甚至置国家文物保护法律于不顾。我们应该吸取这个教训，积极寻找广州地区文物保护与文物开发之间的平衡点。中国世界遗产研究委员会高级顾问林源祥教授说："何谓世界遗产？它是储存了很大信息的、美的载体。它代表了一种独特的艺术成就，一种创造性的天才杰作。世界遗产是全世界的财富，不仅我们这一代要保护好，而且子子孙孙都要保护好！"

如何科学保护南越国史迹这个有价值的遗存，如何将其内涵充分展示给普通大众，是一个崭新的课题。广州市政府应该积极与科研院校合作，利用高校强大的科研力量为南越国史迹的研究、保护和开发提供坚强后盾。因为南越国史迹的合理保护与利用，涉及到很多领域。我们可以关注国内外世界文化遗产的保护状况，进行横向比较等基础性课题和应用性课题的综合研究，甚至可以考虑动用科研院校环境、物理、化学、计算机以及历史等多个学科的专家进行多学科的研究。

三　南越国史迹申遗还需做什么

申遗是一件艰苦而有意义的系统工程，包括南越王墓、南越国宫署和南越王宫御花园在内的南越国史迹要通过联合国教科文组织的严格审批，最终被列入世界遗产名录，还要花大力气整治遗址周边的大环境。因为世界遗产有两个最基本的要素，一是真实性，二是整体性。真实性就是要求遗产项目是原始的，绝不能造假景、造假文物，更不能在风貌保护区内修建人工设施。整体性就是说自然、文化遗产地都与其周边环境形成一个整体性关系，遗产与其周边环境是一个和谐共生的关系，整体性一旦破坏，那么，文化遗产地的存在将受到威胁。

在这方面，都江堰景区管理的成功经验值得推广。他们认为必须严格按照《保护世界文化和自然遗产公约》进行保护，同时也要兼顾地方经济的发展，进行合理有序的开发。这样做的结果是景区内一平米的房子都不能乱建，所有购物活动都放在景区外，景区内只保留个别商铺，满足游客基本需要[①]。

申报世界文化遗产要求"不但要保护文物的个体，而且要保护文物的环境、历史地段，以及城镇的历史风貌"。据说西安城墙两次申遗之所以没有通过，最大的败笔是受周围现代化建筑的影响。站在城墙上，不管从哪个方位看去，都能感到强烈的历史反差[②]。很多到西安参观的观众说：西安应该是一座古城，但现在，古城的风貌没有了，取而代之的是林立的高楼大厦，让人感到非常失望。同样的例子还有浙江绍兴、定海等地的古城区，曾经足以与平遥、丽江媲美，但它们却在躲过了长久岁月侵蚀和多年的政治动乱后，消失在现代化的建设中。我们应该吸取这些教训。除此之外，还必须保护好文物遗址周围的自然环境，因为人类的生存和自然延续都必然要与自然融合在一起，不善待自然，人类的创造也无法长久。

如何保证南越国史迹的真实性和完整性呢？我认为还必须做好以下四方面的工作：

（一）深入进行勘探研究工作

首先应该开展深入的考古调查，摸清家底，在此基础上大力开展研究和论证，不断挖掘文物的丰富内涵。例如南越王墓中出土的240多件（套）精美玉器，数量多，种类全，保存完好，在全国汉墓中都是极为罕见的。南越王墓中出土的22件平板玻璃和数以千计的小玻璃珠、玻璃贝、玻璃璧等，引起国内外研究玻璃的学者的关注，有人认为，这些玻璃有可能是南越国当地生产的。那么，这些玻璃是怎样生产的？采用了哪些特殊的工艺？南越王墓出土的多种样式的带钩，既实用又美观，令人目不暇接，这些珍贵的实物资料，从一个侧面展示了南越国社会经济发展的面貌，这些文物反映出中原文化对岭南地区的冲击力，从文字到艺术，从物质文化到精神世界，到处可见汉文化的踪影。这些惊人的考古发现既需要大力宣传，更需要深入研究论证，便于宣传工作步步深入，让人们了解和熟知。

为什么还要强调学术研究在文物保护中的重要性呢？因为我们对国际遗产界的理论和保护工作研究成果了解得比较少，以致我们在理论上和实际工作中都远远落后于国外。这很可能使保护工作在现代化进程中迷失方向，甚至在商品大潮中误入歧途。因此，开展遗产保护的学术研究十分必要。长期以来文物遗产所蕴含的深层意义无人顾及，而巨大的商业利润，快速致富的心态促使文物遗产的表层利用。我们必须重视对文物的基础研究，如时代特征、文化背景、历史价值、科学价值、保护规划等，只有深入挖掘其内涵，才能做到有的放矢，才能做到科学保护与合理利用并重。

（二）多学科联合参与保护工作

最近几年媒体频频报道因目光短浅、急功近利或以开发的名义破坏文化遗产的行为比比皆是，对待文物缺乏科学态度的做法也屡见不鲜。阿富汗塔利班当局以非伊斯兰文化为借口，把文物当作政治工具来要挟和讹诈国际社会，悍然炸毁了有着1500多年历史的世界最高石雕巴米扬大佛，制造了一出人类文明的悲剧。其实，他们毁掉的绝不仅仅是一处景观，毁掉的是自己民族的一段历史。

文物保护最好的原则是就地保护，整旧如旧。事实证明，城市化现代化与文物保护之间、文物保护和原住地公民的生存发展权之间，并没有不可调和的矛盾。关键在于政府如何科学合理地布局，从这里可以检验出各级政府的依法行政水平和科学行政能力。

除了强调保护已出土的文物遗迹外，还要注意在考古发掘时保护文物，因为考古发掘过程本身就是对文物遗址和文物信息的破坏过程。科学性、保护性发掘对于文物遗迹遗产来说是非常关键的，因为要在文物遗址的发掘阶段就采取必要的保护措施，使文物在第一时间得到有效的保护。文物保护人员要与考古发掘者积极配合，在发掘清理阶段就充分考虑到日后的保护和修复问题。近年来考古界谈论得最多的话题就是文物的现场保护和大遗址保护。前者着眼于文物的及时保护，后者则着眼于文物整体环境的保护。这就是对文物遗产科学发掘的前提。

例如天坛在保护与管理中加大科技含量，达到了明显的保护效果。政府不仅投资近百万元在天坛的中轴线和重点部位安装了电视监控和报警系统，还建立了电子导游设施，对天坛古建筑的防火、防雷、防虫及石材的风化等进行了大量科学研究。敦煌壁画采取先进的计算机图形图像技术，运用这种技术可以从任意视点、任意视角观察洞窟的真正三维立体图像；国内其他世界遗产都加入到了科技保护的行列之中，如九寨沟、故宫等地都配备了大气环境监测器，研究人员对景区环境、空气质量调查观测，发现问题，及时解决。可见科技在文物保护和管理中担当着不可替代的角色。

对文物的有效保护与合理利用在观念上并无分歧，但是如何做到这一点，关键在于提高文物管理的水平，建立完善合理的管理体制，制定系统科学的管理目标与工作标准以及法律法规，并将它们落实到具体的管理项目和行动之中。只有这样，才能真正保护好文物。

（三）积极开展宣传工作。

一个国家或地区，经济越发展，文化遗产越应当得到保护。在历史与现代、发展与继承的交叉路口，文化遗产是个充满魅力而又让人感到沉重的话题。如何在进行现代化建设的同时传承古代文明。我们要大力宣传遗产的不可再生性，唤起全社会的保护意识，动员大家都来参与遗产的保护工作，使保护遗产的观念深入人心并最终成为全民族的自觉意识，才能从根本上解决好遗产的长久保护问题。遗产保护是一项长期工程，只有长期潜移默化的熏陶教育，才能使民众都具有保护遗产的意识。否则，即使一时保护住了，时间长久了还会毁坏。

广泛宣传之外，还要动员社会力量参与遗产保护工作，大家齐心协力做好遗产的保护工作。这方面已有先例，2001年2月25日，一批热心人士在北京大学发布了由北京文化发展基金会和著名专家季羡林等共同发起的关于"建立保护中华文化遗产专项基金"。倡议书号召大家："文化遗产，为全民族之共同财富；其保护，也不仅只是政府的责任，而是需要全社会关注和参与的事业。"

印度文物界对外宣传的一句口号是"人民的参与是最好的保护"。我国也有类似的提法，如"保护民族文化遗产公益系列广告"所言"完美真实地将祖先留下的杰作传给子孙后代，是华夏儿女的责任"，这句话震撼着每一个炎黄子孙的心。

据报道，明孝陵申报成功后免费向市民开放三天，在这三天时间里，历经600多年沧桑的古石像在发出痛苦的呻吟，世界文化遗产的桂冠正在因为一些人不道德的举动而蒙上灰尘③。看了类似的报道以后，我们还会否认宣传的必要性吗？因此，动员当地人民参与申报遗产的积极性和热情与培养当地人民的文物保护意识同等重要。

（四）保护文物与维护群众利益并重

申遗是一项艰巨而长期的工作，需要全社会的共同努力，如果是几个部门、几十个人想要完成这项工作，是绝无可能的。我们理应严格按照《保护世界文化和自然遗产公约》进行保护。同时，我们也要兼顾地方经济的发展和百姓利益，进行合理的、有序的开发，才能赢得各方的赞同，才能做到保护与开发并重。

事实上，没有市民的参与是不可能达到保护的目的的，根据1976年联合国教科文组织通过的关于保护历史和传统建筑以及这些传统建筑在生活中的作用的规定，各国政府都应该紧密地联系当地人民，积极参与到遗产保护工程的计划和实施。"我们也应该注意到，老城区和建筑的改造不能不顾一些人民的利益，只让人家搬迁。公众应该被告知保护计划实施的目的及具体的方式。但是，这些原则在中国遇到了一些困难，在法国也一样。"④我们一定要科学规划,谨慎开发,在保护文物遗址的同时,适当考虑当地市民的根本利益,不能一味强调文物保护而忽视百姓利益。这样将会在以后的保护工作带来消极因素。

我们不可能将世界遗产圈起来保护,永远养在深闺里。保护的最终目的还是为了更好地利用,因此,必须寻找一个保护和开发的最佳结合点,兼顾各方面的利益,建立可持续发展的规范的管理模式。

不论南越国史迹能否申报成功,都将会促进与国际上文物管理与文物保护单位间的有效合作,包括提供人才、专业知识、技术、法制建设和保护资金、材料、设备等方面。这将是无形的财富和经验。如果被列入世界遗产清单,那么,根据《保护世界文化和自然遗产公约》的约定,联合国教科文组织将分地区对全球的世界遗产项目定期进行监测评估,这种定期的监测评估将有助于南越国史迹保护工作水平再上新台阶。

注 释

① 冯昌勇:《联合国世遗中心官员:都江堰管理方法合理有效》,《新华日报》2003 年 8 月 24 日第三版。

② 《西安城墙第三次申遗胜算几成》,《西安晚报》2003 年 11 月 13 日第三版。

③ 《明孝陵免费开放游客践踏世界遗产令人惊》,《新华日报》2003 年 7 月 11 日第一版。

④ 杜明纳克著、朱丽娜译:《联合国教科文组织的遗产保护工作与中国——北京》,《文史知识》2004 年 1 期。

南越国遗迹与申遗研究

雷依群

南越国遗迹是我国岭南地区发现的第一个封建制国家的历史文化遗存。南越国遗迹除已发现的南越王墓及南越国宫署遗址外，还包括了南越国历史时期其他众多的文化遗存，如赵佗称王后在北部边境地区所修筑的蒲葵关、横浦关、阳山关、乐昌赵佗城、严关、秦城等关防遗址；制船、制陶、制铜、制玉等作坊遗址，这一切都构成了一个历史文化整体。

这些遗迹、遗址主要分布在今天广州市市区及广东省境内，广州是国务院公布的历史文化名城之一，在南越国时期不仅与中原内地封建王朝保持长期的文化与贸易而且通过海上丝绸之路与东南亚及非洲诸国也有广泛的交往，番禺（广州）成为秦汉至宋元时代我国主要的对外贸易港口，其基础就是从南越国开始的。

广州历史文化积淀深厚，保留了大量南越国时期的历史遗存，这些珍贵的文化遗产不仅仅是属于广州、属于中国、也属于全世界的。因此全面保护好这些遗迹与文物，使其与广州市、广东省的社会经济、政治文化、名城保护、生态环境建设有机地结合起来是一项非常重要的任务。

一

保护南越国遗址与遗迹，加强历史文化名城的人文与生态环境管理，以一流的水准来申报世界文化遗产，我们认为首先应当提高对申遗的认识：第一，申报世遗是为了保护人类共同的文化遗产。南越国遗址与遗迹是有 2000 多年历史的人类文化与经济活动的载体，特别是作为海上丝绸之路的重要港口番禺（广州）记载了当时的中西交通、东西方贸易、人口流动、文化交往的重要事实，申报世界文化遗产是对保护"海上丝绸之路"工作的一个促进。第二，是弘扬中华传统文明和优秀文化。南越国从创立到灭亡，几乎走过了一个世纪，赵伦及其后人通过一系列努力使封建制度在岭南得到了推动和巩固，使岭南地区的社会经济取得了瞩目的成就，这在 1983 年发掘的广州象岗南越王墓出土文物中已得到了印证。在南越王墓及其他南越国时期的墓葬中出土了大量的铁制农具、青铜器、玉器等。其种类包括：生产工具、生活用具、兵器、乐器等，器型风格多样，装饰繁缛复杂，其工艺水平也堪称上乘，既有铸造的，也有锻造的，尤其是失蜡法的应用更让人惊奇，传统的看法认为失蜡法广泛应用是在汉代，而南越王墓出土的屏风构件座足、力士及蛇均为失蜡法锻造①，这就让人不能不刮目相看南越国文化之发达程度。南越国统治时期也是岭南地区封建文化高度发展时期，岭南越族有语言没有文字，我们虽然注意到秦王朝统一后在全国推行书同文制度，但秦统治时间毕竟短暂再加上岭南地区本身交通不便，这种书同文制度推行的程度到底如何尚要打上一个问号，因此我们认为汉字的推行还主要是在南越国统治的一百年间，这个时期汉字不仅是官方应用的文字，也开始在民间普遍流行，汉字的流行不仅加速了汉越民族的融合过程，而且大大地促进了南越国文明进程。其他诸如音乐、舞蹈、绘画艺术在南越国也有非常辉煌的成就，从考古资料看，南越国乐器种类很多，由质地看金、石、土、革、丝、木、竹、匏无所不包，由器形看，他既有浓郁的地方特色，也融会了汉楚等民族的文化，呈现出一种兼容并蓄，广博开放的显著特点。舞蹈与音乐是孪生姊妹，南越国时期的舞蹈艺术也有很高的成就，南越王墓出土的 C137、C258、E125、E135、E158 五种玉舞人从服饰、造型及舞蹈动作上看他们既有中原折腰长袖又有越人翻腾跳跃的舞姿特点，反映了多元文化融合的情景①。绘画与装饰其主题图案有云气纹与几何纹这些中原常见的主流绘画，但也有鱼纹、龟纹、犀牛纹、波浪纹等表现越人社会生活及生产活动的艺术形式。南越王墓中出土的象牙经过专家鉴别，明显区别于亚洲象牙而是非洲的舶来品，出土的金花泡饰焊珠工艺表现出与中国传统的金银制作工艺不同而与同期西方的焊接工艺完全一致，表明他们是从海外输入的。说明南越国时期海外贸易的发达。

因而保护南越国遗址遗迹，向世人去展现南越国发达的手工业成就及恢弘的文化，弘扬中华传统文化和民族精神，是今人不可推辞的责任。申报世遗是进一步加强国际经济文化交流，使广州走向世界的重要手段。对于南越国遗址、遗迹我们必须站在世界的高度去认识他所具有的真实价值和特殊价值，将其推向世界，是扩大广州知名度，树立广州在世界新形象的主要步骤，这对进一步加强广州与世界各国之间的经济、文化往来具有不可低估的意义。

二

关于南越国遗址与遗迹申报世界文化遗产，其主题应当如何定位，联合国教科文组织（UNESCO）第十七届大会于 1972 年 11 月 16 日在巴黎通过了《世界文化和自然遗产保护公约》，1975 年 12 月 17 日正式生效，公约规定，全世界具有杰出普世性价值的文化及自然遗产需要保护且列入《世界文化和自然遗产名录》②。世界遗产指定保护之对象为人类进化文明过程中之重要象征，包括文化与自然及自然文化遗产。因而世界遗产本身便必须具备两个基本因素：一个是他的真实性，即遗产必须是原始的独具特色而非人为的东西；二是整体性，即他与其周边人文环境、地理环境，应当是和谐共存的。对照以上要求及条件，我们认为南越国遗址及遗迹申报世遗其主题应当确立在以下两个方面，即：一，南越国历史文化；二，南越国遗迹、遗址。我们做这样的确定，首先在于南越国本身及其文化遗存是一个真实的、唯一的、独特的、原始的历史文化载体，南越国从赵佗建国至汉武帝元鼎6年灭亡共传5世近百年时间，他所创建的制度文化、物质文化、精神文化，使岭南地区迅速地走上了封建化道路，其经济的繁荣，海内外交通的发达，都达到了前所未有的程度，尤其是他的多元文化，一方面保留着古越遗风与中原文化、楚文化、夷文化互相交融的浓郁气息，另一方面以番禺为龙头的海上交通又使他成为东西南北文明的交汇点，多元文化和平共处，互相取补的格局也真正体现了和平文化发展的方向，体现了番禺（广州）对外开放和对异域文化的海涵与宽容精神。其二南越国遗址遗迹丰富，典型的如象岗南越王墓，新华四路的南越王宫署遗址、众多的关隘遗址、造船、冶铜、制玉作坊遗址，这些遗址、遗迹不仅数量多，内涵丰富而且是极具特色的原始实物遗存，特别是其中大量铜器铭文、陶文、封泥的存在，这些都是申报世界文化遗产最具说服力的证据，也是广州独具的优势与特色。

<h1 style="text-align:center">三</h1>

　　正确的分析与把握申报世界文化遗产的原则与变化趋向是目前我们应当注意的一件大事。

　　产生于20世纪70年代的世界遗产概念，是从历史、自然、科学、美学等学术角度来考虑的，但是近年来也开始出现了一些微妙变化，如申报数量及双重标准、对管理方法与管理模式的要求、申报内容的严格筛选等。具体到广州南越国遗址及遗迹申报世界遗产问题，我们认为还有许多问题应当引起我们的注意：

　　无论是遗迹或遗址，他们都是祖先进行各种活动遗留下来的历史文化载体，因而他必须具有一定的科学价值、研究价值、历史与美学价值，必然具备一定的教育功能。南越国遗址、遗迹特别是南越王墓与宫署遗址无论是在外在建筑格式还是在内涵价值上都体现了上述价值。正因为如此，对他的保护与利用就是一个至关重要的问题。历史文化遗产是一种公共资源，不同于一般的物品与商品，是独一无二的历史文化载体，不具备代替性与再生性，对于它我们只能不遗余力地去呵护。具体到南越国遗址与遗迹，对其进行保护与利用，我们认为目前应当做好以下几方面的工作：

　　首先是对遗址、遗迹及发掘出土文物进行全面详细的调查登录，确立其保护价值及保护方法,世界遗产的申报成功一般都是从保护开始的,不仅要注意保护好文物的个体,更重要的是注意对遗址、遗迹的整体保护。

第二,建立完备的管理体系。在文化遗产的管理上制定完备的管理法规与制度是政府管理部门的首要职能,因为法规不仅有制约的作用,他还具备指导、引导作用,他限制了人们应当做什么,怎样做,不应当做什么,而管理体系及标准也应当是科学的、完备的,有一定的可操作性。现代文化遗产管理与过去相比已有很大的发展,由单纯的保存发展为同时注重保护与利用,特别是在市场经济条件下保护与利用已成为遗产管理的主题,这就要求我们的管理必须是与时俱进的,在管理体系与管理目标上必须要有一套与我国体制改革、与国际文化遗产事业发展相适应的制度创新。当然根据中国国情和特点进行管理也是我们应当予以注意的。即注意中国社会、经济、文化的发展水平与特点,注意中国资源的本身特点,所以不能一味地去死搬硬套国外的一些作法。

第三,关于资源的开发利用。历史文化遗产作为一种特殊的资源,对其进行科学、合理、适当的开发利用是必须的,但如果企图依靠市场机制对遗产进行配置与利用,显然是走不通的。我们注意到国内那些被列入世界文化遗产名单的资源,由于经营管理者目光短浅,热衷于创造经济效益而对遗产资源进行竭泽而渔的开发改造,不仅仅使遗址、遗迹的历史面貌遭到严重破坏,而且为长远可持续发展带来严重的负面效应,这种外部破坏已经使遗产失掉他的公共性、整体性应具有的真正价值。南越王墓及宫署遗迹是我国岭南地区最重大的考古发现,其历史价值及科学价值诚如上述,因而对他的开发利用应当慎之又慎。为了保护其整体性与原始性,我们建议广州市人民政府在城市规划建设上对遗址、遗迹周边环境进行抢救性治理,尽量使其保持原始面貌,同时加大投资力度进行绿化美化。规范和控制遗址、遗迹区内的商业活动;制定遗址、遗迹区内游客及观光者的流量及承载指标,实施控制,加强对市民及游客进行世界文化遗产和名城意识宣传,以此来带动全社会积极参与与保护遗产活动中来。政府在财政预算中每年应当拿出一定比例数额作为遗址、遗迹的保护与维养。

最后要说的是一旦申遗成功,我们就应当信守承诺,因为世界遗产不是终身制,如果管理不善,形成人为的破坏,也很可能会被逐出保护名单,所以我们一旦申遗成功,我们必须信守对国际社会的庄严承诺和应尽义务,如果仅仅看重经济价值,把遗产当作取之不竭、用之不尽的聚宝盆,将会造成不可弥补的后果,不仅愧对先人也愧对后代。

注　释

① 张荣芳、黄淼章:《南越国史》,广东人民出版社,1995年。
② 张习明:《中国遗产面临的困难及对策》,《中国文物报》2003年7月4日。

南越国遗迹申报世界文化遗产的可行性研究

肖　华

世界遗产的评定标准主要依据《保护世界文化和自然遗产公约》第一、第二条规定。遗产项目要列入《世界遗产名录》，必须经过严格的考核和审批程序。

每年举行一次的世界遗产委员会会议将对申请列入名单的遗产项目进行审批，其主要依据是该委员会此前委托有关专家对各国提名的遗产遗址进行实地考察而提出的评价报告。

对各国提名的遗产遗址的考察，主要由该委员会会同国际古迹遗址理事会（ICO-MOS）和世界保护联盟（IUCN）组织专家进行。前者总部设在巴黎，成立于1965年，是国际上唯一从事文化遗产保护理论、方法、科学技术的运用与推广的非政府国际机构，有80多个国家会员和4500多名个人会员；后者总部设在瑞士日内瓦，成立于1948年，原名国际自然及自然资源保护联盟，宗旨是促进和鼓励人类对自然资源的保护与永久利用，成员包括分布在120个国家的官方机构、民间团体、科研和保护机构。两者受世界遗产委员会委托，分别对提名列入《名录》的文化和自然遗产地进行考察并提交评价报告。

这里我们主要谈谈"文化遗产"，《保护世界文化和自然遗产公约》规定，属于下列各类内容之一者，可列为文化遗产：

①文物：从历史、艺术或科学角度看，具有突出、普遍价值的建筑物、雕刻和绘画，具有考古意义的成分或结构，铭文、洞穴、住区及各类文物的综合体；

②建筑群：从历史、艺术或科学角度看，因其建筑的形式、同一性及其在景观中的地位，具有突出、普遍价值的单独或相互联系的建筑群；

③遗址：从历史、美学、人种学或人类学角度看，具有突出、普遍价值的人造工程或人与自然的共同杰作以及考古遗址地带。

凡提名列入《世界遗产名录》的文化遗产项目，必须符合下列一项或几项标准方可获得批准。

①代表一种独特的艺术成就，一种创造性的天才杰作；

②能在一定时期内或世界某一文化区域内，对建筑艺术、纪念物艺术、城镇规划或

景观设计方面的发展产生过大影响；

　　③能为一种已消逝的文明或文化传统提供一种独特的至少是特殊的见证；

　　④可作为一种建筑或建筑群或景观的杰出范例，展示出人类历史上一个（或几个）重要阶段；

　　⑤可作为传统的人类居住地或使用地的杰出范例，代表一种（或几种）文化，尤其在不可逆转之变化的影响下变得易于损坏；

　　⑥与具特殊普遍意义的事件或现行传统或思想或信仰或文学艺术作品有直接或实质的联系。（只有在某些特殊情况下或该项标准与其他标准一起作用时，此款才能成为列入《世界遗产名录》的理由。）

　　位于广州的南越国遗迹是否符合世界文化遗产的标准呢？首先我们介绍一下南越国遗迹。

　　南越国是西汉初年在中国南方建立的一个诸侯王国。公元前203年（汉高祖四年），赵佗据有岭南地区建国，定都番禺（今广州），公元前111年（汉武帝元鼎六年）灭亡。南越国的建立，促进了岭南地区从原始社会向封建社会实现跨越式大发展。

　　南越国遗迹（南越王宫及御苑、南越王墓和南越国木构水闸遗址）是中国历史考古的重大发现。南越文王（第二代王）墓于1983年发现，是中国华南地区发现的规模最大、随葬品最丰富的一座汉代彩绘石室墓，未被盗扰，被列为1980年代中国考古五大发现之一。墓中出土有一千多件文物，品类多样，有陶、铜、铁、玉、石、金、银、玻璃、玛瑙、水晶、漆木、丝织以及象牙和药物等，其功用可分为礼乐器、兵器、饮食器具、服饰、杂用品、玉石雕刻、金银细工等7大类。1995年发现的南越国御苑大型石构水池及其石构建筑遗存，被评为当年中国十大考古新发现之一。1997年发现的御苑曲流石渠等遗迹，再现了中国秦汉时期王宫园林的概貌，又一次列为当年中国十大考古新发现之一。御苑中发现的各式各样的石柱、栏杆、横梁、门楣以及多种规格的砖瓦等，揭示了二千多年前王宫御苑的建筑规模及其设计理念和水平。2000年发现的南越国木构水闸遗址，内涵丰富，是世界上迄今发现最早的一处木构水闸遗存，是二千多年前城市防洪、排水设施的一部分。水闸结构复杂，平时可以让城内的水排入珠江，利用潮汐还可作为城内水系的调节设施。同一城区发现西汉初年保存较为完好的王宫及御苑、王陵和水利工程的大型水闸等一系列遗迹，在中国考古史上实属罕见。

　　南越王宫遗址是一部反映广州二千多年发展的史书。遗址区内有长达二千多年的各个历史时期连绵不断的文化遗存，包括秦、汉、晋、南朝、隋唐、五代的南汉国、宋、元、明、清至民国等历史时期的遗迹和遗物，层层叠压，是广州二千多年城市发展历史的真实见证。遗址区内的南越国和南汉国地层中均发现规模庞大的宫殿建筑遗迹，表明该遗址区同是这两个虽相隔千年但同样是当时岭南地方政权的宫城所在地，具有重要的科学研究价值。根据文献记载和考古证实，遗址区既是南越国、南汉国（917～971年）的宫城所在地，也是秦汉时期（公元前221～公元220年）的南海郡治、隋代（581～618年）的广州刺史署、唐代（618～907年）的岭南道署、宋代（960～1279年）的经略安抚使司署、元代（1271～1368年）的广东道宣慰使司都元帅府、明清时期（1368～1911年）的广东承宣布政使司署的所在地。这里还有建于宋代的禺山书院，是广州著名的教育场所。这样的遗址在世界考古史上实属难得。

南越王宫遗址区位于今天广州市老城区中心，在长达二千多年的广州城市发展进程中，这里一直是岭南地区历代政治、经济和文化中心。从南越国都城，汉代的"岭南一都会"，直到今天中国南方最大的城市，其中心地位一直保持不变。这在中国城市发展史上是非常罕见的，显示出南越国最初在此选址和规划的先进思想。这对研究中国古代都城史、中国古代建筑史具有重要的学术价值，对研究现代城市如何保持可持续发展也有重要的现实意义。

南越国遗迹的发现与保护对研究中国秦汉史、秦汉时期岭南地区早期开发史、特别是该时期有关政治、经济、文化等方面的飞跃发展具有重要价值。南越国的缔造者赵佗原为秦统一岭南时的将领，之后接受西汉中央王朝册封，他所建立的南越国在政治、军事、文化、礼制以及丧葬习俗等方面主要沿袭秦汉之制，同时又吸纳了百越族的文化。无论是南越王宫及御苑的建筑遗存，还是南越王墓出土多种多样的随葬器物和南越国木构水闸的设计和运用，都从不同方面反映出秦汉时期岭南地区生产力发展水平和社会发展状况，同时也折射出秦汉时期经济社会总体状况。南越王墓是研究秦汉时期岭南文化、中国多民族、多区域文化交流融合的宝库。南越王墓出土有南越、瓯骆、汉、楚、齐鲁、吴越、巴蜀、匈奴等多种文化内涵的器物，还出土了非洲象牙、波斯银盒、红海乳香等舶来物。所有这些文化遗存是研究秦汉时期的中原文化、岭南越族文化以及东西方文化交流的难得物证，有的还是全国首见的实例。

南越国御苑遗址是迄今中国发现年代最早、保存较为完整的御苑实例，是中国三大园林流派之一岭南园林的源头。它的发现和保护对研究中国古代园林特别是中国秦汉时期的园林，价值重大。御苑遗址的发现，首次向世人展现了一个保存较为完好的秦汉园林实体。从遗址已揭出的方池、弯月池、曲渠、平桥、步石及出土的龟鳖残骸、酸枣的植物叶片和果实等遗存、遗物中，可以窥见秦汉造园的基本要素以及岭南水乡的地方特色，是研究中国秦汉时期造园思想、园林设计、造园技术与艺术等方面不可多得的实物资料。

南越国遗迹是研究中国古代建筑的珍贵实物范例。南越国遗迹保存着大量砖、瓦、石等建筑材料，建筑构件种类繁多、工艺精美，是秦汉时期建筑材料和建筑工艺的杰出代表。南越国木构水闸遗址是目前发现的时代最早、规模最大、保存最好的木构水闸遗存，历史信息丰富，科技水平较高，对研究中国古代二千多年前水利工程的设计、选址、地基处理以及建闸工艺等至为珍贵。

南越国遗迹及其文化遗存反映了秦汉时期中原主流文化与多种区域文化和价值观念的重要交汇，对岭南文化的形成与发展产生了深远的影响。符合世界文化遗产评定之标准二，即"能在一定时期内或世界某一文化区域内，对建筑艺术、纪念物艺术、城镇规划或景观设计方面的发展产生过大影响"。

秦平百越以前，岭南地区基本上处在原始社会末期。南越国建立后，沿袭了秦汉时期中原的政治和经济制度，引进了先进的中原文化、生产工具、生产技术及工艺，极大地促进了岭南地区社会经济的发展。南越国的缔造者仿效秦汉之制，同时，还采取"和辑百越"的政策，"越人相攻击之俗益止"，促进了民族的融合，推动了中原文化与百越文化和海外文化的交流。这种融合最突出地体现在南越王墓的出土器物中。除了出土大量的反映中原先进文化的器物外，南越王墓还出土有反映多种区域文化的器物，如几何印纹硬陶器、越式大铜鼎、大铁鼎、屏风的人操蛇托座、蟠龙护蛙托座及铜熏炉等属于越文化的器物；属吴越文化的有铜鉴、句鑃等；属秦文化的"张仪"戈、蒜头壶、陶响盒、陶响鱼等；反映巴蜀文化的有 16 件成系列的铜鉴；属于匈奴文化的有铜牌饰、羊头纹杏形金叶等；属于楚文化的有墓室壁画、青铜器中的铜鼎、铜镜等。有的一件文物具备多文化因素，如漆木大屏风将楚、越两种文化融为一体。墓中出土的非洲象牙、波斯银盒、红海乳香、焊珠小金泡等，无疑是见证二千多年前中国和海外交往的器物。这些文物具体说明了岭南文化多元性、兼容性等特征的形成与发展有着深远的历史渊源。

同样重要的是，南越国遗迹为研究秦汉时期在建筑思想、建筑技术、园林景观设计等方面中原内陆主流文化与海洋文化的交流和融合，提供了难能可贵的典型实物资料。

南越国遗迹为现存的和已经消失的越族文化提供了特别的见证。符合世界文化遗产评定之标准三，即"能为一种已消逝的文明或文化传统提供一种独特的至少是特殊的见证"。

秦平定岭南前，岭南地区是越人的聚居地，他们创造了独特的以几何印纹陶为代表的岭南地区越文化。随着历史的发展，汉越民族与文化的融合，汉文化成了主流，越人的社会文化习俗逐渐消失。然而，我们可以从南越国遗迹，尤其是南越王墓出土文物中窥见到当时越人的这些文化习俗。南越王墓出土文物中的几何印纹陶是越文化的典型器物，其纹饰和图案多样，具有强烈的南越地方特色，这种器物汉以后就消失了；青铜句鑃，是典型的越乐器；越式鼎，是越族人饮食文化与冶铸业发展水平的实物例证；铜提桶是岭南越人特有的器物，上面刻有精美的纹饰，绘有越人祭神的景象。这些纹饰和图案在一定程度上反映了当时越人的审美观念、生活习俗、宗教信仰和图腾崇拜。同时，南越国遗迹也能揭示二千多年前的越文化与目前岭南文化的一些渊源。南越王墓出土文物反映出的越人抓蛇、吃蛇的形象，是史载"越人得蚺蛇以为上肴"的历史见证。南越王墓出土的各种煎、烤、蒸、煮器物以及大量海产品、禾花雀等食物残骸，揭示了具有浓厚地方特色的岭南烹饪艺术和饮食文化渊源。

南越国遗迹是中国秦汉时期建筑、园林景观、工艺技术的杰出典范。符合世界文化遗产评定之标准四，即"可作为一种建筑或建筑群或景观的杰出范例，展示出人类历史上一个重要阶段"。

秦汉时期是中国建筑发展历史的高峰时期，"秦砖汉瓦"是对这个时期建筑成就的高度概括。南越国的大量建筑遗存则是"秦砖汉瓦"在中国岭南地区的真实体现。南越国遗址出土的砖瓦，又独具地方特色。砖的规格与形制多种多样，有正方形、长方形、梯形、三角形，其大小与厚薄不尽相同；遗存中还有中国考古发现的规格最大的砖，也有带榫的砖，还有弧形平砖、长条形空心砖、包柱转角砖等三种特殊砖形。南越国遗址出土的瓦有板瓦、筒瓦和折腰瓦等，其中的云纹瓦当与"万岁"瓦当颇具特色；施釉的筒瓦和瓦当，堪称全国发现最早的琉璃建筑构件。南越国遗址保存了大量石质建材，已发现的有门楣石板、八棱石栏杆、大型石础以及有多种规格的八棱石柱等。

据史料记载，秦汉时期的皇家园林，如未央宫、建章宫等，由大型水池和引水石渠组成。南越国御苑遗址发现的大型石构水池（4000平方米）和长逾150米的曲渠就是对这种记载的最好证明。此外，御苑发现的平桥、步石、回廊、龟鳖残骸、酸枣植物叶片和果实等遗存，体现了秦汉皇家园林的基本要素，包括御苑的功能、结构、造园技术和艺术等。因此，南越国御苑遗址是秦汉时期皇家园林的范例，也是目前发现年代最早、保存较完整的园林实证。

南越国木构水闸遗址是迄今发现的时代最早、规模最大、保存最完整的木构水闸遗存。该水闸在建闸材料的选择、松软地基的处理、技术路线的处理、总体布置、泄流处理、闸室稳定处理等方面，都与现代的建闸标准和要求基本相符，反映了秦汉时期水闸建造在总体上达到了相当高的水平。

汉代是中国玉器制作的高峰时期，南越王墓出土的玉器可说是汉玉的代表。该墓出土玉器数量大，品类多，造型奇特，雕镂精细。其中丝缕玉衣为中国考古的首次发现，是目前国内出土完整的西汉玉衣中较早的一例。承盘高足杯由高足青玉杯、金首银身游龙衔花瓣形玉托架、铜承盘三部分组成，造型呈三龙托杯之势，用金、银、玉、铜、木五种材料做成。玉角杯用一整块青白玉雕成，器表刻一尖嘴兽，回环往复，生动逼真，是一件美仑美奂的工艺品，又是一件融传说于现实，引人遐思的实用品，堪称中国汉玉的稀世之宝。铜框玉盖杯，杯身是一个窗棂形鎏金铜框架，杯体为八棱筒形，座足呈喇叭状，是一件具有高超和成熟的汉代镶嵌工艺成就的实用工艺品。如上所述，南越王墓发现的玉器是人类创造天才的杰出作品。从这个意义上讲，南越国遗迹同时也符合世界文化遗产评定之标准一，即"代表一种独特的艺术成就，一种创造性的天才杰作"。

　　综上所述，我们认为南越国遗迹具有非常重要的价值，即世界文化遗产所要求的杰出的普遍性价值。南越国遗迹申报世界文化遗产是可行的，也是有希望的。

　　现在各地的申遗工作都在如火如荼地进行，可以说竞争到了白热化的程度。在这种情况下，我们要保持清醒的头脑，一方面努力工作，争取南越国遗迹早日进入世界遗产名录；另一方面，也是最重要的方面，要认真做好南越国遗迹的保护工作，申遗并非是促进保护的唯一选择。只要我们认真负责的做好了保护工作，那就上对得起祖先，下对得起后人了。

主要参考书目

1. 中华人民共和国建设部、中国联合国教科文组织全国委员会、中华人民共和国国家文物局：《中国的世界遗产》，中国建筑工业出版社，1998 年。

2. 楼培敏主编：《世界文化遗产图典》，上海文化出版社，2002 年。

3. 《旅游天地》杂志社编：《中国世界遗产图典》，上海文化出版社，2002 年。

4. 北方妇女儿童出版社：《世界文化与自然遗产》。

5. 周维权：《中国古典园林史》，清华大学出版社，1999 年。

6. 国家文物局：《穿越千年——文物保护世纪行》，学苑出版社，2001 年。

7. 广州市人民政府：《南越国遗迹》。

附录：

"广州考古暨广州南越国遗迹学术研讨会"综述

付文军　曹旅宁

　　"广州考古暨广州南越国遗迹学术研讨会"于 2003 年 11 月 27 日在中山大学历史系永芳堂隆重举行。全国各地学者一共向大会提交了论文 40 余篇。到会学者围绕南越国政治制度、南越国文化的地位、南越王墓发现的意义，南越王墓文物考释、南越王博物馆的管理和广州南越国遗迹申报世界文化遗产等论题展开了热烈的讨论。

　　政治制度方面收到论文 6 篇，张荣芳的《汉朝治理南越国模式探源》指出汉朝治理南越国模式根源于汉代的羁縻思想，进行适度而治。刘瑞《南越国非汉之诸侯国论》则认为南越国并非汉王朝的诸侯国，也不是"民族自治区域"。南越国和汉王朝是两个具有完全独立主权的政权。与会代表热烈讨论了刘文，指出应分不同时段和地域以及古代和现代主权国家的异同等方面来探讨南越国与汉朝之间的关系。刘敏《"开棺"定论——从"文帝行玺"看汉越关系》从文帝行玺体现出来的制度特征，论定南越国即非"白马之盟"封王之国，亦不符合儒家典章的封国，乃是"外有君臣之名，内有敌国之实"。杨兆荣《西汉南越相吕嘉遗族入滇及其历史影响试探》钩陈史籍，指出"不违县"非吕不韦遗族所迁之地，乃是汉武帝时期吕嘉遗族迁徙所设之县，目的为了消除其在南越的影响和辑滇越、沟通两地文化交流。龚留柱《南越王建德考辨》对南越王赵建德封"术阳侯"的原因、时间以及其降汉后的结局进行周密的考证。台湾学者廖伯源《辩"真二千石"为"二千石"之别称》认为汉代官秩等级所说的"真二千石"为"二千石"之别称，是"二千石"约定俗成的说法。

　　文化史收到论文 4 篇，李林娜《南越王丧葬观探析》指出南越王墓的丧葬体现了"灵魂不死追求不朽的理念"、"不封不树秘葬深藏的观念"和"慎终厚葬事死如生的观念"。王健《南越国百年史的精神文化寻踪》从宗教意识、政治意识、儒家伦理、建筑审美、开放精神等方面对南越国百年史的精神文化进行了寻踪考察。夏增民《由广州南越王墓所见文化遗存透视岭南文化变迁》将汉文化进入岭南分为三个阶段并论述了这三个阶段汉楚文化和越文化的交融。王芳《南越王赵眜养生之道初探》以南越王墓出土的五色药石、中西补药和进补食物、酒器等求长生的实物为根据，结合秦汉之际盛行的"神仙养生术",探究赵昩的养生之道。

　　南越王墓及出土器物研究文章 17 篇,王学理《南越王墓"外藏椁"设置之我见》认为南越王墓的"外藏椁"既不是回廊制,又不全像侧室制,而是更多地沿用了楚地葬俗。陈春会《南越王墓出土 IV 型镞考》考证南越王墓所出 IV 型镞矢为恒矢或志矢,是古人射礼、习射或赏赐用镞矢。陈小波《汉代铜镜上"乳钉纹"考析》指出,把"乳钉"比作"子",符合我国"求子继嗣"的传统观念。白芳《南越王墓出土玉舞俑舞姿刍议》探讨了玉舞人长袖舞舞姿的源流及演变,以此说明南越国汉越文化交流的一个侧面。后晓荣《中国古代早期的人物镜略论——从南越王墓彩绘人物镜谈起》对比六处出土的战国至西汉时期人物为主的铜镜,指出铜镜的人物特征主要是写实。田小娟、后晓荣《两汉金印简论——兼论南越王墓出土的三枚金印》从两汉玺印质地入手,从玺印文字、职官名称、钮制、印制规格等角度,考察两汉金印的制度和特点。曹旅宁《广州南越王墓出土铜提筒图像试释》根据文献及考古材料初步认为广州南越王墓出土的 B59 铜提筒羽人船图像反映了古老的猎头习俗。吴凌云《南越文物研究三题》认为"儋耳"人图案反映南越与海南及东南亚的海外交往,铜灯是黄老思想在岭南传播的产物,屏风则可能折射了"东瓯"和闽越的关系。古方《从南越王墓出土的玉璧谈汉代的玄璧》指出南越王墓出土的玄璧的摆放位置和组合关系反映了汉代连结玄璧作葬玉殓尸随葬的制度。刘春华、王志友《西汉南越王墓前室壁画意义试析》从西汉南越王墓前室在墓室中的位置,亦即它所象征的地面宫室前堂的作用,以及前室出土的随葬物品的性质,认为前室壁画反映了"通过龙、凤的引导,使墓主的灵魂乘坐云气车升天致神"的意义。王子今、张在明、张铭洽《西汉南越的犀象——以广州南越王墓出土资料为中心》就南越王墓出土与犀象有关的遗迹和史书记载的南越时期犀象的资料进行分析,认为在没有资料可以说明海外象牙在质量及价格等方面条件明显优于岭南象牙的情况下,似乎不能简单化地排除岭南象牙应用于工艺制作的可能。李龙章《句镰杂谈》首先指出句镰与铎的区别,南越王墓出土的当为句镰,进而考证了南越王墓出土的"文帝九年"句镰的年代以及句镰的起源。梁云、赵曼妮《南越国铁器与秦国铁器之比较》对比南越国与秦国、楚国、韩国和燕下都等地区出土铁器的墓葬的级别和出土位置等情况,指出南越国铁器的基本特点是:铁器主要为锸、锄等农业生产工具或刀、削等手工工具;一般士卒装备的武器主要是青铜兵器,这是由于南越国时期铁兵器铸造技术上的限制,使铁器不能取代铜兵器成为军队的常备武装。陈松长《西汉南越王墓出土"泰子"印浅论》从"泰子"金印、玉印的形制和出土的位置,推断出这两枚"泰子"金印、玉印并不是赵昩其父的封号印,而应是他本人自铸的封号印,以证明其继承帝位的合法性,从而掩饰其以次孙僭越帝位的事实。周永卫《南越王墓银盒舶来路线考》通过对石寨山墓和南越王墓的综合对比研究,指出南越王银盒舶来路线可能是由滇缅印道而来。香港学者区家发《"干栏建筑基础说"商榷——妄谈广州秦造船遗址的性质》指出广州秦造船遗址并非干栏式建筑而是秦造船的船台。

南越王墓发现20周年纪念的文章9篇，杨式挺《略说南越王墓是岭南考古名符其实的重大发现》回顾了笔者从参加象岗南越王墓的发掘、整理工作中的一些感受和认识，说明了广州南越王墓是岭南考古名符其实的重大发现这个命题。吴凌云《评南越王墓的发现发掘和利用》阐述了南越王墓发掘的重大意义。杨东晨《岭南瑰宝南越国——论楚庭至南越国文化遗存的重要价值和意义》追根溯源，理出广州城历史变迁的脉络，重点探讨了南越国的历史地位和重大历史价值和意义。彭年《中国古代海洋文化的先驱——从南越国遗迹看南越文化及其历史地位》认为南越族不是"男耕女织"的农耕民族，而是以"射猎为业"，具有海上航运悠久历史的海洋民族，是海上丝绸之路的开拓者。刘占成《南越国与南越王墓研究》概述了南越国的历史和南越王墓的研究。崔锐、付文军《从考古发现看南越国在岭南地区开发方面的历史地位》运用考古文献和考古发掘相结合的方法对南越国时期的经济情况做一简单分析，并以此为基础，进而说明南越国对岭南的开发仍然处于起步阶段，获得发展的地区非常有限。蓝日勇、蒋廷瑜《广西汉墓的发掘与南越国史研究》介绍了50年来广西地区汉墓的发掘情况和最新动态，指出在广西发现西汉前期的遗址和墓葬，实际上就是南越国的文化遗存。这些遗存为南越国史的政治制度、汉越关系、经济发展和南越文化的独特性等方面的研究提供了大量的实物资料。后德俊《从南越王墓出土文物看楚国科学技术对南越国的影响》从水稻种植技术、板块玻璃的制造技术、青铜冶铸技术、髹漆工艺四个方面论证了楚国科学技术对南越国的影响。孙福喜《西汉美酒与西汉社会》介绍了西安文物保护考古所最新的一次发掘情况，对发掘出土的西汉早期的美酒的初步分析表明，汉代在酿酒技术和造酒工艺方面均有新的发展。

南越国遗迹申请世界文化遗产研究（以下简称申遗）的文章4篇。肖华的《南越国遗迹申报世界文化遗产的可行性研究》，通过对南越国遗迹的价值分析认为南越国遗迹申报世界文化遗产是可行的。田静《关于南越国史迹申遗的分析》分析了申遗所需的条件，南越国遗迹申遗的有利条件，结合秦俑申遗的成功经验，指出南越国遗迹申遗仍需完善的四个方面的工作。雷依群《南越国遗迹与申遗研究》从申遗认识、遗产保护、开发利用诸方面论证了南越国遗迹所具备的完整性、真实性、原始性，认为应正确地把握与分析申遗的原则与变化趋向，使我国岭南地区第一个封建国家的历史文化遗存早日列入世遗名单。陶正刚、范宏《悠久的历史古老的文化英勇的城市广州——支持广州市申报"世界文化遗产"》认为广州有古老而悠久的历史文化传统，广州的文物古迹已经完全具备申报世界文化遗产工程必要的基本物质要素。

博物馆宣教、文化产业研究的文章5篇。林冠男《也谈博物馆与媒体合作——以西汉南越王博物馆的近期宣传为例》对博物馆近期的"秦皇汉武南越王"的临展的一系列宣传工作做了实证性地研究,指出了博物馆与媒体合作的一条可行性道路,同时对媒体可能带来的负面效应也提出了自己的意见。唐贞全《博物馆外宣工作浅探》,对外宣工作提出了很大经验性的建议。唐贞全《西汉南越王博物馆文化旅游开发探析》分析了西汉南越王博物馆文化旅游开发的优势和劣势,并提出进一步旅游开发的策略和措施。吴英杰《传统文化遗产的现代产业运作——西汉南越王博物馆文化产业发展构想》对文化产业内涵及传统文化遗产产业运作的边界、传统文化遗产产业运作的必要性与可能性和西汉南越王博物馆开发旅游纪念品的实践、意义与今后文化产业发展构想提出了自己的建议。向晋艳《南越王宴考》从食物、烹调法、器具、史实等几方面对南越王宴进行考证。

本次研讨会的主题,正如大会负责人周天游会长所言,表现在三个方面:南越国史迹和南越王墓出土文物的研究,南越王墓发现 20 周年纪念,南越国史迹申遗研究和博物馆建设。其中,南越国史迹和南越王墓出土文物的研究文章最多,占四分之三强。主要集中在南越国政治制度,南越国文化史,南越王墓器物研究,南越国历史地位等方面。其中又以南越王墓器物研究文章居多,计有 17 篇,占三分之一强。所用方法多为比较研究,对比秦、楚、汉墓葬和器物,结合史籍记载,考证源流,对器物的名称、年代、作用、历史价值和历史意义——考证,论证坚实,成一家之言。由此似可窥见南越国史研究的新方向。

本文的写作是在曹旅宁博士的原稿基础上删改而成,并得到曹旅宁博士的指正,不敢擅美,特此致谢。本文若有任何不妥之处,则全部由本人负责。

后　记

　　《南越国史迹学术研讨会论文选集》是 2003 年 11 月 27 日为纪念南越王墓发现 20 周年在广州召开的南越国史迹学术研讨会论文精选的结晶。本书汇集的论文，从南越国的政治制度、南越国文化史的地位、南越王墓发现的意义、南越王墓出土文物考释、南越国遗迹申报世界文化遗产等涉及的各个层面都进行了可贵的探索，对于日趋成熟的南越国研究领域显得十分宝贵。

　　提供本次会议的论文共 45 篇，因篇幅所限，与南越国史迹这一主题没有直接关系的不予收录，提交二篇以上的只选录一篇。不少具有真知灼见的论文，都只好割爱。希望各位同仁谅解。

　　广州市文化局在成功主办"广州考古 50 年暨南越王墓发现 20 年纪念大会"之后，又慷慨资助本文集的出版。中国秦汉史研究会和中山大学历史系亦给予大力支持。文物出版社积极承担本书的出版任务。这种为繁荣学术事业，推动南越国史迹研究深入发展的义举，我们深为感动。在此，谨致真诚的感谢。

　　本文集由中国秦汉史研究会、中山大学历史系和西汉南越王博物馆派人组成编委会，共同负责编辑工作，其成员有：秦汉史研究会和中山大学的张荣芳、曹旅宁，西汉南越王博物馆的李林娜、黄洪流、向晋艳、付文军。限于水平，不当之处，敬请作者、读者不吝赐教。

编　者

2004 年 10 月